आज के प्रश्न-22

# तालिबान की वापसी

## अफ़ग़ानी जिहाद बनाम अमेरिकी आज़ादी

# आज के प्रश्न

इस पुस्तक श्रृंखला का लक्ष्य है समकालीन राजनीतिक, आर्थिक और सामाजिक दृश्यपट की प्रखर, विस्तृत और वस्तुपरक पड़ताल। कम मूल्य पर विचारपूर्ण सामग्री देने की इस योजना के तहत चार महीने के अन्तराल पर दो ऐसी पुस्तकें प्रकाशित की जा रही हैं, जो किसी महत्त्वपूर्ण घटना, मुद्दे या समस्या से जुड़ी हों। श्रृंखला के संस्थापक सम्पादक थे प्रसिद्ध लेखक और पत्रकार राजकिशोर। सन् 2022 से इसका सम्पादन वरिष्ठ पत्रकार और शिक्षक प्रो. अरुण कुमार त्रिपाठी कर रहे हैं।

*'आज के प्रश्न' श्रृंखला में अब तक प्रकाशित पुस्तकें :*

1. अयोध्या और उससे आगे
2. भारतीय मुसलमान : मिथक और यथार्थ
3. हिन्दू होने का मतलब
4. विनाश को निमंत्रण : भारत की नयी अर्थनीति
5. कश्मीर का भविष्य
6. हरिजन से दलित
7. स्त्री के लिए जगह
8. भारत का राजनीतिक संकट
9. भ्रष्टाचार की चुनौती
10. मानव अधिकारों का संघर्ष
11. हिन्दुत्व की राजनीति
12. अश्लीलता का हमला
13. जाति का जहर
14. स्त्री, परम्परा और आधुनिकता
15. बच्चे और हम
16. हिंसा की सभ्यता
17. मुस्लिम आतंकवाद बनाम अमेरिका
18. दलित राजनीति की समस्याएँ
19. नैतिकता के नये सवाल
20. माओवाद, हिंसा और आदिवासी
21. धर्म और धर्मसत्ता
22. तालिबान की वापसी : अफ़ग़ानी जिहाद बनाम अमेरिकी आज़ादी
23. संकट में खेती : आन्दोलन पर किसान

# तालिबान की वापसी

## अफ़ग़ानी जिहाद बनाम अमेरिकी आज़ादी

अरुण कुमार त्रिपाठी

वाणी प्रकाशन

**वाणी प्रकाशन**
*4695, 21-ए, दरियागंज, नयी दिल्ली 110 002*
फ़ोन : +91 11 23273167 फ़ैक्स : +91 11 23275710
**शाखाएँ**
*अशोक राजपथ, पटना 800 004, बिहार*
*कॉफ़ी हाउस कैम्पस, महात्मा गांधी मार्ग, इलाहाबाद 211 001, उत्तर प्रदेश*
*महात्मा गांधी अन्तरराष्ट्रीय हिन्दी विश्वविद्यालय, वर्धा 442 001, महाराष्ट्र*
*सुल्तानिया रोड, मोतिया पार्क, भोपाल 462 001, मध्य प्रदेश*
www.vaniprakashan.com
marketing@vaniprakashan.in
sales@vaniprakashan.in

Taliban Ki Wapasi : Afghani Jihad Banam Ameriki Aazadi
*by* Arun Kumar Tripathi

ISBN : 978-93-5518-006-3
Aaj Ke Prashn


प्रथम संस्करण 2022

मूल्य : ₹ 695



*आर. टेक ऑफ़सेट प्रिंटर्स, दिल्ली-110032 में मुद्रित*

*वाणी प्रकाशन का लोगो मक़बूल फ़िदा हुसेन की कूची से*

*पत्नी शिवा, बेटी मृणाल*

*और*

*बेटे प्रथमेश*

*के लिए*

# आभार

उत्तर कोरोना काल में गाँव में एकान्तवास के दौरान जब सीएसडीएस के प्रोफ़ेसर और भारतीय भाषा कार्यक्रम के निदेशक व मित्र अभय कुमार दुबे का फ़ोन आया कि तालिबान पर किताब लिखेंगे तो एक सुखद आश्चर्य हुआ। मैंने तुरन्त हाँ कर दी। उसके बाद वाणी प्रकाशन की कार्यकारी निदेशक अदिति माहेश्वरी गोयल ने जब फ़ोन करके समय सीमा बतायी तो कुछ तनाव हुआ कि इतनी जल्दी कैसे होगा। अफ़ग़ानिस्तान जाना तो वैसे भी सम्भव नहीं था और इतनी जल्दी किताब लिखने लायक प्रामाणिक सामग्री कहाँ से मिलेगी और कैसे दो महीने में ढाई सौ से तीन सौ पेज की किताब तैयार हो पायेगी। ऐसे में अपनी पुरानी पढ़ाई और लिक्खाड़पन ने बड़ी हिम्मत दी। फटाफट दिल्ली आ गया और अपने पुस्तकालय में जो कुछ था उसे खँगाल डाला। निश्चित तौर पर अहमद राशिद की बहुचर्चित पुस्तक *तालिबान* ने आधार पुस्तक का काम किया। लेकिन 20 साल पहले लिखी गयी वह पुस्तक इतिहास के एक कालखण्ड में ठहरी हुई है। इसलिए उन्हीं की किताब *डिसेंट इनटू क्यास* ने आतंकवाद से लड़ाई के दौरान अमेरिका और उसके सहयोगी देशों ने जो रायता बिखेरा है उससे परिचय कराया। राबर्ट फिस्क का लेखन और विशेषकर *राबर्ट फिस्क ऑन अफगानिस्तान* ने भी बड़ा दृष्टिकोण बनाने और आतंकी संगठनों और अफ़ग़ानिस्तान के रहस्य से पर्दा उठाने में मदद की। जाहिद हुसैन की पुस्तक *फ्रंटलाइन पाकिस्तान* और ख़ुर्शीद महमूद कसूरी की पुस्तक *नाइदर हाक नार डोव* ने भी पाकिस्तान और अफ़ग़ानिस्तान के रिश्तों को समझने में मदद की। लेखक उन सभी का आभारी है।

लेकिन *इंडिया टुडे, द वीक, फ्रंटलाइन* और *तहलका डाट काम* जैसी पत्रिकाओं और द *इंडियन एक्सप्रेस, द टाइम्स ऑफ़ इंडिया, द डॉन, गार्जियन, द वाशिंगटन पोस्ट, न्यूयॉर्क टाइम्स* और *बीबीसी* के ताज़ा

समाचारों और विश्लेषणों ने अफ़ग़ानिस्तान और तालिबान के भीतर तक पहुँचने में बड़ी मदद की। उनकी सैकड़ों रपटों और दर्जनों लेखों और इंटरव्यू बहुत काम आये। उनकी सहायता के बिना आज के तालिबान को न तो समझा जा सकता था और न ही दुनिया की प्रतिक्रिया की जानकारी हासिल की जा सकती थी। इस दौरान वरिष्ठ पत्रकार शम्भुनाथ शुक्ल, वर्धा विश्वविद्यालय के प्रोफ़ेसर कृपाशंकर चौबे, पटना के यादवेन्द्र पाण्डे, *न्यूज़क्लिक हिन्दी* के सम्पादक मुकुल सरल, *जनचौक* के सम्पादक महेन्द्र मिश्र, न्यूज 18 के सम्पादक दयाशंकर मिश्र, इन्दौर के गाँधीवादी चिन्मय मिश्र, गाँधी के अध्येता अरविन्द मोहन, जनचिकित्सक डॉ. ए.के. अरुण, *जनपथ* नामक वेबसाइट के सम्पादक अभिषेक श्रीवास्तव से समय–समय पर जो चर्चा की उससे लेखन को बड़ी सहायता मिली। हम इन सबके आभारी हैं। हम आभारी हैं वाणी प्रकाशन के प्रबन्ध निदेशक अरुण माहेश्वरी जी के जिनकी स्नेहिल प्रेरणा सदैव की तरह इस बार भी साथ रही। इसी के साथ पत्नी शिवा, बेटी मृणाल और बेटे प्रथमेश के धैर्य का भी आभार व्यक्त करना चाहता हूँ जिन्होंने कोरोना काल में छोटे से फ़्लैट में सिमटकर भी मेरी लेखकीय अस्त–व्यस्तता को सहा। विशेषकर पेशे से इंजीनियर प्रथमेश बीच–बीच में तालिबान और अफ़ग़ानिस्तान के बारे में अपनी जानकारियों से मुझे संशोधित भी करता रहा।

निश्चित तौर पर यह पुस्तक जल्दी में लिखी गयी है और यह कहने में कोई झिझक नहीं होनी चाहिए कि यह लेखक मध्यपूर्व और अफ़ग़ानिस्तान का विशेषज्ञ नहीं है। बस वह सामान्य पाठकों से अलग नज़रिये से किसी घटना को देखता है। पुस्तक न तो तालिबान के विरुद्ध किसी तरह का वैचारिक आक्रमण है और न ही उसकी तरफ़दारी में लिखी गयी है। यह उन कारणों को समझने का विनम्र प्रयास है जिसके कारण इक्कीसवीं सदी के तीसरे दशक में दुनिया में ऐसे कट्टर संगठन शक्तिशाली हो रहे हैं। इसलिए यह साफ़ कर देना चाहता हूँ कि यह पुस्तक हिन्दी के सामान्य पाठकों को ध्यान में रखकर लिखी गयी है और विद्वानों को ध्यान में रखकर तो बिल्कुल नहीं है। अगर विद्वानों को कमी लगे तो वह क्षमा करेंगे। लेकिन अगर हिन्दी के पाठकों को अपनी दृष्टि के विस्तार में कोई सहायता मिलती है तो इस लेखक को बहुत खुशी होगी और वह अपना प्रयास एक हद तक सफल मानेगा।

**–अरुण कुमार त्रिपाठी**

15 दिसम्बर, 2021 वसुन्धरा, ग़ाज़ियाबाद

*भूमिका*

# आशंकाएँ और सम्भावनाएँ

अफ़ग़ानिस्तान में बीस साल बाद तालिबान जैसे कट्टर इस्लामी छापामार संगठन की सत्ता में वापसी से सभ्य दुनिया सदमे में है। उसे लग रहा है जैसे धरती के किसी हिस्से पर एलियन आ गये हैं। जिन्हें सरकार और देश चलाने का अनुभव नहीं है और अगर संक्षिप्त अनुभव है भी तो वह बहुत ख़राब क़िस्म का है, वे कैसे आर्थिक संकट में फँसे देश को चलायेंगे और कैसे दुनिया से सम्पर्क साधेंगे। वह समझ नहीं पा रही है कि उसके साथ कैसा वर्ताव किया जाये। यह सन् 2001 में अमेरिका की ओर से शुरू किये गये स्थायी स्वतन्त्रता अभियान (Operation Enduring Freedom) पर अफ़ग़ानी जिहाद की जीत है। अमेरिका के नेतृत्व में नाटो देशों ने अल–क़ायदा और तालिबान को ख़त्म करने के लिए दुनिया की सबसे लम्बी लड़ाई लड़ी। लेकिन वे बच गये और अमेरिका को अफ़ग़ानिस्तान की धरती से हटाकर फिर वहाँ तालिबान क़ाबिज़ हो गया। दुनिया उसे मान्यता देने को तैयार नहीं है और अफ़ग़ानिस्तान को दी जाने वाली सहायता बन्द कर दी गयी है। लेकिन वह तालिबान के कारण अफ़ग़ानिस्तान की क़रीब चार करोड़ जनता की लम्बे समय तक उपेक्षा नहीं कर सकती। वह दुनिया की शान्ति और स्थिरता के लिए ख़तरा है लेकिन वह अफ़ग़ानिस्तान का भाग्यविधाता भी है। इसीलिए जहाँ पश्चिमी दुनिया ने उसकी सहायता बन्द कर दी है, वहीं भारत जैसा आतंक से परेशान देश उसे सहायता देने के लिए प्रयास कर रहा है। यह एक खट्टा, मीठा, भय और सरोकार का मिला–जुला रिश्ता है। इसके बारे में कहा जा सकता है कि यह एक विचित्र क़िस्म का समझ में न आने वाला राजनय है। तालिबान जैसा संगठन रहस्यमयी है। अमेरिका तालिबान को समझ नहीं पाया। इसीलिए 20 सालों तक लड़ने के बाद महाबली वहाँ से वापस चला गया। इससे पहले दस साल तक वहाँ क़ब्ज़ा जमा

कर बैठी सोवियत संघ जैसी शक्ति मुज़ाहिदीन गुटों से हार कर चली गयी। तालिबानी तो यह भी दावा करते हैं कि सोवियत संघ का बिखराव भी अफ़ग़ानिस्तान के कारण हुआ। उन्हीं मुज़ाहिदीन गुटों की लड़ाई ख़त्म करने और मुल्क़ को एक रखने के लिए तालिबान उभरा। अमेरिका भी इसीलिए वापस गया क्योंकि उसे लगा कि उसने इस देश में पनपे आतंकवाद को मिटाने और राष्ट्र को सँवारने में अगर और ताक़त लगायी तो वह भी महाशक्ति के पायदान से नीचे आ जायेगा। इसी कशमकश में साढ़े तीन महीने भारत रहा। भारत ने तालिबान के प्रति दुनिया को आगाह करने के साथ वहाँ अपनी स्वतन्त्र उपस्थिति बनाने की कोशिश शुरू कर दी है। सरकार से सीधे सम्पर्क भले न हो लेकिन जनता से सम्पर्क तो रखना ही चाहिए। इसी सोच के साथ भारत ने राजनयिक पहल तेज़ कर दी है। चीन और पाकिस्तान के सक्रिय असहयोग के बावजूद इस प्रयास में भारत के साथ ईरान और रूस के अलावा मध्य एशिया के कई देश शामिल हैं। इसका ताज़ा प्रमाण उस समय सामने आया जब भारत ने 10 दिसम्बर, 2021 को काबुल से दिल्ली आये विमान से ही 1.6 मीट्रिक टन आपातकालीन जीवनरक्षक दवाइयाँ भेज दीं। यह दवाएँ काबुल में काम कर रहे विश्व स्वास्थ्य संगठन को भेजी गयी हैं जो वहाँ के इन्दिरा गाँधी बाल चिकित्सालय को दी जायेंगी। यह चिकित्सालय भारत ने ही बनवाया था। विमान काबुल से दिल्ली 10 भारतीयों और 94 अफ़ग़ानिस्तानियों को लेकर आया था। यह भारत का एक राजनयिक रुख़ है जिसके माध्यम से वह संकेत देना चाहता है कि वह अफ़ग़ानिस्तान से एकदम कट नहीं जायेगा। बदले में अफ़ग़ानिस्तान ने भी दवा मिलने की पावती देते हुए भारत को धन्यवाद दिया है। भारत में अफ़ग़ानिस्तान के राजदूत फरीद ममुंदजे ने ट्वीट करते हुए भारत को धन्यवाद दिया और कहा कि दोनों देशों के सम्बन्ध बहुत अहम हैं। इस मदद से कठिन समय में बहुत अफ़ग़ानी परिवारों को राहत मिलेगी। अफ़ग़ानिस्तान के इस्लामी अमीरात के उप प्रवक्ता अहमदुल्ला वासिक ने कहा कि भारत इस इलाक़े में एक प्रमुख देश है। अफ़ग़ानिस्तान और भारत के रिश्ते अहम हैं।

भारत तालिबान सरकार की आलोचना करता रहा है और उसके आतंकी सम्पर्कों को लेकर दुनिया को आगाह भी करता रहा है लेकिन इसी के साथ वह तालिबान सरकार और अफ़ग़ानिस्तान की जनता में फ़र्क़ भी करना चाहता है। यही कारण है कि भारत संयुक्त राष्ट्र की संस्था

डब्ल्यू.एच.ओ. के माध्यम से दवाएँ भेज रहा है और वर्ल्ड फूड प्रोग्राम के माध्यम से अनाज पहुँचाने का प्रयास कर रहा है। दवाएँ तो भारत ने विमान से भेज दीं लेकिन अनाज जो सड़क के रास्ते भेजा जाना है उसमें पाकिस्तान का रवैया आड़े आ रहा है। दो महीने पहले भारत ने पाकिस्तान से कहा था कि वह अफ़ग़ानिस्तान की जनता के लिए 50,000 मीट्रिक टन गेहूँ भेजना चाहता है। पाकिस्तान उसके लिए अपने सड़क मार्ग से ट्रकों को जाने की इजाज़त दे। पाकिस्तान ने भारत के उस अनुरोध पर विचार करने के लिए दो महीने लगा दिये। पाकिस्तानी प्रधानमन्त्री इमरान ख़ान ने नवम्बर में कहा कि वे इस मामले पर अफ़ग़ानी भाइयों से विचार करके कोई फ़ैसला करेंगे। इस बीच अफ़ग़ानिस्तान सरकार का प्रतिनिधिमण्डल पाकिस्तान आया था और उसने पाकिस्तान सरकार से कहा कि वह भारत से भेजा जाने वाला अनाज पाकिस्तान के रास्ते आने दें। इस पर पाकिस्तान ने भारत से कहा है कि अनाज अफ़ग़ानिस्तान पहुँचा दिया जायेगा लेकिन वह भारतीय नहीं अफ़ग़ानी ट्रकों में जायेगा। अफ़ग़ानिस्तान के ट्रक भारतीय ट्रकों से अनाज बाघा–अटारी बॉर्डर पर ले लेंगे और फिर वे उसे पाकिस्तान के रास्ते अपने देश ले जायेंगे। हालाँकि इस पर भारत ने यही जवाब दिया हैं कि मानवीय सहायता के लिए कोई पूर्व शर्त नहीं लगायी जा सकती।[1]

वास्तव में भारत के लिए तालिबान सरकार अभी एक रहस्य है। रेडिकल इस्लाम के विचारों को लेकर चलने वाला यह संगठन एक ओर निरन्तर युद्ध में यक़ीन करता है तो दूसरी ओर दुनिया के सबसे ख़तरनाक आतंकी संगठनों का मेज़बान है। इसलिए उसके सत्ता में आने के बाद जहाँ भारत उसके ख़तरों के प्रति दुनिया को आगाह करने के साथ ख़ुद भी चौकस रहना चाहता है वहीं मध्य एशिया से सम्पर्क करने के लिए अपरिहार्य देश अफ़ग़ानिस्तान से कट भी नहीं जाना चाहता। यह सही है कि अफ़ग़ानिस्तान में तालिबान सरकार के आने के बाद कश्मीर में आतंकी ख़तरा कई गुना बढ़ गया है लेकिन उसी के साथ यह भी सही है कि अगर भारत ने अफ़ग़ानिस्तान से एकदम हाथ खींच लिया तो पाकिस्तान और चीन उस देश का भारत के विरुद्ध अधिकतम इस्तेमाल कर सकते हैं और भारत के पास उसे नियन्त्रित करने का कोई लीवर ही नहीं रहेगा। इसीलिए भारत अफ़ग़ानिस्तान की जनता से सम्पर्क रखते हुए तालिबान सरकार पर अंकुश भी चाहता है। प्रधानमन्त्री नरेन्द्र मोदी ने 17 सितम्बर

को शंघाई सहयोग संगठन (एस.सी.ओ.) की बैठक में अफ़ग़ानिस्तान में तालिबान सरकार के आने पर तीन आपत्तियाँ साफ़ तौर पर रखी थीं। उनका कहना था कि– (1) वहाँ का सत्ता हस्तान्तरण बिना किसी बातचीत के हुआ और समावेशी नहीं रहा। (2) स्त्रियों और अल्पसंख्यक समुदाय का प्रतिनिधित्व नहीं है इस सरकार में। (3) दुनिया मान्यता देने के लिए सोच विचार कर निर्णय ले। प्रधानमन्त्री नरेन्द्र मोदी ने यह भी कहा था कि अगर अफ़ग़ानिस्तान में अस्थिरता और कट्टरता रही तो पूरी दुनिया में आतंकवादी सक्रिय होंगे और अतिवादी विचारधारा फैलेगी।

प्रधानमन्त्री नरेन्द्र मोदी के इस बयान पर तालिबान ने कोई प्रतिक्रिया जताने की बजाय ख़ामोश रहना ही उचित समझा। इससे पहले जब अगस्त के महीने में कतर में भारत के राजनयिक दीपक मित्तल ने तालिबान के विदेश उपमन्त्री शेर मोहम्मद स्टैनकज़ई से सम्पर्क किया तो उनका कहना था कि हमारे लिए भारतीय मदद की बड़ी अहमियत है। पिछले 20 सालों में भारत का तीन अरब डॉलर का निवेश बहुत महत्त्व का रहा है और वे चाहते हैं कि भारत अफ़ग़ानिस्तान में निवेश करता रहे। भारतीय दूतावास ने अफ़ग़ानिस्तान के स्थानीय सिपहसालारों से सम्पर्क बनाये रखा था। इससे उसने 34 प्रान्तों में साख़ कमाई है।

निश्चित तौर पर भारत ने पिछले बीस सालों में हामिद करज़ई और अशरफ़ ग़नी सरकार से गहरा सम्पर्क बनाया था। उससे पहले उसके सोवियत संघ समर्थक सरकारों से सम्पर्क थे। भारत के नार्दर्न अलायंस के मुजाहिदीन गुटों से भी सम्पर्क थे। यह सब ऐसी संस्थाएँ और संगठन हैं जो तालिबान के दुश्मन रहे हैं। अपनी अतीत की इन भूमिकाओं और पाकिस्तान के विशेष प्रभाव में रहने वाली तालिबान सरकार से जहाँ एक ओर भारत सशंकित है वहीं उधर से आने वाले सकारात्मक संकेतों के कारण धीरे–धीरे सम्पर्क बनाने के सधे हुए क़दम भी उठा रहा है। इस दिशा में भारत ने 10–11 नवम्बर को अफ़ग़ानिस्तान पर दिल्ली क्षेत्रीय सुरक्षा संवाद आयोजित करके क़दम बढ़ाया। इसमें भारत समेत आठ देशों के राष्ट्रीय सुरक्षा सलाहकारों और सुरक्षा परिषदों के सचिवों ने हिस्सा लिया। इसकी अध्यक्षता भारत के राष्ट्रीय सुरक्षा सलाहकार अजीत डोभाल ने की। इस सम्मेलन में ताजिकिस्तान, किर्गिजिस्तान, कज़ाकिस्तान, उज़बेकिस्तान, तुर्कमेनिस्तान, रूस और ईरान के प्रतिनिधि आये थे। रूस की सुरक्षा परिषद के सचिव निकोलाई पी. पत्रुशेव, ईरान की सुप्रीम

नेशनल सिक्योरिटी कौंसिल के सचिव रीयर एडमिरल अली शमख़ानी, कज़ाकिस्तान की राष्ट्रीय सुरक्षा समिति के चीफ़ करीम मैसीमोव ने अजीत डोभाल से अलग–अलग बात की। वे भारत के प्रधानमन्त्री नरेन्द्र मोदी से भी मिले। इस सम्मेलन में चीन और पाकिस्तान को भी बुलाया गया था। लेकिन उन्होंने भागीदारी नहीं की। बल्कि उन्होंने अगले दिन इस्लामाबाद में अमेरिका और रूस के साथ तालिबान के प्रतिनिधिमण्डल से भी बात की।

इस सम्मेलन से यह बात निकल कर आयी कि अफ़ग़ानिस्तान की घटनाओं का स्थानीय स्तर पर असर होगा। जो निष्कर्ष निकले वे इस प्रकार हैं– (1) वहां समावेशी सरकार होनी चाहिए। (2) आतंकवाद के लिए जीरो टॉलरेंस हो। (3) दवाओं और हथियारों का व्यापार रोका जाये। (4) मानवीय संकट का हल निकालें और महिलाओं को जगह दें।

बाद में दूसरे दिन जब पाकिस्तान में बैठक हुई तो वहाँ भी इन मुद्दों पर चर्चा हुई। लेकिन अफ़ग़ानिस्तान के मानवीय संकट और वहाँ मदद पहुँचाने के अहसास के साथ उससे बने आतंकी ख़तरे के प्रति दुनिया सहमी भी हुई है। तालिबान सरकार में आतंकी पृष्ठभूमि से जुड़े एक दर्ज़न मन्त्री हैं तो कई ख़तरनाक आतंकी संगठन उसके मेहमान भी हैं। उनमें अल–क़ायदा, इस्लामिक स्टेट ऑफ़ इराक और लेवंत खोरासन, तहरीके तालिबान पाकिस्तान, पूर्वी तुर्किस्तान इस्लामी आन्दोलन, उज़बेकिस्तान का इस्लामी आंदोलन, काकेशियन अमीरात, जैश–ए–मोहम्मद और लश्कर–ए–तैयबा जैसे आतंकी संगठन शामिल हैं। अगर अल–क़ायदा और हक्कानी समूह के रिश्तों से अमेरिका और पश्चिमी दुनिया चिन्तित है तो तहरीके तालिबान से पाकिस्तान परेशान है। इस्लामिक स्टेट ऑफ़ खोरासन से ईरान चिन्तित है। बड़ख्शान में सक्रिय तुर्किस्तान इस्लामी संगठन से चीन के उइगुर में उपद्रव हो रहा है। उज़बेकिस्तान का इस्लामी आन्दोलन उज़बेकिस्तान सरकार को गिराना चाहता है। काकेशियन अमीरात चेचेन्या के बहाने रूस के लिए ख़तरा है। जैश–ए–मोहम्मद कश्मीर में सक्रिय है और आईसी–814 विमान के अपहरण में उसी का हाथ था। हाल में उसके नेता अब्दुल रऊफ अजहर ने तालिबान से भेंट की है। तालिबान से जुड़ा लश्कर–ए–तैयबा हाफ़िज़ मोहम्मद सईद से संचालित होता है और 2008 में मुम्बई पर हुए आतंकी हमले में उसका हाथ था।[2]

दुनिया की इन चिन्ताओं के साथ भारत तालिबान की वापसी के बाद कश्मीर में आतंकी गतिविधियाँ बढ़ने की आशंका से परेशान है। इस बारे में दो तरह के विचार हैं। एक विचार तो यह है कि अनुच्छेद 370 ख़त्म होने के बाद कश्मीर की जनता भीतर से इतने आक्रोश में है कि पाकिस्तान तालिबान के माध्यम से उसका फ़ायदा उठाने से नहीं चूकेगा। फिर तालिबान के आने से कश्मीर के आतंकी संगठनों के हौंसले भी बुलन्द होंगे। दूसरी थ्योरी यह है कि इस बार का तालिबान काफ़ी बदला हुआ है और वह अपनी ज़मीन को किसी और देश में गड़बड़ी के लिए इस्तेमाल नहीं होने देगा। इसलिए भारत सरकार कश्मीर के मामले में तालिबान का हौवा इसलिए खड़ा कर रही है ताकि वह देश के बाक़ी हिस्सों के हिन्दुओं को एकजुट कर अपनी सत्ता कायम रखे। तालिबान के प्रवक्ता जबीहुल्लाह मुज़ाहिद ने पाकिस्तान के एआरवाई न्यूज़ से एक इंटरव्यू में कहा था कि भारत को कश्मीर घाटी के बारे में सकारात्मक रवैया रखना चाहिए। उन्होंने पाकिस्तान से अपने नज़दीकी सम्बन्धों का हवाला देते हुए उसे और गहरा बनाने पर ज़ोर दिया था। उसके बाद एक और तालिबानी नेता सुहैल शाहीन ने बीबीसी से एक इंटरव्यू में कहा कि मुसलमान होने के नाते हमें भारत के कश्मीर या किसी और देश में मुसलमानों की आवाज़ उठाने का हक़ है। लेकिन उसी के साथ उन्होंने कहा कि तालिबान की किसी भी देश के विरुद्ध सशस्त्र हमला करने की नीति नहीं है। फिर तालिबानी नेता अनस हक़्क़ानी ने आईएसआई से संगठन के नज़दीकी रिश्ते के कारण कश्मीर में किसी तरह की गड़बड़ी करने की ख़बरों को खारिज किया।[3]

लेकिन लेखक और रक्षा मामलों के विशेषज्ञ डेविड देवदास कहते हैं कि उन्होंने एक दशक पहले यह कहा था कि अमेरिका अफ़ग़ानिस्तान तालिबान को सौंपकर जायेगा और उसके बाद अफ़ग़ानी कश्मीर में आयेंगे। चूँकि उन्होंने तालिबान को ज़िम्मेदार क़िस्म के अच्छे लोग कहा है इसलिए वे अलग स्तर और पहचान के लोगों को कश्मीर में भेंजेंगे। आईएसआई को इस तरह कई ब्रांड पैदा करने और उसे बेचने में महारत हासिल है। *कश्मीर टाइम्स* की अनुराधा भसीन का कहना है कि कश्मीर घाटी में सिर्फ़ अफ़ग़ानिस्तान से ही नहीं बल्कि ईरान, सूडान और सीरिया के आतंकी भी आयेंगे। सन् 1990 के दशक में अफ़ग़ानी आतंकी आये थे लेकिन तब उन्हें स्थानीय लोगों से समर्थन नहीं मिला।

लेकिन आज कोई भी भारत सरकार से लड़ने का दावा करने वाला आ जायेगा तो उसे ही समर्थन मिलने लगेगा। वजह साफ़ है कि कश्मीर के लोग आज ज़्यादा अलग–थलग महसूस कर रहे हैं। क्योंकि मौजूदा सरकार की दबंग कश्मीर नीति के तहत बातचीत का रास्ता बन्द कर दिया गया है और विरोध की हर आवाज़ को दबाया जा रहा है। अनुराधा भसीन की बात को हाल में हेलिकॉप्टर हादसे में जान गँवाने वाले चीफ़ ऑफ़ डिफेंस स्टाफ जनरल बिपिन रावत भी अपनी आशंका से समर्थन देते नज़र आते हैं। जनरल रावत ने 25 अगस्त को कहा था ''काबुल पर तालिबान के क़ब्ज़े का कश्मीर पर असर पड़ेगा।'' जो कुछ (तालिबान के क़ब्ज़े का) हुआ उसका अनुमान था। सिर्फ़ उसके वक़्त में थोड़ा अन्तर रहा है। भारतीय नज़रिये से हम सोच रहे थे कि तालिबान अफ़ग़ानिस्तान पर क़ब्ज़ा करेगा। हमारी चिन्ता का विषय यह था कि अफ़ग़ानिस्तान से किस तरह आतंकवाद भारत में फैलता है। उसे देखते हुए हमारी आकस्मिक योजना बन रही थी और हम उसके लिए तैयार हैं।'' वे यह भी मानते थे कि यह वही तालिबान है जो 20 साल पहले था। ''वहाँ से आने वाली ख़बरें और वहाँ से आने वाले लोग बता रहे हैं कि तालिबान की गतिविधियाँ क्या हैं। महज पार्टनर बदल गये हैं लेकिन तालिबान वही है।''[4]

पीडीपी की अध्यक्ष महबूबा मुफ्ती ने केंद्र सरकार को चेतावनी देते हुए कहा है कि तालिबान की जीत भारत के लिए एक सबक है। ''अमेरिका जो कि एक सुपर पावर था उसे अपना सामान बाँध कर भागना पड़ा है। आप (केन्द्र सरकार) के पास अभी भी मौक़ा है कि वह जम्मू और कश्मीर के लोगों के साथ वार्ता शुरू करे वैसी जैसी वाजपेयी ने की थी। आप ग़ैर–क़ानूनी और ग़ैर–संवैधानिक तरीक़े से जम्मू–कश्मीर की पहचान को ख़त्म करने और उसे बाँटने की ग़लती सुधारें वरना बहुत देर हो जायेगी।''[5]

इसी तरह की बात स्वीडन की उपासला यूनिवर्सिटी में शान्ति और संघर्ष के प्रोफ़ेसर अशोक स्वाइन कहते हैं, ''अफ़ग़ानिस्तान पर तालिबान के क़ब्ज़े के बाद भारत की चिन्ता काबुल नहीं कश्मीर होनी चाहिए। ...अल–क़ायदा के मामले में तालिबान सावधान रह सकता है लेकिन जैश–ए–मोहम्मद और लश्कर–ए–तैयबा शान्त नहीं बैठेंगे। काबुल में भारत के दूतावास बन्द करने से बात नहीं बनेगी।''

तृणमूल कांग्रेस के नेता और भारत के पूर्व विदेश मन्त्री यशवन्त सिन्हा भी तालिबान के क़ब्ज़े से निकलने वाली आशंकाओं को ख़ारिज नहीं करते। वे कहते हैं, "तालिबान के क़ब्ज़े के बाद भारत के लिए स्थिति बिगड़ गयी है। हमें मालूम है कि पाकिस्तान अपनी धरती से होकर अफ़ग़ानिस्तान तक जाने का मार्ग नहीं देगा। हम अफ़ग़ानिस्तान में प्रवेश के लिए चाबहार बन्दरगाह का उपयोग करते रहे हैं। वहाँ से जरांश जाकर मध्य एशिया में प्रवेश पाते हैं। मध्य एशिया से सम्पर्क बहुत ज़रूरी है और वह ईरान और अफ़ग़ानिस्तान के मार्ग से ही होता है। तालिबान के क़ब्ज़े से जो सन्देश निकल रहा है वो यह है कि उन्होंने एक महाबली को हराया है। यानी एक जीर्ण शीर्ण सशस्त्र संगठन के लिए यह सम्भव है कि वह दुनिया के सबसे आधुनिक हथियार रखने वाली सेना को हरा दे। इससे दुनिया में अन्य स्थानों पर भी सशस्त्र संघर्ष तेज़ होंगे। लोग वियतनाम को भूल गये हैं लेकिन काबुल में जो कुछ हुआ वह उनकी आंखों के सामने है। यह एक ख़तरनाक नज़ीर है।"[6]

यशवन्त सिन्हा यह भी मानते हैं कि मौजूदा सरकार की हिन्दुत्ववादी नीतियों के कारण भी उसे अन्तरराष्ट्रीय स्तर पर समस्याओं का सामना करना पड़ेगा। उदाहरण के लिए तुर्की से भारत के रिश्ते कभी बहुत अच्छे नहीं रहे पर वह शत्रुतापूर्ण भी नहीं थे। लेकिन अब तुर्की बार–बार संयुक्त राष्ट्र में जम्मू और कश्मीर का मामला उठा रहा है। यह बदलाव है।

लेकिन इस आशंका को सारे विशेषज्ञ सही नहीं मानते। इतिहासकार और राजनीति टिप्पणीकार सिद्दीक़ वाहिद का मानना है कि तालिबान अपने घरेलू मामलों में इतना उलझा रहेगा कि उसे कश्मीर के मामले पर बाहर हस्तक्षेप करने का मौक़ा शायद ही मिले। वे यह भी मानते हैं कि यह तालिबान 20 साल पहले वाला तालिबान नहीं है। अब वह अफ़ग़ानिस्तान के लिए अपनी घरेलू नीतियों के निर्माण पर ज़ोर दे रहा है। हालाँकि उसने कहा है कि वह कश्मीर में होने वाले अन्याय पर बोलेगा लेकिन उसका मतलब हथियारबन्द हस्तक्षेप नहीं है।[7]

सिद्दीक़ वाहिद का मानना है कि यह दलील कि काबुल में तालिबान के आने के बाद अफ़ग़ानिस्तान और पाकिस्तान कश्मीर के मामले में धावा बोल देंगे, कोई विश्लेषण नहीं बल्कि एक आलसी क़िस्म का तर्क है। भारत के ज़्यादातर विश्लेषकों में तालिबान के बारे में एक प्रकार का अज्ञान है। वजह साफ़ है कि उन्होंने पिछले 20 सालों से उससे किसी

तरह का सम्पर्क ही नहीं रखा। न ही वे इस बात के बारे में कोई दलील पेश कर पाये हैं कि कश्मीर का आन्दोलन इस्लाम की अन्तरराष्ट्रीयता से प्रेरित है। इसलिए जल्दबाज़ी में किसी नतीजे पर पहुँचने से पहले विश्लेषकों को धैर्य का परिचय देना चाहिए। उनका कहना है कि चीन के साथ गठजोड़ बनाकर पाकिस्तान और अफ़ग़ानिस्तान इस्लाम की अन्तरराष्ट्रीयता से दूर होंगे क्योंकि चीन उस विचार को पसन्द नहीं करता।[8]

अहमद राशिद अपनी *तालिबान* पुस्तक के आख़िरी अध्याय में आज के 20 साल पहले यही सुझाव देते हैं कि अगर अफ़ग़ानिस्तान में शान्ति रही तो उससे अफ़ग़ानिस्तान का ही नहीं पाकिस्तान का भी भला होगा। दोनों देश तरक़्क़ी करेंगे। उससे चीन का भी फ़ायदा होगा। साथ ही इस पूरे क्षेत्र में तरक़्क़ी होगी। लेकिन अगर अफ़ग़ानिस्तान में शान्ति नहीं रही तो पाकिस्तान में भी ऐसा आन्दोलन खड़ा होगा जो उसके सत्ता के ढाँचे को तहस–नहस कर देगा। उसका नुक़सान चीन को भी उठाना होगा।[9]

इस बीच तालिबान ने आदेश जारी किया है कि वे महिलाओं से जबरन विवाह पर रोक लगा रहे हैं। यह ऐलान वहाँ के सुप्रीम नेता हैबतुल्ला अखुन्दज़दा ने जारी किया है। अखुन्दज़दा के आदेश में कहा गया है कि मर्द और औरतों को बराबर होना चाहिए। किसी को यह हक़ नहीं होना चाहिए कि वह औरतों से ज़बरदस्ती या दबाव डालकर शादी करे। तालिबान ने अदालतों से कहा है कि वे महिलाओं से न्यायपूर्ण व्यवहार करें। विशेषकर जब वे उत्तराधिकार माँग रही हों। उन्होंने मन्त्रियों से कहा है कि वे पूरे मुल्क़ में औरतों के हक़ में जागरूकता फैलायें। इन दिनों अफ़ग़ानिस्तान में ग़रीबों से ज़बरन शादी आम हो चली है। विस्थापित लोग अपनी बेटियों को धन लेकर ब्याह रहे हैं। इस तरह से वे कर्ज़ अदा करते हैं और घर का ख़र्च चलाते हैं। यहाँ पर वर्षों से महिलाओं को सम्पत्ति माना जाता था और क़बीलाई झगड़े निपटाने के लिए उन्हें उपहार में दिया जाता था। पहले यह भी प्रथा रही है कि पति की मृत्यु के बाद औरत को उसके भाई या सम्बन्धी से विवाह करना पड़ता था। तालिबान ने कहा है कि वे इस प्रथा के ख़िलाफ़ हैं। अब एक विधवा भी अपनी पति की मृत्यु के 17 हफ़्ते बाद विवाह कर सकती है। हालाँकि अभी भी अफ़ग़ानिस्तान में कक्षा 7 से 12 तक की छात्राएँ स्कूल नहीं जा पा रही हैं। अखुन्दज़दा के ताज़ा आदेश में शादी की न्यूनतम आयु का

उल्लेख नहीं है। हालाँकि पहले यह आयु 16 साल थी। समझा जा रहा है कि तालिबान ने यह आदेश विकसित देशों को ख़ुश करने के लिए दिया है। विकसित देशों ने तालिबान सरकार को मान्यता नहीं दी है। जब तक वे मान्यता नहीं देंगे तब तक विदेशी मदद शुरू नहीं होगी। उससे वहाँ की आर्थिक दिक़्क़तें बढ़ी हुई हैं।[10]

यह अध्ययन इन तमाम आशंकाओं और सम्भावनाओं पर ऐतिहासिक सन्दर्भ में रोशनी डालने का एक विनम्र प्रयास है।

# अनुक्रम

# सत्ताईस साल पहले

**कहाँ से आया, ये है कौन? अल्लाह के जिहादी बन्दे या शीत युद्ध के बायप्रोडक्ट? क्या है उनका संगठन, कैसे हैं उनके नेता और कौन हैं उनके योद्धा? क्या किया उन्होंने और क्या चाहते हैं, क्यों दहशत में है दुनिया?**

जब कथित सभ्य संसार कोविड–19 महामारी से बेहद कठिन और जटिल लड़ाई लड़कर थोड़ा आराम और काम की थोड़ी तैयारी कर रहा था तभी दुनिया के बीचोंबीच एक ऐसी ताक़त की वापसी हुई कि लोग फिर दहल गये। अमेरिका और नाटो सेनाओं की अफ़ग़ानिस्तान से वापसी के दौरान ही सत्ता पर क़ब्ज़ा कर लेने वाले तालिबान योद्धाओं ने ऐलान कर दिया कि युद्ध समाप्त हो गया है, लेकिन दहशत में जी रही दुनिया और अफ़ग़ानिस्तान के लोग ख़ासकर औरतों को लगता है कि युद्ध तो अभी शुरू हुआ है। यह युद्ध इस्लाम के रेडिकल स्वरूप के माध्यम से होगा, आतंकवाद की आधुनिक आत्मघाती तकनीक से होगा या ज़मीन पर राकेट चलाने वाली सेनाओं के माध्यम से होगा यह तो समय बतायेगा, लेकिन एक बात तय है कि तालिबान के फिर से उभार के साथ दुनिया के चर्चित और बेस्टसेलर वाले इतिहासकारों और बौद्धिकों की भविष्यवाणियाँ टूटती हुई दिखायी दे रही हैं, जिसे मानकर दुनिया निश्चिन्त हो चली थी।

पिछली सदी के आख़िरी दशक में ही डैनियल बेल ने अपनी प्रसिद्ध पुस्तक 'एंड ऑफ़ आइडियोलॉजी' में घोषणा कर दी थी कि विचारधाराओं का अन्त हो गया है। अब दुनिया उदारता की ओर जा रही है और उसके बीच विचारों के आधार पर ध्रुवीकरण की गुंजाइश नहीं है। उनका इशारा साम्यवादी विचारधारा के पतन की ओर था और उन्हें लगता था कि पूँजीवाद अपने उदार चरित्र के भीतर सभी को समेट लेगा,

लेकिन रेडिकल इस्लाम के उदय के साथ ही एक नयी विचारधारा दुनिया की अदालत में वादी की भूमिका में आकर खड़ी हो गयी है। उसने पूरी पश्चिमी व्यवस्थाओं को चुनौती दे डाली है। फ्राँसिस फुकुआमा ने 'एण्ड ऑफ हिस्ट्री' (इतिहास का अन्त) में ऐलान किया था कि अब इतिहास में तानाशाही और लोकतान्त्रिक व्यवस्थाओं के बीच खींचतान समाप्त हो गयी है। सारी दुनिया उन्हीं मूल्यों को प्राप्त करने की ओर बढ़ रही है जिसे फ्रांसीसी क्रान्ति के दौरान तय किया गया था। यानी स्वतन्त्रता, समता और बन्धुत्व। उन्होंने अरब देशों के उदाहरणों से भी साबित करने की कोशिश की थी कि राजशाही व्यवस्थाएँ अब अपने भीतर लोकतान्त्रिक परिवर्तन कर रही हैं। उनके बाद इजराइली इतिहासकार युआल नोवा हरारी ने अपनी 'सेपियंस', 'होमो डियस' और 21 'लेशन्स फार ट्वेन्टी फर्स्ट सेन्चुरी' में ज़ोर–ज़ोर से चिल्लाकर ऐलान किया कि अब दुनिया युद्ध, महामारी और अकाल से मुक्त हो गयी है। मनुष्य सेपियंस (बुद्धिमान) से डियस (दैवीय) बन चुका है और अब मानव इतिहास नयी राह तय करके नयी मन्ज़िल की ओर जायेगा।

तो फिर अचानक इक्कीसवीं सदी के दूसरे दशक के अन्त में तालिबान कहाँ से आ गया? क्योंकि सौ साल पहले तो खलीफ़ा के शासन को भी हराकर तुर्की में एक आधुनिक व्यवस्था स्थापित कर दी गयी थी। अफ़ग़ानिस्तान में भी 20 साल पहले आतंकी संगठन अल–कायदा को प्रश्रय देने का आरोप लगाकर अमेरिका ने तालिबान को सत्ता से हटा दिया था। इसलिए मामला सिर्फ़ तालिबान का नाम लेकर डरने और नींद हराम करने का नहीं है मामला इस बात पर भी विचार करने का है कि आखिर बाकी दुनिया जिसे शैतान बता रही है वह अफ़ग़ानिस्तान के कुछ लोगों के लिए फरिश्ता कैसे बन जाता है और धूल में मिला दिये जाने के बाद तूफान बन कर बड़ी–बड़ी ताक़तों की आँखों में धुन्ध पैदा कर देता है।

तालिबान के प्रति खौफ चारों ओर है और यही कारण है कि उसे तैयार करने और सत्ता में लाने वाला पाकिस्तान भी अभी तक उस सरकार को मान्यता देने की हिम्मत नहीं जुटा पा रहा है। जिस अमेरिका ने फ़रवरी 2020 में दोहा में उसी संगठन के साथ सेना की वापसी और अफ़ग़ानिस्तान में अमन बहाली का एक समझौता किया, उसी ने उस समझौते पर लिखा था कि वह तालिबान यानी इस्लामिक अमीरात ऑफ़

अफ़ग़ानिस्तान को मान्यता नहीं देता। भारत समेत अमेरिका और यूरोप के तमाम देशों ने वहाँ अपने दूतावास समेट लिए हैं और चीन, पाकिस्तान और रूस जिनके दूतावास बचे हैं उन्होंने भी अभी उसे मान्यता नहीं दी है। वे देख रहे हैं और इन्तज़ार कर रहे हैं। दुनिया के तमाम देश तालिबान शासन से यह आश्वासन माँग रहे हैं कि वह अपनी धरती को दूसरे देशों के विरुद्ध आतंकवाद के लिए इस्तेमाल नहीं होने देगा।

अफ़ग़ानिस्तान से आने वाली एक ख़बर सचमुच आधुनिकता की रीढ़ में सिहरन पैदा करती है। वह ख़बर है वहाँ की महिला जजों के भीतर डर का माहौल। पिछले 20 सालों में जब वहाँ तालिबान का शासन नहीं था और अमेरिकापरस्त सरकारें एक हद तक व्यवस्था को लोकतान्त्रिक और आधुनिक बना रही थीं तब 2004 में बने नये संविधान के तहत महिलाओं को बहुत सारे अधिकार दिये गये। आज वे लोग दहशत में हैं जिन्होंने कभी न्याय देने का काम किया था। क्योंकि तालिबान मानता है कि स्त्रियों को इतने अधिकार देना पश्चिमी संस्कृति का बुरा असर है। पिछले 20 सालों में अफ़ग़ानिस्तान की न्यायपालिका में दस सैकड़ा महिलाएँ जज बनी थीं। उनकी कुल संख्या 270 के आसपास है। वे महिला जज आज भूमिगत हैं। चूँकि उनमें से कुछ ऐसी भी हैं जिन्होंने अपने कार्यकाल में तालिबान और आईएस को कैद की सजायें सुनाई थीं। अब उन्हें लगता है कि वे उनसे बदला लेंगे। उनमें से कुछ ने अपनी ग्रेट ब्रिटेन और अमेरिका की मित्रों से सम्पर्क करके कहा है, ''हमारी नौकरी, हमारा परिवार और हमारी सुरक्षा संकट में है। हम सो नहीं सकते। मुझे नहीं मालूम कि मैं कल ज़िन्दा रहूँगी या नहीं। तालिबान कभी भी हमारे घर में घुसकर हमें मार सकते हैं। वे मानते हैं कि एक औरत का जज बनना इल्लाम के विरुद्ध है। मैं चाहती हूँ कि आज ब्रिटिश सरकार हमारी मदद करे क्योंकि कल बहुत देर हो जायेगी।''[1]

हालाँकि तालिबान के प्रवक्ता आश्वासन दे रहे हैं कि वे औरतों की पढ़ाई और काम के लिए शरीयत के मुताबिक योजना बना रहे हैं। वे उन्हें इजाज़त देंगे। पाकिस्तान भी उनके आश्वासनों पर भरोसा करने को कह रहा है, लेकिन तालिबान मानता है कि औरतें सिर्फ़ मेडिकल और शिक्षा के क्षेत्र में काम कर सकती हैं। अभी तक उसने यह नहीं कहा है कि वे जज भी बन सकती हैं। तालिबान ने यह भी आश्वासन नहीं दिया है कि पिछले शासन के कर्मचारियों और न्यायपालिका में फ़ैसला देने वाले अधिकारियों को माफ़ी दे दी जायेगी।

तालिबान का जन्म पाकिस्तान के शरणार्थी शिविरों में हुआ। उसका जन्म मरदसों में हुआ। उसका जन्म अफ़ग़ानिस्तान के कबीलाई समाज की गरीबी में हुआ और उसका जन्म अफ़ग़ानिस्तान को एकजुट रखने के लिए हुआ। उसका जन्म सोवियत संघ की कम्युनिस्ट सत्ता की दखलंदाजी वाली नीतियों से हुआ। उसका जन्म सोवियत संघ को हराने में लगे अमेरिका की नीतियों से हुआ और इस्लाम को प्रोत्साहित करने में लगे सऊदी अरब के धन से हुआ। तालिबान का जन्म औरतों और बच्चों पर मुज़ाहिदीन के ज़ुल्म को मिटाने के लिए हुआ। उसका जन्म अफ़ग़ानिस्तान में विभिन्न मुज़ाहिदीन गुटों की लूट से अपने मुल्क़ और पाकिस्तान को निजात दिलाने के लिए हुआ, लेकिन जब भी कोई संगठन और सत्ता विकेन्द्रित लूट और अत्याचार को ख़त्म करने के नाम पर शक्तियों का केन्द्रीकरण करती है और इन्साफ के नाम पर वही सजा देती है जो अपने आप में अत्याचार है तो वह और भी ख़तरनाक होकर उभरती है। अराजकता के दो अर्थ हैं। एक राज्य विहीन सभ्य समाज। वह इसका सकारात्मक अर्थ है। जबकि दूसरा अर्थ है कि राज्य और क़ानून की अनुपस्थिति और मनमानी करने वाले गिरोहों और क्रूर छोटी सत्ताओं का बोलबाला। इसलिए जो लोग तालिबान को अव्यवस्था का नाम दे रहे हैं उन्हें यह भी सोचना चाहिए कि उसका जन्म कितनी बड़ी अव्यवस्था के भीतर से हुआ है।

तालिब का अर्थ होता है छात्र। यह पश्तो शब्द है। तालिब का बहुवचन है तालिबान। पश्तो का यह शब्द अरबी से आया हुआ लगता है। क्योंकि तालिब का एक अर्थ जिज्ञासा से भी है। छात्र वही हो सकता है जो जिज्ञासु हो। हिन्दुस्तानी में भी तालिब शब्द का एक रूप तलब है। तलब का अर्थ होता है माँग, चाहत, इच्छा। अमिताभ बच्चन की 'सौदागर' फ़िल्म का एक गाना भी है—हर हसीं चीज़ का मैं तलबगार हूँ, रस का फूलों का गीतों का बीमार हूँ। इस तरह तालिब या तलब शब्द अपने में उतना डरावना नहीं है जितना आज उसके अर्थ में डाल दिया गया है। ज़्यादा अर्थ तालिबान योद्धाओं ने भरा है तो कुछ अर्थ पश्चिमी मीडिया ने भी भरा है। अर्थ भरने की इसी प्रक्रिया का विश्लेषण करते हुए एडवर्ड सईद ने 'कवरिंग इस्लाम' शीर्षक से एक पुस्तक भी लिखी है। उसके अनुसार इस्लामी देशों और उनके लोगों की एक ख़ास छवि निर्मित की गयी है। अंग्रेज़ी में तालिबान शब्द एकवचन और बहुवचन दोनों रूपों में प्रयोग होता है।

हिन्दी में यह कट्टरता और क्रूरता के अर्थ में रूढ़ हो चुका है और तालिबानीकरण एक ऐसा क्रिया विशेषण है जिसका प्रयोग लोग अपने विरोधियों के लिए करते हैं।

मुल्ला मुहम्मद उमर ने 1994 में चालीस छात्रों के साथ कन्धार की एक मस्जिद में तालिबान का गठन किया था, लेकिन इससे ज़्यादा यह बात महत्त्वपूर्ण है कि इस संगठन का गठन किन स्थितियों में हुआ था। तालिबान का जन्म मुज़ाहिदीन की गुटबाजी को ख़त्म करने के लिए हुआ। मुज़ाहिदीन की गुटबाजी इसलिए शुरू हुई क्योंकि 1989 में सोवियत संघ के अफ़ग़ानिस्तान से चले जाने के बाद वहाँ बची हुई नज़ीबुल्लाह की कम्युनिस्ट सरकार का 1992 में पतन हो गया। नज़ीबुल्लाह सरकार का तख्ता पलट मुज़ाहिदीन ने किया और उन मुज़ाहिदीन सरदारों को सीआईए, आईएसआई यानी अमेरिका और पाकिस्तान और सऊदी अरब व दूसरे इस्लामी देशों का समर्थन था। वे उन्हें पैसा और हथियार सब देते थे। उन्हीं के मदरसों में इन लोगों की पढ़ाई भी हुई थी। इसलिए यहाँ यह बात ध्यान देने लायक है कि जो आज तालिबान हैं वे पहले मुजाहिद थे। इसको इस तरह से समझा जा सकता है कि जो अफ़ग़ानी सोवियत संघ के विरुद्ध मुज़ाहिदीन थे वे अमेरिका के ख़िलाफ़ तालिबान बन गये। यानी जो लोग पहले सोवियत वर्चस्व के विरुद्ध संघर्ष कर रहे थे वे बाद में अमेरिकी वर्चस्व के विरुद्ध जंग करने लगे। गौर से देखें तो अमेरिका जो शीत युद्ध पहले सोवियत संघ यानी कम्युनिस्ट खेमे के ख़िलाफ़ लड़ रहा था वही युद्ध वह सोवियत संघ के ध्वस्त होने के बाद रेडिकल इस्लाम के विरुद्ध लड़ने लगा।[2]

तालिबान का उदय और अफ़ग़ानिस्तान का पिछले चालीस सालों का इतिहास बताता है कि किसी भी समाज पर यूरोपीय आधुनिकता के मूल्य युद्ध के माध्यम से थोपना कितना कठिन है। अगर आप किसी को ज़बरदस्ती उदार बनाना चाहते हैं तो उसके भीतर से एक कट्टर प्रतिक्रिया होती है। वह प्रतिक्रिया कब हिंसा का रूप ले लेती है कहा नहीं जा सकता। कट्टरता को थाम कर खड़ी होने वाली यह प्रतिक्रिया एक ओर हथियारों का सहारा लेती है तो दूसरी ओर संस्कृति और धर्म का सहारा लेती है। इस लड़ाई में जिहाद और क्रूसेड की पुरानी लड़ाइयों के हवाले दिये जाते हैं और सारे आधुनिक क़ानूनों को खारिज़ करके धर्मग्रन्थों पर आधारित नये क़ानून तैयार किये जाते हैं। अफ़ग़ानिस्तान और वहाँ

पैदा होने वाले तालिबान की कहानी कुछ ऐसी ही है। तालिबान मूलतः ग्रामीण पृष्ठभूमि का एक कबीलाई संगठन है। वह मुज़ाहिदीन के रूप में जब तक थोड़ा आधुनिक था और कम धार्मिक था तब तक उसके भीतर कबीलों वाली एकता थी और दूसरे गुटों से अलगाव था। इस दौरान उसमें पारम्परिक नियम थे और थोड़ी उदारता थी और कट्टरता कम थी, लेकिन अराजकता और लूट पाट थी और मुल्क़ से ज़्यादा अपने–अपने इलाक़े की सत्ता की चिन्ता थी, लेकिन जब वह इस विभाजन से ऊब गया तो उसने अपने ऊपर इस्लाम का लबादा ओढ़ लिया और फिर उसकी आन्तरिक दरार मिट गयी। इस दौरान वह ज़्यादा कट्टर हो गया। इस तरह एक ओर यह कहा जा सकता है कि तालिबान के उदय के पीछे यूरोपीय मूल्यों के साथ एशियाई मूल्यों का टकराव है तो दूसरी ओर यह भी कहा जा सकता है कि तालिबान के उदय के पीछे कबीलाई मूल्यों और इस्लामी मूल्यों का टकराव भी है। साथ ही इस्लाम और ईसाइयत का टकराव तो है ही, लेकिन इसी के साथ यह मुस्लिम समाज के भीतर चल रही उदारता और कट्टरता की लड़ाई भी है। यह शहरी संस्कृति के विरुद्ध ग्रामीण संस्कृति का विद्रोह भी है। यह शायद इतिहास में पहली बार हुआ है कि किसी आदिवासी समाज ने आधुनिक हथियारों से लैस समाजों को घुटने टेकने को विवश किया हो। वरना इतिहास में आदिवासी सदैव दबाए और सताए ही गये हैं और सभ्य समाज उनका सफाया करने में समर्थ रहा है। इसलिए तालिबान का अध्ययन नृतत्वशास्त्रीय ढंग से भी होना चाहिए। नोम चोमस्की इस तरह का संकेत भी करते हैं। तालिबान को सिर्फ़ हिन्दू और ईसाई विरोधी मानने वालों को यह भी सोचना चाहिए कि वह इस्लाम के इज्तेहाद (तर्कवाद) के भी विरुद्ध है और उस समूची यात्रा के ख़िलाफ़ भी है जो किसी समाज ने छठी सदी से इक्कीसवीं सदी तक तय की है।

पश्तून समाज के कबीलों ने जब अपने रीति–रिवाज और पारम्परिक नियमों की संहिता पश्तूनवली के साथ शरीयत को जोड़ा तो तालिबान का काढ़ा तैयार हो गया। ऐसी कीमियागीरी इतिहास में पहली बार हुई थी, लेकिन इतिहास कब क्या करा दे कहा नहीं जा सकता। पश्तूनवली के साथ देवबन्द की रेडिकल इस्लाम की विचारधारा का यह घोल इतना ताक़तवर संगठन पैदा करेगा किसी ने सोचा नहीं था। यह काढ़ा सोवियत विरोधी मुज़ाहिदीन के इस्लामवाद से अलग था।

यह सैयद कुतुब की विचारधारा से भी अलग था। तालिबान ने अपने शासन के पहले वर्षों में देवबन्द स्कूल और इस्लामवादियों की राष्ट्रवाद विरोधी विचारधारा को अपनाया। इस विचारधारा से एक ओर कबीलाई राष्ट्रवाद टूटता था तो दूसरी ओर दूसरे इस्लामी देशों से मदद मिलती थी और तीसरी ओर इसी के भीतर से अफ़ग़ानिस्तान की एकता भी निकलती थी।[3]

तालिबान ने अपने शासन के आरम्भिक दिनों में जिन चीज़ों पर रोक लगायी वे थी : सूअर ख़ाना, शराब पीना, संगीत सुनना, टेलीविजन और फ़िल्म देखना, इंटरनेट चलाना, फ़ोटोग्राफ़ी करना, फुटबाल, शतरंज या कोई भी खेल खेलना। तालिबान ने पतंगबाजी, कबूतरबाजी और पालतू जानवरों पर रोक लगायी और पक्षियों को मरवा दिया। ईरानी नववर्ष पर रोक लगा दी और फ़ोटो लेने और उसके प्रदर्शन को मूर्ति–पूजा बता दिया। बामियान प्रान्त में बुद्ध की विशाल मूर्तियों को इस्लाम–विरोधी बताकर अपनी ऐतिहासिक विरासत को तबाह कर दिया। उसकी दुनिया भर में आलोचना हुई। हालाँकि दावा किया गया कि मुल्ला उमर ने बामियान प्रान्त में स्थित बुद्ध की मूर्तियों के संरक्षण का फतवा जारी किया था, लेकिन उनके सिपहसालारों ने उसे इस्लाम विरोधी मानकर नष्ट कर दिया। क्योंकि उन्होंने पहले जारी किये गये उस फतवे को माना जिसके अनुसार सारी मूर्तियाँ इस्लाम–विरोधी हैं इसलिए अफ़ग़ानिस्तान की सभी मूर्तियों को तोड़ दिया जाये।[4]

महिलाओं के काम करने पर रोक लगा दी। उन्हें परदे में डाल दिया गया और उनकी पढ़ाई–लिखाई प्रतिबन्धित कर दी गयी। कहा गया कि औरतें बाहर निकलें तो मर्दों के साथ। जो न मानें उनकी गिरफ़्तारी का आदेश दिया गया। जुआ प्रतिबन्धित कर दिया गया और चोरों के हाथ काट दिये जाने का आदेश दिया गया। अपने शासन के आख़िरी दिनों में राष्ट्रपति मुल्ला मुहम्मद उमर ने अफ़ीम की खेती भी प्रतिबन्धित की। हालाँकि इसे एक दिखावटी आदेश ही माना जाता है क्योंकि तालिबान सरकार की बड़ी आमदनी अफ़ीम और उससे बनने वाली हेरोइन की तस्करी से होती रही है। तालिबान ने तर्क करने और बहस करने पर भी प्रतिबन्ध लगा दिये।

लेकिन इतने दमनकारी, स्वतन्त्रता और सुन्दरता विरोधी तालिबानी सिपहसालारों का उदय हुआ कैसे? इसे जानने के लिए अहमद राशिद के उन वर्णनों पर यक़ीन करना होगा जो उन्होंने लम्बे समय तक अफ़ग़ान

सोवियत युद्ध और फिर तालिबान और अमेरिका युद्ध और फिर उससे पैदा हुए भयंकर परिणामों की रिपोर्टिंग करते हुए लिखा है। वे लिखते हैं, "कन्धार के गवर्नर मुल्ला हसन रहमानी का एक ही पैर ठीक है। दूसरा पैर लकड़ी का है। वे मुल्ला उमर के बाद दूसरे नम्बर के तालिबानी नेता माने जाते हैं। वे बातचीत के दौरान अक्सर अपने एक पैर से मेज ठेलते रहते हैं। सन् 1989 में कन्धार मोर्चे पर उनका एक पैर उड़ गया था। तब सोवियत संघ की सेनाएँ वापस हो रही थीं। रहमानी की उम्र 40 के आसपास है। वे संगठन के वरिष्ठ नेताओं में हैं क्योंकि इस संगठन में नेताओं की औसत उम्र 39 ही है। इस वक़्त तालिबान का नेतृत्व अपनी विकलांगता के कारण विशिष्ट पहचान रखता है। ऐसे में आगन्तुक समझ नहीं पाता कि वह हँसे या रोए।"[5] वे 1996 में किसी समय रहमानी से बात करने गये थे। मुल्ला उमर को छोड़कर लगभग सभी नेताओं से उनकी बातचीत हुई थी। मुल्ला उमर विदेशी मीडिया से मिलते ही नहीं थे।

तालिबान के तत्कालीन नेतृत्व की शारीरिक स्थिति का वर्णन करते हुए राशिद लिखते हैं, "मुल्ला उमर की दाहिनी आँख तब चली गयी जब 1989 में उनके पास एक रॉकेट आकर फटा। न्याय मन्त्री नुरुद्दीन तुराबी और पूर्व विदेश मन्त्री मुहम्मद गौस भी एक–एक आँख गँवा चुके हैं। काबुल के मेयर अब्दुल माजिद का भी एक पैर और दो उँगलियाँ उड़ चुकीं हैं। तालिबानियों के ज़ख़्म बीस साल के युद्ध की गवाही देते हैं।"[6]

युद्ध की अर्थव्यवस्था और उससे पैदा हुई क्रूरता का वर्णन करते हुए राशिद लिखते हैं, "सोवियत संघ ने पाँच अरब डॉलर सालाना या कुल 45 अरब डॉलर झोंक दिये मुजाहिदीन को हराने के लिए, लेकिन वे खुद ही हार कर चले गये। जबकि अमेरिका ने सीआईए के माध्यम से 1980 से 1992 के बीच मुजाहिदीन को पाँच अरब डॉलर का फण्ड दिया। उधर सऊदी अरब, यूरोपीय देश और अन्य इस्लामी देशों ने भी मदद की और इस तरह मुजाहिदीन को 10 अरब डॉलर का कुल फण्ड मिला। (यानी दस अरब डॉलर का मुक़ाबला 45 अरब डॉलर से था।) यह सारा कोष हथियार के तौर पर दिया गया सामान्य खेतिहरों को। उन्होंने उन हथियारों से भयानक परिणाम पैदा किये और उसका असर उन पर भी आया।"[7]

"1980 के दशक में ख़तरनाक लड़ाई चल रही थी। आईएसआई इमदाद वितरित करती थी। वे दुर्रानी पश्तूनों पर ज़्यादा भरोसा नहीं करते थे। अफ़ग़ानिस्तान के भीतर कोई मेडिकल सुविधा न के बराबर थी।

तालिबानी प्राथमिक उपचार के बारे में नहीं जानते। डॉक्टर नहीं थे सर्जन की तो बात ही अलग। जो भी मेडिकल सुविधा थी वो पाकिस्तान के क्वेटा में थी और वहाँ भी कन्धार से दो दिन ऊँट की सवारी करके पहुँचा जा सकता था। तब तक घायल की स्थिति बिगड़ जाती थी।''

''सोवियत संघ की सेनाएँ 1979 में आयीं। उन्होंने 27 दिसम्बर को राष्ट्रपति हफ़ीजुल्ला अमीन के काबुल महल पर क़ब्ज़ा कर लिया और उसे मार डाला। उसकी जगह पर बाबराक कारमल को राष्ट्रपति बनाया गया। इसके बाद कन्धार में सोवियत संघ के विरुद्ध कबीलों ने जिहाद छेड़ दिया। इसका नेतृत्व कबीलों के सरदार और उलेमा कर रहे थे। बहुत तरह की मुज़ाहिदीन पार्टियाँ बन गयीं। पेशावर में सात मुज़ाहिदीन पार्टियाँ थीं। उनके नेता दुर्रानी पश्तून थे। इनमें दो पार्टियाँ प्रमुख थीं। एक थी मुहम्मद नबी मुहम्मदी की हरकत–ए–इंकलाब इस्लामी और दूसरी थी मोहम्मद खली के नेतृत्व वाली हिज़्ब–ए–इस्लामी। मुल्ला उमर ने हिज़्ब–ए–इस्लामी में भर्ती ली और मुल्ला हसन ने हरकत–ए–इंकलाब–इस्लामी में।''[8]

मुल्ला हसन ने राशिद से बातचीत में कहा, ''मैं उमर को अच्छी तरह से जानता था। हम अलग–अलग संगठनों के साथ अलग–अलग मोर्चे पर लड़ रहे थे। पर कभी कभी एक साथ भी लड़ते थे।'' इस बीच इस लड़ाई में अलग–अलग विचार और पैंतरे आते गये, लेकिन चलता वही था जिसे सीआईए और आईएसआई चाहे। जैसे कि नेशनल इस्लामिक फ्रंट के नेता पीर सैयद अहमद गैलानी चाहते थे कि रोम में रह रहे पूर्व बादशाह ज़हीर ख़ान को वापस बुलाया जाये। वे प्रगतिशील छवि वाले व्यक्ति थे और उनकी अफ़ग़ानिस्तान में बड़ी इज़्ज़त थी। वे कन्धारी लोगों में विशेष रूप से लोकप्रिय थे। उन्हें उम्मीद थी कि इससे अफ़ग़ानियों के संघर्ष को ताक़त मिलेगी, लेकिन पाकिस्तान और अमेरिका ऐसा नहीं चाहते थे।

उधर मुज़ाहिदीन पार्टी हरक़त–ए–इंकलाब–इस्लामी सांगठनिक रूप से ढीली ढाली पार्टी थी। जबकि हिज़्बे–इस्लामी को गुलबुद्दीन हिक़मतयार ने काफ़ी कसा था और एक मज़बूत दल के रूप में विकसित किया था। उसका सांगठनिक ढाँचा केन्द्रीकृत हो गया था और उसके कार्यकर्ता शिक्षित पश्तून थे। ''दरअसल युद्ध से पहले इस्लामवादियों का अफ़ग़ानी समाज में आधार नहीं था, लेकिन सीआईए के पैसे जो

आईएसआई के माध्यम से आये उससे उन्होंने ज़बरदस्त शक्ति बना ली। पारम्परिक समाज के मूल्य हार गये और वे जीत गये। इस तरह इस्लामवादियों की नयी लहर आयी और 1994 में तालिबान बन गया।''[9]

तालिबान के गठन में कन्धार और दुर्रानी पश्तून कबीले का बड़ा योगदान है। उसकी वजह ऐतिहासिक है। कन्धार देश का दूसरा बड़ा शहर है जो देश के दक्षिण पश्चिम में स्थित है। 1979 से पहले इसकी आबादी ढाई लाख थी। यह 2001 तक दोगुनी हो गयी थी। यह ईसा पूर्व 500 का शहर है। यहीं के रहने वाले अहमद शाह दुर्रानी ने 1761 में दुर्रानी साम्राज्य की स्थापना की और वहीं से आधुनिक अफ़ग़ानिस्तान का इतिहास शुरू होता है। दुर्रानी वंश का शासन 300 साल तक चला। अहमद शाह अब्दाली उर्फ अहमद शाह दुर्रानी ने कन्धार को अपनी राजधानी बनाया था। कन्धार से काबुल राजधानी उसका बेटा तिमूर शाह दुर्रानी 1776 में ले गया। अहमद शाह का मकबरा यहीं पर है और उसी के बगल में पैग़म्बर के लबादे की मस्जिद भी है। पैग़म्बर का यह लबादा हर समय देखने को नहीं मिलता, लेकिन जब जब कबीला, समाज और देश संकट में होता है तो उसे निकाला जाता है और उसका असर समाज ने महसूस किया है। वह जाग्रत हो जाता है किसी भी आपदा के ख़िलाफ़ एकजुट होकर खड़ा हो जाता है।[10]

अफ़ग़ानिस्तान के बादशाह अमानुल्ला ने उसे 1929 में निकाला था। जिसके नाते कबीलों में एकता कायम हुई थी। फिर उसे 1935 में निकाला गया जब हैज़ा फ़ैला हुआ था। उससे भी समाज को शक्ति मिली। 1996 में मुल्ला उमर ने अपने को अमीर–अल–मोमिनीन घोषित करने के लिए उसे निकाला। इसलिए अफ़ग़ानिस्तान की राजधानी काबुल भले हो गयी हो, लेकिन कन्धार का राष्ट्रीय जीवन में बहुत महत्त्व है। उन्हीं के नाते कंधारियों को फ़ौज में भर्ती से छूट मिली हुई थी। यहाँ के तरबूजे, खरबूजे और अनार बहुत मशहूर हैं। यहाँ के अनार अंग्रेज़ अधिकारियों की मेज़ पर भी होते थे, लेकिन सोवियत संघ और मुज़ाहिदीन की लड़ाई में बारूदी सुरंगें बिछा दी गयीं और उससे फलों के बगीचे तबाह हो गये। वहाँ नहर प्रणाली थी वह भी बेकार होती गयी। लड़ाई के दौरान खेती करने वाले शरणार्थी बनकर पाकिस्तान चले गये। बाद में जब शरणार्थी लौटे तो वे फलों और सब्ज़ियों की खेती करने की बजाय अफ़ीम की खेती करने लगे। वह तालिबान की अर्थव्यवस्था का आधार बना।

लेकिन तालिबान की ज़रूरत पैदा की नज़ीबुल्लाह के तख़्तापलट के बाद आयी अराजकता ने। मुज़ाहिदीन सरदारों ने देश के अलग–अलग हिस्से पर क़ब्ज़ा कर लिया था और उन्हें पूरे मुल्क़ की बजाय अपने हिस्से की चिन्ता थी। यह बात कन्धार के पश्तून सरदारों को अखर रही थी क्योंकि वे देश को एक रखने और उस पर शासन करने का अपना एक दावा मानते हैं। बुरहानुद्दीन रब्बानी जो कि कभी काबुल विश्वविद्यालय में धर्मशास्त्र के प्रोफ़ेसर थे उन्होंने ताज़िकों को इकट्ठा किया और उनके शागिर्द व सैनिक कमांडर अहमद शाह मसूद और जनरल रशीद दोस्तम ने उज़्बेक सेनाओं को संगठित करके काबुल पर क़ब्ज़ा कर लिया। इस तरह 300 सालों में पहली बार काबुल से पश्तूनी क़ब्ज़ा उठ गया। उधर गुलबुद्दीन हिक़मतयार ने काबुल को घेरकर बमबारी शुरू कर दी। इस तरह मुल्क़ में गृहयुद्ध छिड़ गया।

एक ओर बुरहानुद्दीन रब्बानी की ताज़िक सरकार का काबुल पर नियन्त्रण था तो हेरात प्रान्त के आसपास पश्चिम के तीन प्रान्तों पर इस्माइल ख़ान का क़ब्ज़ा था। पूरब में पाकिस्तान की सीमा से सटे तीन प्रान्तों पर जलालाबाद में बैठे मुज़ाहिदीन कमांडरों के शूरा का पूरा नियन्त्रण था। काबुल के दक्षिण और पूरब के एक इलाक़े पर गुलबुद्दीन हिक़मतयार का क़ब्ज़ा था। उत्तर में उज़्बेक सिपहसालार जनरल रशीद दोस्तम का क़ब्ज़ा था। रशीद दोस्तम ने 1994 में रब्बानी से संधि तोड़ दी और हिक़मतयार के साथ मिलकर काबुल पर हमला कर दिया। केन्द्रीय अफ़ग़ानिस्तान में हाज़रा का बामियान प्रान्त पर क़ब्ज़ा था और दक्षिण में कन्धार के साथ अन्य प्रान्तों पर दर्जनों मुज़ाहिदीन का क़ब्ज़ा था जो जनता को लूटते थे।

अफ़ग़ानिस्तान की 3.89 करोड़ आबादी में नौ से दस क़िस्म के जातीय समुदाय हैं। उनमें पश्तून, ताज़िक–फर्शिवन, उज़्बेक, तुर्कमेन, बलूच, हाजरा, अलिमक, नूरिस्तानी, पशाई और अन्य समुदाय शामिल हैं। पश्तून समुदाय की आबादी 42 प्रतिशत, ताज़िक की 27 प्रतिशत, हाज़रा की 9 प्रतिशत, उज़्बेक की 9 प्रतिशत, बलूच की 2 प्रतिशत, अलीमक की 4 प्रतिशत, तुर्कमेन की 3 प्रतिशत और अन्य की 4 प्रतिशत है। पश्तून दक्षिण, पश्चिमी और उत्तरी हिस्से में, ताज़िक ताज़िक पूरब, पश्चिम और उत्तर में, उज़्बेक उत्तर में हाजरा मध्य में और बलूच दक्षिण और पश्चिम में रहते हैं।[11]

इन तमाम समूहों में विभाजित होते अफ़ग़ानिस्तान से न सिर्फ़ पश्तून समुदाय के लोग परेशान थे, बल्कि अफ़ग़ानिस्तान की एकता चाहने वाले भी दुखी थे। किसी पश्तून नेता पर सहमति नहीं बन पा रही थी। पाकिस्तान दुर्रानी गुट को सैनिक सहायता नहीं देना चाहता था। वह हिक्मतयार को समर्थन देकर थक चुका था। हिक्मतयार लगातार कमज़ोर साबित हो रहे थे। उनके अतिवाद के कारण पश्तून विभाजित हो रहे थे। कन्धार के आसपास लड़ाकू संगठन सक्रिय थे। वे लूटपाट करते थे और उससे अपनी जेबें भर रहे थे। वे हर चीज़ पाक के व्यापारियों को बेच रहे थे। जैसे टेलीफ़ोन के खम्भे, पेड़, फैक्ट्री की मशीनें, रोड रोलर, वे सब कुछ बेचने पर आमादा थे। लोगों के घरों पर कब्जे हो रहे थे। अपहरण हो रहे थे, बलात्कार हो रहे थे और लूटपाट तो आम थी। इन कन्धार सिपहसालारों के चलते वहाँ कोई भी अन्तर्राष्ट्रीय इमदाद एजेंसियां काम करने से डर रही थीं। पाकिस्तान से जो ट्रांसपोर्टर अपने ट्रक केन्द्रीय एशिया तक लेकर जाते थे और तस्करी से लेकर तमाम क़िस्म का कारोबार करते थे उनके लिए भी लड़ाकू सिपहसालारों ने दिक्कत खड़ी कर रखी थी। वे जगह–जगह टैक्स वसूली करते थे। ऐसी वसूली कम से 20 जगहों पर होती थी।[12]

अफ़ग़ानिस्तान में गृह युद्ध के चलते पाकिस्तान की विदेश–नीति लाचार थी। पाकिस्तान की सरकारें चाहती थीं कि मध्य एशिया के देशों से व्यापार के लिए सड़क मार्ग खोला जाये, लेकिन युद्धरत सिपहसालार रास्ता ही नहीं दे रहे थे। पाकिस्तान को भारी घाटा उठाना पड़ रहा था। इस बीच 1993 में बेनज़ीर भुट्टो पाकिस्तान की प्रधानमन्त्री बनीं और वे मध्य एशिया से व्यापार करने के लिए सड़क का रास्ता खोलने को बेचैन थीं। इसके लिए सबसे छोटा रास्ता पेशावर से काबुल, काबुल से हिन्दुकुश की पहाड़ियों से होते हुए मज़ार–ए–शरीफ, तिमरेज़ और फिर उज़्बेकिस्तान के ताशकन्द वाला था, लेकिन इस रास्ते पर तमाम रुकावटें खड़ी कर दी गयी थीं। अब पाकिस्तान पीपुल्स पार्टी के सहयोगी और जमीयत–ए–उलेमा इस्लाम के नेता फजलुर्रहमान, पेशावर के सैनिक और राजनीतिक अधिकारियों और पाकिस्तान के ट्रांसपोर्ट और तस्करी माफिया ने मिलकर एक और रास्ता निकाला। उन्होंने उत्तरी अफ़ग़ानिस्तान से जाने की बजाय क्वेटा से कन्धार, हेरात होते हुए तुर्कमेनिस्तान की राजधानी अश्खाबाद तक के रास्ते में कम झंझट देखी।

इस रास्ते में काबुल वाले रास्ते की तरह से ज़्यादा लड़ाई नहीं थी, लेकिन यहाँ दर्जनों कमांडर ऐसे थे जिन्हें रिश्वत देनी पड़ती।

उधर तालिबान के गठन की प्रक्रिया शुरू हो चुकी थी। इस प्रक्रिया में जमीयत–ए–उलेमा इस्लाम के नेता फज़लुर्रहमान के मदरसों और उनके राजनीतिक प्रभाव का बड़ा योगदान था। उनका पश्तून और बलूच समुदाय में बड़ा असर था और उनका नार्थ वेस्ट फ्रण्टियर प्राविंस में अच्छा असर था। इस बीच वे प्रधानमन्त्री बेनज़ीर के साथ भी सहयोगी दल के रूप में जुड़ गये थे जिससे उनका राजनीतिक कद बढ़ रहा था। इसी दौरान कुछ ऐसी घटनाएँ हुयीं जिनसे तालिबान और मुल्ला उमर की छवि जनता के बीच उभरने लगी। अहमद राशिद कहते हैं कि इस बारे में बहुत सारी सच्ची झूठी कहानियाँ फैलाई गयी है, लेकिन कुछ कहानियाँ ऐसी हैं जो विश्वसनीय हैं। अहमद राशिद ने तालिबान के सभी नेताओं से बातचीत की लेकिन उनकी मुल्ला उमर से भेंट नहीं हो सकी। मुल्ला उमर तन्हाई में रहते थे और विदेशी पत्रकारों और प्रतिनिधियों से तो एकदम नहीं मिलते थे। मुल्ला उमर के प्रवक़्ता और सबसे विश्वसनीय व्यक्ति थे मुल्ला वकील अहमद। वे ही उनके आँख कान थे और वे ही उनके द्वारपाल भी थे। वे उनका भोजन भी पहले चखते थे तभी उमर उसे खाते थे। मुल्ला वकील से मिले बिना कोई बात मुल्ला उमर तक पहुँचती नहीं थी। उमर के कानों तक यह बात पहुँच रही थी कि मुज़ाहिदीन सरदार लड़कियों का अपहरण और बलात्कार कर रहे हैं। उन्होंने मदरसों के कुछ युवाओं को इसे रोकने के लिए तैयार किया था। सन् 1994 में, यानी जिस साल के उत्तरार्ध में तालिबान का गठन हुआ, सिंगेसार के पड़ोसियों ने उमर को बताया कि एक कमांडर ने दो किशोर लड़कियों का अपहरण कर लिया है। उसने उनके सिर मुंडवा दिये हैं और उन्हें सैन्य शिविरों में ले जाकर उनके साथ लगातार बलात्कार कर रहे हैं।

उमर ने लड़कियों को छुड़ाने के लिए 30 तालिबानियों को बुलाया और उन्हें यह जिम्मा सौंपा। इन युवाओं के बीच सिर्फ़ 16 राइफलें थीं। यानी सभी के पास हथियार नहीं थे, लेकिन उनके भीतर मदरसे के भीतर भरा गया इस्लामी शिक्षाओं का जज़्बा था और मुल्ला उमर की प्रेरणा थी। उन युवाओं ने सैन्य शिविर पर हमला किया और लड़कियों को छुड़ा लिया। उसके बाद उस कमांडर को टैंक की नली से लटका कर फाँसी दे दी। इस छापे में उन तालिबान युवाओं को बहुत सारे हथियार

और गोला–बारूद मिल गये। बाद में जारी एक बयान में मुल्ला उमर ने कहा, "हम उन मुसलमानों से लड़ रहे थे जो ग़लत रास्ते पर चले गये थे। जब औरतों और गरीबों पर ज़ुल्म हो रहा हो तब हम खामोश कैसे रह सकते हैं?"[13]

इस घटना के कुछ महीने बाद कन्धार में दो कमांडरों के बीच इस बात पर लड़ाई होने लगी कि एक लड़के के साथ कौन समलैंगिक सम्बन्ध बनायेगा। यानी कौन बच्चाबाजी करेगा? इस बात पर कमांडरों के बीच गोलीबारी हुई और इसमें कुछ शहरी भी मारे गये। उमर के गुट ने उस लड़के को कमांडर के चंगुल से छुड़ा लिया। अब स्थानीय लोग उनके पास तमाम विवादों को निपटाने के लिए फरियाद लेकर आने लगे। उमर उन विवादों को निपटाने लगे। इस तरह उनकी छवि एक रॉबिन हुड के रूप में उभरी जो अत्याचारी लोगों से गरीब और कमज़ोर लोगों को बचाता है। बदले में उमर न तो कोई श्रेय लेते थे और न ही किसी तरह का धन। उनका बस इतना ही कहना था कि लोग एक इन्साफ पसन्द इस्लामी व्यवस्था लागू करने में उनका साथ दें। उधर मुल्ला उमर के दूत देश का माहौल भाँप रहे थे और दूसरे कमांडरों से सम्पर्क कर रहे थे। मुल्ला के एक दूत ने हेरात प्रान्त में इस्माइल ख़ान से मुलाकात की, दूसरे ने सितम्बर में मुल्ला मुहम्मद रब्बानी से भेंट की और फिर काबुल जाकर राष्ट्रपति रब्बानी से भी बात की। काबुल की अलग थलग पड़ी सरकार जो कि हिक़मतयार की गोलाबारी से तंग आ चुकी थी चाहती थी कि मुल्क़ में कोई पश्तून ताक़त उभरे। उन्होंने तालिबान को धन से भी मदद देने का वादा किया।

इस बीच पाकिस्तान अफ़ग़ानिस्तान में अपनी विदेश–नीति विफल होते देख रहा था। पाकिस्तानी सेना में 20 प्रतिशत पश्तून थे और आईएसआई व दूसरी संस्थाओं में भी इस्लामी कट्टरपन्थी ताक़तों का बोलबाला था। वे चाहते थे कि गुलबुद्दीन हिक़मतयार जैसा एक पश्तून नेता काबुल पर क़ब्ज़ा कर ले और वे उसे धन और हथियार से समर्थन दे रहे थे, लेकिन हिक़मतयार काबुल पर बमबारी के बावजूद सफल नहीं हो पा रहा था। अफ़ग़ानिस्तान की अधर में लटकी हुई इस स्थिति के कारण पाकिस्तान की बेचैनी बढ़ रही थी। पाकिस्तान का सर्वे करने वालों ने पाक सीमा पर स्थित चमन से लेकर अफ़ग़ानिस्तान के हेरात तक सड़क का निरीक्षण किया। पाकिस्तान के गृहमन्त्री नसीरुल्लाह बाबर ने भी उसी

सितम्बर के महीने में चमन का दौरा किया। यह बात अफ़ग़ानिस्तान के मुज़ाहिदीन सरदारों को गँवारा नहीं हुई। उन्हें लगा कि पाकिस्तान सैनिक बल का प्रयोग करके उन्हें कुचल देना चाहता है। इस आशंका में एक कमांडर अमीर ललई ने तो बेबाक बयान जारी कर दिया, "पाकिस्तान हमारी सड़कें बनाने का प्रस्ताव रख रहा है, लेकिन सड़क पर क़ब्ज़ा करने से शान्ति अपने आप नहीं लौटेगी। जब तक पड़ोसी देश हमारे घरेलू मामलों में दखल देते रहेंगे तब तक हम शान्ति की उम्मीद नहीं कर सकते।"

इस तरह की आशंकाओं और बयानों के बीच पाकिस्तान ने अफ़ग़ानी सरदारों से बातचीत जारी रखी। उन्होंने कन्धार के सरदारों से बात की और हेरात के सरदार इस्माइल ख़ान से बात की। ताकि परिवहन हेरात से होते हुए तुर्कमेनिस्तान तक जा सके। बाबर पश्चिमी देशों के छह राजदूतों का दल लेकर कन्धार और हेरात गये और उन्होंने इस दौरे के बारे में काबुल सरकार को जानकारी भी नहीं दी। इस दौरे में रेलवे, सड़क, बिजली और टेलीफ़ोन विभाग के तमाम अधिकारी थे। बाबर ने यह भी ऐलान किया कि वे अन्तर्राष्ट्रीय संस्थाओं से 30 करोड़ अमेरिकी डॉलर जुटाना चाहते हैं ताकि क्वेटा से हेरात तक के इस राजमार्ग को अच्छी तरह से बनाकर चालू किया जा सके। अगले महीने यानी 28 अक्टूबर को पाकिस्तानी प्रधानमन्त्री बेनज़ीर भुट्टो ने तुर्कमेनिस्तान की राजधानी अश्खाबाद में इस्माइल ख़ान और जनरल रशीद दोस्तम से भेंट की। उन्होंने कहा कि वे दक्षिण वाला राजमार्ग खोलना चाहती हैं ताकि ट्रांसपोर्ट करने वाले ट्रकों को एक दो जगह ही टोल टैक्स देना पड़े और उनकी हिफाजत की भी गारंटी हो।

हालाँकि उस मुलाकात से पहले ही एक ऐसी घटना हुई जिसने कन्धार के सरदारों को भीतर तक हिला दिया। 12 अक्टूबर 1994 को पाकिस्तान और कन्धार के मदरसों से 200 तालिबान अफ़ग़ानी सीमा चौकी स्पिन बलदाक पर पहुँचे। यह चौकी पाकिस्तान और अफ़ग़ानिस्तान सीमा पर चमन के ठीक सामने है। इस जगह का इस्तेमाल ट्रांसपोर्ट माफिया अपने ट्रक खड़े करने, माल उतारने और तेल भराने के लिए इस्तेमाल करता था और इस जगह पर हिक़मतयार के लोगों का क़ब्ज़ा था। यहाँ पर अफ़ग़ानिस्तान के ट्रक पाकिस्तानी ट्रकों से माल उतार कर अपने ट्रकों पर लादते थे क्योंकि पाकिस्तानी ट्रकों को अफ़ग़ानिस्तान में

जाने की इजाज़त नहीं थी। यहीं से पाकिस्तान से ईंधन की भी तस्करी होती थी। जो कि मुज़ाहिदीन सरदारों की गाड़ियों में इस्तेमाल होता था। ट्रांसपोर्ट माफिया के लिए यह चौकी बहुत महत्त्वपूर्ण थी। उन्होंने मुल्ला उमर को इसके लिए लाखों पाकिस्तानी रुपये दिये थे और तालिबान को महीने का वज़ीफ़ा भी देने का वादा किया था। वे चाहते थे कि यहाँ से जन्ज़ीरें हट जायें, डाकू भाग जायें और ट्रक बेधड़क पार जा सकें।

तालिबानी लड़कों ने तीन टुकड़ियों में बँट कर हिक्मतयार के सुरक्षा बलों पर हमला किया और ज़बरदस्त लड़ाई में उनके सात लोगों को मार डाला और कइयों को घायल कर दिया। हिक्मतयार के लोग भाग खड़े हुए। इस लड़ाई में तालिबान का सिर्फ़ एक व्यक्ति मारा गया, लेकिन मामला इतना ही नहीं था। इस लड़ाई में तालिबान को हिक्मतयार के हथियारों का ज़खीरा मिल गया। अफ़ग़ानिस्तान सीमा में हिक्मतयार के सुरक्षा बलों ने अपने ठिकानों पर बहुत सारे हथियार और गोला–बारूद जमा कर रखे थे। ऐसा इसलिए क्योंकि 1990 के जेनेवा समझौते के तहत पाकिस्तान अपनी सीमा में अफ़ग़ानी लड़ाकू गुटों के लिए हथियार नहीं रख सकता था। इसलिए स्पिन बालदाक चौकी पर कब्जे के बाद तालिबान के पास 18,000 क्लाशनिकोव राइफलें, दर्जनों तोपें, तमाम गोला–बारूद और बहुत सारी गाड़ियाँ आ गयीं। इस घटना के कारण तमाम सरदारों ने पाकिस्तान की निन्दा की और आरोप लगाया कि वह तालिबान को बढ़ावा दे रहा है।[14]

अक्टूबर के ही महीने में एक और घटना घटी जिसने तालिबान का रुतबा बढ़ा दिया। पाकिस्तानी गृहमन्त्री नसीरुल्लाह बाबर चाहते थे कि वे क्वेटा कन्धार वाले रास्ते की स्थिति का इम्तिहान लें और देखें कि ट्रकों पर लदा हुआ माल तुर्कमेनिस्तान तक जा सकता है या नहीं। हालाँकि पाकिस्तान के तमाम अधिकारी उन्हें ऐसा करने से रोक रहे थे, लेकिन वे मानने को तैयार नहीं थे। उन्होंने दवाइयों से भरे 30 ट्रक अश्खाबाद भेजने का फ़ैसला किया और उन्हें 29 अक्टूबर को क्वेटा के नेशनल लाजिस्टिक्स सेल (एनएलसी) से रवाना किया। यह वही सेल है जिसे 1980 के दशक में आईएसआई ने मुज़ाहिदीन को अमेरिकी हथियार सप्लाई करने के लिए कायम किया था। ट्रकों के इस काफ़िले को चलाने के लिए पाकिस्तानी सेना के 80 पूर्व ड्राइवर भेजे गये थे। इस काफ़िले के साथ दक्षिण में सक्रिय आईएसआई के ख़ास फील्ड आफ़िसर

कर्नल इमाम और हेरात में पाकिस्तान के वाणिज्य महादूत (कौंसुल जनरल) भी थे, लेकिन हालात का इम्तिहान लेने जा रहे इस काफ़िले में तालिबान के दो युवा कमांडर मुल्ला बोरज़ान और तुराबी भी थे। यह दोनों कमांडर बाद में काबुल पर किये गये तालिबानी हमले में भी थे और इनमें से मुल्ला बोरजान मारा गया था।

दवाओं से लदा पाकिस्तानी ट्रकों का यह काफ़िला जैसे ही कन्धार शहर से 12 मील आगे तख़्त–ए–पुल के पास कन्धार हवाई अड्डे की परिधि पर पहुँचा वैसे ही हवाई अड्डे पर क़ब्ज़ा करके बैठे सरदार अमीर ललई, मन्सूर अचकजई और उस्ताद हलीम ने उसे रोक लिया। उसे एक गाँव में पहाड़ की तलहटी में खड़े होने के लिए आदेश दिया गया। उन सरदारों ने धन माँगा, माल में हिस्सा माँगा और यह शर्त रखी कि पाकिस्तान तालिबान का समर्थन देना बन्द कर दें। सरदार लोग कर्नल इमाम से सौदेबाजी कर रहे थे और इधर पाकिस्तान ने ट्रकों के अपहरण की ख़बर पर तीन दिन तक पाबन्दी लगा दी। 'हम परेशान थे कि मन्सूर ट्रकों में हथियार रख देगा और फिर पाकिस्तान को बदनाम करेगा। इसलिए हमने काफ़िले को छुड़ाने के लिए सैनिक कार्रवाई का विकल्प सोचा। स्पेशल सर्विस ग्रुप की रेड या पैराशूट से कमांडो उतारने का विकल्प भी हो सकता था, लेकिन यह विकल्प ख़तरनाक हो सकते थे इसलिए हमने तालिबान की मदद माँगी।' एक पाकिस्तान अफ़सर ने बताया। तीन नवम्बर, 1994 को तालिबान ने उन लोगों पर हमला किया जिन्होंने काफ़िले को बन्धक बना रखा था। सरदारों ने सोचा कि यह पाकिस्तानी सेना का हमला है और वे भाग खड़े हुए। तालिबान ने मन्सूर को रेगिस्तान के भीतर तक दौड़ाया और पकड़ कर गोली मार दी। फिर उसके शरीर को टैंक की नली से लटका दिया ताकि हर कोई देख सके।[15]

अब तालिबान के पास देरी करने और इन्तज़ार करने की कोई वजह नहीं थी। उसने कन्धार पर चढ़ाई कर दी। दो दिन तक छिटपुट लड़ाइयाँ हुई और ज़्यादातर कमांडर तबाह हो गये। उनमें 2500 सैनिकों के साथ रहने वाले मुल्ला नक़ैब ने कोई विरोध ही नहीं किया। कहते हैं उसने तालिबान से रिश्वत ले ली थी। तालिबान ने उसे माफ़ी दे दी और किसी गाँव में बसा दिया। उसके लोग तालिबान के साथ आ गये। कन्धार की लड़ाई में तालिबान को आधुनिक हथियारों का बड़ा ज़खीरा मिल गया।

उन हथियारों में दर्जनों टैंक, बख़्तरबन्द कारें, सैनिक गाड़ियां और हथियार मिले, लेकिन इनसे भी विशेष बरामदगी हुई छह मिग–21 लड़ाकू विमानों और छह ट्रांसपोर्ट हेलीकॉप्टरों की जिन्हें भागते हुए सोवियत सैनिक छोड़ गये थे। तालिबान में वही लड़ाकू युवा और विद्यार्थी थे जो पहले लड़कर सोवियत सेनाओं को भगा चुके थे और फिर पाकिस्तानी मदरसों में पढ़ने–पढ़ाने लौट गये थे। मुल्ला उमर ने जब नये सिरे से उनका आह्वान किया तो वे फिर आ गये। पिछली बार वे मुफ्त में लड़े थे और असंगठित थे। इस बार तालिबान लड़ते हुए हथियार और ताक़त भी बढ़ा रहा था और दौलत भी जुटा रहा था।

कन्धार पर तालिबान की जीत का जश्न पाकिस्तान में मनाया जा रहा था। अफ़ग़ानिस्तान के दूसरे सबसे बड़े शहर पर एक अनजानी ताक़त का क़ब्ज़ा सभी को चौंकाने वाला था। तमाम विदेशी राजनयिक मान रहे थे कि यह पाकिस्तान का खेल है। वे पाकिस्तान से मिल रहे समर्थन का आभार जता रहे थे। गृहमन्त्री नसीरुल्लाह बाबर ने पत्रकारों से निजी बातचीत में कह भी दिया कि तालिबान अपने लड़के हैं, लेकिन उभरते तालिबान को यह एकतरफा सौदा गँवारा नहीं था। वे पाकिस्तान की सरपरस्ती लम्बे समय तक कुबूल नहीं करना चाहते थे। मुल्ला गौस ने 16 नवम्बर को ही कह दिया कि भविष्य में पाकिस्तान माल ले जाने वाले ट्रकों का काफ़िला जब भी भेजे तो तालिबान से इजाज़त लेकर भेजे। वह अलग–अलग सरदारों से कोई सौदा न करे। इसके अलावा तालिबान अफ़ग़ानिस्तान आने वाले माल पाकिस्तानी ट्रकों में भेजा जाना नहीं पसन्द करेगा।

तालिबान ने राजमार्ग पर लगी जन्ज़ीरें और बल्लियां हटा दीं। पाकिस्तान से अफ़ग़ानिस्तान में घुसने वाले ट्रकों के लिए स्पिन बालदाक चौकी पर सिंगल टोल सिस्टम बना दिया। वे पाकिस्तान से लेकर आगे तक राजमार्ग पर गश्त करने लगे। अब क्या था ट्रांसपोर्ट माफिया के बल्ले–बल्ले थे। दिसम्बर के महीने में तुर्कमेनिस्तान से पाकिस्तान के 50 ट्रकों का काफ़िला कच्ची रुई लेकर क्वेटा पहुँचा। इस काफिले ने तालिबान को टोल (पथ कर) के रूप में 2,00,000 रुपये दिये। इसी के साथ तालिबान में युवाओं की भर्ती की प्रक्रिया तेज हो गयी। पाकिस्तान के बलूचिस्तान और नार्थ वेस्ट फ्रण्टियर प्राविन्स में पढ़ने वाले सैकड़ों अफ़ग़ानी छात्र कन्धार की ओर दौड़ पड़े। इन युवाओं में फज़लुर्रहमान के

मदरसे में पढ़ने वाले छात्र भी थे। उन्हें अफ़ग़ानिस्तान का नया इस्लामी आन्दोलन आकर्षित कर रहा था। दिसम्बर 1994 तक अफ़ग़ानिस्तान और पाकिस्तान के मदरसों के 12,000 छात्र कन्धार में तालिबान में शामिल हो गये।

अचानक उभरते तालिबान पर जब दुनिया की निगाह गयी तो पाकिस्तान पर स्थिति स्पष्ट करने का दबाव बना। इस पर बेनज़ीर भुट्टो ने इन्कार करने वाला बयान दिया। उन्होंने मनीला में कहा, ''अफ़ग़ानिस्तान में हमारा कोई अपना चहेता नहीं है। हम अफ़ग़ानिस्तान में कोई हस्तक्षेप नहीं करते।' बाद में उन्होंने कहा, ''मैं राष्ट्रपति बुरहानुद्दीन रब्बानी की लड़ाई नहीं लड़ सकती। अगर अफ़ग़ानी सीमा के पार जाना चाहते हैं तो हम उन्हें रोक नहीं सकते। हाँ हम उन्हें दोबारा घुसने से रोक सकते हैं, लेकिन उनमें से ज़्यादातर लोगों के परिवार तो यहीं (पाकिस्तान में) हैं।''

उधर तालिबान के कदम तेज़ी से बढ़ रहे थे। मुल्क़ के 31 में से 12 प्रान्तों पर तीन महीने के भीतर उन्होंने क़ब्ज़ा कर लिया था। वे इस्लामी देशों में लागू शरीयत के क़ानून तेज़ी से लागू कर रहे थे। मुल्ला हसन ने तालिबान के नेताओं की पारस्परिक निकटता बताते हुए कहा, ''मुल्ला उमर, मुल्ला गौस, मुल्ला रब्बानी हम सब उरोज़गान प्रान्त के थे और एक–दूसरे को पहले से जानते थे।''

तालिबान ने अपने उद्देश्यों की घोषणा कर दी। उसके चार प्रमुख उद्देश्य इस प्रकार थे–(1) अफ़ग़ानिस्तान में शान्ति कायम करें। (2) जनता से हथियार डलवाएँ। (3) शरीयत लागू करें। (4) अफ़ग़ानिस्तान की एकता–अखण्डता और उसके इस्लामी चरित्र की रक्षा करें। तालिबान के ज़्यादातर योद्धा युवा थे। उन्होंने मदरसों में पढ़ाई की थी। उनमें से कुछ बेसहारा भी थे। उन्होंने न तो सह–शिक्षा पायी थी और न ही व्यापक समाज में औरतों के साथ रहन–सहन देखा था। उन्हें लगा कि औरतों की हिफाजत का तरीका यही है कि उन्हें परदे में कैद कर दिया जाये।

## तालिबान के नेता मुल्ला उमर कौन थे?

तालिबान के नेता मुल्ला उमर चूँकि मिलने जुलने से बहुत दूर रहते थे इसलिए उनके बारे या तो जानकारियाँ सुनी सुनाई होती थीं या फिर वे होती थीं जिसे तालिबान ने अपनी वेबसाइट पर डाला था। तालिबान ने 2015 में मुल्ला उमर का पाँच हज़ार शब्दों का एक मोनोग्राफ

अपनी वेबसाइट पर डाला था। उसके अनुसार 'तालिबान के अमीर–उल मोमिनीन और 1996 से 2001 तक इस्लामी अमीरात ऑफ अफ़ग़ानिस्तान के राष्ट्रपति मुल्ला मुहम्मद उमर का जन्म 1960 में कन्धार प्रान्त के ख़ाकरेज़ जिले के चाह–ए–हिम्मत गाँव में हुआ था। वह होतक जनजाति के तोम्जी कबीले से थे। उनके पिता मौलवी गुलाम नबी एक सम्मानित विद्वान और सामाजिक शख़्सियत थे। उमर के पैदा होने के पाँच साल बाद ही उनके पिता की मौत हो गयी और उनका प्रान्त उरुज़गान प्रान्त में आ गया। उन्होंने जामिया उलूमल इस्लामिया मदरसा कायम किया।'

'सोवियत संघ के आक्रमण के बाद वे अपने धार्मिक दायित्व का निर्वाह करने के लिए मदरसा छोड़कर जिहादी बन गये। वे 1983 से 1991 के बीच रूसी सैनिकों से लड़ते हुए चार बार घायल हुए। राकेट लगने से उनकी दाईं आँख फूट गयी। 1994 में उन्होंने सरदारों के बीच चल रही गुटबाजी से निपटने के लिए इस्लामी मुज़ाहिदीन का नेतृत्व किया। उन्हें अमीर–उल मोमिनीन का खिताब दिया गया और वे सर्वोच्च नेता हो गये।'

'काबुल पर क़ब्ज़ा करने के बाद उमर ने वहाँ पर इस्लामिक अमीरात ऑफ अफ़ग़ानिस्तान कायम किया। उन्होंने शरीयत क़ानून न सह पाने वालों और दुनिया की घमण्डी काफ़िर ताक़तों के ख़िलाफ़ संयुक्त सैन्य अभियान शुरू किया। मुल्ला का पसन्दीदा हथियार आरपीजी है। वह लोगों को हँसाता है और सादा जीवन जीता है। उमर कहाँ है यह किसी को पता नहीं है। वे देश दुनिया की ख़बरों से जुड़े रहते हैं। अमेरिकी विदेश विभाग ने उनके सिर पर एक करोड़ डॉलर का इनाम रखा था। 2001 के बाद मुल्ला उमर को देखा नहीं गया।'

मोनोग्राफ में उनके करिश्माई व्यक्तित्व का वर्णन करते हुए कहा गया था, ''मुल्ला शान्त स्वभाव के हैं और अपना आपा नहीं खोते। उनका न कोई घर है और न ही कोई विदेशी बैंक खाता। वे मिलनसार हैं और कभी अपने को सहयोगी से बड़ा नहीं समझते। वर्तमान गम्भीर स्थितियों में दुश्मन लगातार उन पर नज़र रखे हुए है, लेकिन उनकी दिनचर्या में ख़ास बदलाव नहीं है। वे क्रूर काफ़िर विदेशी हमलावरों के ख़िलाफ़ जिहादी गतिविधियों का ध्यान से निरीक्षण करते हैं।''[16]

मुल्ला उमर के इस मोनोग्राफ से पता चलता है कि तालिबान के नेताओं के बारे में उनके संगठन की सूचनाएँ कितनी गोपनीय और सम्पादित रहती थीं। यह जानकारी 2015 में वेबसाइट पर डाली गयी,

लेकिन बाद में यह पता चला कि 2013 में ही मुल्ला उमर की मृत्यु तपेदिक से हो गयी थी। यानी संगठन की अधिकारिक वेबसाइट पर मृत्यु की सच्चाई को छुपाया गया।

## हेरात, काबुल और हार जीत का भयानक मंज़र

तालिबान के उभार की कहानी जितनी इन्साफ पसन्द, ज़रूरतमन्द और अनुशासन देने वाली है उसके आगे बढ़ने और शासन करने की कहानी उतनी ही खूंरेजी, दरिन्दगी और बर्बरता से भरी है। उसी के साथ इस्लाम का ऐसा रूप निकलता है जिसमें हमदर्दी, रहम और इन्सानियत नदारद है। इस संगठन के लिए इस्लाम का मतलब जीत और सिर्फ़ जीत सैनिक हमले और शरीयत क़ानूनों का कड़ाई से पालन ही होकर रह जाता है। वहाँ न तो संयुक्त राष्ट्र की सुनवाई है, न ईरान की और न ही किसी और सभ्य देश की। यह ऐसी ख़ुदमुख़्तारी है जो हैवानियत की हदें पार करने को तैयार है। मुश्किल यह है कि इसके लिए वे अल्लाह और इस्लाम की आड़ लेते हैं।

## हेरात की लड़ाई

हेरात अफ़ग़ानिस्तान के इतिहास और सभ्यता का पालना कहा जाता है। पाँच हज़ार साल पहले बसा यह शहर एक तरह का नख़लिस्तान है। यह चारों ओर पहाड़ियों से घिरी हुई एक घाटी है। करीब 200 वर्ग मील में फैली यह घाटी मध्य एशिया की सबसे उर्वर भूमि है और यहाँ के खेतों में सिंचाई की उत्तम व्यवस्था है। यह इलाक़ा सरसब्ज़ रहने वाला है। प्राचीन यूनानी इतिहासकार हेरोडेटस ने इसे मध्य एशिया का कोठार कहा है। बाबर ने लिखा है कि दुनिया में जितने रहने लायक इलाक़े हैं उनमें हेरात जैसा कोई दूसरा शहर नहीं है। अंग्रेज़ भी इसकी सुन्दरता पर मोहित रहे हैं। उन्होंने इसकी तुलना अपने मुल्क़ के सुन्दर इलाक़ों से की है। अंग्रेज़ जासूस कैप्टन कोनोली ने लिखा है–'पहाड़ों के बीच जो ख़ाली जगह है वहाँ किलेबन्दी किये हुए गाँव बसे हैं। वहाँ बगीचे हैं, अँगूर के बाग हैं, मक्के के खेत हैं। इस सुन्दर दृश्य को छोटी–छोटी जलधाराओं का चमकता पानी जो मैदान को चारों ओर से काटता है और भी सुन्दर बना देता है।'

फारस और तुर्की के साम्राज्य के बीच स्थित इस जगह के बाशिन्दों ने बहुत पहले ही इस्लाम कुबूल कर लिया था। यहाँ बहुत पुरानी मस्जिदें हैं।

यह ईसाइयत और इस्लाम की रहस्यमयी सूफ़ी परम्परा का केन्द्र भी रहा है। नक्शबन्दी और चिश्ती सूफ़ी पन्थ का यहाँ बड़ा असर रहा है और उसके मानने वाले प्रधानमन्त्री और मन्त्री भी रहे हैं। ख़्वाज़ा अब्दुल्ला अंसारी यहाँ के मशहूर सूफ़ी सन्त रहे हैं जिनका काफ़ी असर है। चंगेज ख़ान ने इस इलाक़े को 1222 में जीता था और यहाँ की 160,000 आबादी में सिर्फ़ 40 लोगों को छोड़कर सबका क़त्ल कर दिया था। फिर भी अगली दो सदियों में इस इलाक़े ने अपने को फिर खड़ा कर लिया। तैमूर के बेटे शाहरुख और उनकी बेगम गौहर शाद ने इसे फिर से तरक़्क़ी के शिखर पर पहुँचाया। शाहरुख के प्रधानमन्त्री अली शेर नवई का एक कथन बहुत मशहूर है, 'हेरात में आप पैर फैलाइये तो किसी शायर से ही टकरायेगा।' नवई ख़ुद भी शायर और कलाकार थे।

लेकिन इस हेरात शहर को सोवियत संघ की सेनाओं ने तबाह कर दिया। उनकी तबाही तेरहवीं सदी के चंगेज ख़ान से भी बड़ी है। हेरात के तत्कालीन शासक इस्माइल ख़ान ने पत्रकार अहमद राशिद से 1993 में कहा, 'हेरात में दुनिया की सबसे ज़्यादा बारूदी सुरंगें बिछी हैं। फिर भी हमें कहीं से मदद नहीं मिलती।' इतनी कठिन स्थितियों के बावजूद इस्माइल ख़ान ने वहाँ के लोगों से हथियार रखवाये। वही काम जो तालिबान करना चाहता था। इस्माइल ख़ान ने कुशल प्रशासन कायम किया और हस्पताल और स्कूल खुलवाये। हेरात के स्कूलों में 45,000 छात्र पढ़ते थे जिनमें आधी लड़कियां थीं।

1995 में तालिबान कन्धार से अपनी विजय यात्रा शुरू करके लगातार जीतता हुआ आ रहा था। एक ओर उसे पाकिस्तान के मदरसों में पढ़े हुए युवा तालिब मिल रहे थे तो दूसरी ओर जहाँ–जहाँ क़ब्ज़ा होता था वहाँ के सरदारों से हथियारों का जखीरा मिलता था। तालिबान को अफ़ीम पैदा करने वाले प्रान्त हेलमंड को जीतने में बड़ी लड़ाई लड़नी पड़ी लेकिन वहाँ के छोटे–छोटे सरदारों को रिश्वत वगैरह देकर उसने आर्थिक रूप से इस महत्त्वपूर्ण प्रान्त पर काबू कर लिया। एक ओर तालिबान पूरब में काबुल पर भी हमले कर रहा था, लेकिन वहाँ जमी हुई रब्बानी की सेना से जीतना आसान नहीं था। वहाँ पर हिक़मतयार भी हमले कर रहा था, लेकिन जीत नहीं पा रहा था। संयुक्त राष्ट्र ने रब्बानी और तालिबान के बीच काबुल पर सरकार बनाने के लिए समझौता कराना चाहा, लेकिन तालिबान वहाँ सिर्फ़ अपनी सरकार बनाने पर अड़ा था इसलिए समझौता नहीं हो पाया।

इस बीच जनरल मसूद ने काबुल के दक्षिण में जमे शिया समुदाय के हाजराओं पर टैंक दौड़ा दिये। डर कर हाज़राओं ने तालिबान से समझौता कर लिया और उन्हें बहुत सारा हथियार दिया और अपने मोर्चे भी, लेकिन इस दौरान हाज़राओं के नेता अब्दुल अली मज़ारी की तालिबान के क़ब्ज़े में मौत हो गयी। यह मौत दुर्घटनावश हुई या मज़ारी को जान–बूझकर मारा गया यह स्पष्ट नहीं है, लेकिन हाज़रा यानी शिया समुदाय के मन में यह बात बैठ गयी कि उनके नेता को तालिबान ने मारा है। इससे ईरान और अफ़ग़ानिस्तान के शिया समुदाय ने तालिबान के प्रति अविश्वास की एक गाँठ बना ली। उधर मसूद ने काबुल के दक्षिणी इलाक़े में तालिबान को नाकों चने चबवा दिये। सैकड़ों तालिबान मारे गये। मसूद के प्रशिक्षित लड़ाकू सैनिकों के आगे तालिबान की चल नहीं पा रही थी। वास्तव में तालिबान ने जो भी इलाक़े जीते थे वहाँ उन्होंने सरदारों को रिश्वत दी थी। बाद में यह रणनीति वे तमाम जगहों पर चलाते रहे। उन्हें इसके लिए नशीली दवाओं के कारोबार, परिवहन के लिए सड़कें खुलने से मिलने वाले पथकर और फिर सऊदी अरब और पाकिस्तान से मिलने वाली इमदाद के मार्फत धन मिल रहा था। एक ओर वे शरीयत के क़ानून लागू कर रहे थे तो दूसरी ओर सड़कों पर माल का आवागमन बढ़ा रहे थे। अनाज के आवागमन से खाद्य पदार्थों के दाम गिर रहे थे। इससे स्थानीय जनता खुश हो रही थी। जब तालिबान काबुल को नहीं जीत पाये और मसूद की फौज़ों से बुरी तरह मात खा गये तो उन्होंने पश्चिम की ओर अपना विजय अभियान चलाने की रणनीति बनायी।

हेरात के ही शिनदन्द में सोवियत संघ ने अपना हवाई अड्डा बनाया था। फ़रवरी 1995 के अन्त तक तालिबान ने इस्माइल ख़ान के कब्जे वाले निमरोज और फरह जैसे दो प्रान्तों को छीन लिया और शिनदन्द की ओर बढ़ने लगे, लेकिन काबुल की हिफ़ाज़त करने वाले सिपहसालारों ने कमज़ोर पड़ रहे इस्माइल ख़ान की मदद के लिए वायुसेना भेज दी। मसूद के विमानों ने तालिबान पर भारी बमबारी की और 2000 ताज़िक लड़ाके काबुल से हटाकर हेरात की सीमाओं पर उतार दिये। तालिबान के पास हवाई शक्ति नहीं थी। भले ही उसे कन्धार के पास सोवियत संघ के मिग–21 विमान मिले हों, लेकिन शायद तब तक उनके पास उसे चलाने की कुशलता नहीं थी। इस लड़ाई में तालिबान के 3000 लोग हताहत हुए और सैकड़ों घायल हुए। घायलों का इलाज नहीं हो सका और उन्होंने

रेगिस्तान में पड़े पड़े दम तोड़ दिया। उनका राशन ख़त्म हो गया। उनका संचार तन्त्र टूट गया। तालिबान को पता ही नहीं था उनकी सेना कहाँ है और सैनिक कहाँ पड़े दम तोड़ रहे हैं। तालिबान को पीछे हटना पड़ा और जितना जीता था उससे भी ज़्यादा गँवा दिया। तालिबान ने शुरू में 21 सूबे जीते थे, लेकिन अब उनके पास सिर्फ़ आठ रह गये।

लेकिन तालिबान की सबसे ख़ास बात यह थी कि हार के बावजूद वे हौंसला नहीं छोड़ते थे और दुश्मन की कमज़ोरियों का हिसाब करते हुए जीत के लिए तैयारी करते रहते थे। उधर तालिबान के हारने के बाद इस्माइल ख़ान ने सोचा कि तालिबान बिखरने ही वाला है इसलिए उन्होंने तालिबान पर आक्रमण कर दिया। उन्होंने अगस्त के महीने में दिलराम पर क़ब्ज़ा कर लिया। हेलमन्द के कुछ हिस्सों पर क़ब्ज़ा कर वे कन्धार की ओर बढ़ने लगे, लेकिन इस्माइल ख़ान की रणनीति ग़लत निकली। एक ओर उनकी सेना थकी हुई थी और दूसरी ओर उनका शासन भ्रष्ट हो गया था। तीसरी बात यह थी कि उन्होंने जनता से हथियार रखवा लिए थे। उनके कस्टम अधिकारी ट्रक वालों से हेरात से गुजरने के लिए दस हज़ार पाकिस्तानी रुपये वसूलते थे। यह राशि अपने में बहुत ज़्यादा थी। इससे नाराज़ ट्रक माफिया भी उन्हें हराने की तरकीब सोच रहा था।

जबकि उधर तालिबान हारने के बावजूद नयी तैयारी कर रहा था और इस तैयारी में सऊदी अरब और पाकिस्तान उसकी मदद कर रहे थे। आईएसआई ने तालिबान और जनरल रशीद दोस्तम के बीच एक समझौता करा दिया। हालाँकि उसे कभी सार्वजनिक नहीं किया गया। दोस्तम के उज़्बेक इंजीनियरों ने तालिबान को उन मिग–21 विमानों की मरम्मत करने और उनके उपयोग की तकनीक सिखाई जो एक साल पहले उन्होंने ज़ब्त किये थे, लेकिन वे महज शोभा की वस्तु हो चले थे। इस तरह तालिबान के पास हवाई शक्ति भी आ गयी और उधर दोस्तम की सेना ने भी हेरात पर हवाई बमबारी शुरू की। इस बीच तालिबान ने पाकिस्तान से 25,000 लड़ाकुओं की भरती की। अगस्त के अन्त तक तालिबान ने इस्माइल ख़ान पर धावा बोल दिया और शिनदन्द पर क़ब्ज़ा कर लिया। उसके बाद इस्माइल ख़ान बिना लड़े ही मोर्चा छोड़ गया।

हेरात में इस्माइल ख़ान की हार के बाद काबुल में रब्बानी सरकार की समर्थक जनता ने पाकिस्तान के दूतावास पर हमला बोल दिया। उन्होंने पाकिस्तान के राजदूत को घायल कर दिया और सरकारी सेना

खड़ी तमाशा देखती रही। रब्बानी ने आरोप लगाया कि पाकिस्तान तालिबान के सहारे उन्हें सत्ता से हटाने में लगा है। उनकी आशंका सही हुई और हेरात पर तालिबान का क़ब्ज़ा रब्बानी सरकार के पराजय की घण्टी थी। हेरात अब अनपढ़ और जाहिल पश्तूनों के कब्जे में था। वहाँ के पढ़े–लिखे और सभ्य लोगों को गिरफ़्तार किया जाने लगा। उन पर शरीयत के क़ानून लागू कर दिये गये और स्कूल कॉलेज बन्द कर दिये गये। जिन्हें इतिहास भूगोल और धर्मशास्त्र का ज्ञान नहीं था दुर्रानी पश्तूनों ने पढ़े लिखे लोगों को क़ैद करके उन पर शासन शुरू कर दिया। पश्तो और दारो बोलने वाले इस समुदाय ने फारसी बोलने वालों को चलाना शुरू किया। न वे रियाया की भाषा समझते थे और न ही रियाया उनकी। औरतों को घरों में कैद कर दिया गया। इस तरह एक हसीन शहर मकतल या कैदख़ाना बन गया।[17]

## अब काबुल की बारी थी

तालिबान ने सितम्बर 1995 में हेरात पर क़ब्ज़ा किया था। अब उसका निशाना काबुल था। काबुल पर क़ब्ज़ा किये बिना उसे अफ़ग़ानिस्तान की सरकार की मान्यता नहीं मिलने वाली थी। तालिबान को जल्दी थी क्योंकि आगे जाड़ों के दिन आने वाले थे और उस समय काबुल बर्फ से घिर जाता। इसलिए उससे पहले ही वे उसे हथिया लेना चाहते थे। अक्टूबर और नवम्बर में उन्होंने काबुल पर हमला किया, लेकिन मसूद की सेनाओं ने उन्हें खदेड़ दिया। इसलिए जाड़ों में वे कन्धार में रणनीति बनाने और तैयारी करने में लग गये। मार्च के महीने में मुल्ला उमर ने दक्षिणी अफ़ग़ानिस्तान के मौलवियों को बुलाया। तक़रीबन 1200 धार्मिक नेता कन्धार में जमा थे। उन्हें पुराने किले, सरकारी दफ़्तरों और छाये हुए बाज़ारों में ठहराया गया। ज़मीन पर कारपेट बिछा दिये गये और उन्होंने उसी पर अपना डेरा जमा लिया। हैरानी की बात यह है कि इस सम्मेलन में मुल्ला उमर ने न तो किसी कबीले के सरदार को बुलाया, न ही सेना के कमांडरों को और न ही किसी राजनेता को। इनमें वे गैर पश्तून नेता भी नहीं थे जिन्होंने सोवियत संघ की सेना से लड़ कर उन्हें अफ़ग़ानिस्तान से भगाया था। वे सब धार्मिक नेता थे और मुल्ला उन्हीं से विचार करना चाहते थे कि आगे क्या किया जाये। तालिबान दस महीने से काबुल को घेर कर बैठे थे, लेकिन उसे जीत नहीं पा रहे थे।

इस दौरान उन्हें काफ़ी नुक़सान भी हुआ था। इसलिए तालिबान संगठन में भी दो राय हो गयी थी। एक राय यह थी कि काबुल की सरकार से वार्ता की जाये और कोई सन्धि तैयार की जाये। दूसरी राय यह थी कि जंग से ही पूरा मुल्क़ जीता जाये। कन्धार के रहने वाले मुल्लाओं की राय थी कि जंग से ही फ़ैसला होना चाहिए।

शूरा की इस बैठक के सामने जो दुविधा थी उसे संयुक्त राष्ट्र के मध्यस्थ महमूद मिस्त्री ने इस तरह व्यक्त किया, "तालिबान काबुल पर क़ब्ज़ा नहीं कर सकता और मसूद कन्धार को नहीं जीत सकते। तालिबान आगे कैसे बढ़ सकता है अगर वह काबुल पर क़ब्ज़ा नहीं कर पायेगा? अगर वे काबुल पर क़ब्ज़ा करने में कामयाब भी हो गये तो बाकी अफ़ग़ानिस्तान इस्लाम की उनकी व्यवस्था को कैसे स्वीकार करेगा?" शूरा ने क्या चर्चा की इस बारे में अधिकारिक जानकारी किसी के पास नहीं है, लेकिन दो हफ़्ते तक रात दिन चली शूरा की बेहद गोपनीय बैठक में निश्चित तौर पर यही चर्चा चल रही होगी। उस दौरान विदेशी नागरिकों को कन्धार में जाने से प्रतिबन्धित कर दिया गया था। सिर्फ़ पाकिस्तान के कुछ ख़ास अधिकारी मौजूद थे शूरा की मदद के लिए। उनमें पाकिस्तान के काबुल में तैनात राजदूत काज़ी हुमायूँ, कर्नल इमाम समेत आईएसआई के कई अधिकारी और हेरात में पाकिस्तान के वाणिज्य महादूत प्रमुख हैं।

मतभेद बहुत गहरे थे। कोई रास्ता निकल नहीं रहा था। इसलिए मुल्ला उमर के करीबी कन्धारी मुल्लाओं ने उन्हें अमीरुल मोमिनीन का खिताब अता कर दिया। इसका अर्थ है मोमिनों के सरदार। इसी के साथ वे अफ़ग़ानिस्तान के अमीर भी बन गये। यानी वे जो फ़ैसला लेंगे वह सभी को मान्य होगा। अब उमर के व्यक्तित्व को चमत्कारी बनाने की बारी थी। 4 अप्रैल, 1996 को वे शहर के बीचोंबीच स्थित एक इमारत की छत पर पैग़म्बर मुहम्मद का लबादा ओढ़कर नमूदार हुए। यह लबादा साठ सालों में पहली बार निकाला गया था। उमर की वह फ़ोटो बहुत चर्चित हुई और उस दौरान उनका लबादा हवा में लहरा रहा था और उनके समर्थक नारा लगा रहे थे 'अमीर–उल मोमिनीन' 'अमीर–उल मोमिनीन। यह आयोजन उस घटना को दोहराने और उसकी याद दिलाने के लिए किया गया जब पैग़म्बर मुहम्मद के निधन के बाद खलीफ़ा उमर ने अरब में मुस्लिम समुदाय का नेतृत्व स्वीकार किया था।

इसलिए मुल्ला उमर को सिर्फ़ अफ़ग़ानिस्तान ही नहीं पूरे मुस्लिम समुदाय का नेता घोषित किया गया। कहते हैं कि यह राजनीतिक चाल तालिबान की सारी दुविधा और कमज़ोरियों पर भारी पड़ने वाली थी। फ़ैसला हुआ कि किसी भी समूह से वार्ता नहीं होगी। सिर्फ़ जिहाद होगा रब्बानी सरकार के ख़िलाफ़ और तालिबान तब तक खामोश नहीं बैठेगा जब तक काबुल पर फतह न हो जाये।

लेकिन तालिबान को अपनी राजनीतिक संरचना और फौजी ढाँचे पर ज़्यादा यक़ीन नहीं था और न ही वह ढाँचा स्थायी था। इसलिए उन्होंने यह नहीं घोषित किया कि वे सरकार कैसे चलायेंगे और उनका प्रधानमन्त्री कौन होगा?

मुल्ला उमर के सलाहकार मुल्ला वक़ील ने तालिबान की राजनीति के बारे में जो विचार प्रस्तुत किये वे रेडिकल इस्लाम की ओर साफ़ संकेत कर रहे थे। "शरीयत राजनीति या राजनीतिक दलों की इजाज़त नहीं देती। इसलिए हम कर्मचारियों या सैनिकों को कोई वेतन नहीं देते। हम उन्हें सिर्फ़ भोजन, कपड़े, जूते और हथियार देते हैं। हम वैसा जीवन जीना चाहते हैं जैसा पैग़म्बर 1400 साल पहले जीते थे। जिहाद हमारा हक़ है। हम पैग़म्बर का वक़्त लाना चाहते हैं और हमने वही किया है जो अफ़ग़ानिस्तान के लोग 14 वर्षों से चाह रहे थे।"

काबुल को जीतना आसान नहीं था। अन्तर्राष्ट्रीय आकलन तो बहुत अनिश्चित और अस्पष्ट ही था। अमेरिका रूस और ईरान तो छोड़िये यहाँ तक कि पाकिस्तान को भी यक़ीन नहीं था कि तालिबान काबुल पर क़ब्ज़ा कर पायेगा। इसीलिए एक ओर संयुक्त राष्ट्र से लेकर अमेरिका और पाकिस्तान तक राजनयिक गतिविधियाँ चल रही थीं तो दूसरी ओर तालिबान और रब्बानी सरकार अपनी सैनिक तैयारी भी कर रही थी। राष्ट्रपति बुरहानुद्दीन रब्बानी देख रहे थे कि उनकी सरकार के ख़िलाफ़ तालिबान और पाकिस्तान कोई संयुक्त मोर्चा नहीं बना पा रहा है। इससे वे उत्साहित थे और उन्होंने मार्च के महीने में 60 सदस्यीय प्रतिनिधिमण्डल के साथ ईरान, तुर्कमेनिस्तान, उज़्बेकिस्तान और ताज़िकिस्तान का दौरा शुरू किया। वे अपने पक्ष में समर्थन जुटाना चाहते थे। उधर ताज़िकिस्तान में भी नयी कम्युनिस्ट सरकार और इस्लामवादियों के बीच जंग चल रही थी। इन देशों ने काबुल सरकार को हथियार और दूसरी इमदाद देनी शुरू की। रोजाना ईरान से 13 उड़ाने बगराम हवाई अड्डे पर उतरती थीं

और बहुत सारा इमदाद लेकर जाती थीं। ईरान ने मेशाद के पास प्रशिक्षण शिविर भी लगाये और रूस ने बगराम हवाई अड्डे को बेहतर बनाने के लिए इंजीनियर भेजे। रूस, उक्रेन और ताज़िकिस्तान के मालवाहक विमान रोजाना ईंधन और बहुत सारा सामान और हथियार लेकर जा रहे थे काबुल सरकार के लिए।

दूसरी ओर राजनयिक वार्ताओं की कोशिश में लगे पाकिस्तान ने तालिबान के लिए हथियारों की सप्लाई बढ़ा दी। इस काम में सऊदी अरब भी साथ था। अमेरिका को डर था कि ईरान मज़बूत हो रहा है। अमेरिकी कांग्रेस ने ईरान की सत्ता को अस्थिर करने के लिए सीआईए को दो करोड़ डॉलर का बजट दिया था। ईरान ने आरोप लगाया कि अमेरिका इस फण्ड को तालिबान की ओर भेज रहा है। अमेरिका ने इससे इनकार किया क्योंकि उसे यक़ीन नहीं था कि तालिबान जीत पायेगा। जबकि पाकिस्तान लगातार अमेरिका से मदद की अपील कर रहा था। पाकिस्तान ने न सिर्फ़ कन्धार हवाई अड्डे को बेहतर बनवाया, बल्कि तालिबान को नया टेलीफ़ोन और वायरलेस नेटवर्क दिया। उन्होंने भोजन ईंधन और रॉकेट दिये।

सऊदी अरब ने भी तालिबान को धन, ईंधन और नयी क़िस्म की पिक–अप गाड़ियाँ दीं। इनमें से ज़्यादातर सामान दुबई हवाई अड्डे से सप्लाई हुआ।

इस बीच हालात का जायजा लेने के लिए अमेरिका के सहायक विदेश मन्त्री राबिन राफेल पाकिस्तान आये और फिर उन्होंने काबुल, कन्धार और मज़ार–ए–शरीफ का दौरा किया और बाद में तीन मध्य एशियाई देशों की राजधानी भी गये। अपने दौरे का मक़सद जाहिर करते हुए राफेल ने कहा, ''हम अफ़ग़ानिस्तान के मामलों में दखल नहीं देना चाहते, लेकिन हम अपने को अफ़ग़ानिस्तान का दोस्त मानते हैं और यही कारण है कि हम अफ़ग़ानिस्तान से कहना चाहते है कि वह एकजुट होकर बातचीत करें। हमें चिन्ता है कि अगर राजनीतिक स्थिरता नहीं बनी तो आर्थिक अवसर हाथ से निकल जायेंगे।'' राफेल का संकेत उस गैस पाइप लाइन की ओर था जो तुर्कमेनिस्तान से होते हुए अफ़ग़ानिस्तान के रास्ते पाकिस्तान आनी थी ओर जिसे अमेरिका की कम्पनी उनोकल को बनाना था। आर्थिक तरीके से सोचनेवाला अमेरिका चाहता था कि अफ़ग़ानिस्तान के सारे लड़ाकू समूह इसे मंजूरी दें और उसके लिए वे आपस में वार्ता करें।

उधर रब्बानी ने गुलबुद्दीन हिक्मतयार और जनरल रशीद दोस्तम से भी समझौता कर लिया। हिक्मतयार लम्बे समय के बाद अपनी फौजों के साथ काबुल पहुँचे। रशीद दोस्तम के साथ समझौते के बाद काबुल से उत्तर की ओर जाने वाला सलाँग राजमार्ग भी खुल गया। रब्बानी जलालाबाद गये और वहाँ के शूरा से कहा कि विभिन्न अफ़ग़ानी गुट मिलकर अपना नया नेता चुन लें, लेकिन तालिबान को हराना है। इस एकता से तालिबान भड़क उठा और उसने काबुल पर बमबारी तेज कर दी। सिर्फ़ अप्रैल के महीने में तालिबान ने 866 रॉकेट दागे और 180 नागरिकों को मार डाला। इसी हमले में 550 लोग जख़्मी भी हुए। तालिबान का एक रॉकेट तो संयुक्त राष्ट्र के नये मध्यस्थ नार्बर्ट हाल जो शहर का दौरा कर रहे थे के पैर के पास ही गिरा। वे बहुत नाराज हुए उन्होंने तालिबान से कहा, "एक शान्ति दूत से इस तरह का व्यवहार नहीं किया जाता। क्या आप उसके ऊपर रॉकेट दागेंगे? अगर आपके घर में कोई मेहमान आये तो क्या आप उसके ऊपर थूक कर उसका स्वागत करेंगे। यह हमारे शान्ति मिशन का अपमान है।"

एक ओर पाकिस्तान और सऊदी अरब तालिबान को यह समझाने में लगे थे कि वे समझौता और सन्धि की कोशिश करें तो दूसरी ओर तालिबान अड़ा था कि फ़ैसला युद्ध से ही होगा। आखिरकार जब तालिबान ने अपनी जिद नहीं छोड़ी और कहा कि वे दोनों मित्र देश उसे काबुल पर क़ब्ज़ा करने का आख़िरी मौक़ा दें तो वे मान गये। वे चाहते थे कि अगले जाड़े से पहले यह काम हो जाना चाहिए। जुलाई 1996 में सऊदी अरब के खुफिया विभाग के प्रमुख शाहजादा तुर्की अल फैजल ने इस्लामाबाद और कन्धार का दौरा किया। नयी योजना बनी और दोनों देशों ने तालिबान की मदद बढ़ा दी। फिर तो तालिबान के हमले की रफ़्तार बढ़ गयी और उसने काबुल की बजाय पूरब में स्थित शहर जलालाबाद पर हमला किया। यहाँ रिश्वत देने की वही पुरानी चाल चली गयी और जलालाबाद के शूरा के प्रमुख हाज़ी अब्दुल कादिर को एक करोड़ डॉलर देकर मैदान छोड़ देने को कहा गया। उसे इस बात की गारंटी भी दी गयी कि पाकिस्तान में उसके खाते की जो रक़म है उसे ज़ब्त नही किया जायेगा। हाज़ी शहर छोड़ कर भाग गया और उसकी जगह पर प्रशासन चलाने वाले गवर्नर महमूद की हत्या कर दी गयी। तालिबान ने 25 अगस्त को जलालाबाद पर हमला बोला और 10 सितम्बर तक उसे फतह कर लिया।

उसके बाद तालिबान ने आसपास के तीन अन्य सूबों ननगरहर, लघमन और कुनार पर अपना अधिकार जमा लिया।

इस जीत के बाद तालिबान ने आराम नहीं किया और पूरब, दक्षिण और उत्तर से काबुल को घेर लिया। हमला इतना तेज था कि काबुल में बैठी रब्बानी सरकार और मसूद के सैनिक थर्रा गये। 26 सितम्बर, 1996 की शाम को तालिबान काबुल में घुसे और मसूद ने कुछ ही घण्टों में अपनी सेना को वापस होने का आदेश दे दिया। मसूद ने बिना लड़े ही उत्तर की ओर कूच कर दिया। यानी 26 सितम्बर को बिना किसी विशेष प्रतिरोध के तालिबान ने काबुल पर क़ब्ज़ा कर लिया।

काबुल पर क़ब्ज़े के बाद तालिबान ने जो पहला खूँखार और निन्दनीय काम किया वह था संयुक्त राष्ट्र के राजनयिक परिसर में रह रहे पूर्व राष्ट्रपति नज़ीबुल्लाह को पीट–पीटकर मारना और फिर उन्हें फाँसी पर लटका देना। नज़ीबुल्लाह 1986 से 1992 तक अफ़ग़ानिस्तान के राष्ट्रपति थे। तालिबानी उन्हें काफ़िर कम्युनिस्ट कहते थे। नज़ीबुल्लाह भागना चाहते थे, लेकिन दुविधा के चलते भाग नहीं सके। उनकी पत्नी और तीन बेटियाँ नयी दिल्ली में पनाह लिए हुए थी। उनकी मौत के लिए एक हद तक संयुक्त राष्ट्र को ज़िम्मेदार बताया जायेगा और एक हद तक नज़ीबुल्लाह ख़ुद भी इसके लिए जवाबदेह थे। मसूद ने अपने जनरल को 26 सितम्बर की दोपहर में ही भेज कर नज़ीबुल्लाह से कहा था कि वे उनके साथ भाग निकलें क्योंकि तालिबान उन्हें छोड़ेंगे नहीं, लेकिन नज़ीबुल्लाह ने मना कर दिया। उनकी सोच थी कि अगर वे ताज़िको की मदद से भाग निकले तो अपने पश्तून समुदाय में हमेशा के लिए इज़्ज़त खो देंगे।

नज़ीबुल्लाह की हत्या का आदेश तालिबानी कमांडर मुल्ला अब्दुल रजाक ने दिया था। दिन के एक बजे तालिबान के सैनिक नज़ीबुल्लाह (50) के कमरे में घुसे। तब तक सारे सुरक्षा गार्ड भाग चुके थे। उन्होंने दोनों भाइयों को पीट–पीटकर बेहोश कर दिया। फिर उन्हें एक पिकअप में लादकर अँधेरे में डूबे राष्ट्रपति भवन ले गये। वहाँ उन्होंने पहले नज़ीबुल्लाह को बधिया किया फिर उन्हें जीप में बांध कर राष्ट्रपति भवन के कई चक्कर लगाये और बाद में गोली मार दी। उनके भाई को भी इसी तरह से यातना दी गयी और बाद में गला दबाकर मार दिया गया। तालिबान ने दोनों भाइयों को महल के बाहर कंकरीट के

ट्रैफ़िक कन्ट्रोल वाले खम्भे से लटका दिया। वह स्थान संयुक्त राष्ट्र के दफ़्तर से कुछ ही दूरी पर है। उनके गले को इस्पात के तार के फन्दे से लटकाया गया था और उनकी उँगलियों में सिगरेट फँसा दी गयी थी। उनकी जेबों में नोट डाल दिये गये थे ताकि यह दिखाया जा सके कि वे कितने ऐय्याश और भ्रष्ट थे।

काबुल जीतने के बाद तालिबान की क्रूरता का यह पहला चौंकाने वाला नमूना था। काबुल शूरा के प्रमुख मुल्ला रब्बानी ने कहा कि नज़ीबुल्लाह कम्युनिस्ट और हत्यारा था तालिबान ने उसे मौत के घाट उतार दिया है। लेकिन उसके शरीर की जो दुर्गति की गयी उसे किस इस्लामी क़ानून के तहत सही बताया जा सकता है? इतना ही नहीं तालिबान ने नज़ीबुल्लाह को इस्लामी रीति से दफनाये जाने देने पर भी पाबन्दी लगा दी।

नज़ीबुल्लाह की इस तरह की हत्या की पूरी दुनिया ने निन्दा की। पाकिस्तान और सऊदी अरब का सिर शर्म के मारे गड़ा जा रहा था। संयुक्त राष्ट्र ने एक बयान जारी करके कहा, 'किसी वैधानिक न्यायिक प्रक्रिया के बिना पूर्व राष्ट्रपति की हत्या संयुक्त राष्ट्र के परिसर को दी गयी उन्मुक्ति का व्यापक उल्लंघन है। इससे वे सारे प्रयास खटाई में पड़ जाते हैं जो अफ़ग़ानी विवाद को शान्तिपूर्वक हल करने के लिए किये जा रहे हैं,' लेकिन क्रूरता के विचार में डूबे हुए तालिबान पर इससे कोई फर्क नहीं पड़ा और उन्होंने रब्बानी और मसूद के लिए भी मौत का पैगाम जारी कर दिया।

अब काबुल शहर पर तालिबान का क़ब्ज़ा था और एक तरह से अफ़ग़ानिस्तान की सरकार उनके हाथ में थी। यानी 26 सितम्बर, 1996 से इस्लामी अमीरात ऑफ अफ़ग़ानिस्तान का गठन हो गया। काबुल पर क़ब्ज़ा करने के 24 घण्टे के भीतर तालिबान ने इस्लामी क़ानूनों को इतनी सख्ती से लागू किया जितनी सख्ती से वे दुनिया में कहीं नहीं लागू थे। सभी औरतों को काम पर जाने से रोक दिया गया। लड़कियों के सभी स्कूल और कॉलेज बन्द कर दिये गये। तक़रीबन 70,000 छात्राएँ घर पर बैठ गयीं। महिलाओं पर सिर से पैर तक ढँकने के लिए कठोर ड्रेस कोड लागू हो गया। टीवी, वीडियो, सैटेलाइट डिश और शतरंज व फुटबाल समेत सभी तरह के खेल प्रतिबन्धित कर दिये गये।

रेडियो काबुल से 28 सितम्बर को घोषणा की गयी, 'चोरों के हाथ–पैर काट दिये जायेंगे, बदचलनी करने वालों को संगसार किया जायेगा

और शराब पीने वालों को कोड़े लगाये जायेंगे।' काबुल रेडियो का नाम रेडियो शरीयत कर दिया गया। वहाँ से हर तरह के संगीत का प्रसारण बन्द कर दिया गया। तालिबानी सिपाही सड़कों पर खड़े रहते थे और जो भी बिना दाढ़ी के निकलता था उसे गिरफ्तार कर लिया जाता था। इन सब घटनाओं के कवरेज के लिए काबुल में बड़े पैमाने पर अन्तर्राष्ट्रीय मीडिया मौजूद था। काबुल पर शासन करने के लिए छह सदस्यीय शूरा का गठन किया गया। उसमें सारे दुर्रानी पश्तून थे। एक भी काबुली नहीं था। इस शूरा का नेतृत्व मुल्ला मुहम्मद रब्बानी कर रहे थे। उसमें मुल्ला मुहम्मद गौस विदेश मन्त्री थे, मुल्ला अमीर ख़ान मुतक्की सूचना मन्त्री, मुल्ला सैयद गयाशुद्दीन आगा, मुल्ला फाज़िल मुहम्मद और मुल्ला अब्दुल रज़्ज़ाक शामिल थे। इनमें से कोई भी कभी बड़े शहर में नहीं रहा था, लेकिन उन्हें 12 लाख की आबादी वाले उस काबुल शहर के शासन का जिम्मा दे दिया गया था जहाँ पश्तून बहुत कम थे और पढ़े–लिखे लोगों की बड़ी तादाद थी।[18]

# सरकार और नीतियाँ : तब और अब

**तालिबाऩ सरकार की पहले की संरचना और अब की संरचना में क्या फर्क है? क्या उसमें अफ़ग़ानिस्तान के सभी जातीय समूहों का प्रतिनिधित्व है? क्यों इस सरकार में स्त्रियाँ नदारद हैं? क्यों हावी है हक्कानी समूह इस सरकार में? क्या यह सरकार भी इस्लामी नियमों के आधार पर चल रही है या उसमें कोई परिवर्तन हुआ है?**

तालिबान की पिछली सरकार और इस सरकार में बहुत कुछ समानताएँ हैं। पिछली बार भी वह अफ़ग़ानिस्तान इस्लामी अमीरात थी और इस बार भी वही है। पिछली बार यानी 1996 में उसमें अमीर अल मोमिन मुल्ला उमर सरकार के सर्वोच्च नेता थे और उनके हाथ में सत्ता का केन्द्रीकरण था। इस बार उनकी जगह पर मौलाना हैबतुल्ला अखुन्दज़दा सरकार के सर्वोच्च नेता हैं। मुल्ला उमर भी कन्धार में बैठकर शासन चलाते थे और मुल्ला अखुन्दज़दा भी कन्धार में ही बैठते हैं। मुल्ला उमर तो सिर्फ़ एक बार काबुल गये थे अपनी सरकार के पूरे कार्यकाल में। वह भी तब जब तालिबान ने काबुल पर क़ब्ज़ा किया था। भले अफ़ग़ानिस्तान की राजधानी काबुल है, लेकिन अफ़ग़ानिस्तान इस्लामी अमीरात की सत्ता का केन्द्र कन्धार ही है। राजनीतिक, सैन्य, धार्मिक और सरकारी नियुक्तियों की शक्तियाँ मुल्ला अखुन्दज़दा के पास ही हैं, लेकिन वे अपना शासन रहबरी शूरा के माध्यम से चलाते हैं। यह 26 सदस्यों की एक परिषद है जिसमें उलेमा, सेना कमांडर और संगठन के दूसरे नेता शामिल हैं। यह शूरा भी सर्वोच्च नेता को सलाह देती है और वे उसके आधार पर फैसले करते हैं।

इस तालिबान सरकार ने अभी अपनी नीतियों की बहुत स्पष्ट घोषणा नहीं की है क्योंकि यह अन्तरिम सरकार है, लेकिन उसने अपनी पिछली नीतियों को ख़ारिज़ करने या उसमें बदलाव का कोई वादा भी नहीं किया है।

पिछली सरकार शरीयत के हिसाब से चलती थी और यह सरकार भी उसी लिहाज़ से चलाई जायेगी। उन्होंने अपनी सरकार का मॉडल पश्चिमी मॉडल से अलग ख़लीफ़ा के शासन के इस्लामी मॉडल से लिया है। जहाँ व्यापक रूप से जनता की राय लिए जाने की परम्परा रही है। वह व्यवस्था पश्चिमी अर्थों में तो लोकतान्त्रिक नहीं है, लेकिन कबीलाई अर्थों में उसमें जम्हूरियत दिखायी पड़ती है। तालिबान ऊपरी तौर पर भले ही इस्लामी जम्हूरियत के सिद्धान्त को मानने का दावा करे, लेकिन भीतर से वह एक तानाशाही व्यवस्था है। जहाँ ज़्यादातर निर्णय एक नेता के हाथ में केन्द्रित है। जैसे मुल्ला उमर सारे फ़ैसलों को पलट देते थे वैसे ही अखुन्दज़दा को सभी निर्णयों को पलट देने का अधिकार है।

यही वजह है कि पिछली सरकार को तो तीन सरकारों ने मान्यता दे दी थी, लेकिन इस बार इस सरकार को मान्यता देने को कोई तैयार नहीं हुआ है। 1996 में बनी तालिबान की सरकार को पाकिस्तान, संयुक्त अरब अमीरात और सऊदी अरब ने मान्यता दी थी, लेकिन इस बार दुनिया की कोई भी सरकार इस नेक काम के लिए तैयार नहीं है। हाँ यह बात ज़रूर है कि पाकिस्तान, चीन, रूस जैसे देश अभी भी वहाँ अपना दूतावास रखे हुए हैं। जबकि भारत ने तो बेहद जल्दी में अपना दूतावास खाली किया। पाकिस्तान इस सरकार को मान्यता देने के लिए दुनिया से अपील भी कर रहा है और उसने संयुक्त राष्ट्र में उसके प्रतिनिधि को भागीदारी दिलाने का प्रयास भी किया था, लेकिन दुनिया अभी उस पर निगाह रखे हुए है कि वह कैसा आचरण करती है। दरअसल इस सरकार में 14 ऐसे मन्त्री हैं जो अन्तर्राष्ट्रीय स्तर पर घोषित और प्रतिबन्धित इनामी आतंकवादी हैं। उनकी वजह से पूरी दुनिया इस सरकार से खौफ़जदा है। वह इस सरकार पर यक़ीन नहीं कर पा रही है। अल–कायदा और आईएस से भी इस सरकार के स्पष्ट सम्बन्ध हैं। सरकार में मज़बूती से उपस्थित हक्कानी समूह एक आतंकी समूह है ही। जो कि अल–कायदा की तरह ही अन्तर्राष्ट्रीय स्तर पर आतंकियों के लिए फण्ड जुटाने और नेटवर्क बनाने का काम करता है।

तालिबान की मौजूदा अन्तरिम सरकार में मौलाना हैबतुल्ला अखुन्दज़दा को छोड़कर कुल 33 मन्त्री हैं। इनमें से ज़्यादातर पश्तून हैं। सिर्फ़ तीन मन्त्री ऐसे हैं जो ताज़िक और उज़्बेक समुदाय से सम्बन्ध रखते हैं। इस सरकार में कोई महिला नहीं है। उससे भी ज़्यादा चिन्ता की बात

यह है कि इस पर पूरी दुनिया में आतंकी समूह के रूप में चिह्नित और प्रतिबन्धित हक्कानी समूह का क़ब्ज़ा है। उन 33 में से 20 मन्त्री हक्कानी समूह से किसी न किसी रूप में सम्बन्ध रखते हैं। यह बात भारत समेत पूरी दुनिया के लिए चिन्ता की है।[1]

दरअसल हक्कानी समूह का सरकार पर काबिज़ होना यह बताता है कि इस सरकार पर पाकिस्तान और विशेषकर आईएसआई हावी है। दोहा में रहने वाले तालिबान के जिस समूह ने अमेरिका से वार्ता की और सैनिकों की वापसी का समझौता किया उसे आमतौर पर सरकार की केन्द्रीय भूमिका से बाहर कर दिया गया है। यही कारण है कि बीच–बीच में सरकार के बीच मतभेद और झगड़े भी होते रहते हैं। यह झगड़ा मुल्ला अब्दुल गनी बरादर और सिराजुद्दीन हक्कानी समूह के भीतर ज़्यादा ज़ोर शोर से है। बरादर समझते थे कि उन्होंने अमेरिका से वार्ता चलवायी और उस वार्ता के परिणामस्वरूप अमेरिका वापस हुआ। इसलिए अमेरिका को हराने का श्रेय उसे मिलना चाहिए। जबकि हक्कानी समूह का मानना है कि जिन लोगों ने लड़ने में प्रमुख भूमिका निभायी है उन्हें श्रेय मिलना चाहिए और सरकार में उन्हें प्रमुख स्थान मिलना चाहिए। यही कारण है कि मुल्ला अब्दुल गनी बरादर (53) प्रधानमन्त्री बनने से रह गये और उनकी जगह पर मुल्ला मोहम्मद हसन अखुन्द (66) को प्रधानमन्त्री बनाया गया और बरादर को उनका पहला डेप्यूटी नियुक्त किया गया।

मौलाना हैबतुल्ला अखुन्दज़दा सन् 2016 से तालिबान के सर्वोच्च नेता हैं। बताया जाता है कि 2013 में मुल्ला उमर की कैन्सर (या टी.बी.) से मृत्यु हो गयी थी हालाँकि उनकी मृत्यु का ऐलान काफ़ी समय बाद किया गया था। जबकि मुल्ला हसन अखुन्द (66) रब्बानी शूरा के प्रमुख हैं। इस शूरा को क्वेटा शूरा कहा जाता है। क्योंकि जब तालिबान की सरकार गिरा दी गयी तो वे लोग भूमिगत रहकर पाकिस्तान के क्वेटा में अपनी गतिविधियाँ चलाते थे। अखुन्द वही व्यक्ति हैं जिन्होंने मार्च 2001 में बामियान प्रान्त में बुद्ध की विशाल मूर्तियों को ध्वस्त करने का आदेश दिया था। वे तालिबान आन्दोलन के संस्थापक और 30 मूल तालिबान में से एक हैं।

अखुन्द पाकिस्तान के चहेते हैं इसलिए वे प्रधानमन्त्री बने जबकि बरादर की वफ़ादारी पर पाकिस्तान को शक है इसलिए उन्हें उनका डेप्यूटी बना दिया गया। बरादर के खाते में कुछ बातें और भी नकारात्मक हैं।

एक तो बरादर ने पाकिस्तान में रहते हुए अफ़ग़ानी राष्ट्रपति हामिद करज़ई से वार्ता शुरू की थी। उसके अलावा वे अमेरिका से भी संवाद करने के दौरान पाकिस्तान के लिए सन्देहास्पद हो गये। जब बरादर ने करज़ई से सम्पर्क साधना शुरू किया तो पाकिस्तान ने फ़रवरी 2010 में उन्हें गिरफ़्तार करके कराची जेल में बन्द कर दिया। बरादर को अमेरिका के कहने पर मार्च 2018 में छोड़ा गया। उसके बाद बरादर ने अमेरिकी राष्ट्रपति डोनाल्ड ट्रंप से फ़ोन पर बात की। यह अन्तर्राष्ट्रीय सम्पर्क बरादर के ख़िलाफ़ गया और आईएसआई इससे चिढ़ गया। यही कारण है कि जब 15 अगस्त को तालिबान के काबुल पर क़ब्ज़ा करने के बाद सरकार बनने में विलम्ब हो रहा था तो आईएसआई के प्रमुख लेफ्टिनेंट जनरल फ़ैज़ हमीद काबुल गये और उनके लौटने के बाद अन्तरिम सरकार का जो ऐलान हुआ वह एकदम पाकिस्तान के प्रभाव वाली दिख रही थी।[2]

इस सरकार में पाकिस्तान के पसन्दीदा आतंकी संगठन हक्कानी समूह का दबदबा है और वह सभी को डरा रहा है। हक्कानी कबीले के ही चार लोग सरकार में मन्त्री हैं। उनमें सबसे आगे तो संगठन के नेता सिराजुद्दीन हक्कानी (48) हैं जिन्हें अफ़ग़ानिस्तान का गृहमन्त्री बनाया गया है। उन्हें सन् 2007 से संयुक्त राष्ट्र ने अन्तर्राष्ट्रीय आतंकवादी घोषित किया है। एफबीआई ने उन पर एक करोड़ डॉलर का इनाम घोषित कर रखा है। दूसरे मन्त्री खलीलुर्रहमान हक्कानी सिराजुद्दीन के चाचा हैं। वे 2011 से ही आतंकी के रूप में दर्ज हैं। उन्हें तालिबान सरकार का शरणार्थी मन्त्री बनाया गया है। नज़ीबुल्लाह हक्कानी संचार मन्त्री हैं और 2001 से ही आतंकी के रूप में चिह्नित हैं। उच्च शिक्षा मन्त्री शेख अब्दुल बाकी हक्कानी को भी संयुक्त राष्ट्र सुरक्षा परिषद ने आतंकी घोषित किया था, लेकिन यूरोपीय संघ ने उसे रोक दिया था।

हक्कानी समूह ने अपना नाम जलालुद्दीन हक्कानी से ग्रहण किया है। वे पूर्वी अफ़ग़ानिस्तान के लोया पकतिया इलाक़े के जरदान कबीले से सम्बन्धित थे। उन्होंने पहले सोवियत संघ की सेना के विरुद्ध सीआईए और आईएसआई की मदद से लड़ाई लड़ी। उसके बाद जब सोवियत सेना चली गयी तो वे अमेरिका और नाटो से लड़ने लगे। उन्हें पाकिस्तान ने उत्तरी वजीरिस्तान में संरक्षण दिया। उन्होंने सोवियत विरोधी हिज़्ब–ए–इस्लामी संगठन की स्थापना की थी।

वे 1970 के दशक में सक्रिय मुज़ाहिदीन हो गये थे। वे खैबर पख्तूनख्वा के अखोरा खटक में स्थित दारुल उलूम मदरसे से पढ़े थे और एक ज़माने में सीआईए के बेहद वफ़ादार मुज़ाहिदीन थे। उन्होंने वजीरिस्तान के मिरामशाह क़स्बे में ओसामा–बिन–लादेन से भेंट भी की थी। उन्हें पहले सीआईए और आईएसआई से मदद मिलती थी और बाद में खाड़ी देशों के शेखों से मदद पाने लगे।

हक्कानी ने 1995 में तालिबान से हाथ मिलाया और 1996 में तालिबान सरकार में आदिवासी मामलों के मन्त्री बने। वे मुल्ला उमर के बहुत करीबी थे, लेकिन बाद में इसलिए उनकी बिगड़ गयी क्योंकि मुल्ला उमर अपने भीतरी गुट में सिर्फ़ कन्धारियों पर यक़ीन करते थे। तालिबान सरकार के पतन के बाद हक्कानी का परिवार मिरामशाह छोड़कर भाग गया। वे धन जुटाने के लिए लोगों से कर वसूलना, अपहरण करके फिरौती कमाना और अफ़ग़ानिस्तान से पाकिस्तान में लकड़ी की तस्करी करने का काम करते थे। सन् 2003 में जब तालिबान संगठित होने लगा तो अमेरिका ने पाकिस्तान से कहा कि उस पर कार्रवाई करो, लेकिन पाकिस्तान ने सिर्फ़ कुछ दिखावटी काम किया और बाकी संगठन को जस का तस बना रहने दिया।[3]

हाल में मई के महीने में आयी संयुक्त राष्ट्र की एक रिपोर्ट के अनुसार, 'तालिबान के समूह में हक्कानी समूह सबसे ख़तरनाक क़िस्म का लड़ाका संगठन है। उसे आधुनिक कौशल की अच्छी जानकारी है और जटिल क़िस्म के हमले करता है। वह तालिबान और अल–कायदा के बीच सम्पर्क कायम करता है।' तालिबान पर लगे प्रतिबन्धों की निगरानी समिति के एक सदस्य राष्ट्र का कहना है कि हक्कानी समूह और इस्लामिक स्टेट–खोरासन् प्रान्त के बीच एक रिश्ता है। अमेरिका और अफ़ग़ानिस्तान की खुफिया संस्थाओं का मानना है कि 2008 में भारतीय दूतावास पर बमबारी में हक्कानी समूह का हाथ था। इसके अलावा 2009 से 2012 के बीच भारतीय मजदूरों पर जो हमले हुए थे उसके पीछे भी हक्कानी समूह का हाथ था। हक्कानी समूह पाकिस्तान और आईएसआई का बेहद वफ़ादार समूह है और यही वजह है कि उसके 20 सदस्य अफ़ग़ानिस्तान सरकार के मन्त्रिमण्डल या सरकार में हैं।[4]

अमेरिका की नज़र में अपराधी समझे जाने वाले और भी लोग इस सरकार में हैं। इसमें ग्वांतनामो जेल में कैद किये गये तालिबान के पाँच

सदस्यों में से तीन लोग मन्त्री और दूसरे पदों पर हैं। उनमें खैरुल्लाह खैरख्वा सूचना प्रसारण मन्त्री, अब्दुल हक वसीक खुफिया संगठन के प्रमुख और मुल्ला नुरुल्लाह नूरी सीमा और आदिवासी मामलों के मन्त्री हैं। जबकि तालिबान के जाने–पहचाने चेहरे जबीउल्लाह मुजाहिद सूचना और प्रसारण उप–मन्त्री हैं।

तालिबान की मौजूदा सरकार में पहले की तरह समावेशिता नहीं है। अगर तीन सदस्यों को छोड़ दिया जाये तो बाकी 30 सदस्य पश्तून कबीले के ही हैं और एक भी महिला इस सरकार में नहीं है। मौलवी अब्दुल सलाम हनफी जिन्हें प्रधानमन्त्री का दूसरे नम्बर का डप्यूटी बनाया गया है वे उज़्बेक समुदाय के नेता हैं। जबकि सेना प्रमुख कारी फसीहुद्दीन और अर्थव्यवस्था के मन्त्री कारी दीन मुहम्मद हनीफ ताज़िक हैं। पर अफ़ग़ानिस्तान के विभिन्न जातीय समुदायों को सन्तुष्ट करने के लिए इतना काफ़ी नहीं है। इसलिए इस बात की आशंका जताई जा रही है कि तालिबान पूरे अफ़ग़ानिस्तान को दमन के बूते पर भले नियन्त्रित कर ले लेकिन राजी ख़ुशी से बाँध नहीं सकता। न ही वह सबको साथ लेकर देश की तरक्क़ी कर पाने की क्षमता रखता है।[5]

भारत हामिद करज़ई और अशरफ गनी की सरकारों में जितना प्रभाव रखता था उसकी तुलना में इस बार तालिबान सरकार में भारत का प्रभाव लगभग शून्य हो गया है। भारत ने शेर मुहम्मद अब्बास स्टेन्कजई पर दाँव लगाया था, लेकिन उन्हें कोई महत्त्वपूर्ण मन्त्रालय देने की बजाय डिपुटी बना दिया गया। यहाँ भी पाकिस्तान का प्रभाव और भारत का विरोध दिखता है। वे उप विदेश मन्त्री हैं। यह वही पद है जिस पर वे 1996 में थे। उन्होंने कतर में भारत के राजदूत दीपक मित्तल से 31 अगस्त को भेंट की थी।[6]

तालिबानी सरकार की संरचना का अनुमान उस चित्र से हो जाता है जब राष्ट्रपति अशरफ गनी के देश छोड़ने के बाद वहाँ राष्ट्रपति के महल पर बन्दूकधारी तालिबान का क़ब्ज़ा दिखा।

## पिछली बार का तालिबान

पिछली बार की तालिबान सरकार कैसी रही है और उनका सैनिक और राजनीतिक संगठन किस प्रकार एक–दूसरे से मिला–जुला रहा है इस बारे में वर्णन करते हुए अहमद राशिद अपनी प्रसिद्ध पुस्तक तालिबान में

लिखते हैं कि शुरू में तालिबान अपने लिए सत्ता नहीं चाहता था। वह ऐसा प्रदर्शित करता था कि अफ़ग़ानिस्तान में गृहयुद्ध हो रहा है। सारी क़ानूनी और नैतिक व्यवस्थाएँ टूट चुकी हैं। लोग भ्रष्ट और पतित हो गये हैं। जिन मुज़ाहिदीन ने सोवियत सेनाओं को भगाया था अब वे स्वार्थी और ऐय्याश हो गये हैं। ऐसे में तालिबान का मक़सद देश में अमन कायम करने के बाद सरकार अच्छे मुसलमानों के हाथ में सौंप देनी है। राज्य की क्या संरचना होगी और उसे कैसे चलाया जायेगा इस बारे में उन्होंने कुछ भी प्रकट नहीं किया था। इसलिए लोग यह मानकर नहीं चल रहे थे कि तालिबान किसी प्रकार की शासन प्रणाली स्थापित करेगा।

'शुरू में लगता था कि तालिबान के भीतर एक प्रकार का सामूहिक राजनीतिक नेतृत्व है जो कि एक–दूसरे से विचार विमर्श करता है और आमराय बनाकर काम करता है। उस शैली में किसी एक का दबदबा नहीं था। कन्धार का तालिबान शूरा कहता था कि वह इस्लाम के पुराने मॉडल को अपना रहा है। वह संरचना ऐसी थी जिसमें मुसलमानों के बीच आम सहमति और जनता के प्रति संवेदनशीलता ज़रूरी थी। वह पश्तून कबीले के जिरगा का मॉडल था। (जो एक प्रकार की पंचायती संरचना थी)। आरम्भ में मुल्ला उमर सामान्य लड़ाकुओं को बुलाते थे और उनकी बात सुनते थे। उनके विचार सुनने के बाद मुल्ला फैसले लेते थे।'[7]

'लेकिन 1994 से 1996 के बीच तालिबान की निर्णय प्रक्रिया बहुत बदल गयी। वह निरन्तर केन्द्रीकृत होती गयी। उसमें गोपनीयता आती गयी और रवैया तानाशाही वाला होता गया। वहाँ तक सामान्य तालिबान की पहुँच नहीं रही। जनता की पहुँच तो अलग की बात है। मुल्ला उमर लगातार ताक़तवर होते गये। वे अन्तर्मुखी होते गये और वे देश के लोगों को समझने के लिए बाहर निकलने से परहेज करने लगे। इस आन्दोलन में वही कमियाँ आ गयीं तो मुज़ाहिदीन गुटों में थीं या जो कम्युनिस्ट शासन में थीं। 1996 के बाद तालिबान ने कहा कि वह अफ़ग़ानिस्तान का इकलौता शासक बनना चाहता है। उनका कहना था कि उनके संगठन में देश की जातीय संरचना का पूरा प्रतिनिधित्व है।'[8]

'मुज़ाहिदीन संगठन में बहुत गुटबाजी थी। इन संगठनों का नेतृत्व पेशावर में था। वे सब एक ओर पश्चिमी ताक़तों से हथियार और फण्ड पाने में जुटे थे तो दूसरी ओर पाकिस्तान के प्रभाव में आपस में होड़ कर रहे थे। दरअसल जनरल जिया–उल–हक़ जॉर्डन में फिलस्तीनियों को

कुचलने वाली सेना के कमांडर थे। इसलिए वे जानते थे कि छापामार संगठनों को कैसे लड़ाये रखना है। क्योंकि उनका मानना था कि अगर छापामार संगठन एकजुट हुए तो वे राज्य के लिए खतरा पैदा कर देंगे। इसलिए उनकी रणनीति उन लोगों को बाँटकर रखने की थी।'[9]

'तालिबान का कहना था कि पुराना मुज़ाहिदीन नेतृत्व भ्रष्ट और बेकार हो चुका है। तालिबान ने अफ़ग़ानिस्तान के बौद्धिकों और तकनीकी विशेषज्ञों को पूरी तरह से ख़ारिज़ कर दिया। उनके बारे में तालिबान का कहना था कि वे लोग पश्चिमी शिक्षा और रूसी व्यवस्था से प्रभावित हैं। मुज़ाहिदीन बदनाम थे। पारम्परिक कबीलाई नेतृत्व ख़त्म हो चुका था। ऐसे में अगर तालिबान चाहता तो ग्रासरूट जम्हूरियत का संगठन बना सकता था। इसमें वे इस्लाम के मानने वाले होते हुए भी देश को लोकतान्त्रिक संरचना दे सकते थे, लेकिन तालिबान की इसमें रुचि नहीं थी। उन्होंने गैर पश्तूनों को प्रतिनिधित्व देने वाली प्रणाली ही विकसित नहीं की। वे अफ़ग़ानिस्तान के जटिल समाज की संरचना को अपने भीतर समाहित करने को तैयार नहीं थे। इसलिए उन्होंने एक खुफिया और क्रूर संगठन का निर्माण किया। वह समाज कन्धार से संचालित होता था जो कम्पूचिया के पोल पोट या इराक के सद्दाम हुसैन के शासन की तरह तानाशाही वाला था। सुप्रीम शूरा कन्धार में बैठती थी। मुल्ला उमर सिर्फ़ एक बार कन्धार से बाहर गया वह भी 1996 में तब जब काबुल पर क़ब्ज़ा हुआ तो उसे देखने।'[10]

'शूरा में दुर्रानी पश्तून और उमर के दोस्तों व पुराने सहयोगियों का बोलबाला था। वे कन्धारी कहे जाते थे हालाँकि वे कन्धार, हेलमन्द और उरोजगन के रहने वाले थे। मूल शूरा में दस सदस्य थे। पर उसमें सेना के अधिकारी और उलेमा हिस्सा लेते थे। इस तरह वह संरचना 50 तक पहुँच जाती थी। दस शूरा सदस्यों में छह दुर्रानी पश्तून थे, एक मौलवी सैयद गयासुद्दीन बड़ख्शान के रहने वाले ताज़िक थे। तालिबान जब तक पश्तून इलाक़े में बढ़ रहा था तब तक वह ढाँचा ठीक था। पर जब हेरात और काबुल में उसका क़ब्ज़ा हो गया तो शूरा में उसका प्रतिनिधित्व कमज़ोर हो गया। इस बीच काबुल में जो भी फ़ैसला लिया जाता था उसे कन्धार का शूरा पलट देता था। धीरे–धीरे काबुल के लिए शासन करना मुश्किल होता जा रहा था।'

'गवर्नर, मेयर, पुलिस प्रमुख सब कन्धारी पश्तून हुआ करते थे। सिर्फ़ गवर्नरों की नियुक्ति में तालिबान ने लचीलापन दिखाया था।

तालिबान ने स्थानीय की बजाय बाहरी लोगों को नियुक्त करना शुरू कर दिया। यह उसने एक नया ढर्रा निकाला। मुल्ला उमर गवर्नरों का तबादला करता रहता था। कभी उन्हें युद्ध के मोर्चे पर भेज देता था। इस बीच तालिबान की आर्थिक स्थिति कमज़ोर रही थी क्योंकि अर्थव्यवस्था ध्वस्त थी। इस नाते वह राजनीतिक रूप से भी कमज़ोर हो रहा था। मज़ार–ए–शरीफ़ की हार से गिलज़ई पश्तून नाराज़ थे। उनका कहना था कि उनसे मशविरा ही नहीं किया जाता। मज़ार में तालिबान के 3,000 बेहतरीन योद्धा मारे गये। 3600 बन्दी बनाये गये।'

तालिबान अपने पिछले शासनकाल में प्रशासनिक कार्यशैली विकसित नहीं कर पाया था। उसकी एक वजह यह भी हो सकती है कि उसके पास कर्मचारियों को वेतन देने के लिए धन नहीं थे, लेकिन उससे भी महत्त्वपूर्ण बात यह थी कि वे आधुनिक प्रशासनिक ढाँचे को समझने और उसे महत्त्व देने को तैयार नहीं थे। वे कोई ढाँचा बनाना नहीं चाहते थे बल्कि सब कुछ या तो छापामार शैली में चलाना चाहते थे या फिर धार्मिक अन्दाज़ में। कितना भी गम्भीर प्रशासनिक संकट हो या मुद्दा आया हो काबुल और कन्धार के दफ़्तर सुबह आठ बजे से लेकर दोपहर तक ही खुलते थे। यानी वहाँ महज चार घण्टे के लिए कार्यालय में काम होता था। उसके बाद नमाज़ के लिए छुट्टी हो जाती थी और दोपहर के बाद विश्राम किया जाता था। फिर वे रात को लम्बी बैठक करते थे। मन्त्रियों की मेजें आमतौर पर फाइलों से ख़ाली रहती थीं। हज़ारों तालिबानी कार्यकर्ता और अफसर पुरुषों पर लम्बे बाल रखने और दाढ़ी उगाने के लिए ज़बरदस्ती करने में लगे रहते थे और मन्त्रालय में जनता की शिकायतें दूर करने के लिए कोई रहता ही नहीं था।

निर्णय किस तरह से लिए जाते थे इस बारे में कई वर्णनों से स्पष्ट होता गया कि कन्धार का रहबरी शूरा जो कभी बहुत ताक़तवर माना जाता था उसकी कोई हैसियत ही नहीं रह गयी थी। सारे निर्णय तो मुल्ला उमर ही ले रहे थे। इस प्रकार शरीयत के नाम पर पूरी शक्तियाँ केन्द्रित हो गयी थीं। 'फैसले अमीर–उल–मोमिनीन की सलाह पर लिए जाते हैं। हमारे लिए मशविरे की कोई ज़रूरत नहीं है। अगर अमीर अकेले फ़ैसला लेते हैं तो भी हम उनके विचारों का पालन करते हैं। यहाँ कोई राष्ट्राध्यक्ष नहीं होगा। यहाँ अमीर–उल मोमिनीन होगा। मुल्ला उमर सबसे बड़े अधिकारी होंगे। सरकार ऐसे किसी फैसले को नहीं लागू कर सकती

जिससे वे सहमत नहीं हैं। शरीयत आम चुनाव की इजाज़त नहीं देती इसलिए हम उसे खारिज़ करते हैं।'[11]

मुल्ला उमर अपने फ़ैसलों को लागू करवाने के लिए काबुल की राष्ट्रीय सरकार पर निर्भर नहीं रहते थे। वे या तो कन्धार के उलेमाओं पर भरोसा करते थे या फिर काबुल की धार्मिक पुलिस पर। कन्धार की इस्लामी सुप्रीम कोर्ट देश की सबसे ख़ास अदालत बन गयी थी क्योंकि वह उमर के नज़दीक थी। यह अदालत सूबों में इस्लामी जजों, काज़ियों और नायब काज़ियों की नियुक्ति करती थी। वे सब साल में एक या दो बार कन्धार में बुलाए जाते थे और वे यह बताते थे कि शरीयत का क्रियान्वयन कैसे चल रहा है। जबकि काबुल जहाँ पर न्याय मन्त्रालय और अफ़ग़ानिस्तान के सुप्रीम कोर्ट का कार्यालय है वहाँ एक समान्तर व्यवस्था चल रही थी।

कन्धार के शूरा और काबुल के शूरा के बीच अप्रैल 1998 में मतभेद बहुत बढ़ गये। ऐसा अमेरिकी प्रतिनिधि बिल रिचर्डसन् के काबुल दौरे के बाद हुआ। काबुल शूरा के सदर मुल्ला रब्बानी ने रिचर्डसन् के कार्यक्रमों को लागू करने पर सहमति जताई। लेकिन अगले दिन कन्धार से मुल्ला उमर ने इस समझौते को रद्द कर दिया। अक्टूबर 1998 में तालिबान ने जलालाबाद से 60 लोगों को गिरफ्तार किया यह कहते हुए कि वे सरकार का तख्ता पलटने वाले थे। जलालाबाद की इस घटना के बाद मुल्ला रब्बानी को काबुल से कन्धार बुला लिया गया। फिर वे कई महीने तक गायब रहे।

इस बीच तालिबान सेनानियों ने लूटपाट और डकैती की कई वारदात को अंजाम दिया। उनको वेतन मिलता नहीं था इसलिए निराशा में सैनिक ऐसी अनुशासनहीनता पर आमादा हो गये। इसका दण्ड देने के लिए तालिबान ने छह सैनिकों के हाथ पैर काट लिए और उन्हें शहर के बीच में पेड़ों पर लटका दिया। ताकि जनता उन्हें देख सके।[12]

## तालिबान का सैन्य संगठन

तालिबान के पास कोई प्रोफेशनल सेना तो थी नहीं। इसलिए उसके सैन्य संगठन का कोई औपचारिक ढाँचा नहीं था। वह बेहद गोपनीय था। 'मुल्ला उमर सेना प्रमुख थे, लेकिन उनके पद और दायित्व की कोई स्पष्ट परिभाषा नहीं थी। न ही कोई स्पष्ट सैन्य संगठन था और

न ही कोई पदानुक्रम था। मज़ार से तालिबान की वापसी के बाद वहाँ पाकिस्तानी और अफ़ग़ानी सैनिक भेजे गये। तालिबान की नियमित सेना 25,000–30,000 से ज़्यादा नहीं थी। जब हमला करना होता था तो यह संख्या बढ़ जाती थी। मसूद के पास 12,000 से 15,000 सैनिक थे। दरअसल तालिबान की सैन्य संरचना वैसी थी जैसी मध्ययुग में लश्कर की संरचना होती थी। यानी बादशाह को राज्य की हिफ़ाज़त के लिए फौज की जब ज़रूरत पड़ती थी तो लोग बुला लिए जाते थे। लश्कर के लोगों को वेतन नहीं मिलता था। उन्हें लूट में हिस्सेदारी मिलती थी। यहाँ पर तालिबान लश्कर से अलग है। यहाँ लूट की छूट नहीं थी। हालाँकि तालिबान को वेतन भी नहीं मिलता था, लेकिन 1997 में मज़ार की ज़बरदस्त हार के बाद तालिबान का चरित्र बदल गया।'

'ज़्यादातर तालिबान को वेतन नहीं मिलता था। जब वे छुट्टी पर जाते थे तो कमांडर उन्हें कुछ दे देता था। जिन्हें वेतन मिलता था वे पूर्व सोवियत सेना के कमांडर थे। वे लोग एक प्रकार से मर्सिनरी थे। इन लोगों में पश्तून ड्राइवर, गनर, पायलट शामिल थे।' तालिबान सेना को उनके जज़्बे की नहीं उनकी विशेषज्ञता की ज़रूरत थी।

'मिलिट्री शूरा के कई लोग मन्त्री भी थे, लेकिन उनकी भूमिका पर काबुल में भ्रम बना रहता था। वे कभी इधर भेज दिये जाते थे तो कभी उधर। जैसे कि मुल्ला अब्बास स्वास्थ्य मन्त्री थे, लेकिन उन्हें कमांडर बनाकर लड़ाई के मोर्चे पर भेज दिया गया। जब वे वहाँ से लौट के आये तो उन्हें फिर से मन्त्री बना दिया गया।'[13]

## बामियान बुद्ध पर तालिबानी तोप

तालिबान ने अपने दूसरे शासन काल में जब बामियान में हज़ारा नेता अब्दुल अली मज़ारी की प्रतिमा को नष्ट कर दिया तो उसके पुराने कारनामे याद आने लगे। अफ़ग़ानिस्तान के लोगों को स्मरण होने लगा कि किस तरह से उन्होंने बामियान प्रान्त के प्रवेश द्वार पर स्थित भगवान बुद्ध की विशाल मूर्तियों को तक़रीबन महीने भर तक तोप और बारूद लगाकर नष्ट किया था। मानवाधिकार कार्यकर्ता सलीम जावेद ने ट्वीट किया, 'तालिबान ने अब्दुल अली मज़ारी (शिया) की प्रतिमा तोड़ दी। पिछली बार तालिबान ने उन्हें मार डाला था और बुद्ध की विशाल प्रतिमाओं को सभी पुरातात्विक स्थलों से उड़ा दिया था।'

बामियान प्रान्त के प्रवेश द्वार पर ही भगवान बुद्ध की चौथी और पाँचवीं सदी में बनी दो विशाल मूर्तियाँ खड़ी थीं। उनमें से एक बुद्ध की ऊँचाई 170 फुट और दूसरे की 115 फुट थी। वे दुनिया में सबसे ऊँची बुद्ध की मूर्तियाँ थीं। काबुल से 200 किलोमीटर दूर उत्तर पश्चिम में स्थित बामियान घाटी एक बौद्ध केन्द्र थी। इस घाटी में छठी सदी में कई बौद्ध संन्यासी रहते थे। उन्हीं बौद्ध भिक्षुओं और संन्यासियों के साथ ही गान्धार शैली की मूर्तिकला इस क्षेत्र में आयी थी। लाल रेतीले पत्थर की बड़ी बड़ी चट्टानों में यह मूर्तियाँ बनायी गयी थीं।

मूर्तियाँ तोड़े जाने की कहानी का वर्णन करते हुए 14 साल बाद मिर्ज़ा हुसैन बताते हैं कि किस तरह तालिबान ने उन्हें मूर्ति नष्ट करने का काम करने को बाध्य किया था। 'मैं 26 साल का था तब मुझे बामियान की मशहूर बौद्ध प्रतिमा में विस्फोटक लगाने का हुक्म दिया गया था।'[14]

'पहले बुद्ध प्रतिमा पर टैंक और भारी गोलियों से हमला किया गया, लेकिन जब वे उसे तोड़ नहीं पाये तो उसमें विस्फोटक लगाये गये। उन्होंने बाकी स्थानीय पुरुषों को भी इस काम में लगाया जो तालिबान के कैदी थे। हम लोग शिया थे। इन्हें सुन्नी तालिबान काफ़िर और अपना दुश्मन मानते हैं।'[15]

'मैं 25 कैदियों में से एक था। शहर में कोई भी नागरिक नहीं था। सिर्फ़ तालिबान लड़ाके थे। हमें इसलिए चुना गया क्योंकि वहाँ कोई और था ही नहीं। हम लोग कैदी थे और हमारे साथ इस तरह का बर्ताव किया जाता था कि जैसे हमें कभी भी मारा जा सकता है। तालिबान ट्रकों में भर कर विस्फोटक लाये थे और हम अपनी पीठ पर बाँधकर या हाथ में उठाकर उसे बुत तक ले गये। बड़े बमों को लकड़ी में बाँधकर वहाँ तक ले जाया गया। मार्च 2001 की ठण्डी बर्फीली हवाओं के बीच हम किसी भी वक़्त मौत के लिए तैयार थे। हम या तो किसी धमाके से मर सकते थे या तो तालिबानी गार्ड हमारी हत्या कर सकते थे।'

'एक बार मैंने देखा कि एक आदमी के पैर में चोट लगी है। वह बारूद लेकर नहीं जा पा रहा। तालिबान ने उसे गोली मार दी और उसकी लाश को ठिकाने लगाने को कहा। बुत में विस्फोटक लगाने में तीन दिन का वक़्त लगा। तार नजदीक की मस्जिद तक बिछाए गये। जहाँ से उन्हें चार्ज किया गया और अल्लाह हो अकबर के नारों के बीच विस्फोट कर दिया गया। जब धमाका हुआ तो बुद्ध के आगे सिर्फ़ धुआँ

और लपटें नज़र आ रहीं थीं। हवा में बारूद की गन्ध थी। तालिबान के कमांडर को उम्मीद थी कि वे विस्फोट से न सिर्फ़ बुद्ध को नष्ट कर देंगे, बल्कि पूरी पहाड़ी को ही उड़ा देंगे, लेकिन बारूद से बड़े बुद्ध की सिर्फ़ टाँगें ही उड़ाई जा सकीं।'[16]

तालिबान के इस कृत्य की पूरी दुनिया में निन्दा हुई, लेकिन वे खामोश बैठने वाले नहीं थे। उन्होंने बुद्ध को उड़ाने की ठान ही रखी थी। ऐसे विस्फोटक लाये गये जो साबुन जैसे दिख रहे थे और छूने पर आंटे की लोई जैसा एहसास देते थे। इन विस्फोटकों से बुद्ध की मूर्तियों के परखचे उड़ने लगे। 'वे लोग दो या तीन विस्फोटक लगाते थे ताकि बुद्ध को पूरी तरह से नष्ट किया जा सके। वे बुत में ड्रिल करके उसमें डायनामाइट भरते थे। इस काम में 25 दिन लगे। जो लोग विस्फोटक लगाते थे उन्हें थोड़े से चावल और रोटियाँ दी जाती थीं। उन्हें लगातार उन्हीं कपड़ों में काम करना होता था। ओढ़ने के लिए बर्फीली रातों में एक पतला कम्बल दिया जाता था।'

'जब बुत पूरी तरह से तोड़ दिया गया तो तालिबानी वहाँ नाचने लगे। वे जश्न मना रहे थे। वे हवा में गोलियाँ चला रहे थे। उसके बाद वे कुर्बानी के लिए वहाँ नौ गायें ले आये।' इस तरह 14 मार्च को तालिबान ने घोषणा की कि उन्होंने सारी बड़ी आकृतियाँ नष्ट कर दीं हैं।

कहा जाता है कि मूर्तियाँ तोड़ने का आदेश मुल्ला मुहम्मद हसन अखुन्द ने दिया था। वे आजकल तालिबान सरकार के प्रधानमन्त्री हैं, लेकिन यह सवाल उठता है कि जिस तालिबान ने पहले दूसरे धर्म की मूर्तियाँ तोड़ने से मना किया था आख़िर में उसने अपना वादा तोड़ते हुए वैसा काम क्यों किया? इस बारे में उसी वक़्त तालिबान के एक प्रवक़्ता का द न्यूयार्क टाइम्स में छपा इंटरव्यू बहुत कुछ कहता है।

'तालिबान ने इसे तोड़ने का आदेश इसलिए दिया क्योंकि विदेशी प्रतिनिधिमण्डल ने पुरातात्विक वस्तुओं के संरक्षण बात कही थी। जबकि अफ़ग़ानिस्तान में हज़ारों लोग भूखों मर रहे थे। जब आपके बच्चे आप की आँखों के सामने भूखों मर रहे हों तब आप कला की वस्तु की परवाह नहीं करते।' यह बात उन दिनों अमेरिका के दौरे पर गये तालिबान के राजनयिक सैयद रहमतउल्लाह हाशमी ने द न्यूयॉर्क टाइम्स से एक इंटरव्यू में कही।[17]

हाशमी उन दिनों अमेरिका से सम्बन्ध सुधारने के अभियान पर गये थे। उस वक़्त ओसामा–बिन–लादेन को लेकर अमेरिका और तालिबान

सरकार के बीच गतिरोध बना हुआ था। अमेरिका चाहता था कि तालिबान उसे लादेन को सौंप दे जबकि तालिबान ऐसा करने को तैयार नहीं था। वह किसी तीसरे देश में लादेन पर मुकदमा चलाने के लिए तैयार था। लादेन के कारण ही तालिबान सरकार पर पाबन्दी लगी हुई थी, लेकिन मुल्ला उमर के सलाहकार रहमतउल्लाह (24) ने बुद्ध की मूर्तियाँ तोड़े जाने पर किसी भी तरह का अफसोस नहीं जताया। उनकी दलील थी, 'वे मूर्तियाँ 1400 साल पुरानी थीं। वहाँ कोई बौद्ध उनकी पूजा नहीं करता था।'

तालिबान बुद्ध की मूर्तियाँ तोड़ने के फैसले पर कैसे पहुँचा इसकी एक कहानी रहमतउल्लाह के इंटरव्यू से निकल कर आती है। उन्होंने बताया, 'अगर हम मूर्तियों को तोड़ना चाहते तो तीन साल पहले तोड़ सकते थे। तो हमने वैसा क्यों नहीं किया? हमारे मज़हब में कहा गया है कि अगर कोई चीज़ नुक़सान नहीं पहुँचा रही है तो उसे वैसे ही छोड़ देना चाहिए, लेकिन अगर बच्चे भूखों मर रहे हैं और धन मूर्तियों को दिया जा रहा है तो वह मूर्ति हानिकारक हो जाती है और हमने उसे नष्ट कर दिया।'[18]

दरअसल फ़रवरी के महीने में यूरोपीय राजनयिकों का एक प्रतिनिधिमण्डल और संयुक्त राष्ट्र शैक्षणिक वैज्ञानिक और सांस्कृतिक संगठन (यूनेस्को) ने उन विशाल मूर्तियों के संरक्षण के लिए धन देने का प्रस्ताव रखा था। जबकि बामियान इलाक़े में तालिबान लड़ाई में लगा हुआ था। इसी प्रतिशोध में तालिबान ने मूर्तियाँ तोड़ने का फ़ैसला फ़रवरी 2001 के अन्त में किया। उस काम में उन्हें 25 दिन लगे। जबकि दूसरा पहलू यह कहता है कि तालिबान नेतृत्व मूर्ति तोड़ने का फ़ैसला लेने से पहले महीनों तक विमर्श करता रहा। बाद में उन्होंने फ़ैसला किया कि यह मूर्तिपूजा है और इसे मिटाया जाना चाहिए। उससे पहले संयुक्त राष्ट्र के राहत अधिकारियों ने कहा था कि अफ़ग़ानिस्तान में लाखों लोग भूखों मर रहे हैं। दूसरी ओर कड़ा जाड़ा उन्हें परेशान किये हुए है। उसी दौरान यूनेस्को ने मूर्तियों के संरक्षण का प्रस्ताव रखा था। तब तालिबान ने कहा कि वे उसी धन से भूखे बच्चों की मदद क्यों नहीं करते? यूनेस्को ने प्रस्ताव ठुकराते हुए कहा कि यह धन तो मूर्तियों के संरक्षण के लिए है और उसी मद में दिया जा सकता है। इस राय से तालिबान के नेता चिढ़ गये। वे बहुत गुस्सा हुए।

तालिबान के धार्मिक नेताओं ने कहा, 'अगर आप हमारा भविष्य आर्थिक पाबन्दियों से ख़राब कर रहे हैं तो आप हमारी विरासत की रक्षा नहीं कर सकते। इस तरह उन्होंने (प्रतिक्रिया स्वरूप) मूर्तियों को तोड़ने का फ़ैसला लिया। तालिबान के सुप्रीम कोर्ट ने इस फ़ैसले पर मुहर लगायी।'

रहमतउल्लाह मूर्तियाँ तोड़े जाने की वजह धार्मिक से ज़्यादा राजनीतिक और आर्थिक बताते हैं। वे इसे एक तरह से अन्तर्राष्ट्रीय समुदाय के समक्ष तालिबान के असन्तोष और प्रतिशोध को व्यक्त करने का तरीक़ा मानते हैं। शायद यह एक प्रकार की सौदेबाज़ी है जिसके माध्यम से तालिबान चाहता था कि उनकी सरकार को मान्यता मिल जाये और उन पर लगी पाबन्दी हट जाये। रहमतउल्लाह ने कहा, 'आप किसी देश का बहिष्कार करते हैं और फिर उस पर क्रूज मिसाइलें छोड़ते हैं। जबकि उसके बच्चे भूखों मर रहे हैं।' उनका संकेत उन अमेरिकी हमलों की ओर था जो उसने 1998 में अफ्रीका स्थित अमेरिकी दूतावास पर आतंकी हमलों के बाद किया था। 'आप हमारी सरकार को मान्यता नहीं दे रहे हैं। एक तरह का असन्तोष बढ़ रहा है अफ़ग़ानिस्तान में। वे आर्थिक पाबन्दियों से हमारी नीतियाँ बदलना चाहते हैं। वह काम नहीं आने वाला है। हमारे लिए हमारी विचारधारा पहले है। उसके बाद अर्थव्यवस्था है। आर्थिक पाबन्दी से हमारी विचारधारा बदलने की कोशिश हास्यास्पद है।'[19]

बुद्ध की मूर्तियाँ तोड़ने का आदेश कब दिया गया और उसे तोड़ने में कितने दिन लगे इस बारे में तमाम तथ्य हैं। उनमें परस्पर विरोध भी है। क्योंकि तालिबान के फैसले गोपनीय हुआ करते थे, लेकिन एक बात तय है कि तालिबान ने पहले दुनिया के सामने अपनी ऐसी छवि निर्मित करने की कोशिश की वह दूसरे धर्मों के लिए थोड़ी–बहुत उदारता रखता है। इसी आधार पर वह दुनिया से रियायत चाहता था, लेकिन जब ओसामा–बिन–लादेन का मामला फँस गया और तालिबान उसे वापस न देने पर अड़ गया तो बात बिगड़ती गयी। तालिबान की तमाम कार्रवाइयाँ अपनी धार्मिक कट्टरता से आगे बढ़कर प्रतिशोधात्मक होती गयीं दूसरी ओर अमेरिका जैसा आधुनिक और लोकतान्त्रिक राज्य भी प्रतिशोधात्मक बनता गया।

तालिबान के संस्कृति मन्त्री ने जुलाई 1999 में कहा था, 'बामियान को तोड़ा नहीं जायेगा बल्कि उसे संरक्षित किया जायेगा।' अपने राजनय में उसी सहनशीलता की गुन्जाइश व्यक्त करते हुए रहमतउल्लाह ने 2001 में भी कहा, 'तालिबान उन मूर्तियों को नहीं तोड़ेगा जिनकी पूजा की जा

रही है और न ही अफ़ग़ानिस्तान के हिन्दू मन्दिरों को छुएगा,' लेकिन जब मुल्ला उमर ने 26 फ़रवरी 2001 को आदेश दिया कि अफ़ग़ानिस्तान से सारी गैर इस्लामिक मूर्तियाँ और अभयारण्य हटा दिये जायें। यह आदेश तालिबान के पहले वाले निर्णयों का उल्टा था। इसलिए यह कहना कठिन है कि यह महज आर्थिक पाबन्दियों के विरुद्ध तालिबान की प्रतिक्रिया थी या उसकी धार्मिक कट्टरता की नीति या दोनों।

लेकिन इस आदेश में जो भी था तालिबान उसका प्रचार भी करना चाहता था और चाहता था कि दुनिया में इसकी तीखी प्रतिक्रिया हो। जो हुई भी। हालाँकि बामियान की मूर्तियाँ तोड़े जाने पर न तो बुश ने कड़ी प्रतिक्रिया की और न ही टोनी ब्लेयर ने। मूर्तियाँ तोड़े जाने से पहले पूरी दुनिया से अपील जारी हुई। यूनेस्को ने दलील दी कि तालिबान अपनी योजना रोक दे। क्योंकि मूर्ति पूजा और मूर्ति के नमूने में फर्क है। एक का मक़सद धार्मिक है तो दूसरे का प्रदर्शनात्मक, लेकिन तालिबान ने इस तर्क को नहीं माना। थाईलैंड, श्रीलंका और ईरान ने बुद्ध की मूर्तियाँ खरीदने का प्रस्ताव रखा था, लेकिन मुल्ला उमर ने उसके जवाब में कहा कि फर्जी मूर्तियों की रक्षा का प्रस्ताव क्यों? जब उनका कोई धार्मिक चरित्र नहीं है तो परेशान क्यों हुआ जाये। अफ़ग़ानी लोग मानते थे कि इन मूर्तियों में एक लात है तो दूसरा मन्नात। उनका वर्णन कुरान में है। वै दैत्याकार हैं।

मूर्तियाँ तोड़े जाने का तिब्बत की निर्वासित सरकार के संस्थापक और धार्मिक नेता दलाई लामा ने भी विरोध किया। पाकिस्तान ने कहा कि वह एक उच्चस्तरीय प्रतिनिधिमण्डल भेजेगा जो तालिबान शासकों से कहेगा कि वह मूर्तियाँ तोड़ना बन्द कर दें। पाकिस्तान ने घोषणा की कि मोइनुद्दीन हैदर उस प्रतिनिधिमण्डल का नेतृत्व करेंगे। जापान की संसद ने कहा कि तालिबान बुद्ध की मूर्तियाँ न तोड़े। इस बीच तालिबान सरकार के विदेश मन्त्री मुल्ला वकील अहमद मुतवकील ने कहा, 'अगर तालिबान उन मूर्तियो को बाहर भेजने का फ़ैसला करता है तो इस काम के लिए जापान सबसे सही मुल्क़ होगा,' लेकिन तालिबान के विदेश मन्त्री ने यह नहीं बताया कि क्या वह इस विकल्प पर विचार कर रहा है या मूर्तियाँ तोड़ी जा रही हैं।[20]

श्रीलंका के प्रधानमन्त्री रत्नासिरी विक्रमनायक भी तालिबान को रोकने के लिए राजनयिक रूप से सक्रिय हुए। संयुक्त राष्ट्र के विशेष प्रतिनिधि पियरे लाफरेंस ने कहा कि वे तालिबान से फिर से अपील करेंगे

ईद–उल–जुहा समाप्त होने के बाद। इस बीच तालिबान के मन्त्री ने कहा कि हमने यूनेस्को की टीम से अपनी स्थिति बता दी है। हमारा आदेश इस्लामी आदेशों पर आधारित है। वह किसी भी पूर्व इस्लामिक या उत्तर इस्लामिक युग की मूर्ति को नहीं छोड़ेगा।'

'वे अपने निजी हितों के कारण इस काम में हस्तक्षेप कर सकते हैं। पर उनके पास इसका कोई भी धार्मिक आधार नहीं है कि उनका काम इस्लाम–विरोधी है।' भारत और यूनान ने मूर्ति न तोड़ने की अपील की थी और न्यूयार्क के मेट्रोपोलिटन म्यूज़ियम ने मूर्ति खरीदने का प्रस्ताव रखा था। लन्दन के एक इंजीनियर ने कहा था कि वह दीवार बना देगा बामियान मूर्तियों के इर्द–गिर्द, लेकिन तालिबान के मन्त्री ने कहा, 'उन्हें रखा जाये या नज़र के सामने से हटा दिया जाये हमारे सामने हर प्रकार के विकल्प हैं। पर हमारा फ़ैसला है कि उन्हें हटा दिया जाये।' भारत ने भी इस मसले को अन्तर्राष्ट्रीय स्तर पर उठाया और विश्व समुदाय को एकजुट करके तालिबान पर दबाव डालने का प्रयास किया।

भारत के विदेश राज्यमन्त्री यू.वी. कृष्णम राजू ने 26 अप्रैल 2001 को राज्यसभा में एक प्रश्न के उत्तर में कहा, ''भारत ने इस मामले को अन्तर्राष्ट्रीय स्तर पर उठाया है। प्रधानमन्त्री (अटल बिहारी वाजपेयी) ने न सिर्फ़ कई देशों के समक्ष इस मुद्दे को प्रस्तुत किया है बल्कि संयुक्त राष्ट्र सुरक्षा परिषद के स्थायी सदस्यों को भी पत्र लिखा है। भारत ने भूटान, जापान, श्रीलंका, लाओस, कम्बोडिया, म्यांमार , थाईलैंड, रिपब्लिक ऑफ कोरिया और मंगोलिया को पत्र लिखकर कहा है कि बामियान बुद्ध की मूर्तियों के पक्ष में मानवता का सामूहिक स्वर उठाएँ। भारत ने 9 मार्च 2001 को संयुक्त राष्ट्र महासभा में पेश एक प्रस्ताव को प्रायोजित किया। उस प्रस्ताव में कहा गया था कि तालिबान ने पहले वचन दिया था कि अफ़ग़ानिस्तान के सांस्कृतिक इतिहास की किसी प्रकार की हिंसा, चोरी और उत्पात से रक्षा करेगा, लेकिन अब वही ख़ुद वैसा कर रहा है। इससे इस्लाम के आने से पूर्व की जो कलाएँ हैं उनके नष्ट होने का खतरा है।

प्रधानमन्त्री अटल बिहारी वाजपेयी इस दौरान जब ईरान के दौरे पर गये तो ईरान के राष्ट्रपति ने उनसे बातचीत में कहा कि तालिबान ने इस्लाम को बदनाम किया है। कई मुस्लिम देशों ने भी तालिबान के इस हिंसक कृत्य की आलोचना की और उसे रोकने की अपील की। 26 फ़रवरी को तालिबान सरकार के सर्वोच्च फैसले के बाद यूनेस्को के

डीजी ने अफ़ग़ानिस्तान के लोगों के नाम अपील जारी की और कहा कि वे मूर्तियाँ विश्व की धरोहर हैं उन्हें तोड़े जाने से रोका जाना चाहिए।

लेकिन तालिबान ने किसी की एक नहीं सुनी। उसने 14 मार्च को घोषणा की कि सारी आकृतियाँ नष्ट कर दी गयीं हैं। उसके बाद तालिबान ने 26 मार्च को अन्तर्राष्ट्रीय मीडिया को इजाज़त दी कि वह अपनी आँखों से ध्वस्त मूर्तियों को देख लें। उससे पहले तालिबान ने 19 मार्च को अल जजीरा को इजाज़त दी थी कि वह ध्वस्त मूर्तियों को अन्तिम अवस्था में आकर देख ले। वे दुनिया को दिखाना चाहते थे कि किस तरह से उन्होंने बुद्ध पर विजय प्राप्त कर ली है।

तालिबान के इस विनाश पर भारतीय मीडिया में भी तीखी प्रतिक्रिया हुई। पत्रकार टी.वी. राजशेखर ने लिखा, 'बामियान मूर्तियों के साथ तालिबान के पागलपन का कश्मीर पर भी ज़रूर असर पड़ेगा। पूरे अफ़ग़ानिस्तान में बुद्ध की मूर्तियों के साथ सुन्दर नक्काशियाँ और प्रतिकृतियाँ तोड़ दी गयीं। इसे रोकने के लिए पाकिस्तान, मिस्र और इस्लामी देशों के संगठन ने भी अपील की, लेकिन वे नहीं माने। मुल्ला उमर ने इस्लामी देशों से कहा कि वे उनका समर्थन करें। पिछली सहस्राब्दी के आरम्भ में अफ़ग़ानिस्तान के ही रहने वाले मुहम्मद गजनी ने इस पूरे इलाक़े में काफ़ी तबाही मचाई थी। गजनी ने उत्तर भारत के कई मन्दिरों का विनाश किया था। उसने 1025 ईसवी में सोमनाथ के मन्दिर को भी तोड़ा था, लेकिन बामियान बुद्ध को उसने भी नहीं छुआ। जबकि बामियान गजनी से बहुत दूर नहीं है। इतिहास के आरम्भ से अफ़ग़ानिस्तान वृहत्तर भारत का हिस्सा रहा है। सिकन्दर के सेनापति सिल्यूकस को मौर्य साम्राज्य के शासक चन्द्रगुप्त से पराजित होना पड़ा था। मौर्य साम्राज्य भी हिन्दुकुश तक फैला हुआ था। ईसा पूर्व तीसरी सदी में अशोक और पहली शताब्दी में इस इलाक़े में कनिष्क का अधिपत्य था। यहाँ पर यूनान और भारतीय कला शैली को मिलाकर गान्धार शैली की कला का विकास हुआ। इसी के साथ हिन्दुकुश से लेकर भारत चीन तक बुद्ध और बोधिसत्व की मूर्तियाँ चारों ओर फैल गयीं। महाभारत में कहा गया है कि महाराज धृतराष्ट्र की पत्नी गान्धारी भी इसी कन्धार की थीं। मुगल साम्राज्य के पतन से पहले अफ़ग़ानिस्तान उसी का हिस्सा था।'[21]

'भारत के प्रधानमन्त्री अटल बिहारी वाजपेयी ने बामियान बुद्ध को बचाने के लिए मुल्ला उमर को पत्र लिखा और सुरक्षा परिषद के स्थायी

सदस्यों को भी हस्तक्षेप करने का अनुरोध किया, लेकिन न तो राष्ट्रपति जार्ज बुश ने उस काण्ड की निन्दा की और न ही ब्रिटेन के प्रधानमन्त्री टोनी ब्लेयर ने। पुतिन ने भी निन्दा नहीं की। एशियाई देशों ने कोई संयुक्त अपील जारी नहीं की। इस दौरान भारत के एक अंग्रेज़ी दैनिक ने सम्पादकीय में लिखा कि भारतीय विरासत के रक्षक तब कहाँ थे जब बाबरी मस्जिद तोड़ी गयी थी। अगर बामियान बुद्ध की मूर्तियाँ हमारी विरासत हैं तो वह तो बाबरी मस्जिद भी थी। उधर मुल्ला उमर ने पाँच मार्च को इस्लामी देशों से अपील की कि वे अपनी आवाज़ काफ़िरों से न मिलाएँ क्योंकि वे इस्लाम का जज़्बा ख़त्म करना चाहते हैं।'[22]

संडे ट्रिब्यून में उसी दिन एक और टिप्पणी इसी विषय पर लिखी गयी। 'इंटरनेशनल कौंसिल आन मॉनूमेंट्स एंड साइट्स, इंटरनेशनल कौंसिल ऑफ म्यूजियम्स ने कहा था कि वे 1500 साल पुरानी इन मूर्तियों को खरीद लेंगे, लेकिन तालिबान ने 1999 में जो कहा था उसी का उल्लंघन करते हुए विध्वंस का काम किया। यह एक प्रकार का सम्पूर्ण सांस्कृतिक विनाश है जिसे इतिहास में बर्बरता के महत्त्वपूर्ण अध्याय के रूप में दर्ज किया जायेगा। सोसायटी फार प्रिजर्वेशन ऑफ अफ़ग़ानिस्तान कल्चरल हेरिटेज ने कहा कि यह एकदम बेचैन करने वाला काम है। सोसायटी की नैंसी डुप्री ने कहा कि आप बामियान घाटी में तब तक प्रवेश नहीं कर सकते जब तक इन ऊर्जावान मूर्तियों को देखकर अवाक न रह जायें। वे मूर्तियाँ पूरे संसार की थीं। यह पुरानी इमारतें या ढाँचे अफ़ग़ानिस्तान की पहचान हैं। जब आप अपनी अस्मिता खो देते हैं तो अपनी आत्मा भी खो देते हैं।...मुल्ला उमर ने कहा कि यह मूर्तियाँ काफ़िरों के देवताओं की हैं। वास्तविक ईश्वर अल्लाह है। बाकी सब फर्ज़ी देवता हैं। उन्हें हटा देना चाहिए। सिर्फ़ अल्लाह जो सर्वशक्तिमान है उसी की इबादत होनी चाहिए, लेकिन अफ़ग़ानिस्तान के अपदस्थ उप विदेश मन्त्री हामिद करजर को भी यह हरक़त ठीक नहीं लगी। उन्होंने कहा कि वे अफ़ग़ानिस्तान की स्मृतियों को नष्ट कर रहे हैं। अफ़ग़ानिस्तान में संयुक्त राष्ट्र के विशेष दूत ने कहा कि बामियान बुद्ध को तोड़ना वैसे ही है जैसे भारत सरकार ताजमहल तोड़ने का फ़ैसला कर ले। संयुक्त राष्ट्र के आपातकालीन राहत के विशेष समन्वयक के ओशीमा ने कहा कि हमारे सामने एक वास्तविक त्रासदी घटित हो रही है।'[23]

कला संस्कृति के प्रति तालिबान की असहिष्णुता इस बार भी वैसी ही है। 'अफ़ग़ानिस्तान के हेरात प्रान्त में संगीत की दुकानें बन्द हैं। उन पर लिखा है किराए के लिए। 1996 से 2001 के दौर की स्मृतियाँ कौंध गयीं हैं। हालाँकि अभी तक तालिबान ने कोई आदेश जारी नहीं किया है, लेकिन उनके सत्ता में आने से ख़ौफ इतना है कि लोगों ने संगीत सीखने और सिख़ाने और उसके प्रदर्शन का काम बन्द कर दिया है। जब पिछली बार तालिबान सत्ता में आया था तो मेहन्दी शबाब (44) ने पियानो बजाना सीखा था। उस समय वे 24 साल के थे और प्रतिबन्धित काम करने में उन्हें बड़ा मज़ा आता था। उस दौरान वे कला को तराशते रहे और जब तालिबान सत्ता से हट गया तो शबाब संगीत पढ़ाने लगे, लेकिन अब उन्हें अफ़ग़ानिस्तान में अपना कोई भविष्य नहीं दिखता। अब उन्हें लगता है कि सब कुछ ख़त्म हो गया है। जिस उपकरण के साथ उन्होंने इतने वर्षों तक लगाव रखा उसे कमरे में छुपा कर रखना पड़ रहा है। वे कहते हैं कि मैंने जीवन के उस अध्याय को बन्द कर दिया है। वे कहते हैं कि उन्होंने अपना सब कुछ बेच दिया है और अब देश से भागने की सोच रहे हैं। इसके अलावा कोई रास्ता नहीं है। केन्द्र सरकार ने संगीत पर प्रतिबंन्ध का ऐलान नहीं किया है, लेकिन हेरात के सूचना और संस्कृति निदेशक ने पत्रकारों से कहा कि मीडिया में संगीत गैर क़ानूनी है।'[24]

'हेरात म्यूजिक यूनियन के संस्थापक नियामतउल्लाह हाशमी (54) कहते हैं कि संगीतकारों को धमकियाँ मिल रही हैं। उनके साज को तालिबान के सैनिकों ने तोड़ दिया है। आज ही मैंने देखा कि एक प्रतिभाशाली संगीतकार आलू की गाड़ी खींच रहा था। अब सब्जी बेचना ही उसका जीवन हो गया है। संगीत तो भोजन में नमक है। उससे हमारे इतिहास और संस्कृति का पता चलता है। वह बहुत ज़रूरी है। अजी मुहम्मद दाऊद (56) 40 साल से संगीत की साधना कर रहे हैं। तालिबान के समय में वे क्वेटा की म्यूजिक अकादमी में थे। वे कहते हैं कि मैं बीस साल से हेरात की संगीत की हर महफिल में मौजूद रहता था। वह भोजन की तरह जीवन का हिस्सा बन गया था। तालिबान के आने के बाद उनका परिवार मुल्क़ छोड़ गया है पर वे संगीत को ज़िन्दा रखने के लिए वहाँ बने हुए हैं। हालाँकि कुछ लोगों का कहना है कि शादियों में संगीत पूरी तरह से बन्द नहीं है। वह चुपचाप चल रहा है।'[25]

गीत संगीत के प्रति तालिबान की शत्रुता का प्रमाण उस समय प्रस्तुत हुआ जब उन्होंने अन्दराबी घाटी के मशहूर लोक गायक फवाद अन्दराबी की गोली मार कर हत्या कर दी। उन्हें श्रद्धांजलि देते हुए ईयू एशिया न्यूज नयी दिल्ली के सम्पादक पुष्परंजन ने अफ़ग़ानिस्तान के इतिहास, संगीत और वहाँ के वातावरण के बारे में एक मर्मस्पर्शी टिप्पणी की है। 'उससे पहले फवाद अन्दराबी का नाम मैंने नहीं सुना था। वो अन्दराबी घाटी के मशहूर लोक–गायक थे। अन्दराबी, काबुल से सौ किलोमीटर उत्तर पंजशीर घाटी के बगल वाला इलाक़ा है। फवाद अन्दराबी, सारंगी जैसा वाद्ययन्त्र 'घेचक' खुद बजाते, और गाते थे। यू–ट्यूब पर उनके वीडियो क्लिप देखने के बाद समझना मुश्किल है कि एक लोकगायक का सियासत से क्या लेना–देना हो सकता है? ये सचमुच सिरफिरे लोगों की जमात है, जो सुधरने का नाम नहीं ले रही है। तालिबान, अन्दराबी घाटी स्थित उनके गाँव आये, फवाद अन्दराबी के साथ चाय पी, उनके सिर में गोली मारी और चलते बने। 30 अगस्त, 2021 को तालिबान प्रवक्ता ज़बीहुल्ला मुजाहिद बोले, 'इसकी जाँच करायेंगे, और दोषियों को सज़ा देंगे। इस देश ने एक लोकगायक खो दिया। कराते रहो जाँच। मक़सद, संगीत व अदबी दुनिया में ख़ौफ़ पैदा करना था, वो पूरा हो चुका।'[26]

'जिन्हें मैं जानता था, वह हैं काबुल से जर्मनी बस गये गजल गायक अहमद वली। उनसे शनासाई बर्लिन में एक कार्यक्रम के दौरान हुई। अहमद वली की मशहूर ग़ज़ल 'ख़ाके क़ाबुल' मेरे दिलो–दिमाग़ पर घुन समेत प्रिंट हो चुकी थी, जो दो दशक बाद भी धुला नहीं। 2001 में उनकी दी हुई कुछ सीडी अब भी मेरे पास है। दारी–पश्तो के एक और मशहूर ग़ज़ल गायक उस्ताद नशेनस का गाया, 'बिया शब है महताब' को मैं भूलता नहीं। कन्धार में जन्मे डॉ. मुहम्मद सादिक़ फितरत, 'नशेनस' के नाम से देश–दुनिया में जाने जाते हैं। कुछ दिन भारत में भी रहे और तबले के 'वाह उस्ताद' ज़ाकिर हुसैन की सोहबत में 'नशेनस' ने कैलिग्राफी भी सीखी थी। यू–ट्यूब पर उनके एलबम अब भी सुनता हूँ, और नैसर्गिक आनन्द में खो जाता हूँ। अन्दराबी हत्याकाण्ड के बाद लगता नहीं उस्ताद नशेनस, 'हवस–ओ–मन्ज़िल' और ज़े खो शराबी' जैसी नज़्मों को गा सकेंगे। रबाब के मशहूर फनकार उस्ताद उमर के साथ भी जाकिर हुसैन कई बार संगत कर चुके हैं। उस्ताद उमर 1980 में गुज़र चुके।[27]

'2001 के बाद से मौसिक़ी की दुनिया में जो कुछ हुआ, क्या तालिबान पार्ट–टू उसे मिटाना चाहेगा? 2004 में अफ़ग़ानिस्तान में नये राष्ट्रगान को रचने और उसे संगीतबद्ध करने की तैयारी चल रही थी। करज़ई सरकार ने दो शर्तें आयद कीं। पहली शर्त, राष्ट्रगान पश्तो में लिखा जाना चाहिए, और दूसरी 'अल्लाहू अकबर' ज़रूर हो। मुश्किल यह थी कि जो गीतकार और संगीतकार देश छोड़ चुके थे, वो वतन लौटना नहीं चाह रहे थे, चुनाँचे अमेरिका में बैठे अब्दुल बारी जहानी से 2006 में राष्ट्रगान लिखवाया गया, 'दा वतन अफ़ग़ानिस्तान दई', इन शब्दों को संगीतबद्ध किया जर्मनी के कोलोन शहर में रह रहे मेरे परिचित बबरक वासा ने।'

'बबरक वासा 1978 के दौर में काबुल रेडियो में म्यूज़िक डायरेक्टर रह चुके थे। 1980 में बबरक वासा अफ़ग़ानिस्तान छोड़ जर्मनी आ चुके थे। बहरहाल, अफ़ग़ान राष्ट्रगान की रिकार्डिंग संगीत निर्देशक बबरक वासा व मशहूर 'विथोवन आर्केस्ट्रा' की देख–रेख में 14 अप्रैल 2006 को बॉन स्थित डॉयचेवेले के स्टूडियो में हुई। इस घटना का मैं साक्षी रहा हूँ। तालिबान क्या इस कौमी तराना को बदलेंगे? इस सवाल को मैं यहीं छोड़े जा रहा हूँ।'

'यूँ तालिबान शासन के कुछ वर्षों तक एक क़ौमी तराना था, जिसे 1919 में उस्ताद क़ासिम ने कम्पोज किया था। 1996 में तालिबान पार्ट–वन आने से पहले 1992 में लोग सुराद–ए' मिल्ली (राष्ट्रगान) गाते थे– 'क़ल्ये इस्लाम, क़ल्ब ए–एशिया'। इसे 1999 तक अफ़ग़ान जनता ने गाया, फिर उस साल अचानक से तालिबान शासन ने उस पर पाबन्दी आयद कर दी। तालिबान के जाने के बाद, 2002 में 'क़ल्ये इस्लाम, क़ल्ब ए–एशिया' दोबारा से आरम्भ किया गया और 2006 में नये राष्ट्रगान के आने तक लोग इसे गाते रहे। उससे पहले भी राष्ट्रगान 1926 से 1973 तक तत्कालीन राजशाही की स्तुति के रूप में प्रस्तुत किया जाता रहा। 1973 से 1978 पाँच वर्षों तक अस्तित्व में रहा दूसरा क़ौमी तराना बाद के दिनों बदला। 1978 में कम्युनिस्ट नेता व पत्रकार नूर मुहम्मद ताराकी की 'पीपुल्स डेमोक्रेटिक पार्टी ऑफ अफ़ग़ानिस्तान' सत्ता में आयी, तो क़ौमी तराना एक बार फिर परिवर्तित किया गया। उस जोशीले राष्ट्रगीत को कम्पोज किया था जलील गहलाँ ने, और संगीतबद्ध किया था उस्ताद सलीम सरमद ने। यह राष्ट्रगीत 1978 से 1992 तक अफ़ग़ानों ने गाया।

1992 से 1996 व 2002 से 2006 के क़ौमी तरानों की चर्चा कर यह बताना था कि कई कालखण्डों में यह बदलता गया है।

तालिबान को राष्ट्रवादी गीतों से कोई गुरेज़ नहीं है। जैसे, उस्ताद अवलमीर द्वारा गाया 'दा ज़मोंग ज़ेबा वतन' (पश्तो में जिसका मतलब होता है हमारा खूबसूरत देश) और अब्दुल वहाब मदादी का गाया, 'वतन इश्क तू इफ्तेकरम' लोग सड़कों, मज़लिस में गुनगुनायें, तालिबान को कोई आपत्ति नहीं। मगर, हर समय राष्ट्रवाद और दीन की घुट्टी गीत–ग़ज़लों में तो नहीं पिलाई जा सकती। इस कारण, अच्छी–ख़ासी संख्या में गीतकार और संगीतकार अपनी कश्ती जला गये, और पीछे मुड़ कर नहीं देखा।'[28]

इसी तरह 5 सितम्बर 2021 को अफ़ग़ानिस्तान नेशनल जर्नलिस्ट यूनियन के अध्यक्ष फहीम दस्ती की हत्या की ख़बर से आहत पुष्परंजन लिखते हैं 'फहीम दश्ती से कभी–कभार टूटी–फूटी हिन्दी हम बुलवा लेते थे। वो अपनी रिकॉर्ड की गयी आवाज़ सुनते और ख़ुश होते। अब वो आवाज़ सदा के लिए बन्द हो चुकी है। आज सुबह ईमेल अकाउंट खोलते ही पहली सूचना यही थी कि सोमवार को देर रात फहीम दश्ती बम हमले में मारे गये। कुछ घण्टे पहले तालिबान प्रवक़्ता जबीहुल्लाह मुज़ाहिद ने इस ख़बर का खण्डन किया कि वो पाकिस्तानी हवाई हमले में मारे गये। तालिबान के मुख्य प्रवक़्ता मुजाहिद का कहना था कि फहीम दश्ती पंजशीर में गुल हैदर और जनरल जुर्रत के बीच गोलाबारी में मारे गये। तालिबान प्रवक़्ता को यह खंडन करने की ज़रूरत क्यों पड़ी कि इस इलाक़े में पाकिस्तान ने हवाई हमला नहीं किया था? फहीम दश्ती के स्रोतों की मदद से हम वो ख़बर डेवलप कर रहे थे, जिससे पता चलता कि पंजशीर में पाकिस्तानी वायुसेना किस तरह की मदद तालिबान को दे रही है।

फहीम दश्ती अब्दुल्ला–अब्दुल्ला के भतीजे थे। पूर्व रक्षा मन्त्री और नॉर्दन अलाइन्स के नेता अहमद शाह मसूद के निकटस्थ। 9 सितम्बर, 2001 को जब अहमद शाह मसूद पर मानव बम ने हमला किया, पत्रकार फहीम दश्ती उसी जगह पर थे, और बुरी तरह घायल हुए थे।

फहीम दश्ती से मेरा पेशेवराना सम्बन्ध 2003 से शुरू हुआ था। वो एक साप्ताहिक पत्रिका 'सुबह–ए–काबुल' निकालते थे। अफ़ग़ानिस्तान नेशनल जर्नलिस्ट यूनियन के अध्यक्ष थे फहीम। विचारों की आज़ादी

के प्रमुख पैरोकार, जिन्हें वहाँ के अतिवादी कठमुल्ले कब से चुप कराना चाहते थे, अलविदा दोस्त!'[29]

'मुश्किल हालात में जर्नलिज़्म करना हो, तो अफ़ग़ानिस्तान चले जाइये। अब पेरिस स्थित रिपोर्टर्स विदाउट बॉर्डर और अमेरिका की कमेटी टू प्रोटेक्ट जर्नलिस्ट (सीपीजे) जैसे विश्व मीडिया संगठनों के लिए जेरे बहस है कि तालिबान–पार्ट टू में पत्रकारिता कैसे करनी होगी? 'सीपीजे' के पास फौरी मदद के वास्ते अफ़ग़ानिस्तान से पाँच हज़ार से अधिक मैसेज पहुँचे हुए हैं। काबुल यूनिवर्सिटी इलाक़े में देपुरी स्क्वायर है, वहाँ खुले काबुल प्रेस क्लब में पिछले कुछ हफ्तों से लोगों का उठना–बैठना लगभग बन्द है। 700 से अधिक देसी–विदेशी पत्रकार काबुल प्रेस क्लब (केपीसी) के सदस्य थे। वो घटकर कितने हो गये, कुछ दिनों में स्पष्ट हो जायेगा। ये सभी पत्रकार देश छोड़कर गये, तो क्या काबुल प्रेस क्लब में सन्नाटा पसर जायेगा?'[30]

अफ़ग़ानिस्तान में मीडिया की स्थिति और उसके भविष्य पर टिप्पणी करते हुए पुष्परंजन लिखते हैं, '2019 के आखिर में 203 टीवी कम्पनियाँ अफ़ग़ानिस्तान में रजिस्टर्ड थीं। इनमें से 96 टीवी स्टेशन केवल काबुल में थे, शेष चैनलों का प्रसारण 107 प्रान्तीय टीवी केन्द्रों से हो रहा था। सरकारी टीवी में आरटीए टीवी, संसदीय कार्यवाही को दिखाने वाला 'मेशरानो जरगा टीवी' के दर्शक वैसे ही हैं, जैसे कि भारत में। प्राइवेट में टोलो न्यूज, एआआईए टीवी, बॉलीवुड व अमरीकी फ़िल्में दिख़ाने वाला '24', पश्तो में प्रसारण वाला श्लेमार टीवी, शमशाद टीवी, शैक नेटवर्क का 'शर्क टीवी', दारी में प्रसारण करने वाला 'ओकाब टीवी', 1915 में पहला डिजिटल कार्यक्रम प्रस्तुत करने वाला अनार टीवी, हदीस टीवी, टेन टीवी, एलेवन टीवी, मशाल टीवी, 2017 में महिलाओं के बीच पॉपुलर 'बानो टीवी' प्रमुख चैनलों में से हैं। इनसे अलहदा, देश से बाहर की कम्पनी अल ज़ज़ीरा का विस्तार लगभग कोने–कोने तक हो चुका था। इस प्रतिस्पर्धा में सीएनएन, बीबीसी, स्काई न्यूज, डीडी न्यूज भी अफ़ग़ानिस्तान में थे, जिनके कार्यक्रम देखने वालों की संख्या लाखों में मानकर चलिए।'[31]

तालिबान ने जिस तरह की शासन प्रणाली का निर्माण किया है उसमें हत्या एक सामान्य सजा बन गयी है। वहाँ संगीतकारों की हत्या कर दी जा रही है पत्रकारों की हत्या कर दी ज़ा रही है विरोधी राजनेताओं की हत्या हो रही है। न्याय व्यवस्था का कोई स्पष्ट रूप नहीं है।

इस तरह तालिबान ने 21 वीं सदी में राज्य की व्यवस्था का ऐसा रूप प्रस्तुत किया है जिससे एक ओर उदारवादी राज्य व्यवस्था का ढाँचा भी बदला है तो दूसरी ओर मध्य एशिया के इस्लामी देशों में जो राज्य व्यवस्था उभर रही थी उसकी भी विश्वसनीयता कम हुई है। दोनों प्रकार के ढाँचों में अति तीव्र प्रतिक्रिया और बदले की भावना का विकास हुआ है। उनमें एक ख़ास तरह का अविश्वास और असुरक्षा निर्मित हुई है जिससे मानवाधिकार और व्यक्तिगत स्वतन्त्रता का हनन बढ़ रहा है।

यह पश्चिमी राज्य व्यवस्था का भी संकट है और मध्य एशिया में बन रहे इस्लामी राज्य व्यवस्था की साख का भी। इस संकट पर टिप्पणी करते हुए मशहूर राजनीति शास्त्री प्रताप भानु मेहता लिखते हैं कि 9/11 के 20 साल बाद दो और मीनारें गिरी हैं जिनकी ओर भी ध्यान दिया जाना चाहिए। वे मीनारें हैं पश्चिम की उदार राज्य की संरचना और सऊदी अरब से अफ़ग़ानिस्तान तक इस्लामी देशों में उभरी राज्य व्यवस्था। '9/11 ने दो प्रकार के संकट को पैदा किया है। एक संकट है राज्य के उदार ढाँचे का और दूसरा संकट है सऊदी अरब से अफ़ग़ानिस्तान तक किसी प्राधिकार के संकट का। यह दोनों संकट हमारे साथ अभी भी हैं। जो बाइडेन सोच सकते हैं कि अफ़ग़ानिस्तान से सेना की वापसी से पहले क़िस्म का संकट कुछ कम हो सकता है, लेकिन 9/11 की बीसवीं बरसी पर तालिबान की विजय के कारण दोनों संकट और बिगड़ सकते हैं। इससे तमाम राज्यों में प्राधिकार को लेकर विवाद हो सकता है और कट्टरपन्थी शक्तिशाली हो सकते हैं। उदारवाद के आलोचक कह सकते हैं कि उदार राज्य तालिबान को हरा नहीं पाया। 9/11 के हमलावर अगर पश्चिम से बदला लेना चाहते थे तो वे इस्लाम को फिर से नयी संरचना देना चाहते थे। उन्होंने न सिर्फ़ आधुनिक तकनीक का इस्तेमाल किया, बल्कि एक आधुनिक संचार रणनीति भी विकसित की। वे चाहते थे कि मध्यपूर्व में हर तरह की सरकारों को अस्थिर कर दें। अल–कायदा का उभरना और उसके प्रति मध्यपूर्व में होने वाली प्रक्रिया ने हर प्रकार के अरब राष्ट्रवाद की मृत्यु की घोषणा कर दी। 9/11 ने मिस्र से अफ़ग़ानिस्तान तक के संकट को बढ़ा दिया। अल–कायदा पर होने वाली कार्रवाई के साथ ही आईएसआईएस जैसे संगठन ने इस्लाम के भीतर प्राधिकार का संकट पैदा कर दिया। अब इस्लाम का पुराने अनुदारवाद की जगह पर ज़्यादा दमनकारी मूलवादी चरित्र हो गया,

लेकिन उन्होंने पश्चिम–एशिया में उभर रहे राष्ट्र राज्य के समक्ष पहले से चले आ रहे संकट को और गहरा कर दिया। अगर पश्चिम ने इसमें रुचि दिखायी और धोखा खाया तो यही बात मध्यपूर्व और अफ्रीका के बारे में भी कही जा सकती है। एक प्रकार से 9/11 के बाद की लड़ाई इस्लाम और पश्चिम के बीच की लड़ाई नहीं बनी, बल्कि वह हर तरह के राज्यों और रेडिकल इस्लामी समूहों के बीच की लड़ाई बन गयी जिसकी पटकथा को 9/11 के बाद आकार मिला।'[32]

ऐसे में तालिबान किस तरह की राज्य व्यवस्था का निर्माण करता है वह अभी देखा जाना है। तालिबान अल–कायदा और आईएसआईएस से सम्पर्क रख सकता है। यह भी हो सकता है कि उसके मन्त्रिमण्डल में शामिल हक्कानी समूह भी अपने पुराने ढाँचे को एकदम से ख़त्म न करे। जिस सरकार के 33 मन्त्रियों में से 14 संयुक्त राष्ट्र की सूची में आतंकवादी हों उसकी अन्तर्राष्ट्रीय वैधता और साख को लेकर भी संकट बना रह सकता है, लेकिन अफ़ग़ानिस्तान अगर ऐसी राज्य व्यवस्था का निर्माण नहीं कर पाता जिसमें न्याय और आर्थिक विकास की गुंज़ाइश हो तो उसका लम्बे समय तक चल पाना मुश्किल है। उस पर अगर किसी और देश ने हमला न भी किया तो अपने अन्तर्विरोधों के कारण बिखर सकता है।

# कारोबार : तब और अब

**ख़राब राजनीति अच्छी अर्थव्यवस्था को जन्म देती है। पिछले तीस सालों से चलने वाला यह जुमला अफ़ग़ानिस्तान पर फिट नहीं बैठ रहा है। तालिबान के सत्ता में आने के बाद बाहरी इमदाद बन्द हो गयी है। अफ़ग़ानिस्तान में खाने के लाले पड़े हैं। लोग अपने घरों का सामान बेच रहे हैं। दूसरी आर खनिज सम्पदा के दोहन और तापी गैस पाइप लाइन के निर्माण में तमाम चुनौतियाँ हैं।**

तालिबान के सत्ता से हटने और दोबारा आने के बीच इन बीस वर्षों में अफ़ग़ानिस्तान की अर्थव्यवस्था में पाँच गुना वृद्धि हुई है। सन् 2002 में अफ़ग़ानिस्तान की अर्थव्यवस्था का आकार 4 अरब डॉलर का था तो 2020 में 19.8 अरब डॉलर तक पहुँच गया। यह विश्व बैंक का आकलन है कि पिछले 20 वर्षों में अफ़ग़ानिस्तान की जीडीपी यानी सकल घरेलू उत्पाद चार गुना हो गया है, लेकिन अफ़ग़ानिस्तान की इस जीडीपी में घरेलू उत्पादन से कहीं ज़्यादा विदेशी सहायता का योगदान रहा है।

## केन्द्रीकरण

अफ़ग़ानिस्तान की यह अर्थव्यवस्था बेहद केन्द्रीकृत थी। हामिद करज़ई और अशरफ गनी की सरकारों के पास व्यापक आर्थिक अधिकार थे। चूँकि यह सरकारें पिछले बीस सालों से अमेरिका और नाटो के समर्थन से चल रही थीं इसलिए दुनिया भर की सरकारों ने इस देश को कोष से पाट दिया था, लेकिन राष्ट्रपति के पास व्यापक आर्थिक अधिकार होने के नाते उन सरकारों की जनता के प्रति कोई जवाबदेही नहीं थी। इसलिए वे भ्रष्ट हो चली थीं। केन्द्रीकृत वित्तीय प्रणाली और आर्थिक भ्रष्टाचार के कारण अफ़ग़ानिस्तान तालिबान के कब्जे से बहुत पहले ही लड़खड़ाने लगा था।[1]

सन् 2004 के संविधान संशोधन ने देश की वित्तीय संरचना पर राष्ट्रपति का पूरा नियन्त्रण कायम कर दिया था। किसी भी आर्थिक निर्णय में स्थानीय प्रतिनिधियों की राय नहीं ली जाती थी। बजट में स्थानीय ज़रूरतों का प्रतिनिधित्व नहीं होता था। यानी अर्थव्यवस्था से स्थानीय जनता अपने को अलग–थलग महसूस कर रही थी। उसको लगता था कि यहाँ उसकी इच्छा नहीं चलती। 16 जनवरी 2021 को देश में वित्तीय संकट पैदा हो गया। अफ़ग़ानिस्तान की राष्ट्रीय असेंबली यानी निम्न सदन (वोलेसी जिरगा) ने देश के राष्ट्रीय बजट के प्रस्ताव को खारिज़ कर दिया। जिरगा ने कहा कि इस बजट ने राष्ट्रपति के अनियन्त्रित अधिकार को और बढ़ा दिया है। एक प्रकार से यह बजट अमानत में खयानत करने वाला है।

वित्तीय संकट के कारण सरकार अपने सैनिकों को तनख़्वाह नहीं दे पा रही थी। सरकारी सैनिकों को दिसम्बर 2020 के बाद वेतन नहीं मिला था। अफ़ग़ानिस्तान में अन्तर्राष्ट्रीय बलों का नेतृत्व करने वाले जोनाथन श्रोडेन कहते हैं कि अफ़ग़ानी सेना एक ओर तो तालिबान और आतंकी समूहों से लड़ रही थी तो दूसरी ओर लोगों को नौकरी देने का बहाना थी। यह एक ऐसे देश में तनख़्वाह पाने का सहारा थी जहाँ पर तनख़्वाह पाना बहुत–बहुत बड़ी बात हो गयी थी। इसलिए तनख़्वाह न मिलने पर सैनिकों के मन में यह सवाल पैदा हुआ कि जब सरकार के पास धन नहीं है तो लड़ने वाले सैनिकों को धन कौन दे सकता है? वे वेतन के लिए अशरफ गनी सरकार के पास जायें या तालिबान के पास? तालिबान ने उन्हें वेतन देने का भरोसा दिया और वे गनी की सरकार को छोड़कर तालिबान के साथ हो लिए। इस तरह अफ़ग़ानी सेना ने तालिबान से धन लेकर आत्मसमर्पण शुरू कर दिया।

अफ़ग़ानी सेना के समर्पण के पीछे एक कारण सैनिकों का परिवार और गाँव के प्रति ज़्यादा वफ़ादार होना है। उनका एक लश्करी स्वभाव रहा है। वहाँ पैसा लेकर लड़ने का चलन यानी मर्सिनरी रिवाज़ भी रहा है। सैनिकों को यह बात भी कचोट रही थी कि कमांडर खुद विलासिता का जीवन जीते हैं, लेकिन अपने सैनिकों को कुछ नहीं देते। सैनिकों के भीतर वेतन की चाह और भ्रष्ट केन्द्रीय सरकार के प्रति बेरुखी ने उन्हें तालिबान के प्रति झुका दिया। वे तालिबान के आगे समर्पण करते गये और अशरफ गनी की सरकार का तेज़ी से पतन हो गया और तालिबान का पूरे

अफ़ग़ानिस्तान पर चमत्कारिक ढंग से क़ब्ज़ा हो गया। विदेशी सहायता पर काफ़ी कुछ निर्भर और भ्रष्ट सरकार तालिबान के सामने टिक नहीं पायी।

लेकिन अशरफ गनी की राष्ट्रीय सरकार के पतन के साथ देश में दूसरी तरह का संकट पैदा हो गया। अमेरिका और नाटो की वापसी के बाद विदेशी सहायता आनी बन्द हो गयी। तालिबान के कब्जे के बाद अमेरिका ने अफ़ग़ानिस्तान सरकार की 9.5 अरब डॉलर की विदेशी मुद्रा पर ताला लगा (फ्रीज कर) दिया। जर्मनी ने 30 करोड़ डॉलर की सहायता रोक दी। अन्तर्राष्ट्रीय मुद्रा कोष ने 44.0 करोड़ डॉलर का एसडीआर (स्पेशल ड्राइंग राइट) रोक दिया। चूँकि अफ़ग़ानिस्तान सरकार के जीडीपी का 40 प्रतिशत हिस्सा विदेशी इमदाद का ही था इसलिए वहाँ आर्थिक हाहाकार मचना स्वाभाविक है। तालिबान के सत्ता में आने के बाद उसे उन तमाम पाबन्दियों का सामना करना पड़ेगा जो 2001 से पहले उस पर लगी थीं।

तालिबान के सत्ता में आने के बाद अफ़ग़ानी यानी अफ़ग़ानिस्तान की मुद्रा की क़ीमत में बुरी तरह गिरावट दर्ज़ की गयी है। एक अमेरिकी डॉलर के मुकाबले अफ़ग़ानी 80 से गिरकर 96.25 पर आ गया है। इसलिए देश में महँगाई बढ़ रही है। बैंक खुलते ही अफ़ग़ानिस्तान के लोग अफ़ग़ानी लेकर उसे डॉलर में बदलने को दौड़ पड़े हैं। वहाँ बैंकों के बाहर लम्बी कतारें लगी रहती हैं।

तालिबान ने मुहम्मद इदरीस नाम के एक सज्जन को सेंट्रल बैंक का कार्यवाहक गवर्नर नियुक्त किया है। उन्हें वित्तीय मामलों का ज़्यादा अनुभव नहीं है। पूर्व वित्त मन्त्री उमर जखलीवाल ने कहा, "मौजूदा आर्थिक संकट से निपटने और सेंट्रल बैंक को चलाने के लिए तालिबान को वित्तीय और आर्थिक विशेषज्ञ चाहिए। वरिष्ठ आर्थिक अधिकारी और विशेषज्ञ देश छोड़कर भाग रहे हैं। इसलिए सरकार को अनुभवी नौकरशाहों के हाथ में कमान देनी चाहिए। इससे देश तबाह होने से बचेगा, लेकिन लगता नहीं कि तालिबान ने आर्थिक तबाही से निपटने के लिए कुछ विशेष सोचा है। इसका संकेत अनुभवहीन व्यक्ति को सेंट्रल बैंक का कार्यवाहक गवर्नर बनाये जाने से मिलता है।"

इदरीस ने सारे वाणिज्यिक बैंकों के नकदी निकालने पर पाबन्दी लगा दी है। इस बीच तालिबान के अधिकारियों ने बहुत सारे बैंकरों से भेंट की है। उन्होंने उनकी चिन्ताएँ जानने की कोशिश की है।

उन्होंने यह भी दावा किया है कि वित्त मन्त्रालय सारे अफ़ग़ानी अफसरों को वेतन देगा। इसलिए इससे यह संकेत मिल रहे हैं कि तालिबान किसी नयी मुद्रा नीति की तलाश में भी है, लेकिन तालिबान की वापसी से पहले अफ़ग़ानिस्तान सरकार को जो 7 से 8 अरब डॉलर की विदेशी सहायता मिलती थी उसके पूरी तरह बन्द हो जाने के बाद सरकार के लिए कोई भी काम आसान नहीं है। सरकार का 75 प्रतिशत सार्वजनिक व्यय विदेशी इमदाद से ही चलता था। इमदाद के बन्द होने के बाद सरकारी सेवाओं में कटौती होनी तय है। एक ओर सरकारी कर्मचारियों की छँटनी हो रही है तो दूसरी ओर जो नौकरी पर हैं उनके वेतन के लाले पड़े हैं।

ऐसे में तालिबान सरकार अपने लिए धन कहाँ से जुटायेगी यह उसके सामने बड़ी चुनौती है। उसके सामने दो रास्ते हैं। एक तो तालिबान उन अवैध संसाधनों और तरीकों को जारी रखे जिसके माध्यम से वह अब तक अपना काम चलाता रहा है। वह गुरिल्ला लड़ाई के लिए अवैध खनन और अफ़ीम की अवैध खेती से धन जुटाता रहा है। इन संसाधनों का उपयोग वह तब भी करता रहा है जब 1996 से 2001 तक उसने सरकार चलाई थी, लेकिन पिछली बार जब तालिबान सत्ता में था तबसे अफ़ग़ानिस्तान की आबादी दो गुनी हो चुकी है। अगर वह पिछली बार डेढ़ से दो करोड़ के बीच थी तो अब चार करोड़ के करीब पहुँच रही है। इसलिए विधिवत सरकार चलाने के लिए अन्तर्राष्ट्रीय मदद ज़रूरी है और वह मदद तब तक नहीं बहाल हो सकती जब तक अफ़ग़ानिस्तान की तालिबान सरकार को अन्तर्राष्ट्रीय मान्यता न मिले।

तालिबान के सामने एक मॉडल ईरान का है जो पिछले चालीस सालों से पश्चिमी देशों की तमाम पाबंदियों के बावज़ूद अपने को चला रहा है। अफ़ग़ानिस्तान को एक उम्मीद चीन रूस और पाकिस्तान से है। चीन निवेश करना भी चाहता है और वह इसके इच्छुक भी हैं, लेकिन बहुत सारे सौदे जो चीन ने सदी के पहले दशक में कर रखे थे वे परवान नहीं चढ़ पाये। इसलिए राजनीतिक रूप से अस्थिर देश में निवेश कितना सम्भव होगा कुछ कहा नहीं जा सकता। इसके अलावा अगर स्थितियां सुधरने के बाद चीन, रूस और पाकिस्तान निवेश कर भी दे तो वह निवेश अमेरिका, यूरोपीय संघ और अन्तर्राष्ट्रीय मुद्रा कोष का मुक़ाबला नहीं कर सकता। इन देशों और संगठनों को तैयार करने के लिए तालिबान को अपने रंग ढंग में बड़ा बदलाव करना होगा और

उनसे लम्बी वार्ताएँ करनी होंगी। उसमें समय लगेगा और जनता लम्बा इन्तज़ार करने को तैयार नहीं दिखती।

कोलम्बिया यूनिवर्सिटी में अटलांटिक कौंसिल जियोइकानामिक्स सेंटर के प्रोग्राम कोआरिडनेटर इनबार पेयर का कहना है कि तालिबान पर पश्चिमी देशों का दबाव बहुत काम नहीं आने वाला है। तालिबान ने अफ़ग़ान सरकार के मुकाबले ज़्यादा कर उगाही की है। तालिबान अवैध अर्थव्यवस्था में दाँत गड़ाना जानता है। उदाहरण के लिए निमरूज प्रान्त में तालिबान माल के परिवहन पर 23.5 करोड़ डॉलर सालाना टैक्स वसूली करता था। जबकि वहाँ विदेशी सहायता सिर्फ़ 2.0 करोड़ डॉलर ही मिलती थी।

अन्तर्राष्ट्रीय मुद्रा कोष के अनुसार अफ़ग़ानिस्तान की अर्थव्यवस्था में 30 प्रतिशत मन्दी है। ऐसा इसलिए क्योंकि तालिबान सरकार दुनिया से कट गयी है। इससे लाखों लोगों के गरीब हो जाने की आशंका है। चूँकि गैर मानवीय आधार पर मिलने वाली अन्तर्राष्ट्रीय सहायता रुक गयी, परिसम्पत्तियाँ ज़ब्त कर ली गयीं इसलिए अनुदान पर आधारित अफ़ग़ानिस्तान की अर्थव्यवस्था में गम्भीर क़िस्म का वित्तीय और भुगतान संतुलन का संकट पैदा हो गया है।[2]

नकदी पर आधारित अर्थव्यवस्था पर संकट है। करज़ई सरकार के पूर्व सदस्य और आईएमएफ के पूर्व सलाहकार तोरेक फरहदी कहते हैं, "तालिबान के आने से पहले अफ़ग़ानिस्तान को 7 से 8 अरब डॉलर की विदेशी मदद मिलती थी। इससे सरकार का बजट और सेना का ख़र्च चलता था। अब यह मदद पूरी तरह से बन्द हो गयी। यह वैसे ही हुआ जैसे बीमा के बिना किसी की आय बन्द हो जाये।" मुद्रा कोष के अनुसार देश को 57.6 करोड़ वैक्सीन की खुराक़ (डोज) मिली है, लेकिन अभी भी 70 लाख खुराकों की कमी है।

## शरणार्थी समस्या का पड़ोसियों पर असर

मुद्रा कोष ने मध्य पूर्व और मध्य एशिया की स्थिति के बारे में अपने ताज़ा विश्लेषण में कहा है कि अफ़ग़ानिस्तान के ख़तरनाक शरणार्थी पड़ोसी देशों की अर्थव्यवस्था पर भारी बोझ डाल रहे हैं। वे शरणार्थी तुर्की, पाकिस्तान और ईरान के लिए समस्या बन गये हैं। अफ़ग़ानिस्तान के शरणार्थी पाकिस्तान की अर्थव्यवस्था पर 50 करोड़ डॉलर यानी उसके

जीडीपी का 0.2 प्रतिशत बोझ डाल रहे हैं। वे ईरान पर 30 करोड़ डॉलर यानी उसके जीडीपी का 0.03 प्रतिशत और तज़ाकिस्तान पर 10 करोड़ डॉलर यानी उसके जीडीपी के 1.3 प्रतिशत बोझ डाल रहे हैं।

यूएस इन्स्टीट्यूट ऑफ पीस के उज़ेमर यूनुस का कहना है, ''इस मानवीय संकट के कारण पिछले दो दशकों में हुआ अफ़ग़ानिस्तान का विकास तबाह हो जायेगा। अफ़ग़ानिस्तान के आर्थिक संकट के कारण पाकिस्तान में अमेरिकी डॉलर की माँग बढ़ रही है। वहाँ हाल में नियम बना है कि अफ़ग़ानिस्तान जाने वाले को 10,000 डॉलर की बजाय 1000 डॉलर रखने की छूट मिलेगी।'' इस बीच पाकिस्तान के मुद्रा बाज़ार में बदलाव आया है। अब वहाँ हर कोई डॉलर माँग रहा है।

मुद्रा कोष और दूसरे संगठनों के अध्ययन के अनुसार अफ़ग़ानिस्तान के आर्थिक संकट का असर स्त्रियों और समाज के कमज़ोर वर्गों पर पड़ेगा। वे और लाचार होंगे। वे शरणार्थी बनेंगे और विस्थापित होंगे। तुर्की और यूरोपीय देशों में भी अफ़ग़ानिस्तान के शरणार्थी बढ़ेंगे और वहाँ नकदी का आदान प्रदान बढ़ेगा। आर्थिक संकुचन हो रहा है। अफ़ग़ानिस्तान के बैंक पंगु हो गये हैं। अफ़ग़ानी का अवमूल्यन हो रहा है। आयात घट रहा है। मुद्रास्फीति तीव्र हो रही है। शरणार्थी समस्या और विस्थापन बढ़ रहा है। 2020 के अन्त तक 35 लाख लोग भीतरी तौर पर विस्थापित थे और 30 लाख लोग दुनिया भर में विस्थापित थे। इनमें से आधे तो पाकिस्तान में हैं। श्रम बाज़ार पर भी बहुत दबाव बन रहा है। मजदूरी सस्ती हो रही है।[3]।

''तालिबान के पहले वाले समय और इस समय में अन्तर यह है कि पहले देश अवैध व्यापार पर निर्भर था। अब 20 सालों में देश परिष्कृत हो गया है। अर्थव्यवस्था चलाने के लिए पुराने टेक्नोक्रेट यानी विशेषज्ञ लाये जा रहे हैं। स्टेट बैंक के एक अफसर ने बताया, ''उन्होंने (तालिबान ने) हमसे कहा कि हम विशेषज्ञ नहीं हैं। आप जानते हो कि देश के लिए बेहतर क्या है। इन चुनौतियों में हम कैसे जी सकते हैं। जो तुम्हें करना है करो। ईश्वर सब देख रहा है। आप जो करोगे कयामत के दिन उसके लिए जवाबदेह होगे।''[4]

अभी अफ़ग़ानिस्तान की स्थिति यह है कि वे टेक्नोक्रेट खामोशी से तालिबान को सलाह दे रहे हैं। वे बता रहे हैं कि क्या करें और कैसे करें, लेकिन इन सबके बावजूद मौजूदा आर्थिक दलदल से निकलने का

रास्ता उन्हें भी सूझ नहीं रहा है। देश की बाहरी परिसम्पत्तियाँ ज़ब्त हैं। घरेलू राजस्व से वे 50 करोड़ डॉलर से 70 करोड़ डॉलर तक निकाल सकते हैं, लेकिन इतनी राशि वेतन देने के लिए काफ़ी नहीं है। इन सारी चुनौतियों को तालिबान समझ रहा है। यही कारण है कि वे लोग स्थानीय व्यापारियों से सम्बन्ध सुधार रहे हैं। वे इस कोशिश को अन्तर्राष्ट्रीय स्तर पर दिख़ाना भी चाहते हैं ताकि दुनिया में उनकी छवि सुधरे और दूसरे देश मान्यता देने की कोशिश करें।[5]

"सन् 2019 में सरकार का ख़र्च 11 अरब डॉलर था। अन्तर्राष्ट्रीय अनुदान से जीडीपी का 45 प्रतिशत प्राप्त होता था। इससे राज्य का 75 प्रतिशत ख़र्च (वेतन समेत) निकल जाता था, लेकिन आज स्थिति चिन्ताजनक है। एक तो पिछले कुछ वर्षों से वहाँ भयंकर सूखा पड़ा है। खेती तबाह है। अन्तर्राष्ट्रीय इमदाद बन्द है। ऐसे में संयुक्त राष्ट्र का कहना है कि देश की 95 प्रतिशत आबादी भूख से परेशान रहेगी। 97 प्रतिशत आबादी गरीबी रेखा से नीचे आ सकती है। अमेरिका ने जबसे परिसम्पत्तियां ज़ब्त कीं हैं तबसे वाणिज्यिक बैंकों की तरलता समाप्त हो गयी है। वित्त मन्त्रालय और सेंट्रल बैंक के अधिकारी रोजाना बैठक करके इस बात पर विचार करते हैं कि कैसे आटे का इन्तज़ाम किया जाये। कैसे सीमा शुल्क की उगाही बढ़ाई जाये। अभी देश की स्थिति यह है कि वहाँ ईंधन के रूप में इस्तेमाल होने वाले सभी क़िस्म के तेलों, बिजली का 80 प्रतिशत और गेहूँ का 40 प्रतिशत हिस्सा आयात किया जाता है।' "डालर तो छोड़िए अफ़ग़ानी (स्थानीय मुद्रा) भी पर्याप्त नहीं है। पहले की सरकार ने पर्याप्त मुद्रा छापी नहीं थी। दफ़्तरों के हाल कर्मचारियों से ख़ाली हैं। मन्त्रालय के कुछ कर्मचारी हफ़्ते में एक या दो बार दफ़्तर आते हैं। वेतन किसी को मिल नहीं रहा है। वित्त मन्त्रालय के दाता सम्बन्ध विभाग में पहले 250 कर्मचारी थे। वे 40 देशों से संवाद रखते थे। अब सिर्फ़ 50 हैं जो सिर्फ़ अमेरिका से डील करते हैं।'

'तालिबान की कार्यशैली से बहुत सारे लोग हताश हैं। मन्त्रालय का एक अधिकारी कहता है कि उन्हें पता ही नहीं है कि चीज़ें कितनी व्यापक होती हैं। हमारे पास नौ अरब डॉलर की अर्थव्यवस्था थी जो अब एक अरब डॉलर की रह गयी है, लेकिन हम उनसे अन्तर्राष्ट्रीय मुद्रा नीति समझने की उम्मीद भी कैसे कर सकते हैं। वे तो छापामार योद्धा हैं। हाँ तालिबान भ्रष्टाचार मिटाने और पारदर्शिता लाने पर ज़ोर दे रहा है।

उन्हें हर चीज़ बतायी नहीं जाती। उन्हें यह नहीं बताया जाता कि सरकारी खजाने में कितना कैश है।'

मन्त्रालय और बैंक के अफसरों का मानना है कि सरकारी ख़जाने में 16 करोड़ डॉलर से 35 करोड़ डॉलर तक नकदी हो सकती है। इसके बावजूद तालिबान के बारे में पिछली सरकार के मुकाबले कहीं–कहीं बेहतर राय भी पायी जाती है। एक बैंक अधिकारी ने कहा, "वे मुल्क़ के लिए गम्भीर हैं। वे हौंसला बुलन्द करना चाहते हैं। वे पड़ोसी देशों से रिश्ते सुधारना चाहते हैं, लेकिन उन्हें बैंकिंग और वित्तीय मामलों की जानकारी नहीं है। इसलिए उन्होंने हमें बुलाया है और हम ईमानदारी के साथ काम कर रहे हैं।"[6]

तालिबान सरकार के सलाहकार मौलवी अब्दुल जब्बार कहते हैं, "विशेषज्ञ तालिबान सरकार के साथ हैं। वे समस्याओं को हल करने के लिए वित्तीय मामलों पर काम कर रहे हैं।" जो व्यापारी पड़ोसी मुल्क़ों से बुनियादी वस्तुओं का कारोबार करते हैं तालिबान के अधिकारी उनको प्रोत्साहित कर रहे हैं और उनसे रिश्ते जोड़ रहे हैं। विदेशी व्यापार सम्बन्धों को प्रोत्साहित करने वाले अब्दुल हमीद हमासी हाल में व्यापारी बाज मुहम्मद गैरत के बेटे की शादी में गये थे। वहाँ उनका ज़बरदस्त स्वागत किया गया। मुहम्मद गैरत खाद्य तेल से लेकर गेहूँ तक का कारोबार करते हैं। तालिबान उन्हें पूरी सुरक्षा दे रहा है। वे बुलेट प्रूफ गाड़ियों में चल रहे हैं। हालाँकि सेन्ट्रल बैंक ने नक़द निकासी पर जो रोक लगा रखी है उससे गैरत को बड़ी दिक्कतें हो रही हैं।

'आर्थिक स्थिति ख़राब तो पिछली सरकार के कार्यकाल में होने लगी थी। क्योंकि अशरफ गनी की सरकार गिरने से तीन महीने पहले से ही शिक्षकों और कर्मचारियों को वेतन नहीं मिल रहा था। कई लोगों ने घर का ख़र्च चलाने के लिए घरेलू सामान बेच दिये। कर्ज़ ले लिया ताकि घर का ख़र्च चल सके।'

'कृषि मन्त्रालय के एक कर्मचारी जब सुबह चार बजे बैंक पहुँचे तो वहाँ लोग पहले से लाइन लगाकर खड़े थे। निकासी की सीमा 20,000 अफ़ग़ानी या 2000 डॉलर कर दी गयी है। हालाँकि कृषि मन्त्रालय के कर्मचारी मिर्ज़ा का खाता ख़ाली है। वे तो अमेरिका में रह रहे अपने भतीजे द्वारा वेस्टर्न यूनियन में भेजे गये धन को निकालने गये थे। वे बैंक पर नौ बजे तक लाइन में लगे रहे।'

तमाम लोगों के यहाँ भोजन का संकट हो गया है। वे अपना सामान पटरी बाज़ार में बेंच रहे हैं। काबुल के पटरी बाज़ार में घरेलू सामान खरीद रहे हेमतुल्ला मिदनवाल कहते हैं, ''पटरी बाज़ार में बहुत सारे लोग घरेलू सामान बेच रहे हैं। कभी–कभी तो लोग घर का चम्मच बेचने चले आते हैं। ज़्यादातर लोग मुल्क़ छोड़ना चाहते हैं। मौक़ा मिले तो टेक्नोक्रेट भी छोड़ देंगे।''

सेंट्रल बैंक के एक अधिकारी ने नाम न छापने की शर्त पर कहा, ''शरणार्थी पेपर तैयार करके भेजा है। अगर यूरोप के किसी देश में शरण मिल गयी तो ज़रूर जाऊँगा। मैं तालिबान के साथ काम नहीं करूँगा।''

मिशेल सफी और अख़्तर महमूद लिखते हैं, ''31 अगस्त से पहले ही देश सूखे से पीड़ित था। आटा, तेल, चावल के भाव तेज़ी से बढ़ रहे हैं। डीजल, पेट्रोल के दाम भी बढ़ रहे हैं। बैंकों के बाहर लम्बी कतारें हैं। एक अमेरिकी डॉलर 86.3 (अब 96) अफ़ग़ानी का हो गया है। 2001 में वह 80 अफ़ग़ानी का था। नागरिक की औसत आयु 18 साल है। 20 साल पहले तालिबान ने बाहरी मदद नहीं माँगी थी। तब डब्ल्यू एच ओ ने कतर से सप्लाई एयरलिफ्ट की थी पाकिस्तानी एअरलाइंस की मदद से।''[7]

जान रुबिच लिखते हैं, 'लोगों को वेतन नहीं मिल रहा है। परिवार किसी तरह से गुजारा कर रहे हैं। अफ़ग़ानिस्तान दुनिया का बेहद गरीब देश है। वहाँ महामारी से दिक्कत बढ़ी है। इस साल सूखा और वित्तीय संकट ने मामले को और गम्भीर कर दिया है। काबुल की सड़कों पर लोग कुर्सी, फ्रिज, प्लेट, बिजली के हीटर सब कुछ बेच रहे हैं। हर चीज़ बिक रही है। क्योंकि लोगों के पास कैश नहीं है।'[8]

एक व्यक्ति ने बताया, ''मैंने 15,000 अफ़ग़ानी में अपना फ़ोन बेच दिया। उसमें से 8000 अफ़ग़ानी मकान मालिक को दे दिये बाकी से चावल, आटा और तेल खरीदा और बच्चों के लिए डायपर ख़रीदा। मुझे तीन महीने से वेतन नहीं मिला। पत्नी स्कूल टीचर हैं, लेकिन उन्हें भी वेतन नहीं मिला।'' अफ़ग़ानिस्तान की अर्थव्यवस्था एक रेंटल इकानमी थी। यानी सब कुछ विदेशी सहायता पर निर्भर था।[9]

अफ़ग़ानिस्तान के आर्थिक संकट और उसकी सम्भावना पर टिप्पणी करते हुए नचिकेत केलकर लिखते हैं, 'विश्व बैंक और अन्तर्राष्ट्रीय मुद्रा कोष ने अफ़ग़ानिस्तान के लाखों डॉलर रोक दिये। सेंट्रल बैंक के पास 9 अरब डॉलर का फण्ड था, लेकिन अफ़ग़ानिस्तान के पास जो खनिज

सम्पदा है उसके कारण दुनिया के चीन जैसे शक्तिशाली देश उसकी ओर आकर्षित हो रहे हैं। अफ़ग़ानिस्तान के पास एक ट्रिलियन डॉलर यानी 1000 अरब डॉलर का खनिज भण्डार है। यहाँ कई दुर्लभ तत्त्व हैं। यहाँ संसार का सबसे ज़्यादा लीथियम है, लेकिन तालिबान के पास उसे निकालने की विशेषज्ञता नहीं है। इसलिए उसे ऐसा व्यावसायिक पार्टनर चाहिए जो उसके लिए वह काम कर सके। चीन उसे वह दे सकता है जिसकी उसे सबसे ज़्यादा ज़रूरत है। यानी आर्थिक निवेश।'[10]

पीपुल्स लिबरेश आर्मी में सीनियर कर्नल रहे चाऊ बो द न्यूयार्क टाइम्स में लिखते हैं, "अफ़ग़ानिस्तान के पास वह सब कुछ है जिसे चीन बहुत मूल्यवान समझता है। वहाँ ढाँचागत विकास और उद्योग स्थापना की बहुत सम्भावना है और इस काम में चीन की क्षमताएँ असाधारण हैं। वह उन खनिजों का दोहन कर सकता है जिन पर अभी तक काम नहीं हुआ है। चीन 1000 अरब के अहम औद्योगिक मैटल तक अपनी पहुँच बना सकता है। इन खनिजों में लीथियम, आयरन, कॉपर और कोबाल्ट शामिल हैं। चीनी कम्पनियाँ अस्थिर देशों में निवेश करती रही हैं। चीन और तालिबान का साथ 1999 से रहा है।"[11]

ग्लोबल टाइम्स लिखता है कि चीनी कम्पनियाँ निवेश कर सकती हैं। अगर चीज़ें अच्छी तरह से चलीं तो अफ़ग़ानिस्तान बेल्ट एण्ड रोड इनिशिएटिव (बीआरआई) में साझीदार भी बन सकता है। हालाँकि अफ़ग़ानिस्तान में चीनी कम्पनियों ने खनन का प्रयास पहले भी किया है। सन् 2007–2008 में लोगार प्रान्त के ताँबे के खनन के लिए चीनी कम्पनियों ने समझौता किया था। यह जगह काबुल के पास ही है, लेकिन वहाँ खनन का काम शुरू नहीं हो पाया। वजह साफ़ है कि खनन के काम को लगातार बिजली चाहिए और सुरक्षा भी। अफ़ग़ानिस्तान सरकार अशान्ति के कारण वह नहीं दे सकी।

चीनी कम्पनियों ने तालिबान की वापसी के बाद अफ़ग़ानिस्तान में भारी काम मिलने की उम्मीद लगायी है। ऐनक कॉपर माइन प्रोजेक्ट में चीन की कई कम्पनियाँ लगी हैं। वह दुनिया का दूसरे नम्बर का सबसे बड़ा कापर प्रोजेक्ट है, लेकिन राजनीतिक अस्थिरता के कारण वहाँ पर काम या तो रुक गया था या धीमा हो गया था। चाइना मॅटलर्जिकल ग्रुप (सीएमसी) के एक स्रोत ने बताया कि जब स्थिति स्थिर हो जायेगी तो हम उसे फिर से चालू करने या खोलने के बारे में सोचेंगे।[12]

इस समूह को 2007 के नवम्बर में 30 साल के लिए खनन का अधिकार मिला था। संविदा पर 2008 में दस्तखत हुए थे, लेकिन काबुल से 30.58 किलोमीटर दूर स्थित इस परियोजना पर सुरक्षा कारणों से काम नहीं हो सका। चीनी कम्पनियाँ वहाँ ढाँचागत विकास के कामों में लगी थीं। 2020 में चीनी कम्पनियों के पास 11.00 करोड़ डॉलर का प्रोजेक्ट था। इसमें 158.7 प्रतिशत की वृद्धि हो रही थी, लेकिन अस्थिरता के कारण कई परियोजनाएँ रद्द हो गयीं।

चाइना अरब इकनॉमिक एंड ट्रेड प्रोमोशन कमिटी के निदेशक यू मिंगुई बताते हैं, ''एक प्रमुख कांट्रैक्ट तेल क्षेत्र फरयाब और सर–ई–पुल को विकसित करने का था। यह चीनी कम्पनी पेट्रो चाइना को मिला था। पेट्रो चाइना ने 2011 में 40 करोड़ डॉलर का सौदा किया था और 25 साल तक तेल निकालने के समझौते पर दस्तखत हुए थे, लेकिन परियोजना पर अशान्ति के कारण काम रुक गया।''[13]

इसी तरह चीन और अफ़ग़ानिस्तान में बिजली उत्पादन का भी सौदा हुआ था। अफ़ग़ानिस्तान में बिजली की भारी कमी है और उसके कारण वहाँ का जीवन प्रभावित रहता है। यूँ कहते हैं, 'अगर चीनी प्रौद्योगिकी का प्रयोग होता है तो लागत भी घट जायेगी और बिजली की कमी भी पूरी होगी। अफ़ग़ानिस्तान के अफ़सरों ने चीन से कहा है कि वे बिजली उत्पादन के लिए काम करें।'

'मई में चीनी कम्पनियों का एक समूह बना जिसे कोयले से होने वाले विद्युत उत्पादन में 40 करोड़ डॉलर लगाना था। अगर यह संयन्त्र चालू हो पाया तो 300 मेगावाट क्षमता वाले इस संयंत्र से देश की बिजली उत्पादन क्षमता 50 फीसदी बढ़ जायेगी।'

## रूस का भी सहयोग

'तालिबान चाहता है कि रूस भी अफ़ग़ानिस्तान की अर्थव्यवस्था में भागीदारी करे। विशेष तौर पर वह खनिज सम्पदा के विकास में रूस का सहयोग चाहता है। मध्य एशिया के देशों के सहयोग से तालिबान परिवहन और ऊर्जा सम्बन्धी परियोजनाएँ स्थापित करना चाहता है। तालिबान इन देशों के साथ व्यापार करने के लिए शान्तिपूर्ण सीमा चाहता है। इस समय अफ़ग़ानिस्तान में तालिबान का कोई विकल्प नहीं है।' यह बात अफ़ग़ानिस्तान में रूस के राजदूत दिमित्री झिरनोव ने कही।

इस बीच मास्को में 22 अक्टूबर, 2021 को चीन, रूस और तालिबान के सम्मेलन में अमेरिका ने हिस्सेदारी न करके यह जता दिया है कि वह अफ़ग़ानिस्तान के विकास में कम रुचि ले रहा है। जबकि रूस और चीन ज़्यादा सक्रिय हैं।

## ईरान से तेल का आयात बढ़ा

तालिबान के सत्ता में आने के बाद ईरान ने अफ़ग़ानिस्तान को तेल की सप्लाई तेज कर दी है। पहले लड़ाई के कारण यह काम रुक गया था। ईरान को पाबन्दियों की वजह से विदेशी मुद्रा चाहिए और तालिबान को तेल। ऐसे में दोनों के बीच व्यापार का सहज वातावरण निर्मित हो गया है। तालिबान अपने नशीली दवाओं के कारोबार से ईरान को डॉलर प्रदान कर रहा है और ईरान उसे तेल। यह दोनों की ज़रूरत है।[14]

अमेरिका के जाने के बाद ईरान ने फिर अफ़ग़ानिस्तान को तेल की सप्लाई शुरू कर दी। अफ़ग़ानिस्तान में गैसोलिन की कीमत 900 डॉलर प्रति टन पहुँच गयी क्योंकि बहुत सारे अफ़ग़ानी शहर छोड़कर भाग रहे थे और उन्हें उसके लिए गाड़ी में ईंधन की ज़रूरत थी। इस चुनौती से निपटने के लिए तालिबान ने ईरान से कहा कि वह बॉर्डर खुला रखें ताकि तेल का आयात सम्भव हो सके। इससे व्यापारी भी खुश हो रहे थे और लोगों को भी ईंधन मिल रहा था। तालिबान ने ईरान से कहा कि आप पेट्रोलियम उत्पादों का निर्यात जारी रख सकते हैं। यह जानकारी ईरान आयल गैस एंड पेट्रोकेमिकल प्रोडक्ट एक्सपोर्ट यूनियन के सदस्य हामिद हुसैनी ने दी।[15]

इस दौरान इस्लामिक रिपब्लिक ऑफ ईरान कस्टमस एंड एडमिनिस्ट्रेशन (आईआरआई.सी.ए.) ने अफ़ग़ानिस्तान को होने वाले तेल निर्यात से प्रतिबन्ध उठा लिया। तालिबान ने ईरान से तेल के आयात पर शुल्क घटा दिया। ईरान में दुनिया का सबसे बड़ा तेल भण्डार है, लेकिन अमेरिकी राष्ट्रपति डोनाल्ड ट्रंप ने 2018 में पाबन्दी लगायी तो उसका निर्यात घट गया। फिलहाल ईरान अफ़ग़ानिस्तान को गैसोलिन और गैसोआयल निर्यात करता है। ईरान के एक तेल और गैस रिसर्च कन्सल्टैंसी प्लेटफार्म पेट्रोव्यू के अनुसार मई 2020 से मई 2021 के बीच ईरान ने अफ़ग़ानिस्तान को 4,00,000 टन ईंधन निर्यात किया। यह निर्यात अफ़ग़ानिस्तान की तालिबान सरकार और पहले की सरकारों के लिए बहुत अहम है।

अफ़ग़ानिस्तान वित्त मन्त्रालय के प्रवक्ता का कहना है कि मार्च 2020 से मार्च 2021 के बीच ईरान से 36.7 करोड़ डॉलर का आयात हुआ। बाकी तेल सप्लाई करने वाले देशों तुर्कमेनिस्तान और उज़्बेकिस्तान से क्रमशः 25.7 करोड़ डॉलर और 23.6 करोड़ डॉलर का आयात हुआ। एक अनुमान के अनुसार ईरान से 20,000 बैरल तेल प्रतिदिन अफ़ग़ानिस्तान को जाता है। इसका गन्तव्य या तो मुल्क़ के पूर्वी प्रान्त हैं या फिर कन्धार और निमरोज जैसे दक्षिणी प्रान्त हैं। ईरान को उम्मीद है कि नयी सरकार और सहयोग बढ़ायेगी क्योंकि अशरफ गनी की सरकार सहयोग को सीमित कर रही थी। अफ़ग़ानिस्तान में अपना तेल उद्योग नहीं है। वहाँ छह छोटी छोटी रिफाइनरी हैं जिनके लिए तेल की सप्लाई तुर्कमेनिस्तान से आती है। यह शोधक कारख़ाने कुछ हज़ार बैरल तेल प्रतिदिन का उत्पादन करती हैं।[16]

लेकिन सितम्बर के आख़िरी महीने में निक्की एशिया की रपट के अनुसार ईरान की यह ख़ुशी अब गायब हो रही है। इन अड़चनों की कई वजहें हो सकती हैं, लेकिन उनमें से एक वजह शिया–सुन्नी विवाद भी हो सकती है। तालिबान सरकार कट्टर सुन्नियों की सरकार है और ईरान शियाओं की। अभी तक तालिबान ने समावेशिता के संकेत कम ही दिये हैं। उन्होंने हाल में बामियान में हज़ारा नेता अब्दुल अली मज़ारी की प्रतिमा को नष्ट किया है। यह शियाओं के प्रति उनकी नफरत को दिखाता है। देखना है कि वे इससे कैसे पार पाते हैं।

## अर्थव्यवस्था की धरती : बाहर और भीतर

अफ़ग़ानिस्तान की अर्थव्यवस्था को हम दो हिस्सों में बाँट सकते हैं। एक वह जो मौजूदा स्थिति में धरती के ऊपर है। दूसरी वह जो धरती के गर्भ में है। पहले वाली स्थिति बहुत सामान्य और दरिद्रता वाली है, लेकिन दूसरी स्थिति बहुत समृद्ध और सम्भावनाशील है। यह पहली वाली स्थिति में चमत्कारिक परिवर्तन कर सकती है, लेकिन वह तभी सम्भव है जब पहली वाली प्रक्रिया और संरचना को सँभालने वाला प्रबन्धन तन्त्र कुशल और कल्पनाशील हो। वह अशान्त और झगड़ालू न हो। वह बाहरी देशों के दबाव को झेल सके, लेकिन उनसे निरन्तर युद्ध में न रहे।

कुल 2,52,000 वर्ग मील में फैले इस मुल्क़ का बड़ा हिस्सा रेगिस्तान या पहाड़ है। यहाँ पानी की भारी कमी है। मौसम भी सदैव अनुकूल नहीं रहता।

कभी सूखा तो कभी बर्फबारी यहाँ की जलवायु को आकार देते हैं। अभी की स्थिति में यह देश 6 अरब डॉलर का आयात करता है और एक अरब डॉलर का निर्यात करता है। एक तरह से वहाँ का भुगतान सन्तुलन बहुत गड़बड़ाया हुआ है। जिन चीज़ों का निर्यात होता है उनमें फल, सोना, कपास, मेवे, अफ़ीम और रत्न शामिल हैं। आयात लगभग सभी चीज़ों का होता है जिनमें तेल, खाद्य पदार्थ, मशीनरी, कम्प्यूटर, मोबाइल और दूसरी चीज़ें शामिल हैं। अफ़ग़ानिस्तान का सिर्फ़ 12 प्रतिशत हिस्सा खेती लायक है। उनमें से सिर्फ़ छह प्रतिशत का प्रयोग हो पाता है। वह भी तब जब जाड़ों की बर्फ पिघलती है या वसंत के मौसम में बारिश होती है। यहाँ के हेरात, कन्धार, काबुल में फल पैदा होते हैं। जबकि तरवर हेलमन्द में कपास का उत्पादन होता है। ननगरहर और पकतिया में मक्का का उत्पादन होता है। गेहूँ ननगरहर प्रान्त और पूर्वी अफ़ग़ानिस्तान में पैदा होता है जबकि चावल, लगमन और कुन्द्रूज प्रान्त में होता है। अफ़ीम का उत्पादन कन्धार और निमरूज़ प्रान्त में होता है। गेहूँ अफ़ग़ानिस्तान में पैदा होने वाले कुल अनाज का 80 प्रतिशत है, लेकिन किसान को पैसा तो अफ़ीम उत्पादन से मिलता है इसलिए वे ख़ाने पीने वाली फसलों और फलों की बजाय उन्हें पैदा करना फ़ायदेमन्द समझते हैं। यह अलग बात है कि जब सरकार पाबन्दी लगा देती है तो उत्पादन कठिन हो जाता है, लेकिन यहाँ की खेती में इतना उत्पादन नहीं होता कि वह सबका पेट भर सके। इसलिए गेहूँ, चावल और ख़ाने के तेलों का आयात बड़े पैमाने पर होता है। उसमें पाकिस्तान, ईरान और मध्य एशिया के दूसरे देश भी शामिल हैं।

अफ़ग़ानिस्तान की अर्थव्यवस्था को यहाँ से गुजरने वाले व्यापारियों से लाभ होता रहा है। सरकारें उन्हें सुरक्षा देती थीं और उनसे कर प्राप्त होता था। चूँकि अफ़ग़ानिस्तान चारों ओर से चीन, ईरान, पाकिस्तान, तुर्कमेनिस्तान, तजाकिस्तान और उज़्बेकिस्तान से घिरा हुआ है इसलिए वहाँ की ज़मीन से गुजरे बिना कोई व्यापारी सफल हो ही नहीं सकता। इसलिए इसे एशिया का दिल कहा जाता है। चीन से भू–मध्य सागर तक जाने वाला मशहूर सिल्क रूट भी यहाँ के बखान गलियारे से गुजरता है। यहाँ से चीन की बेल्ट एंड रोड को भी ले जाने की योजना है। बख़ान गलियारा बदख़्शाँ इलाक़े में 350 किलोमीटर लम्बा है। यहाँ विश्व की तीन प्रसिद्ध पर्वत–मालाएँ मिलती हैं।

एक हिन्दुकुश, दूसरी काराकोरम और तीसरी पामीर। यहीं वह खैबर दर्रा भी है जिसने बड़े–बड़े हमलावरों के घमण्ड को चूर कर दिये।

अफ़ग़ानिस्तान में मैन्युफैक्चरिंग उद्योग बहुत अविकसित है। कारण यह है कि यहाँ न तो पर्याप्त बिजली है और न ही रेलवे लाइनें हैं। इक्कीसवीं सदी के आरम्भ तक तो यहाँ रेलवे लाइन बहुत ही छोटी थी, लेकिन उसके बाद यहाँ तीन प्रमुख रेलवे लाइनें विकसित की गयी हैं। वे सारी लाइनें देश के उत्तर में हैं। एक रेलवे लाइन मज़ार–ए–शरीफ से बलाख प्रान्त के हैरात शहर को जोड़ती है। यह लाइन उज़्बेकिस्तान की रेलवे से भी जुड़ती है। यह 2011 में बनी। दूसरी हैरात के तोरगुन्दी से तुर्कमेनिस्तान तक जाती है जो 1960 के दशक में बनी। तीसरी लाइन तुर्कमेनिस्तान और फरियाद प्रान्त के अकीना के बीच है। सबसे आश्चर्यजनक बात यह है कि यह सब मालगाड़ी की लाइनें हैं। अफ़ग़ानिस्तान में अभी कोई भी पैसेंजर रेलवे लाइन नहीं है। इन तीनों मालवाहक रेलवे लाइनों की कुल लम्बाई महज 100 किलोमीटर है। इनमें सबसे लम्बी मज़ार–ए–शरीफ वाली लाइन है जो 75 किलोमीटर है।

लेकिन अफ़ग़ानिस्तान के पास सबसे मूल्यवान चीज़ जो है वह उसकी धरती के भीतर है। अगर इस संसाधन का यहाँ के लोग ठीक से दोहन और व्यापार कर सके तो यह उनकी क़िस्मत को बदल सकता है, लेकिन उस संसाधन का दोहन न तो आसान है और न ही उससे तुरन्त देश की अर्थव्यवस्था को ठीक किया जा सकता है। उसे फ़ायदेमन्द बनाने के लिए कम से कम दस साल का वक़्त चाहिए।

भूगर्भ विज्ञानी स्काट एल. मांटगुमरी के अनुसार अफ़ग़ानिस्तान में गैर ईंधन वाला खनिज भण्डार कम से कम 1000 अरब डॉलर का है। अब तक अफ़ग़ानिस्तान के बारे में लोग यही जानते थे कि यहाँ पर रत्नों की खदानें हैं। दुनिया और अड़ोस–पड़ोस में अफ़ग़ानिस्तान अपने रत्नों के व्यापार के लिए प्रसिद्ध था। यहाँ की पहाड़ियों में माणिक, पन्ना, तूरमली और लाजवर्त जैसे बेशक़ीमती रत्न पाये जाते हैं। जिन पर दुनिया के जौहरी फिदा रहते हैं। उनका खनन वैध और अवैध दोनों तरीके से अभी भी किया जाता है। कहीं संस्थागत रूप से तो कहीं निजी तौर पर। उनकी तस्करी भी खूब होती है।

लेकिन पिछले कुछ वर्षों में पता चला है कि अफ़ग़ानिस्तान में दुनिया की बेहद उपयोगी धातुओं और दुर्लभ तत्त्वों का भण्डार है।

उनमें लोहा, ताँबा, लीथियम, कोबाल्ट, बॉक्साइट, पारा, यूरेनियम और क्रोमियम प्रमुख हैं।[17]

लेकिन इन बहुमूल्य धातुओं के भण्डार का आकार कितना बड़ा है इस बारे में अभी सिर्फ़ अनुमान लगाया गया है। कुछ सटीक तरीके से कहा नहीं जा सकता। यही कारण है कि यह कह देना कि उनके होने मात्र से अफ़ग़ानिस्तान रातोरात अमीर और विकसित देश बन जायेगा और उसकी ग़रीबी और तंगहाली दूर हो जायेगी ग़लत होगा। दरअसल उन संसाधनों को समझने और उनका व्यापार करने के लिए अफ़ग़ानिस्तान को पहले विकसित (कम से कम प्रौद्योगिकी के स्तर पर) होना पड़ेगा तभी देश को उनका लाभ मिल पायेगा। भू–गर्भ शास्त्रियों का मानना है कि इस काम में कम से कम 7 से दस साल लग जायेंगे। वह भी तब जब अफ़ग़ानिस्तान में शान्ति रहे। यही वजह है कि दुनिया के जोसेफ ई. स्टिग्लिट्ज जैसे नोबल विजेता अर्थशास्त्री चिन्तित रहते हैं कि दुनिया के जिन हिस्सों में खनिज सम्पदा बहुतायत होती है वहाँ के लोग ग़रीब रहते हैं या हिंसक संघर्षों में उलझे रहते हैं। अरब के तेल क्षेत्र वाले कुछ देशों और उत्तरी गोलार्द्ध के अमीर देशों को छोड़ दिया तो यह बात लगभग हर जगह पर लागू होती है। वजह साफ़ है कि दक्षिणी देशों के पास उन संसाधनों के दोहन की प्रौद्योगिकी नहीं है और जिनके पास प्रौद्योगिकी है वे उनका शोषण करते हैं और उन्हें मामूली रॉयल्टी देते हैं।

अफ़ग़ानिस्तान की खनिज सम्पदा के बारे में ब्रिटिश और जर्मन भू–गर्भ विज्ञानियों ने 19 वीं और 20 वीं सदी में सर्वेक्षण किया था, लेकिन वह सर्वे आरम्भिक ही था। 1960 और 1970 के दशक में ज़्यादा सघन सर्वे सोवियत संघ ने किया। उसके बाद 2004 से 2011 तक अमेरिकी भू–गर्भ शास्त्रियों ने सर्वेक्षण किया। उन्होंने कई प्रकार से सर्वेक्षण किया जिसमें हवाई सर्वे सबसे अहम है। इसके माध्यम से उसे धरती के भीतर तक की स्थिति का अंदाज़ मिला और वह ज़्यादा वैज्ञानिक और सटीक आकलन करने में मददगार साबित हुआ। फील्ड मैपिंग, व्यापक सैंपलिंग और हज़ारों मीटर बोरबेल की खुदाई की गयी।

संयुक्त राज्य अमेरिका जियोलॉजिकल सर्वेक्षण (यूएसजीएस) ने देश के 24 इलाक़ों का सर्वेक्षण किया। उसमें कहा गया कि अफ़ग़ानिस्तान में खनिज बहुत ज़्यादा है। इस सर्वे के आधार पर डाटा पैकेज तैयार किया गया। इसके आधार पर कम्पनियाँ आगे बढ़कर अपनी योजना पेश कर

सकती हैं और बोली लगा सकती हैं। वैज्ञानिकों का कहना है कि उन्होंने आँकड़े बहुत कंजूसी से बनाये हैं। वे आरम्भिक हैं। सम्भव है जितना बताया जा रहा है उससे बहुत ज़्यादा खनिज सम्पदा हो।

**ताँबा**–यहाँ लगभग 5.77 मीट्रिक टन ताँबा है। इसका मौजूदा मूल्य 516 अरब डॉलर है। इस तरह अफ़ग़ानिस्तान ताँबा के विशाल भण्डार वाले दुनिया के पाँच देशों में एक है। यहाँ के ऐनक अयस्क वाले क्षेत्र में ताँबे की बड़ी खदान है। यह स्थान काबुल से 30 किलोमीटर दक्षिण पूर्व में स्थित है। वहाँ कोबाल्ट भी है। सोवियत संघ ने 1979 में कब्जे के बाद वहाँ पर खनन शुरू किया था, लेकिन 1989 में बन्द कर दिया। ऐनक के खनन क्षेत्र में 1.13 करोड़ मीट्रिक टन ताँबा है। इसका बाज़ार मूल्य 102 अरब डॉलर है।

**लोहा**–बामियान प्रान्त के हाजी गक खदान में 210 करोड़ मीट्रिक टन उच्च कोटि का लौह अयस्क है। इस अयस्क में 61 से 69 प्रतिशत तक लौह तत्त्व है। अयस्क के इस भण्डार की कीमत 336.8 अरब डॉलर है। इस तरह लौह अयस्क के मामले में अफ़ग़ानिस्तान दुनिया के दस सर्वश्रेष्ठ देशों में एक है।

**लीथियम**–यह धातु नूरिस्तान प्रान्त में पायी जाती है। सोवियत वैज्ञानिक बहुत प्रभावित थे इस धातु के मिलने से। इसके खनन में पिछले दशक में तेज़ी आयी है, लेकिन अभी इससे बहुत लाभ मिलने की सम्भावना नहीं है।

**दुर्लभ मृदा तत्त्व**–इन तत्त्वों में सीरियम, लैथनम, प्रासियोडायमियम, नियोडायमियम जैसे तत्त्व शामिल हैं। इनका भण्डार 14 लाख मीट्रिक टन का है। इनमें प्रासियोडायमियम और नियोडामियम की कीमत बहुत ज़्यादा है। वे 45,000 डॉलर प्रति मीट्रिक टन के लिहाज से बिकते हैं। इससे मोटर में प्रयुक्त होने वाला चुम्बक बनता है जिसका प्रयोग बिजली की कारों में किया जाता है।[18]

लेकिन धरती के गर्भ में छुपी अफ़ग़ानिस्तान की इस सम्पदा का उपयोग मानव समाज की गतिविधियों पर निर्भर करता है। उनके दोहन के लिए व्यवस्थित बाज़ार चाहिए। कारोबार की गतिविधियों के लिए सुरक्षा चाहिए। संविदा की शर्तें सरल होनी चाहिए। ढाँचागत संरचना होनी चाहिए और खनन इस प्रकार से होना चाहिए कि धरती के पर्यावरण का विनाश न हो जाये। तांबा, लीथियम और दुर्लभ मृदा तत्त्व की ज़रूरत

अक्षय ऊर्जा स्रोत के तौर पर बिजली की गाड़ियों में किया जाता है। अफ़ग़ानिस्तान में सड़कें हैं, लेकिन टूटी हुई हैं। रेलवे लाइन हैं, लेकिन अभी भी बहुत छोटी और आरम्भिक अवस्था में है। वहाँ रेलवे की कुल लम्बाई महज 100 किलोमीटर है। खनिजों की ढुलाई रेलवे के बिना सम्भव नहीं है। उनके खनन और शोधन में बिजली की भी ज़रूरत रहती है। इसलिए खनिजों की सम्पदा का उपभोग करने के लिए तालिबान सरकार को अभी लम्बा इन्तज़ार करना होगा।

## वापसी से पहले तालिबान का खाता

तालिबान सत्ता से बाहर रह कर भी कमाई करना जानता है। उसी के बूते पर उसने 20 सालों से युद्ध लड़ा और आखिर में मुल्क़ पर क़ब्ज़ा करने में कामयाब हुआ। सन् 2020 में तालिबान की कुल आय 1.6 अरब डॉलर की थी।

इसमें अवैध खनन से होने वाली आय 46.4 करोड़ डॉलर की रही। अवैध नशीली दवाओं से 41.6 करोड़ डॉलर मिले और विदेशी सहायता 24.0 करोड़ डॉलर मिली। रीयल इस्टेट कारोबार से उसे 8.0 करोड़ डॉलर की आय हुई तो फिरौती से 16.0 करोड़ डॉलर प्राप्त हुए। अवैध निर्यात से तालिबान की 24.0 करोड़ डॉलर की आय रही।[19]

## मुल्क़ की विकास यात्रा

अमेरिकी कब्ज़े के आरम्भिक 10 वर्षों में अफ़ग़ानिस्तान की अर्थव्यवस्था में वृद्धि हुई और उसके बाद वह पतन की ओर जाने लगी। सन् 2003 से 2012 के बीच अफ़ग़ानिस्तान की जीडीपी की विकास दर 9.4 प्रतिशत रही। उसके बाद 2015 से 2020 के बीच वह घटकर 2.5 प्रतिशत पर आ गयी। सेलफ़ोन के ग्राहक 2002 में सिर्फ़ 25,000 थे जो 2018 में बढ़कर 21,976,000 हो गये थे। यानी देश के दो–तिहाई लोगों के पास सेल फ़ोन पहुँच गया था। इंटरनेट कनेक्शन सन् 2002 में सिर्फ़ 0.01 प्रतिशत लोगों के पास था, लेकिन 2018 में वह 13.5 प्रतिशत लोगों के पास पहुँच गया। विश्वविद्यालयों में पढ़ने वाले छात्रों की संख्या 2003–04 में सिर्फ़ 30,000 थी जो 2018–19 में 1,86,000 तक पहुँच गयी। सन् 2000 में 43 प्रतिशत पुरुष साक्षर थे जबकि 2018 में उनकी संख्या 55 प्रतिशत हो गयी। महिलाओं की साक्षरता दर 2000 में सिर्फ़ 13 प्रतिशत थी जो

2018 में 30 प्रतिशत तक पहुँची। कुल सारक्षता दर जो 2000 में सिर्फ़ 28 प्रतिशत थी वह 2018 में 43 प्रतिशत रही।[20]

अमेरिकी सरकार ने सन् 2001 से 2021 तक अफ़ग़ानिस्तान के पुनर्निर्माण पर 145 अरब डॉलर ख़र्च किये। जबकि सैन्य कार्रवाई पर छह गुना यानी 837 अरब डॉलर ख़र्च किये।[21]

## बड़ों की खींचतान, अटका अफ़ग़ानिस्तान

अफ़ग़ानिस्तान की राजनीति और उसकी अर्थव्यवस्था पश्चिमी राजनय की बिसात पर बिछी हुई मोहरों की तरह है। यह स्थिति लम्बे समय (कम से कम तीन सदी) से है और अभी तक इसमें कुछ बदला नहीं है, लेकिन दो कारण हैं जिनके नाते वहाँ साम्राज्यवादी अभियान हमेशा विफल रहा है। पहली स्थिति यह है कि वहाँ आदिम ढाँचा है और भौगोलिक स्थितियाँ ऐसी हैं जहाँ पर छापामार युद्ध चलता ही रहता है। दूसरी बात यह है अफ़ग़ानिस्तान एक गरीब देश है।[22]

'अगर आप भारत पर क़ब्ज़ा करते हैं तो स्थिति अलग है। भारत में बहुत सारे संसाधन हैं। आप वहाँ अमीर लोगों से कर वसूल सकते हैं। वहाँ के खनिजों का दोहन कर सकते हैं। आप वहाँ कब्जे का ख़र्च भी निकाल सकते हैं, लेकिन जब आप अफ़ग़ानिस्तान पर क़ब्ज़ा करते हैं तो आपको अपनी जेब से ही देना पड़ता है। हक़ीक़त में अफ़ग़ानिस्तान पर कब्जे को चलाए रखने के लिए किसी भी साम्राज्य का खजाना ख़ाली हो जायेगा। ईस्ट इंडिया कम्पनी सन् 1839 में बंगाल में अफ़ीम का व्यापार चीन के साथ करती थी और मुनाफे में थी, लेकिन उसी कम्पनी ने जब अफ़ग़ानिस्तान पर क़ब्ज़ा किया तो वह घाटे में आ गयी। क्योंकि वहाँ जाने के बाद कम्पनी की कोई आर्थिक और वित्तीय उपलब्धि हुई नहीं और कब्जे की भारी कीमत चुकानी पड़ी।'

'यही स्थित सोवियत संघ को भी झेलनी पड़ी। इस कब्जे ने सोवियत संघ को आर्थिक रूप से कमज़ोर कर दिया। बाद में अफ़ग़ानिस्तान पर कब्जे के कारण अमेरिका की भी घरेलू अर्थव्यवस्था पर भारी बोझ पड़ा और राष्ट्रपति जो बाइडेन को अपनी फौज वापस बुलानी पड़ी। इन सभी मामलों में क़ब्ज़ा करने वाले पूरी तरह पराजित नहीं हुए। क़ब्ज़ा करने वाले तीनों देश अतिरिक्त संसाधन ला कर उस कब्जे को जारी रख सकते थे, लेकिन वह व्यावहारिक नहीं था। ईस्ट इंडिया कम्पनी घाटे में आ गयी।

रूसी अर्थव्यवस्था चौपट होने लगी। अमेरिका में युद्ध का घरेलू ख़र्च इतना बढ़ गया कि उसे आगे चला पाना कठिन हो गया। युद्ध और महामारी से अमेरिका में मौतें भी हो रही थीं। अमेरिका वहाँ लड़ सकता था और ज़्यादा लम्बे समय तक धन भी ख़र्च कर सकता था, लेकिन उसकी घरेलू स्थितियां इसकी इजाज़त नहीं दे रही थीं। ख़र्च बहुत आ रहा था और लाशें बहुत आ रही थीं।[23]

## पाइप लाइन की राजनीति

'तुर्किस्तान, अफ़ग़ानिस्तान, ट्रांसकैप्सिया, परसिया मेरे लिए यह शब्द बहुत दूर के हैं। या फिर वे विचित्र क़िस्म के उलटफेर या मरणासन्न रोमान्स के प्रतीक हैं। वे शतरंज की बिसातें हैं जिस पर हावी होने का खेल खेला जा रहा है।' मध्य एशिया की भू–राजनीतिक और आर्थिक स्थितियों के बारे में लॉर्ड कर्जन का यह कथन आज भी कम प्रासंगिक नहीं है। उन्होंने यह बात भारत का वायसराय होने से पहले कही थी। अफ़ग़ानिस्तान की अर्थव्यवस्था रूस बनाम ग्रेट ब्रिटेन का शतरंजी खेल रही है। मध्य एशिया और अफ़ग़ानिस्तान पर यह दोनों देश हावी होने में लगे रहे हैं।[24]

मध्य एशिया के कई देश समुद्र से कटे और रूस, चीन, ईरान, पाकिस्तान जैसे विशाल भूखण्डों वाले देशों से घिरे हैं। वे बड़े देश उनकी व्यापारिक क्षमताओं को सीमित करते हैं। इस घेराबन्दी और अलगाव को तोड़ने के लिए यह देश तेल और गैस की पाइप लाइन बिछाने की योजना पर काम कर रहे हैं। पहले वे पूर्व में रूस की ओर सड़क, रेलवे और पाइप लाइन बिछाते थे अब वे अरब सागर, हिन्द महासागर, भू–मध्य सागर और चीन की ओर इस तरह से सम्पर्क बना रहे हैं।

तालिबान के पहले कार्यकाल में अमेरिकी कम्पनी यूनोकल और अर्जेंटीना की कम्पनी ब्रिडास की लड़ाई में गैस पाइप लाइन को शान्ति की पाइप लाइन बनाने की कोशिशों को धक्का लग गया। दरअसल अमेरिका ने पहले हर तरह की रिश्वतखोरी और दबाव के माध्यम से ब्रिडास को दरकिनार करके यूनोकल को तुर्कमेनिस्तान से पाकिस्तान तक आने वाली गैस पाइप लाइन का ठेका दिलवाया। इस दौरान अमेरिका ने तालिबान को पूरी तरह से स्वीकार भी कर लिया था और उसके हर तरह के ग़लत कामों पर चुप भी था, लेकिन घरेलू मोर्चे पर महिला आन्दोलन के दबाव के कारण अमेरिका ने तालिबान को पूरी तरह से खारिज़ कर दिया।

इस तरह ओसामा–बिन–लादेन और घरेलू स्त्री आन्दोलन ने मिलकर ऐसी स्थिति निर्मित की जिससे शान्ति की गैस पाइप लाइन धरी की धरी रह गयी।

इस बात की पुष्टि पाकिस्तान के पत्रकार अहमद राशिद और हामिद मीर दोनों करते हैं। हामिद मीर का कहना है कि अमेरिका और पाकिस्तान दोनों तालिबान को पाइप लाइन पुलिस के रूप में मान रहे थे। ब्रिडास को बाहर करके यूनोकल को ठेका दिलाने के लिए जाल्मय खलीलजाद, राबर्ट ओकले और हामिद करज़ई ने काम किया था। यूनोकल के सम्पर्क सीआईए और आईएसआई से भी थे। जाल्मय खलीलजाद फिलहाल अमेरिकी राजनयिक हैं जिन्होंने पिछले साल दोहा समझौता करवाया है। राबर्ट ओकले अमेरिका के पूर्व राजदूत हैं और हामिद करज़ई जो कि 2001 में तालिबान के हटने के बाद अफ़ग़ानिस्तान के राष्ट्रपति रहे। जाल्मय खलीलज़ाद तालिबानी नेताओं को अमेरिका का दौरा कराने और यूनोकल कम्पनी के दफ़्तरों में ठहराने वालों में थे। बेनज़ीर भुट्टो और तालिबान दोनों चाहते थे कि तुर्कमेनिस्तान से पाकिस्तान तक आने वाली गैस पाइप लाइन का ठेका ब्रिडास कम्पनी को मिले। क्योंकि तुर्कमेनिस्तान से पाकिस्तान तक गैस पाइप लाइन बिछाने और उसे शान्ति की पाइप लाइन के रूप में कायम करने का विचार ब्रिडास कम्पनी के चेयरमैन कारलोस बुलघेरोनी का ही था। मध्य एशिया के इस इलाक़े में इस तरह का विचार पेश करने का साहस जब यूरोपीय कम्पनियाँ भी नहीं कर पा रही थीं तब लातिन अमेरिका के इस उद्यमी ने तुर्कमेनिस्तान के राष्ट्रपति नियाझोव को यह समझाने का प्रयास किया कि इससे न सिर्फ़ उनके देश का फ़ायदा होगा, बल्कि अफ़ग़ानिस्तान, पाकिस्तान और भारत के बीच एक तरह की शान्ति कायम होगी।

ब्रिडास का दक्षिण अमेरिका में अच्छा खासा कारोबार चल रहा था, लेकिन इतालवी मूल के अर्जेंटीना के रहने वाले बुलघेरोनी ने अपना जेट लेकर अफ़ग़ानिस्तान, इस्लामाबाद, अश्खाबाद, मास्को और वाशिंगटन का नौ माह तक दौरा किया। उन्होंने गृह युद्ध में लगे अफ़ग़ानिस्तान के सिपहसालारों को यह समझाने की कोशिश की कि उनकी यह योजना एक हक़ीक़त है। तुर्कमेनिस्तान के राष्ट्रपति नियाझोव को उनकी बात समझ में आयी और उन्होंने उन्हें यशलार ब्लाक और क्रीमिर ब्लाक के तेल–गैस क्षेत्र को आवन्टित कर दिया। जब 1994 में तालिबान ने कन्धार

पर क़ब्ज़ा किया तो बुलघेरोनी ने नियाझोव से कहा कि अफ़ग़ानिस्तान से पाकिस्तान जाने वाली एक गैस पाइप लाइन बनायी जाये जिससे इस इलाक़े में शान्ति और समृद्धि कायम हो। चार माह बाद उन्होंने पाकिस्तान की प्रधानमन्त्री बेनज़ीर भुट्टो को तैयार किया कि वे तुर्कमेनिस्तान के राष्ट्रपति नियाझोव से हाथ मिलायें। 16 मार्च, 1995 को जब पाकिस्तान और तुर्कमेनिस्तान में ब्रिडास की इस परियोजना की व्यावहारिकता का अध्ययन करने के लिए एक समझौता हुआ तो आसिफ अली जरदारी ने कहा कि यह पाइप लाइन केन्द्रीय एशिया के लिए एक प्रवेश द्वार साबित होने जा रही है।

ब्रिडास कम्पनी ऐसी गैस पाइप लाइन बिछाना चाहती थी जो कि तुर्कमेनिस्तान के यशलार गैस–तेल क्षेत्र से शुरू होकर दक्षिण अफ़ग़ानिस्तान के कन्धार और हेरात इलाक़े को पार करते हुए पाकिस्तान के बलूचिस्तान के सुई तक जाये। उन्होंने उसकी लम्बाई 875 किलोमीटर रखी थी। बाद में बुलधेरोनी उसे मुल्तान से होते हुए भारत के फजिल्का तक लाना चाहते थे। वे अपने प्रयासों का वर्णन करते हुए कहते हैं, ''मैं (अफ़ग़ानिस्तान के) सभी नेताओं से मिला। हेरात में इस्माइल ख़ान से, काबुल में बुरहानुद्दीन रब्बानी और मसूद से, मज़ार में रशीद दोस्तम से और कन्धार में तालिबान के नेताओं से। मेरा सभी ने स्वागत किया। उन्हें देश निर्माण करना था और विदेशी निवेश चाहिए था।''

इस बीच ब्रिडास ने अमेरिकी कम्पनी यूनोकल से भी बात की। यूनोकल अमेरिका की 12वें नम्बर की सबसे बड़ी तेल कम्पनी है और उसका एशिया में काम करने का अनुभव था। अमेरिकी राष्ट्रपति बिल क्लिंटन, सीआईए और आईएसआई ने मिलकर तुर्कमेनिस्तान के राष्ट्रपति पर ऐसा दबाव डाला कि वे ब्रिडास से किनारा करने लगे और यूनोकल की ओर झुकने लगे। अक्टूबर 1995 में नियाझोव न्यूयार्क गये और उन्होंने ब्रिडास को झटका देने के लिए यूनोकल को पार्टनर बनाया और सऊदी अरब की डेल्टा ऑयल कम्पनी के साथ अफ़ग़ानिस्तान से गैस पाइप लाइन ले जाने वाला एक समझौता कर लिया।[25]

'नवम्बर 1996 में ब्रिडास ने कहा कि उसने तालिबान और जनरल रशीद दोस्तम के साथ एक समझौता किया है जिसके तहत पाइप लाइन बनाना है। जबकि बुरहानुद्दीन रब्बानी पहले से तैयार थे। 9 दिसम्बर, 1996 को पाकिस्तान के विदेश सचिव नजमुद्दीन शेख कन्धार गये और

मुल्ला उमर से मिलकर कहा कि वे यूनोकल कम्पनी का प्रस्ताव स्वीकार कर लें, लेकिन उमर ने साफ़ कुछ नहीं कहा और ब्रिडास और यूनोकल दोनों को अपनी बोली बढ़ाने की होड़ में लगा दिया। तालिबान की रुचि इस बात में थी कि इस पाइप लाइन से 10 करोड़ डॉलर सालाना का टैक्स मिलेगा और यह कम्पनियाँ सड़क बनायेंगी, पानी की सप्लाई देंगी और टेलीफ़ोन लाइनें और बिजली की लाइनें बिछायेंगी।'[26]

हालाँकि तालिबान नेताओं का कहना था कि वे चाहते तो ब्रिडास को ही हैं। क्योंकि वह काम करने के लिए उनके सामने कोई राजनीतिक माँग नहीं रख रही थी। जबकि यूनोकल का कहना था कि तालिबान अपना मानवाधिकार का रिकार्ड ठीक करे और तालिबान विरोधी गठबन्धन से बात करे। उधर अमेरिका में यूनोकल तालिबान विरोधी नारी आन्दोलन का सामना कर रही थी। जिसका कहना था कि अमेरिका तालिबान से अपने रिश्ते ख़त्म कर दे। इस आलोचना में संयुक्त राष्ट्र भी शामिल था। उसके उप महासचिव यसूशी अकाशी का कहना था, ''इस समय अफ़ग़ानिस्तान में जितने क़िस्म की बाहरी दखल हो रही है उसका सम्बन्ध तेल और गैस पाइप लाइन से है। डर यह है कि यह कम्पनियाँ और क्षेत्रीय ताक़तें तालिबान को अपने मक़सद के लिए किराया दे रही हैं।''

एक अनुमान के अनुसार तुर्कमेनिस्तान में 159 ट्रिलियन (1,59,000 अरब) घन फुट गैस है। इसी तरह उज़्बेकिस्तान में 110 ट्रिलियन घन फुट, कज़ाकिस्तान में 88 ट्रिलियन घन फुट, अज़रबेजान में 35 ट्रिलियन घन फुट गैस होने का अनुमान है। एक ओर तुर्मिनिस्तान, और कज़ाकिस्तान के गैस और तेल क्षेत्र से एशिया के दूसरे देशों को पाइप लाइन बिछाने के लिए एनरान/विंग मेरिल बोटास/गामा/गुरिस, यूनोकल, डेल्टा आयल, तुर्कमेनरोजगाज, ब्रिडास टैप, रायल डच शेल, गैज डी फ्रांस, स्नैमप्रोगेती, मित्सुबिसी, एक्सान जैसी कम्पनियाँ नये–नये सौदे का प्रस्ताव कर रही थीं तो दूसरी ओर तालिबान और ओसामा–बिन–लादेन को लेकर अमेरिका के भीतर और बाहर तनातनी फैल रही थी।

ब्रिडास से विवाद और सौदा पाने की होड़ में तो यूनोकल जीत रही थी, लेकिन घरेलू मोर्चे पर तालिबान के विरुद्ध चल रहे आन्दोलन के कारण अमेरिका और उसकी कम्पनियों के लिए अफ़ग़ानिस्तान में काम करने में दिक्कत हो रही थी। दोनों कम्पनियाँ ज़ोर दे रही थीं कि पाइप लाइन से शान्ति कायम होगी लेकिन कोई भी पश्चिमी बैंक उस देश में

किसी परियोजना के लिए वित्तीय मदद नहीं देगा जो अपने आप से युद्ध यानी गृह युद्ध में उलझा हुआ है। राबर्ट इबेल ने कहा 'पाइप लाइन के खेल में लगे खिलाड़ियों को समझना चाहिए कि शान्ति हो तो पाइप लाइन बिछाई जा सकती है, लेकिन पाइप लाइन बिछाने से शान्ति नहीं आयेगी।'

बहुराष्ट्रीय तेल कम्पनियों में तालिबान को ख़ुश करने की होड़ लगी हुई थी। अर्जेंटीना की राजधानी ब्यूनस आयर्स में ब्रिडास के मुख्यालय में तालिबान के प्रतिनिधिमण्डल के स्वागत की ज़ोरदार तैयारियाँ थीं। वहाँ मिनी स्कर्ट पहनने वाली कम्पनी की बालाओं से कहा गया कि वे पूरा बदन ढकने वाले कपड़े पहनें। फ़रवरी 1997 में जब तालिबानी लोग वहाँ पहुँचे तो उनका शाही स्वागत किया गया। उधर यूनोकल कम्पनी ने भी वाशिंगटन में तालिबान प्रतिनिधिमण्डल का भव्य स्वागत किया। तालिबानी अमेरिकी विदेश विभाग के अधिकारियों से मिलकर अमेरिका से अपनी सरकार की मान्यता की माँग कर रहे थे। वे लोग सऊदी अरब होकर लौटे और अपने पत्ते खोलने को तैयार नहीं थे। वे कुछ भी स्पष्ट नहीं कर रहे थे कि तुर्कमेनिस्तान से आने वाली पाइप लाइन का ठेका किसे देंगे। मार्च में ब्रिडास ने काबुल में दफ़्तर खोल दिया। बुलघेरोनी तालिबानी नेताओं से मिलने काबुल पहुँचे। ब्रिडास कम्पनी के अधिकारी 150 पेज का दस्तावेज़ लेकर आये थे सौदे पर वार्ता करने। तालिबानी प्रतिनिधिमण्डल में तकनीकी जानकारी वाला कोई व्यक्ति नहीं था। सिर्फ़ एक व्यक्ति इंजीनियरिंग ग्रेजुएट था, लेकिन उसने कभी इंजीनियरिंग का काम नहीं किया था। तालिबान के पास अंग्रेज़ी जानने वाला कोई नहीं था इसलिए पूरे दस्तावेज़ का दारी भाषा में अनुवाद किया गया। इस बीच यूनोकल ने तब तक किसी भी सौदे पर वार्ता करने से इनकार कर दिया जब तक तालिबान सरकार को मान्यता न मिले।[26]

इस बीच नेब्रास्का के ओमाहा विश्वविद्यालय सेंटर ऑफ अफ़ग़ानिस्तान स्टडीज को 9,00,000 अमेरिकी डॉलर का अनुदान दिया। इस सेंटर ने अफ़ग़ानियों के लिए प्रशिक्षण और मानवीय सहायता का कार्यक्रम चलाने के लिए अफ़ग़ानिस्तान में एक स्कूल खोला। इस स्कूल में 400 अफ़ग़ानी शिक्षक, बिजली मिस्त्री, बढ़ई और पाइप लाइन जोड़ने वालों को प्रशिक्षण दिया जाता था। यूनोकल ने तालिबान को फैक्स और जेनरेटर भी दिया जिस पर बाद में बड़ा बवाल हुआ। फिलहाल इससे तालिबान विरोधी संगठन और ईरान और रूस को यह यक़ीन हो गया कि यूनोकल

तालिबान को मदद कर रही है। पहले तो यूनोकल इस बात से इनकार करती रही, लेकिन बाद में उसने स्वीकार किया कि इसने सेंटगैस प्रोजेक्ट पर एक से दो करोड़ डॉलर ख़र्च किये।

अफ़ग़ानिस्तान की स्थितियां बिगड़ रही थीं उधर तुर्कमेनिस्तान के राष्ट्रपति नियाझोव यूनोकल को तुरन्त काम शुरू करने के लिए मजबूर कर रहे थे। 'हम पाइप लाइन चाहते हैं और हमारे सभी बड़े प्रोजेक्ट अफ़ग़ानिस्तान की शान्ति और स्थिरता से जुड़े हैं। उधर इस परियोजना पर भी भी विचार चल रहा था कि कैस्पियन सागर के 236–337 ट्रिलियन वर्ग फुट गैस को अगर ईरान के रास्ते लाया जाये तो वह ज़्यादा व्यावहारिक होगा। ईरान और आस्ट्रेलिया के बीएचपी पेट्रोलियम ने घोषणा की कि वे ईरान–पाकिस्तान की 1600 मील लम्बी और 2.7 अरब डॉलर की परियोजना को प्रायोजित करेंगे। इस परियोजना से दक्षिणी ईरान से दो अरब घन फुट गैस प्रतिदिन कराची पहुँचेगी और उसके बाद वह पाइप लाइन भारत तक गैस की सप्लाई करेगी।

उधर अफ़ग़ानिस्तान के महिला संगठन अमेरिका में तालिबान सरकार के विरुद्ध ज़बरदस्त लाबिंग कर रहे थे। क्योंकि तालिबान ने महिलाओं की आज़ादी पर तमाम तरह की बन्दिशें लगा दीं थीं और उनके साथ बहुत बुरा बर्ताव कर रहे थे। यूनोकल कम्पनी पर महिलावादी आन्दोलन का दबाव बढ़ता जा रहा था। इस बीच 1998 में तेल के दाम बुरी तरह गिरे। यूनोकल ने तुर्की की पाइप लाइन परियोजना से हाथ खींच लिए। पाकिस्तान, तुर्कमेनिस्तान, उज़्बेकिस्तान और कज़ाकिस्तान में अपने दफ़्तर बन्द कर दिये और यह घोषणा की कि वह 1999 में 40 प्रतिशत कम पूँजी व्यय करेगी। अमेरिका ने ओसामा–बिन–लादेन को पकड़ने का अभियान तेज़ कर दिया और अफ़ग़ानिस्तान में अमेरिकी कम्पनी के काम करने का मामला खटाई में पड़ता गया। पाकिस्तान, तुर्कमेनिस्तान और तालिबान के बीच बैठकों के बावजूद कोई भी कम्पनी या वित्तीय संस्था अफ़ग़ानिस्तान में किसी भी परियोजना को हाथ में लेने और उसके लिए वित्तीय सहायता देने को तैयार नहीं हुई।

हालाँकि अमेरिका पाइप लाइन के बड़े खेल में लगा था, लेकिन इस दौरान ओसामा–बिन–लादेन और स्त्रियों के बारे में तालिबान की दमनकारी नीति ने अमेरिका को 360 डिग्री घूमने पर बाध्य कर दिया। अहमद राशिद कहते हैं कि अमेरिका अफ़ग़ानिस्तान नीति की बजाय

ओसामा–बिन–लादेन की नीति बनाने लगा। इसी के नाते जो अमेरिका आरम्भ में तालिबान को समर्थन दे रहा था वह उसे पूरी तरह से ख़ारिज़ करने लगा। साजिश की थ्योरी के अनुसार अमेरिका ने अफ़ग़ानिस्तान पर हमला इसलिए भी किया क्योंकि वह नहीं चाहता था कि उस इलाक़े में तेल और गैस के दोहन और व्यापार में रूस और ईरान के गठजोड़ को बढ़त हासिल हो। इसीलिए उसने मध्य एशिया और कैस्पियन सागर के इलाक़े में अपना दबदबा बनाने के लिए और ईरान और रूस को दरकिनार करने के लिए हमला किया, लेकिन साजिश की यह थ्योरी महज कयास पर आधारित है इसके कोई ठोस प्रमाण नहीं है। क्योंकि 9/11 इतनी छोटी घटना भी नहीं है कि उसे हमले की छोटी वजह माना जाये और दूसरी वजहों को उस पर वरीयता दी जाये।

फिर भी तालिबान की महिला विरोधी नीतियों के कारण जिस तरह से अमेरिका उससे किनारा करते हुए उसका विरोधी बनता गया उससे यह साबित होता है कि सिर्फ़ आर्थिक नीतियाँ ही संस्कृति को नहीं प्रभावित करतीं बल्कि सांस्कृतिक नीतियों से आर्थिक नीतियाँ भी प्रभावित होती हैं। 'अमेरिका ने तालिबान को इसलिए ठुकराया क्योंकि घरेलू मोर्चे पर महिला आन्दोलन का दबाव था। अफ़ग़ानिस्तान की जीबा शोरिश शामली जैसी कार्यकर्ताओं ने नारीवादी संगठनों को तालिबान के विरुद्ध हस्ताक्षर अभियान के लिए तैयार किया। उन्होंने क्लिंटन प्रशासन को इस बात के लिए बाध्य किया कि वे तालिबान के ख़िलाफ़ कड़ा रुख अपनायें। इस ज्ञापन पर तीन सौ महिला संगठनों, ट्रेड यूनियनों और मानवाधिकार संगठनों ने हस्ताक्षर किये थे। इस अभियान को उस समय ज़बरदस्त प्रचार मिला जब हास्य कलाकार जे लीनो की पत्नी मेविस लीनो ने इसके लिए 1,00,000 डॉलर देने का वचन दिया। सुश्री लीनो मे मार्च 1998 में कांग्रेस की एक सुनवाई में कहा, 'अफ़ग़ानिस्तान की महिलाओं की स्थिति के बारे में अमेरिका की कुछ ज़िम्मेदारी है। क्योंकि हमारे देश ने वर्षों तक सोवियत संघ से लड़ने के लिए मुजाहिदीन समूहों को हथियार दिये हैं।'[28]

हिलेरी क्लिंटन ने 1999 में एक भाषण में कहा, ''जब महिलाओं को कथित धार्मिक पुलिस असभ्य तरीके से इसलिए पीटती है कि उन्होंने अपने को पूरी तरीके से ढँक नहीं रखा है या वे जब चलती हैं तो आवाज़ होती है तो हम समझ सकते हैं कि उसका मक़सद सिर्फ़ शारीरिक पिटाई नहीं है। यह स्त्रियों की आत्मा को नष्ट करना है।''[29]

इन 20 वर्षों में तुर्कमेनिस्तान–अफ़ग़ानिस्तान–पाकिस्तान–भारत को जोड़ने वाली 1814 किलोमीटर लम्बी ट्रांस अफ़ग़ान पाइप लाइन को आगे बढ़ाने के लिए काग़ज़ी काम हुआ है। हवाई किले भी बनाये गये हैं। अब जबकि तालिबान फिर से सत्ता में आया है तो यह सवाल अहम हो गया है कि क्या यह परियोजना परवान चढ़ेगी या फिर बड़ी शक्तियों की खींचतान या अफ़ग़ानिस्तान में विद्रोह और आतंकवाद से पैदा होने वाली स्थितियों की भेंट चढ़ जायेगी?

## ताप (TAP) से तापी (TAPI)

सन् 1998 में यूनोकल ने परियोजना से हाथ खींच लिया और सहायता संघ (Consortium) भँग हो गया। इस तरह तुर्कमेनिस्तान–अफ़ग़ानिस्तान–पाकिस्तान (TAP) की उम्मीदें हवा हो गयीं। सन् 2001 में जब अमेरिका और नाटो सेनाओं ने अफ़ग़ानिस्तान पर हमला करके तालिबान सरकार का तख़्तापलट कर दिया तो फिर इस तरह की परियोजना पर चर्चा होने लगी। उम्मीद की कोपलें हरी होने लगीं, लेकिन तुर्कमेनिस्तान के राष्ट्रपति नियाझोव अड़े हुए थे। वे अफ़ग़ानिस्तान की युद्धरत स्थितियाँ देखकर कोई भी खतरा नहीं लेना चाहते थे। वे अफ़ग़ानिस्तान में किसी भी तरह के निवेश का जोख़िम नहीं उठाना चाहते थे। वे पहले ब्रिडास और बाद में यूनोकल के साथ काफ़ी खेल खेल चुके थे। वे ब्रिडास के सपनों की इस योजना के प्रति आकर्षित हुए, लेकिन बाद में अमेरिकी दबाव में उसे धोखा देने लगे। फिर वे सऊदी अरब और अमेरिका की ओर झुके और यूनोकल के प्रस्ताव से परियोजना के पहले चरण पर काम करने के लिए समझौता कर लिया, लेकिन अफ़ग़ानिस्तान की बिगड़ती स्थितियों, तेल के गिरते दामों और तालिबान की महिला–विरोधी नीतियों के कारण यूनोकल ने कदम पीछे खींच लिए।

तक़रीबन नौ साल के इन्तज़ार के बाद 2007 में जब गुरबनगुली बेरदीमुहम्मदेव तुर्कमेनिस्तान के राष्ट्रपति बने तो इस परियोजना में उन्होंने रुचि लेना शुरू किया। सन् 2010 में अमेरिका की दो बड़ी ऊर्जा कम्पनियों एक्सान मोबिल (Exxon Mobil) और शेवरान (Chevron) ने तुर्कमेनिस्तान की राजधानी अश्गाबात (अश्खाबाद) में दफ़्तर खोले। कुछ समय बाद एशियन डेवलपमेन्ट बैंक और तुर्कमेंगाज कम्पनी ने इस

परियोजना में भारत को भी शामिल करते हुए इसका नाम तापी (TAPI) रखा। नये आकलन और परिकल्पना के मद्देनज़र इसका लक्ष्य 33 अरब वर्गमीटर (BCMA) गैस प्रतिवर्ष सप्लाई करने का रखा गया। यह तुर्कमेन से शुरू होगी और कन्धार, हेरात, क्वेटा मुल्तान होते हुए भारत के फज़िल्का तक आयेगी। एडीबी के अनुसार 1814 किलोमीटर की इस पाइप लाइन को बिछाए जाने का खर्च 10 अरब डॉलर आने का अनुमान है, लेकिन यह अनुमान बहुत कम है और बाद में इस पर आने वाले व्यय का जो अनुमान लगाया गया है वह 40 अरब डॉलर के करीब जाता है।

एडीबी के सहयोग से तुर्कमिंगाज कम्पनी एक सहयोगी संघ बनाकर इस पर काम कर रही है। अभी तक जो फ़ोटो वगैरह डाले जा रहे हैं उसके अनुसार सन् 2015 में तुर्कमेनिस्तान के गलकिनिश तेल क्षेत्र में इस पर काम शुरू हो गया है। बताया जाता है कि 2019 के मध्य में वहाँ का काम काफ़ी पूरा हो गया है। यह भी दावा किया जा रहा है कि अफ़ग़ानिस्तान के हिस्सें में फ़रवरी 2018 में काम शुरू हुआ है। 16 मई, 2012 को अफ़ग़ानिस्तान की संसद ने इसे हरी झण्डी दी थी और उसके बाद भारतीय संसद ने सार्वजनिक क्षेत्र की तेल कम्पनी गेल (GAIL) को इस काम में सहयोग के लिए अधिकृत किया था, लेकिन भारत और अफ़ग़ानिस्तान और भारत और पाकिस्तान के बीच इस पाइप लाइन के पारगमन कर (ट्रांजिट फी) पर अभी भी समझौता नहीं हो सका है।

हालाँकि तालिबान के प्रवक्ता सुहैल शाहीन के इस बयान से आशा बँधी है कि तापी दीर्घकालिक प्राथमिकता परियोजना है। तालिबान इसका पूरा समर्थन करेगा। इस बीच तालिबान के प्रतिनिधि तुर्कमेनिस्तान की राजधानी अश्खाबाद भी हो आये हैं। वहाँ उन्होंने इसे आगे बढ़ाने के लिए वार्ताएँ भी कीं हैं।

परियोजना की सम्भावना और चुनौतियों के बारे में तुर्कमेनिस्तान में अमेरिकी राजदूत व एक्सान मोबिल कम्पनी के अधिकारी रहे स्टीव मैन लिखते हैं, ''अफ़ग़ानिस्तान में तालिबान के सत्ता में आने के बाद यह परियोजना ज़ोर पकड़ सकती है और ठप भी हो सकती है। काग़ज़ पर यह योजना आकर्षक लगती है, लेकिन इसके साथ जोखिम भी कम नहीं है। सुरक्षा तापी परियोजना के मार्ग में बड़ी बाधा है। पाइप लाइन को बागी या आतंकवादी उड़ा सकते हैं। हर कदम पर पाइप लाइन की सुरक्षा कर पाना सम्भव नहीं है। हालाँकि तालिबान ने सुरक्षा का प्रस्ताव रखा है।''[30]

''इस परियोजना के सामने दूसरे नम्बर की चुनौती संसाधनों की है। स्थानीय सरकारों और एशियन डेवलपमेंट बैंक (ADB) ने इसका कुल व्यय 10 अरब डॉलर के करीब बताया है, जबकि परियोजना विशेषज्ञों का कहना है कि यह ख़र्च 14 से 16 अरब डॉलर का है, लेकिन अपस्ट्रीम यानी जब पाइप लाइन ऊपर चढ़ेगी तो ख़र्च बढ़ जायेगा। इसलिए तमाम अनुमान और चर्चा के बाद यह पाया गया कि इस योजना का ख़र्च 40 अरब डॉलर आयेगा। इसलिए असली सवाल यह है कि इतना ख़र्च आयेगा कहाँ से। वैसे तो वाणिज्यिक बैंक और निजी क्षेत्र की ऊर्जा कम्पनियाँ न्यूयॉर्क, सिंगापुर और लन्दन में आयोजित होने वाले मेलों में बड़ा बड़ा स्टाल लगाती हैं और तमाम तरह की सम्भावनाएं व्यक्त करती है, लेकिन उन्होंने तापी परियोजना के बारे में कोई उत्साह नहीं दिखाया है। ऐसी स्थिति में तुर्कमेनिस्तान की कम्पनी तुर्कमेंगाज ने मोर्चा सँभाला है। तुर्कमेंगाज सहायता संघ का नेतृत्व कर रहा है, लेकिन इस कम्पनी का रिकॉर्ड ऐसा नहीं है कि उस पर बहुत ज़्यादा यक़ीन नहीं किया जा सके।'[31]

''इस चुनौती को देखते हुए तापी के प्रायोजकों ने इसकी क्षमता को 33 बीसीएम से घटाकर 11 बीसीएम कर दिया है। इससे लागत 10 अरब डॉलर से घटकर 7.7 अरब डॉलर तक आ सकती है। पहले इसमें छह कंप्रेशन स्टेशन लगाये जाने थे, लेकिन लागत कम करनी है तो सिर्फ़ ऊपर चढ़ने वाली पाइप लाइन में ही कंप्रेशन लगाया जायेगा। पाकिस्तान और अफ़ग़ानिस्तान वाले रास्ते पर कंप्रेशन इंजन लगाये बिना काम चल सकता है क्योंकि यहाँ पाइप लाइन ढलान की ओर जायेगी।'

'इस कटौती के बावजूद वित्तीय संसाधन की कमी पड़ रही है। एडीबी सिर्फ़ एक अरब डॉलर का कर्ज़ देने को कह रहा है। तुर्कमेनिस्तान सरकार भारी आर्थिक संकट में है इसलिए 1.675 अरब डॉलर ही लगा पाने को कह रहा है। ऐसे में बाकी धन कहाँ से आयेगा इस बारे में काफ़ी विचार विमर्श चल रहा है। एडीबी में अमेरिका और जापान की बड़ी हिस्सेदारी है। वे इस हिस्सेदारी के प्रभाव का इस्तेमाल अफ़ग़ानिस्तान में तालिबान की नीतियों को नियन्त्रित करने के लिए कर सकते हैं।'

अब सवाल यह है कि इन परियोजना में तालिबान क्या मदद कर सकता है और इससे कितना लाभ उठा सकता है? तालिबान की आर्थिक स्थिति ऐसी नहीं है कि वह इस योजना में किसी तरह की आर्थिक मदद

कर सके या इससे सप्लाई होने वाले ईंधन को ख़रीद कर अपना विकास कर सके। एशियन डेवलपमेंट बैंक ने जो आकलन किया है उसके अनुसार तापी से पाकिस्तान 47.5 प्रतिशत और भारत 47.5 प्रतिशत गैस खरीदेगा। जबकि अफ़ग़ानिस्तान सिर्फ़ 5 प्रतिशत गैस खरीद पायेगा। अफ़ग़ानिस्तान के पास न तो बिजली उत्पादन की क्षमता है कि वह इस गैस का उपयोग कर सके और न ही उसके पास वितरण प्रणाली है कि वह गैस को वितरित कर सके घरेलू उपयोग के लिए। वह तकनीकी और वित्तीय प्रबन्धन करने में भी सक्षम नहीं है। अफ़ग़ानिस्तान में तालिबान सिर्फ़ पाइप लाइन पुलिस का काम कर सकता है। उससे परियोजना क़ामयाब हो सकती है। अफ़ग़ानिस्तान सरकार को इससे जो लाभ हो सकता है वह पारगमन कर के रूप में हो सकता है। वह पारगमन कर पाकिस्तान, तुर्कमेनिस्तान और भारत से मिल सकता है। इसके अलावा तालिबान पाइप लाइन के निर्माण और संचालन में रिश्वत की कमाई भी कर सकता है। इस परियोजना से अफ़ग़ानिस्तान का सबसे बड़ा फ़ायदा यह होगा कि अगर योजना पूरी हो गयी और सुचारु रुप से चल निकली तो इससे यह सन्देश जायेगा कि तालिबान सरकार आर्थिक व्यापार का काम करने में रुचि रखती है और उसके लिए वह शान्ति प्रदान कर सकती है। वह शान्ति वहाँ दूसरे क़िस्म के निवेश को आकर्षित करेगा। उससे दुनिया के दूसरे देशों से अफ़ग़ानिस्तान को मान्यता मिलने का रास्ता भी साफ़ होगा।[32]

अलग–अलग क़िस्म की आर्थिक, तकनीकी और सुरक्षा सम्बन्धी चुनौतियों को देखते हुए एक सम्भावना यह भी जताई जा रही है कि इस परियोजना में चीन भी हाथ आजमा सकता है। अगर चीन हाथ डालता है तो परियोजना चल निकलेगी, लेकिन चीन कैसे और क्यों हाथ डालेगा यह बड़ा सवाल है। परियोजना सिल्क रूट के रूप में अपनी पहचान बना सकती है और चीन जिस तरह से बीआरआई (बेल्ट रोड इनिशिएटिव) पर ज़ोर दे रहा है कोई ताज़्जुब नहीं कि वह इस परियोजना को लपक ले। चीन तुर्कमेनिस्तान की गैस का बड़ा ग्राहक है। अभी वह 30 बीसीएम गैस खरीदता है। यही गैस पहले रूस और उक्रेन को सप्लाई होती थी, लेकिन सोवियत संघ के विघटन के बाद वह व्यापार बन्द हो गया। इस बीच जिस तरह से तालिबान चीन को रिझाने में लगा है उसे देखते हुए चीन अगर रुचि लेता है तो हैरानी की बात नहीं होगी।

जहाँ तक भारत का सवाल है तो उसके लिए योजना काग़ज़ पर भले आकर्षक हो, लेकिन हक़ीक़त में उलझनें कम नहीं हैं। भारत के मुकाबले प्राकृतिक गैस का पाकिस्तान का बाज़ार बड़ा है। भारत वह गैस तभी खरीदेगा जब उसका दाम यहाँ खरीदे जाने वाले एलपीजी से कम हो। भारत की संसद के सदस्यों ने पाकिस्तान से पूछा है कि वह पाइप लाइन पर कितना पारगमन कर लेगा। दूसरी चुनौती पाकिस्तान के अनिश्चित व्यवहार को लेकर है। जब भी दोनों देशों में तनाव होगा तो पाकिस्तान सरकार गैस की सप्लाई घटा देगी। इसके अलावा पाकिस्तान के उग्रवादियों से पाइप लाइन कितनी सुरक्षित रह पायेगी यह भी बड़ा सवाल है।

तापी परियोजना अफ़ग़ानिस्तान की अर्थव्यवस्था की जीवन रेखा बन सकती है। देखना है कि वह महाशक्तियों के खेल से कितनी बच पाती है और तालिबान उसकी अहमियत को कितना समझ पाता है और उस महत्त्वपूर्ण परियोजना के लिए अपनी कट्टर राजनीति में कितना बदलाव कर पाता है।

# तालिबान, ओसामा-बिन-लादेन और अमेरिका

**ओसामा–बिन–लादेन कौन था? उसकी विचारधारा क्या थी? उसके काम का तरीका क्या था? कैसे वह तालिबान के क़रीब आया? तालिबान और अल–क़ायदा में अन्तर क्या है? आख़िर कैसे वह अमेरिका और पश्चिमी दुनिया के लिए इतना बड़ा ख़तरा बन गया? तालिबान उसे अमेरिका को क्यों नहीं सौंपना चाहता था?**

अमेरिका और तालिबान के रिश्तों में ओसामा–बिन–लादेन एक काँटे की तरह से फँसा रहा। उस काँटे को निकालने के लिए तालिबान तैयार नहीं हुआ और यह एक बड़ी वजह बनी 2001 में अफ़ग़ानिस्तान पर अमेरिकी हमले की। ओसामा–बिन–लादेन को अमेरिका ज़िन्दा तो नहीं पकड़ सका लेकिन उसे मारने में भी उसे दस साल लग गये। दस साल बाद युद्ध समाप्त हो जाना चाहिए था, लेकिन वह समाप्त नहीं हुआ। इस दौरान ओसामा–बिन–लादेन को अमेरिका को न सौंपने के कारण पहले तालिबान की सरकार का तख़्तापलट किया गया और बाद में उससे 20 साल की लम्बी छापामार लड़ाई चली। यह लड़ाई कभी सभ्यताओं के संघर्ष के रूप में दिखती थी तो कभी आतंकवाद से युद्ध के रूप में। कभी यह जिहाद दिखता था तो कभी क्रूसेड। कभी यह अमेरिकी राष्ट्रवाद और अफ़ग़ानी राष्ट्रवाद का टकराव दिखता था तो कभी अमेरिकी अन्तर्राष्ट्रीयता और इस्लामी अन्तर्राष्ट्रीयता के बीच का द्वन्द्व। रोचक तथ्य यह है कि ओसामा–बिन–लादेन मारा गया पाकिस्तान के ऐबटाबाद में और अमेरिका सारा दोष देता रहा तालिबान और अफ़ग़ानिस्तान को। उससे भी ज़्यादा हैरानी की बात यह है कि ओसामा–बिन–लादेन रहने वाला सऊदी अरब का था और 9/11 के 13 हमलावर सऊदी अरब की पृष्ठभूमि से थे। लादेन को वहाबी मतों के प्रचार के लिए धन सऊदी अरब से आता रहा।

तालिबान को हथियार, मोबाइल, धन और पिकअप सऊदी अरब से आते रहे, लेकिन सारा ठीकरा तालिबान के सिर फूटा। यह सही है कि तालिबान कट्टरता और क्रूरता में तमाम हदें पार कर रहा था, लेकिन उसके बहाने अफ़ग़ानिस्तान की बेगुनाह और भूखी जनता को बहुत हमले झेलने पड़े और तमाम कष्ट उठाने पड़े। आखिर उसे इस तरह दण्ड देने का क्या औचित्य था? बांग्ला में एक कहावत है 'जेतो दोष नदो घोष'। इसलिए संस्थानिक रूप से कट्टरता और क्रूरता को पनपाने वाले देश और उनकी संस्थाएँ तो बच गयी, लेकिन जो उसका औजार बना वह दमन का शिकार हुआ।

दो मई, 2011 को जब ओसामा–बिन–लादेन मारा गया तो अमेरिकी राष्ट्रपति बराक ओबामा ने अपनी जनता को सम्बोधित करते हुए कहा, "अमेरिकी जनता और दुनिया को बताना चाहता हूँ कि अमेरिका की एक कार्रवाई में ओसामा–बिन–लादेन मारा गया। वह अल–कायदा का नेता था और एक आतंकी था जो हज़ारों बेगुनाह पुरुषों, स्त्रियों और बच्चों की मौत का ज़िम्मेदार था। अफ़ग़ानिस्तान में हमने तालिबान सरकार को हटाया जिसने ओसामा–बिन–लादेन को अपना समर्थन दे रखा था। दुनिया भर में हमने अपने दोस्तों की मदद से तमाम आतंकियों को पकड़ने या मारने का काम किया, लेकिन ओसामा–बिन–लादेन पकड़ा नहीं जा सका। वह अफ़ग़ान सीमा पार करके पाकिस्तान चला गया। इस बीच अल–कायदा उस सीमा पर काम करता रहा। हाल में हमने सीआईए के निदेशक लियोन पनेटा को आदेश दिया कि वे अल–कायदा से अपनी लड़ाई के दौरान ओसामा–बिन–लादेन को पकड़ने को सर्वोच्च प्राथमिकता दें। ओसामा–बिन–लादेन की मौत अल–कायदा को हराने में हमारे मुल्क़ की अब तक की सबसे बड़ी कार्रवाई है। हाँ उसकी मौत हमारे प्रयासों का अन्त नहीं है। हम यह कहना चाहते हैं कि अमेरिका न तो इस्लाम से लड़ाई लड़ रहा है और न ही कभी लड़ेगा। बिन लादेन एक मुस्लिम नेता नहीं था। वह मुसलमानों का संहारक था। अल–कायदा ने कई देशों में हमारे नागरिकों समेत कई मुसलमानों को मारा है। इसलिए जो भी शान्ति और गरिमा में यक़ीन करते हैं उन्हें इस मौत का स्वागत करना चाहिए।"[1]

अमेरिकी राष्ट्रपति ऐसा बयान देने की स्थिति में सहज रूप से नहीं आये। उसके लिए अमेरिकी प्रशासन और उनकी सेना और खुफिया संगठनों

को लम्बे समय तक मेहनत करनी पड़ी। ओसामा–बिन–लादेन को लेकर अमेरिका ने पचास लाख डॉलर से लेकर पाँच करोड़ डॉलर तक का इनाम घोषित किया। तालिबान को पनाह दी जाये या न दी जाये, उसे अमेरिका को सौंपा जाये या न सौंपा जाये इसको लेकर तालिबान, सऊदी अरब और पाकिस्तान के भीतर भी गहरे मतभेद रहे। फिर भी वह व्यक्ति तक़रीबन 21–22 साल तक अमेरिका को छकाता रहा। दुनिया के तमाम मुल्क़ों के मुस्लिम युवाओं को अमेरिका के ख़िलाफ़ हथियार उठाने और इस्लामी राज की स्थापना के लिए जिहाद करने को भड़काता रहा। इस दौरान हज़ारों युवा उग्रवादी और आतंकवादी मारे भी गये और हज़ारों बेगुनाहों को जान से हाथ धोना पड़ा, लेकिन लादेन की कट्टरता बढ़ती गयी। हाँ यह बात ज़रूर है कि जिस हिम्मत के साथ वह पहले घूमता था बाद के दस सालों में वह ख़त्म हो गयी और छुपा छुपा ही फिरता रहा। उधर तालिबान इस बिना पर उसे संरक्षण देता रहा कि वह एक मुसलमान मेहमान है और आदिवासी या कबीलाई समाज में किसी भी मेहमान को घर से निकाला नहीं जाता। भले वह बिना बुलाये आये, लेकिन वह जायेगा तो अपनी मर्जी से ही।

इसलिए यह जानना ज़रूरी है कि आखिर कौन था ओसामा–बिन–लादेन और क्या था उसके काम का तरीका? कैसे वह तालिबान के करीब आया और कैसे वह मुल्ला उमर का ख़ास दोस्त बन गया? कैसे उसने तालिबान को मदद की और कैसे वह उन पर बोझ बन गया और आखिर में उनकी सरकार और अफ़ग़ानिस्तान की तबाही की एक बड़ी वजह बना। हालाँकि ओसामा–बिन–लादेन पर टिप्पणी करते हुए मशहूर पत्रकार राबर्ट फिस्क लिखते हैं–ओसामा–बिन–लादेन ज़िन्दा हो या मुर्दा इससे कोई फर्क नहीं पड़ता। एक नाभिकीय वैज्ञानिक के तौर पर उसने आतंक का फार्मूला तो दे दिया है। हामिद मीर के अलावा राबर्ट फिस्क ने भी लादेन का इंटरव्यू किया था और उसके साथ शिविरों में रात बिताई थी। राबर्ट फिस्क ने रहस्यमयी व्यक्तित्व और दुनिया में आतंक के पर्याय बन चुके ओसामा–बिन–लादेन के बारे में लिखा है कि वह हरदम मिस्वाक की दातून करता रहता था। वह दुबला पतला साढ़े छह फिट का लम्बा व्यक्ति था। जिसकी दाढ़ी लहराती रहती थी। फिस्क कहते हैं, "जब मैंने उसे बताया कि अमेरिका उसे दुनिया का सबसे ख़तरनाक आतंकी मानता है तो उसने कहा–अगर अपनी धरती को आज़ाद कराना आतंकवाद है

तो यह हमारे लिए सबसे बड़ा सम्मान है।'' अमेरिका और इजराइली सरकार और अमेरिकी सेना और इजराइली सेना में कोई फर्क नहीं है। बिन लादेन ने फिस्क को उर्दू में लिखा एक पाकिस्तानी पोस्टर दिया जिसमें पाकिस्तानी विद्वानों ने अमेरिका कि ख़िलाफ़ उसके जिहाद यानी धर्मयुद्ध का समर्थन किया था। उसने कराची की दीवारों पर ऐसे नारे लिखे हुए दिखाये (रंगीन चित्र) जिसमें कहा गया था कि अमेरिकी सेनाओं को मक्का मदीना से हटाना होगा। लादेन ने बताया कि कुछ समय पहले उससे सऊदी के शाही ख़ानदान का एक दूत मिला था जिसने कहा था कि उसकी सऊदी नागरिकता अमेरिकी दबाव में ली गयी है। उस दूत ने कहा था कि अगर वह जिहाद छोड़ दे तो उसकी नागरिकता बहाल कर दी जायेगी उसे नया सऊदी पासपोर्ट दिया जायेगा और उसके परिवार के लिए दो अरब सऊदी रियाल यानी 33.9 करोड़ पौंड की रकम भी दी जायेगी, लेकिन लादेन और उसके परिवार ने यह प्रस्ताव ठुकरा दिया।[2]

उस समय लादेन की तीन बीवियाँ थीं जिनमे सबसे बड़ी बीबी का 16 साल का बान उमर नाम का बेटा था। छोटी बीबी तो किशोरी ही थी। दूसरा बेटा साद अपने पिता के आसपास तमाम बन्दूकधारियों को देखकर बहुत ख़ुश होता था। वह थोड़ी थोड़ी अंग्रेज़ी बोलता था। वे सभी उसके साथ जलालाबाद के पास रहते थे। उनके साथ अरब देशों के तमाम मुज़ाहिदीनों की बीबियाँ और बच्चे भी थे। वहाँ रह रहे एक अरब ने कहा, ''लादेन के लिए अफ़ग़ानिस्तान के अलावा कोई देश (पनाह देने वाला) बचा नहीं है। जब वह सूडान में थे तो सऊदी अरब के लोग उन्हें यमनी लोगों के माध्यम से पकड़ना चाहते थे। हम जानते हैं कि फ्रांस सरकार ने कोशिश की थी कि वे लादेन को उन्हें सौंप दें क्योंकि कुछ समय पहले उन्होंने एक दक्षिण अमेरिकी को सौंपा था। अमेरिकी फ्रांस पर दबाव डाल रहे थे कि वे लादेन को सूडान में पकड़ लें। सऊदी के पैसे से काम करने वाले एक अरबी दल ने उन्हें मारने की कोशिश भी की, लेकिन उनके सुरक्षा कर्मियों ने फायर किया और दो घायल हो गये।'' रूस से लड़ते हुए लादेन के 500 लोग मारे गये थे। उनकी कब्रें पाकिस्तानी सीमा पर तोरखम में हैं। रूसी फौजों के जाने के बाद वह सूडान चला गया। क्योंकि अफ़ग़ानी गुटों में मची घमासान से वह दुखी हो गया था। फिस्क ने लादेन से 1996 की गर्मियों में लम्बी बात की थी। रात गर्म थी और मच्छर काट रहे थे। उस समय ज़्यादा वक़्त सऊदी

साम्राज्य पर अमेरिका से ज़्यादा बात हुई। वह मिस्वाक की लकड़ी से अपने दाँत माँजता रहता था। उसकी हर टिप्पणी का आधार इतिहास हुआ करता था। उसके लिए सबसे ख़ास तारीख़ 1990 थी जब सद्दाम हुसैन ने कुवैत पर हमला किया था। वह कहता था, ''जब अमेरिकी सेनाएँ, दो पवित्र शहरों के मुल्क़, सऊदी अरब में घुसीं तो देश भर के उलेमाओं और शरीयत के छात्रों ने अमेरिकी सेना की दखल का ज़बरदस्त विरोध किया। सऊदी अरब सरकार की इस बड़ी ग़लती से उनकी धोखाधड़ी उजागर हो गयी। उन्होंने उन देशों को समर्थन दिया जो मुसलमानों से लड़ रहे थे। उन्होंने दक्षिणी यमन के मुसलमानों से लड़ने में कम्युनिस्टों की मदद की। वे हमास से लड़ने में अरफात के शासन का समर्थन कर रहे हैं।''

बिन लादेन रुक–रुककर बोलता था और देखता था कि सामने वाले की समझ में उसकी इतिहास की कहानी आयी है या नहीं। उसने आगे कहा, ''मुसलमान होने के नाते हमारे भीतर एक–दूसरे को बाँधने वाली मज़बूत भावना है। हम फिलस्तीन और लेबनान में अपने भाइयों के लिए हमदर्दी महसूस करते हैं। खोबार पर जो विस्फोट हुआ वह अमेरिकी कब्जे की सीधी प्रतिक्रिया में नहीं हुआ, बल्कि उसके पीछे मुसलमानों से अमेरिकी व्यवहार कारण था। ...जब 60 यहूदी फिलस्तीन में मारे जाते हैं (1996 का फिदायीन हमला) तो सारी दुनिया सात दिन के भीतर निन्दा करने के लिए खड़ी हो जाती है, लेकिन जब 6,00,000 इराकी बच्चों की मौत संयुक्त राष्ट्र की पाबन्दी के कारण होती है तो उस तरह की प्रतिक्रिया नही होती। उन इराकी बच्चों को मारना इस्लाम के ख़िलाफ़ क्रूसेड है। हम मुसलमान इराकी शासन को पसन्द नहीं करते, लेकिन हम मानते हैं कि इराकी नागरिक और उनके बच्चे हमारे भाई हैं और हम उनके भविष्य की परवाह करते हैं।''[3]

लेकिन बिन लादेन की निगाह में तो अमेरिका था, ''मेरा मानना है कि देर सबेर अमेरिका सऊदी अरब छोड़ देगा, लेकिन अमेरिका ने सऊदी लोगों के ख़िलाफ़ जो युद्ध छेड़ा है उसका मतलब है कि उसने हर जगह रहने वाले मुसलमानों के ख़िलाफ़ युद्ध छेड़ा है। अमेरिका के विरुद्ध मुसलमान देशों में जगह–जगह प्रतिरोध खड़ा होगा। हमारे भरोसेमन्द नेता यानी उलेमाओं ने हमें फतवा दिया है कि हम अमेरिकियों को खदेड़ दें। इस संकट का समाधान यह है कि अमेरिकी सेनाएँ वहाँ से चली जायें। उनकी सैनिक उपस्थिति सऊदी जनता का अपमान है।''

वह अमेरिकियों के प्रति नफरत भरी आवाज़ में बोलता था और उन्हें क़ब्ज़ा करने वाला बताता था। अरबी में लादेन धाराप्रवाह बोलता था, लेकिन विदेशी मामलों की उसकी समझ सनक भरी थी। एक बार तो उसने कहा कि अमेरिकी राज्यों को संयुक्त राज्य से अलग हो जाना चाहिए क्योंकि अमेरिका इजराइल का समर्थन करता है, लेकिन उसकी जो ऐतिहासिक व्याख्या थी वह विचित्र थी। ''हमारा मानना है कि अल्लाह ने अफ़ग़ानिस्तान में हमारे जिहाद या पवित्र युद्ध का इस्तेमाल रूसी सेना और सोवियत संघ को ख़त्म करने के लिए किया। अल्लाह ने यह काम इसी पहाड़ की चोटी पर बैठ कर किया जहाँ आप बैठे हैं। मैं अब अल्लाह से कहता हूँ कि वह एक बार और हमारा इस्तेमाल ऐसे ही अमेरिका के ख़िलाफ़ कर दे ताकि वह अपनी परछाई रह जाये। हमारा मानना है कि हमारी अमेरिका के ख़िलाफ़ लड़ाई सोवियत संघ से हुई लड़ाई के मुकाबले ज़्यादा सरल है। क्योंकि हमारे जो मुज़ाहिदीन यहाँ अफ़ग़ानिस्तान में लड़े थे उनमें से कुछ सोमालिया में अमेरिका से भी लड़े थे। उन्हें हैरानी हुई थी किस तरह से अमेरिकियों का हौंसला पस्त हो गया था। इससे हमें यक़ीन हो गया कि अमेरिकी लोग कागज़ी शेर हैं।''[4]

उसका मानना था कि सऊदी अरब से अमेरिकी सेनाओं को हटाने के लिए गोपनीय तरीके से काम करने वाली ताक़तों को तैयार करना होगा। 1996 में जब उसने राबर्ट फिस्क को अपना इंटरव्यू दिया उसके दो साल के भीतर अल–कायदा का गठन किया। उसी के साथ उसने न सिर्फ़ अमेरिकी सरकार और सेना पर, बल्कि अमेरिकी जनता के विरुद्ध युद्ध की घोषणा की। उसके बाद अदन के बन्दरगाह पर यूएसएल कोल लगभग डुबो ही दिया गया था। फिर दक्षिणी अफ़ग़ानिस्तान में स्थित सीआईए के एक पुराने अड्डे पर क्रूज मिसाइलों से हमला किया गया। ओसामा–बिन–लादेन छड़ी लेकर चलता था उन दिनों और धीरे–धीरे बोलता था। फिस्क ने यह सवाल किया है कि क्या लादेन को किसी प्रकार के अर्द्धसैनिक तन्त्र की ज़रूरत थी या उसके पास वैसा कुछ था? उन दिनों उसकी आवाज़ में हज़ारों कैसेट मध्य पूर्व देशों में बजते रहते थे। वास्तव में अरब देशों के लोग अमेरिकी अन्याय से इतने नाराज थे कि उन्हें उस पर प्रतिक्रिया के लिए अफ़ग़ानिस्तान की पहाड़ियों से किसी आदेश की ज़रूरत नहीं थी। उनके लिए प्रेरणा ही काफ़ी थी और वह बिन लादेन अपने सम्बोधनों से दे रहा था। वह एक प्रकार से धार्मिक नेता

की भूमिका अख़्तियार कर रहा था। हालाँकि वह न तो धर्मगुरु था और न ही उलेमा। फिर भी फतवा जारी करता था। जिसे कभी माना जाता था तो कभी उसका मज़ाक उड़ाया जाता था।[4]

तालिबान और अल–कायदा और उसका नेता ओसामा–बिन–लादेन बेगुनाह और मासूम नहीं थे, लेकिन वे जिस तरह अमेरिका, सऊदी अरब और यूरोप के खेल में फँसे थे उसमें कभी कभी राबर्ट फिस्क उनका पक्ष लेते हुए भी नज़र आते हैं और सऊदी अरब और अमेरिका को ज़्यादा गुनहगार साबित करते हैं। 9/11 के हमले के बाद बनी युद्ध की स्थितियाँ और अमेरिकी राष्ट्रपति जार्ज बुश के इस ऐलान के बाद कि जो हमारे साथ नहीं है वह उनके साथ है सऊदी अरब, पाकिस्तान और दूसरे मुस्लिम देशों के पैंतरे देखने लायक थे। वे लिखते हैं, ''हमारे युद्ध के उद्देश्यों में मध्य पूर्व के लोगों की परेशानी और अपमान शामिल नहीं होता। उसमें सिर्फ़ अमेरिका और यूरोप की तकलीफ़ें शामिल होती हैं। यह कोई नहीं मानता कि तालिबान सही मायने में ओसामा–बिन–लादेन का ठिकाना नहीं जानता। सऊदी अरब जिसने तालिबान को तैयार किया था और जो तालिबान अब एक राक्षस बन गया था उसने कल काबुल सरकार से रिश्ते तोड़ लिए। सऊदी अरब के खुफ़िया विभाग के प्रमुख शाहजादा तुर्की बिन फैसल अल सौद को उनके पद से हटा दिया गया।''

वे सऊदी और तालिबान के रिश्तों के बारे में बताते हुए लिखते हैं, ''सऊदी अरब और तालिबान का रिश्ता 1994 में शुरू हुआ था। उस समय तमाम शाहजादे कन्धार जाते थे और जीप, पैसा व मोबाइल देकर आते थे। बिन लादेन 1995 में सूडान से भागकर अफ़ग़ानिस्तान आया और तालिबान की सरपरस्ती में रहने लगा। इस तरह उस पर सऊदी नियन्त्रण था। जेयूआई (ज़मीयत–उलेमा–ए–इस्लामी) का नेता मौलाना फज़्लुर्हमान अरब लोगों के अफ़ग़ानिस्तान दौरे का आयोजन करता था। वे लोग मुज़ाहिदीनों को रेडिकल इस्लाम सिखाते थे। इस तरह सेक्यूलर मुसलमान अफ़ग़ानिस्तान की लड़ाई से बाहर होते गये। इस बीच सऊदी अरब की दो कम्पनियों को अफ़ग़ानिस्तान में एक गैस की पाइप लाइन बिछानी थी। इसलिए सऊदी और तालिबान की दोस्ती और गाढ़ी हो गयी। सऊदी उलेमाओं ने शाही परिवार को बाध्य किया कि वह तालिबान से अच्छा रिश्ता रखें। वहाँ के मुफ़्तियों के प्रमुख

शेख अब्दुल अजीत बिन बाज ने कहा कि सऊदी तालिबान का समर्थन करें और उनके उन नियमों का भी समर्थन करें जो वे स्कूलों पर लागू कर रहे हैं। 1997 में मुल्ला रब्बानी रियाद गया और उसने सऊदी अरब से अफ़ग़ानिस्तान और तालिबान के लिए मदद माँगी।''[5]

दरअसल तालिबान की रणनीति दुनिया के उन लोगों को मदद और पनाह देकर अपने लिए धन इकट्ठा करने की थी जो अमेरिका या अन्य देशों के लिए भी आतंकियों की सूची में थे। ओसामा–बिन–लादेन उनमें से एक था। सऊदी अरब नहीं चाहता था कि ओसामा–बिन–लादेन सऊदी वापस लौटे। क्योंकि अगर वह लौटता और उसे अमेरिका को सौंपना पड़ता तो सऊदी अरब सरकार के तमाम आपसी राज उजागर होते। इस बीच तालिबान ने ईरान के विपक्षी व आतंकी नेता अहले–सुन्ना–वह जमार को भी पनाह दे रखी थी। ईरान चाहता था कि तालिबान उसे ईरान को सौंप दें। वैसे जैसे अमेरिका चाहता था कि तालिबान बिन लादेन को उसे सौंप दें, लेकिन तालिबान ने उसे भी वैसा ही जवाब दिया जैसा उसने अमेरिका को दिया था। तालिबान ने कहा कि वह मुस्लिम मेहमान है और उसे जाने को नहीं कहा जा सकता, लेकिन ईरान के राष्ट्रपति मुहम्मद खातमी के दौरे ने सऊदी अरब और तालिबान के रिश्तों में दरार डाल दी। सऊदी अरब पाकिस्तान पर भी अविश्वास करने लगा। ईरान मज़ार–ए–शरीफ़ में 1998 में तालिबान द्वारा ईरानी राजनयिकों की हत्या से भी चिन्तित था। अफ़ग़ानिस्तान पर हमले से पहले सऊदी अरब के खुफिया विभाग के प्रमुख शाहजादा तुर्की एक बार और काबुल गये और उन्होंने लादेन को सौंपने की माँग की, लेकिन उन्हें अपमानित करके भेज दिया गया। सऊदी अरब सरकार और उलेमाओं में तनाव बढ़ रहा था। इन सब स्थितियों में सऊदी अरब ने तालिबान से रिश्ते तोड़ लिए।

हालाँकि 9/11 के जिस हमले के बदले अफ़ग़ानिस्तान पर हमला किया गया उसके 19 में से 13 लोग तो सऊदी अरब के ही रहने वाले थे। अहमद अल धामदी और अहमद अल हाज नवी बाहा के बलजूरची के रहने वाले थे। पेंटागन पर हमला करने वाले विमान का पायलट हनी हन ज़ोर तैफ का रहने वाला था। वैल और वलीद अल शेहरी भी खामिश मुशायत के रहने वाले थे। इस तरह जिस राक्षस को सऊदी अरब ने जन्म दिया था उसे अफ़ग़ानिस्तान पाल रहा था। जाहिर है सऊदी अरब दोबारा उसे अपने आंगन में खेलने का मौक़ा नहीं देना चाहता था वरना

दुनिया के सामने उसकी अपनी साख ख़त्म हो जाती। इसलिए वह कभी लादेन को लाने तो कभी तालिबान से रिश्ता तोड़ने का दिखावा भी कर रहा था।

ओसामा–बिन–लादेन जिसे अमेरिका ने 2011 में अफ़ग़ानिस्तान में ढूँढ़ते–ढ़ँढ़ते पाकिस्तान में खोज कर मारा वह दरअसल पहली बार 1980 में अफ़ग़ानिस्तान गया था। इस तरह उसके अफ़ग़ानिस्तान और पाकिस्तान से तीन दशक पुराने रिश्ते थे। वह सऊदी अरब की एक बड़ी कन्स्ट्रक्शन कम्पनी बिन लादेन के परिवार का एक सदस्य था। जिस समय अफ़ग़ानिस्तान में सोवियत संघ से लड़ने के लिए हज़ारों अरब भरती हो रहे थे और उनमें ज़्यादातर ग़रीब किसानों, आदिवासियों और टैक्सी चलाने वालों की सन्तानें थीं उनमें एक युवा ऐसा भी था जो एक सम्पन्न परिवार से ताल्लुक रखता था। वह सम्पन्न व्यापारी मुहम्मद बिन लादेन का बेटा था। उसके पिता की कई बीबियाँ थीं और कुल 57 सन्तानें थीं। ओसामा का नम्बर उनमें से 17वाँ था। उसका जन्म 1957 में हुआ था। ओसामा ने जेद्दाह के किंग अब्दुल अजीज विश्वविद्यालय से एमबीए किया था और बाद में उनकी रुचि इस्लामी विषयों के अध्ययन में लग गयी। हालाँकि वे कम्पनी का कारोबार भी देखते थे। वह दुबला–पतला और छह फुट पाँच इंच लम्बा था। उनके पिता मुहम्मद बिन लादेन सऊदी के बादशाह फैज़ल के दोस्त थे। उनकी कम्पनी ने मक्का और मदीना के सौन्दर्यीकरण का बड़ा काम किया था जिससे उन्हें काफ़ी रकम मिली थी और उनकी शोहरत भी हुई थी। एक तरह से उनकी कम्पनी मालामाल हो गयी थी।

इसी समय आईएसआई ने सऊदी की खुफिया संस्था इश्तख़बरात के प्रमुख प्रिन्स तुर्की बिन फैजल को इस काम में लगा दिया था कि वे जिहाद के काम में शाही परिवार की मदद हासिल करें। ओसामा–बिन–लादेन शाही परिवार के भले नहीं थे, लेकिन उनके ताल्लुकात अच्छे थे और वे यह हैसियत रखते थे कि मुज़ाहिदीन जत्थे का नेतृत्व कर सकें। ओसामा का पहला ठिकाना पेशावर था। पेशावर उन दिनों मुज़ाहिदीन संगठनों के जुटने और प्रशिक्षण पाने का केन्द्र बन गया था। वहाँ से काबुल नज़दीक भी था। वहाँ पर वर्ल्ड मुस्लिम लीग और मुस्लिम ब्रदरहुड नामक दो संस्थाएँ काम कर रहीं थीं जो अरब–अफ़ग़ान मुसलमानों की हर तरह से मदद करती थीं। इसे अब्दुल आज़म चलाते थे जो जॉर्डन के फिलस्तीनी थे

और जिनसे ओसामा जेद्दाह विश्वविद्यालय में मिला था। आजम के दो बेटे पेशावर में एक विस्फोट में मारे गये थे। आजम ने गुलबुद्दीन हिक्मतयार और अफ़ग़ान इस्लामी विद्वान अब्दुल रसूल सय्याफ से नज़दीकी रिश्ता बना लिया था। सऊदी अरब ने वहाबी पन्थ के विस्तार के लिए उन्हें पेशावर भेजा था। ओसामा जब पहली बार पेशावर आया तो उन लोगों के अच्छे रिश्ते बना लिए। ओसामा के पिता भी अफ़ग़ानिस्तान के संघर्ष का समर्थन करते थे और उसके लिए धन भी देते थे। इसलिए जब ओसामा ने वहाँ जाने का इरादा जताया तो परिवार ने उसे रोका नहीं।

ओसामा 1980 में पहली बार पेशावर आया और अगले दो साल यानी 1982 तक धन लाने और सम्पर्क साधने बार बार सऊदी जाया करता था। आखिरकार वह 1982 में पेशावर में बस गया। वह मुज़ाहिदीन के लिए सड़क बनाने को तैयार हो गया और इस काम के लिए अपनी कम्पनी के इंजीनियरों और मशीनों को भी ले आया। सन् 1986 में ओसामा की निगरानी में खोस्त सुरंग कांप्लेक्स बना। इसमें अमेरिकी जासूसी संस्था सीआईए ने भी आर्थिक मदद की। पहाड़ों के नीचे बने इस कांप्लेक्स में एक ओर हथियारों को जमा करने का इन्तज़ाम था तो दूसरी ओर मुज़ाहिदीन को प्रशिक्षण देने और उनका इलाज करने की भी व्यवस्था थी। ओसामा ने पहली बार खोस्त में अरब–अफ़ग़ान युवाओं के लिए अपना प्रशिक्षण केन्द्र खोला। ओसामा ने अपने बारे में बताया है, "इन काफ़िर रूसियों से मुक़ाबले के लिए सऊदी अरब ने मुझे अफ़ग़ानिस्तान में उनके प्रतिनिधि के तौर पर चुना है। मैं पाकिस्तान में अफ़ग़ानिस्तान सीमा पर बसा। वहाँ मैं उन स्वयंसेवकों का स्वागत करता था जो सऊदी अरब और दूसरे मुस्लिम देशों से वहाँ आते थे। मैंने अपना शिविर वहाँ लगाया जहाँ पहले पाकिस्तानी और अमेरिकी अफ़सर ट्रेनिंग देते थे। हथियार अमेरिकी देते थे और पैसा सऊदी वाले, लेकिन इतना काफ़ी नहीं था। यह तो महज अफ़ग़ानिस्तान भर को काफ़ी नहीं था। हमें दूसरे तमाम मोर्चों पर भी लड़ना होता था जो कम्युनिस्ट देशों और पश्चिमी देशों में होते थे।"[6]

बिन लादेन ने दावा किया कि वह सोवियत सेनाओं के ख़िलाफ़ घात लगाकर हमले करता था, लेकिन अहमद राशिद जैसे जानकार पत्रकार इस दावे पर शक करते हैं। उनका मानना है कि उसकी भूमिका वहाबी विचार फैलाने और अफ़ग़ानियों की मदद के लिए धन देना था।

वर्ल्ड मुस्लिम लीग के अब्दुल्ला आज़म के निधन के बाद ओसामा ने वहाँ अल–कायदा का केन्द्र कायम किया। अरब वालों ने अफ़ग़ानिस्तान के कुनार, नूरिस्तान और बड़ख्शान में वहाबी केन्द्र बनाये थे, लेकिन उनके वहाबी विचारों से वहाँ की कबीलाई आबादी भड़कती थी। इस तरह के केन्द्रों के कारण ग़ैर पश्तून और शिया आबादी भी उनसे दूर जाने लगी। उत्तरी इलाक़े के नार्दर्न अलायंस के नेता अहमद शाह मसूद ने वहाबी विचारों के प्रचार की आलोचना की। "हम चाहते हैं कि अरबी लोग हमारा मुल्क़ छोड़ दें। बिन लादेन ने जितना अच्छा काम किया है उससे ज़्यादा बुरा किया है।"[7]

1989 में सोवियत संघ की वापसी हो गयी और 1990 में ओसामा–बिन–लादेन भी सऊदी अरब लौट गया। वह वहाँ पर मक्का और मदीना में उन परिवारों के लिए कल्याणकारी संगठन चलाता था जो तमाम लड़ाइयों में यतीम हो गये थे। इराक ने जब कुवैत पर हमला किया तो उसने शाह से कहा कि कुवैत की ओर से इराक से लड़ने के लिए सेना बने, लेकिन शाह फहद ने उल्टे अमेरिकियों को बुला लिया। अपने शाह के इस कदम से उसे झटका लगा। कुवैत की हिफाजत के लिए जब 5,40,000 अमेरिकी सेना उतरने लगी तो उसने शाही परिवार की कड़ी आलोचना की। उसने उलेमाओं से कहा कि वे फतवा जारी करें इस अमेरिकी दखल के ख़िलाफ़। इराक ने जब कुवैत छोड़ा तो ज़्यादातर अमेरिकी सेनाएँ चली गयी, लेकिन 20,000 अमेरिकी सेना सऊदी अरब में वहाँ रह गयी। इस बात से ओसामा और नाराज़ हुआ। फिर एक कार्यक्रम में उसका सऊदी गृहमन्त्री शाहजादा नैफ से झगड़ा हो गया। ओसामा ने नैफ को इस्लाम का गद्दार कहा उसके बाद उसे सऊदी अरब में अवान्छित व्यक्ति घोषित कर दिया गया।

सऊदी अरब से निकाले जाने के बाद ओसामा सूडान चला गया। जहाँ उसने हसन तुराबी के नेतृत्व में इस्लामी क्रान्ति में हिस्सा लिया। इस दौरान वह सऊदी अरब और वहाँ के शाही परिवार के बारे में काफ़ी ऊटपटांग बातें बोलता रहता था। वह अमेरिका के विरुद्ध भी बोलता था। उसकी कड़वी जबान के कारण 1994 में सऊदी अरब ने उसकी नागरिकता रद्द कर दी। बाद में सूडान ने भी उसे देश छोड़ने को कह दिया। क्योंकि उस पर अमेरिका और सऊदी अरब का बड़ा दबाव था। सूडान और सऊदी अरब से निकाले जाने की स्थिति में वह 1996 में अफ़ग़ानिस्तान आ गया। तब तक वहाँ तालिबान का शासन आ चुका था।

ओसामा–बिन–लादेन एक चार्टर जेट विमान से जलालाबाद में उतरा। उसके साथ विमान में अरब उग्रवादी थे, कुछ सुरक्षा गार्ड थे। उसकी तीन पत्नियाँ थीं और 13 बच्चे थे। जलालाबाद में शूरा की सुरक्षा थी। फिर जब तालिबान ने काबुल जीत लिया तब तो सारी स्थिति ही बदल गयी। ओसामा ने तालिबान के अमीर–अल–मोमिनीन मुल्ला उमर से दोस्ती गाँठ ली और रहने के लिए कन्धार चला गया।

इस दौरान ओसामा–बिन–लादेन सीआईए के रडार पर आ चुका था। सीआईए ने उसकी निगरानी के लिए विशेष सेल बनाया। अगस्त 1997 में अमेरिकी विदेश विभाग की रपट में कहा गया, 'बिन लादेन दुनिया की सबसे महत्त्वपूर्ण आतंकी गतिविधियों का आयोजन करता है। वह सोमालिया, मिस्र, सूडान, यमन और अफ़ग़ानिस्तान के आतंकी शिविरों को आर्थिक इमदाद दे रहा है।'

सन् 1996 में अमेरिकी राष्ट्रपति बिल क्लिंटन ने आतंकवाद विरोधी क़ानून (Anti-terrorism Act) पर दस्तखत किया। इसके तहत अमेरिका ने उन लोगों की परिसम्पत्तियों और खातों के लेन–देन पर रोक लगा दी जो आतंकी गतिविधियों को धन देते थे। इस क़ानून के प्रभाव के चलते ओसामा लादेन के 25 से 30 करोड़ डॉलर के कोष पर पाबन्दी लगा दी गयी। मिस्र के खुफिया विभाग ने रपट दी कि ओसामा–बिन–लादेन 1000 उग्रवादियों को प्रशिक्षित कर रहा है।

सन् 1997 में सीआईए का एक जत्था लादेन को पकड़ने के लिए पेशावर आया। उसे यह काम आईएसआई के साथ करना था, लेकिन किन्हीं वजहों से वह कार्रवाई रद्द कर देनी पड़ी। इसके बाद लादेन कन्धार चला गया। लादेन की ओर से 'इंटरनेशनल इस्लामिक फ्रंट फार जिहाद अगेन्स्ट ज्यूज एण्ड क्रूसेडर्स' की ओर से अमेरिका के ख़िलाफ़ बयान जारी किया गया। 'अमेरिका सात साल से इस्लाम के पवित्र स्थल पर क़ब्ज़ा करके बैठा है। उनकी दौलत लूट रहा है। वहाँ के शासकों पर हुकुम चला रहा है। जनता को अपमानित कर रहा है। पड़ोसियों को डरा रहा है।'

उसके बाद ओसामा ने फतवा जारी किया, 'यह हर मुसलमान का फ़र्ज़ है कि वह अमेरिका और उसके दोस्तों–नागरिकों और सैनिकों को जहाँ कहीं भी हों और जिस भी देश में मिलें मारें।' लादेन ने पूरे मध्य पूर्व की मुक्ति की नीति बनायी। इराक युद्ध के कारण 1998 में लादेन ने कहा कि सारे मुसलमान मिलकर अमेरिकियों और अंग्रेज़ों को मारो।

सन् 1998 में केन्या और तन्जानिया में स्थित अमेरिकी दूतावासों पर हमले हुए। ज़बरदस्त फिदायीन बमबारी में 220 लोग मारे गये। उसके बाद ओसामा लादेन की चर्चा पूरी दुनिया में हो गयी। उस हमले के 13 दिन बाद अमेरिका ने खोस्त और जलालाबाद में लादेन के शिविरों पर 70 मिसाइल दागे। इस हमले में हरकत उल अन्सार का शिविर ध्वस्त हुआ और उसके कुछ आतंकी मारे गये। इसके अलावा दो यमनी, दो मिस्री, एक सऊदी नागरिक, एक तुर्की, 7 पाकिस्तानी और 20 अफ़ग़ानी मारे गये, लेकिन ओसामा–बिन–लादेन बच निकला।

अमेरिका ने नवम्बर 1998 में ओसामा–बिन–लादेन पर 50 लाख डॉलर का इनाम घोषित किया, लेकिन लादेन लगातार अमेरिकी पकड़ से बाहर था। लादेन ने एक और बयान जारी करके कहा, ''रासायनिक और एटमी हथियार हासिल करना इस्लामी फ़र्ज़ है। अगर मुसलमान ऐसे हथियार हासिल नहीं करते तो यह गुनाह होगा।''

सन् 1999 में सीआईए को जानकारी मिली कि ओसामा–बिन–लादेन अफ़ग़ानिस्तान के कन्धार में है। सीआईए और आईएसआई के 60 कमांडो तैयार किये गये अफ़ग़ानिस्तान में घुसकर उसे पकड़ने के लिए, लेकिन इस बीच पाकिस्तान में तख़्तापलट हो गया। सेना प्रमुख परवेज़ मुशर्रफ़ ने प्रधानमन्त्री नवाज़ शरीफ़ को सत्ता से हटाकर अपने को राष्ट्रपति घोषित कर दिया। उन्होंने नवाज़ शरीफ़ और उनके मन्त्रियों को जेल में डाल दिया। इस घटना के कारण कमांडो एक्शन टल गया और ओसामा को एक बार फिर जीवनदान मिल गया। सन् 2000 में सीआईए की ओर से काम करने वाले कुछ विदेशी जासूसों– सैनिकों को सूचना मिली कि लादेन अफ़ग़ानिस्तान में एक काफिले में जा रहा है। उन्होंने उस काफिले पर मिसाइलों से हमला किया, लेकिन संयोग से मिसाइल लादेन की गाड़ी पर नहीं गिरी और वह बच गया।[8]

11 दिसम्बर, 2005 को आतिया अबद अल रहमान के एक पत्र से ओसामा–बिन–लादेन के बारे में कुछ सुराग मिला। पत्र अबू मोसाद अल जवाहिरी को लिखा गया था। उस पत्र से संकेत मिला कि लादेन और अल–कायदा के नेता वज़ीरिस्तान पाकिस्तान में हैं। वाशिंगटन पोस्ट के अनुसार यह पत्र प्रामाणिक था। 2007 के अगस्त महीने में ओसामा–बिन–लादेन का एक वीडियो जारी हुआ जिसमें कहा गया कि 9/11 की सारी ज़िम्मेदारी उसकी है, लेकिन यह बात तालिबान को पता नहीं थी।

अमेरिका ने लादेन को ख़तरनाक आतंकी मानते हुए और उसे पकड़ने की ज़रूरत पर ज़ोर देते हुए पहले उसके सिर पर 50 लाख डॉलर का इनाम रखा था। फिर उसने इनाम की राशि बढ़ाकर 2.5 करोड़ डॉलर कर दी। बाद में उस राशि को पाँच करोड़ किया गया। अमेरिकी सीनेट ने 2007 में एक प्रस्ताव में ऐसा किया, लेकिन उस पर अन्तिम रूप से मुहर शायद नहीं लगी। लादेन पर एअरलाइन पायलट एसोसिएशन और एअर ट्रांसपोर्ट एसोसिएशन ने भी 20 लाख डॉलर का इनाम घोषित किया था, लेकिन कोई भी उस इनाम को पाने का हक़दार नहीं बन पा रहा था। इस बीच यह भी ख़बर आयी की लादेन स्पिंगर की सफेद पहाड़ियों में छुपा है। अमेरिकी सरकार ने यह भी दावा किया कि वह तोरा बोरा की लड़ाई में शामिल था। इसलिए उसे ढूँढ़ने की कोशिशें तोरा बोरा की पहाड़ियों में भी हुईं।

लादेन को पकड़ने में अमेरिकी नाकामी की बड़ी वजह यह भी थी कि अमेरिका ने ज़मीन पर ज़्यादा सेना नहीं उतारी थी। वह या तो हवाई हमलों से काम चला रहा था या फिर सीआईए की सूचनाओं पर निर्भर था। यह भी कहा जाता है कि अमेरिकी प्रशासन ने बिन लादेन को पकड़ने का अभियान 2005 में बन्द कर दिया था, लेकिन जब भी लादेन के बारे में सूचना मिलती थी तो एक्शन में सेना और कमांडो आते थे। अमेरिका और अफ़ग़ानिस्तान की सरकारी सेना ने 2007 में एक साथ मिलकर तोरा बोरा की पहाड़ियों पर छापा डाला। उन्हें सूचना मिली थी कि रमजान से पहले वहाँ अल–कायदा की मीटिंग हुई थी जिसमें ओसामा–बिन–लादेन आया था, लेकिन वहाँ भी अल–कायदा के दर्जनों उग्रवादी मारे गये पर न तो ओसामा मिला और न ही अल जवाहिरी।

लादेन का लगातार बच निकलना अमेरिकी राष्ट्रपति की छवि और अमेरिकी प्रशासन की अन्तर्राष्ट्रीय छवि पर भारी पड़ रहा था। यह वहाँ का राजनीतिक मुद्दा बनता जा रहा था। राष्ट्रपति बराक ओबामा ने कहा, "हम बिन लादेन को मारेंगे। हम अल–कायदा को कुचल देंगे। यह हमारी राष्ट्रीय सुरक्षा की सबसे बड़ी प्राथमिकता होगी।" बराक ओबामा ने अपनी विदेश–नीति बदली। उन्होंने अल–कायदा पर अपने संसाधन केन्द्रित करने के अलावा ओसामा–बिन–लादेन पर ज़्यादा ज़ोर दिया।

मार्च 2009 में न्यूयार्क टाइम्स ने लिखा कि ओसामा–बिन–लादेन की तलाश में चित्राल जिला टॉप पर है। अल–कायदा के पकड़े गये लोगों ने बताया है कि वह कलाम घाटी में हो सकता है। इसी दौरान सेटेलाइट

की तीन तस्वीरों से पता चला कि पराचिनार में लादेन हो सकता है। दिसम्बर 2009 में एक तालिबानी ने बताया कि ओसामा–बिन–लादेन 2009 में अफ़ग़ानिस्तान में था। उसे जनवरी फ़रवरी में एक व्यक्ति ने बताया था कि उसने 15–20 दिन पहले लादेन को देखा था। अमेरिकी विदेश मन्त्री राबर्ट गेट्स ने कहा कि अमेरिका के पास कोई सूचना नहीं है कि ओसामा–बिन–लादेन कहाँ पर है। पाकिस्तानी प्रधानमन्त्री यूसुफ रजा गिलानी ने कहा कि ओसामा–बिन–लादेन पाकिस्तान में नहीं है। 9 दिसम्बर को बीबीसी ने रिपोर्ट किया कि अमेरिकी सेना के जनरल स्टेनली ए. मैक्रिस्टिल मानते हैं कि लादेन को पकड़ा जाना ज़रूरी है। मतलब कि लादेन ज़िन्दा है।

2 मई, 2011 को जब पाकिस्तान के ऐबटाबाद में ओसामा–बिन–लादेन मारा गया तो अमेरिकी राष्ट्रपति बराक ओबामा ने कहा कि पिछले साल अगस्त में ओसामा–बिन–लादेन का सुराग हमें मिला था, लेकिन हम धीरे–धीरे काम करते रहे। पिछले हफ़्ते मामला पक्का हो पाया कि लादेन कहाँ पर है। आज मेरे कहने पर पाकिस्तान के ऐबटाबाद में एक कार्रवाई हुई। अमेरिकियों की एक छोटी–सी टीम ने असाधारण कार्रवाई की। ओसामा–बिन–लादेन मारा गया। किसी अमेरिकी को कोई हानि नहीं हुई। ओसामा–बिन–लादेन के मारे जाने के बाद तत्कालीन अफ़ग़ानी राष्ट्रपति हामिद करज़ई ने कहा कि हम तो पहले से ही कह रहे थे कि ऐसा ही है। उन्होंने कहा कि दुनिया के सबसे ज़्यादा तलाशे जाने वाले व्यक्ति के पाकिस्तान के फौजी शहर में मिलने से साबित होता है कि पश्चिम की पूरी सैनिक रणनीति ग़लत धारणा पर आधारित थी।

करज़ई ने कहा, "हमने हर साल, हर रोज़ कहा कि आतंकवाद विरोधी लड़ाई अफ़ग़ानिस्तान के गाँवों में या यहाँ के गरीबों में नहीं लड़ी जानी चाहिए। आतंकवाद के ख़िलाफ़ लड़ाई उन सुरक्षित पनाहगाहों में होनी चाहिए। हम सही थे।" उन्होंने कहा कि दक्षिणी पश्तून इलाक़े में विद्रोह को दबाने का अभियान चल रहा है न कि सीमा के उस पार। आज जो हुआ उससे साबित है कि उसे छुपाने में पाकिस्तान भी शामिल था। फिर भी करज़ई ने कहा कि हम पाक और पड़ोसियों से भी अच्छे रिश्ते चाहते हैं। भले ही उन्होंने कुछ भी किया हो। करज़ई ने तालिबान से कहा कि आप अफ़ग़ानी लोगों को मारना बन्द करो। आप किससे लड़ रहे हो।[9]

उधर तालिबानी प्रवक़्ता ने कहा कि पहले तो उसे इस ख़बर पर यक़ीन नहीं हो रहा है, लेकिन ओसामा–बिन–लादेन की अरब के लोग काफ़ी इज्जत करते हैं। लादेन के मारे जाने से भी संगठन पर कोई फ़र्क़ नहीं पड़ेगा। लड़ाई जारी रहेगी।

अल–कायदा ने छह मई को लादेन के मारे जाने की पुष्टि की और कहा कि हम इस मौत का बदला लेंगे। तहरीके तालिबान पाकिस्तान ने कहा कि इस मौत का बदला अमेरिका और पाकिस्तान सरकार दोनों से लिया जायेगा। अमेरिका की 90 प्रतिशत जनता ने लादेन को यूएस सील के हमले में मारे जाने पर ख़ुशी जताई। इधर पाकिस्तान में दो तिहाई लोगों ने इसकी निन्दा की। पाकिस्तान के प्रधानमन्त्री यूसुफ रजा गिलानी ने एक जज की अध्यक्षता में पूरे मामले की जाँच के लिए आयोग बनाया। इस बात पर बहुत बहस चलती है कि पाकिस्तान को इस हमले की पहले से जानकारी थी या नहीं। पाकिस्तान के तत्कालीन अधिकारियों ने लगातार इस तथ्य से इन्कार किया है, लेकिन 2019 में पाकिस्तानी प्रधानमन्त्री इमरान ख़ान ने कहा कि पाकिस्तानी जासूसों ने ओसामा–बिन–लादेन के ऐबटाबाद में छुपे होने की जानकारी सीआईए को पहुँचाई। सीआईए के निदेशक जान ब्रेनन का कहना था कि आईएसआई के एक पूर्व अधिकारी ने अगस्त 2010 में इस्लामाबाद स्थित अमेरिकी दूतावास के अधिकारियों को यह बताया कि लादेन कहाँ पर है। अमेरिकी पत्रकार सेमूर हर्श का दावा था कि शायद ओसामा–बिन–लादेन पाकिस्तानी संरक्षण में नज़रबन्द था।

लादेन का सुराग कुरियर वाले की गतिविधि से मिलना बताया जाता है। 1998 में अफ़ग़ानिस्तान में हुए अमेरिकी मिसाइलों के हमले के बाद वह फ़ोन का इस्तेमाल नहीं करता था। वह सारी बातचीत और सूचनाओं का आदान प्रदान कुरियर से करता था। इसलिए दो मई की रेड में एक कुरियर वाला भी मारा गया था। वह पश्तून मूल का था और अल–कायदा के लिए काम करता था। जिस ऑपरेशन में वह मारा गया उसका नाम ऑपरेशन नेपचून स्पीयर दिया गया था। इसका मतलब त्रिशूल जैसे एक निशान से होता है। जो अमेरिकी नौसेना के एक हिस्से का प्रतीक चिह्न है। इस कार्रवाई में दो दर्जन हेलीकॉप्टर, 79 कमांडो और एक कुत्ता भी शामिल था। ऐबटाबाद के जिस मकान में लादेन रहता था उसकी चाहरदीवारी 18 फुट ऊंची थी। उसका परिवार दूसरी और तीसरी मंजिल पर रहता था। बाक़ी मन्ज़िलों पर उसके सुरक्षा गार्ड थे।

उस हमले में अमेरिकी सेना के एक हेलीकॉप्टर को नुक़सान हुआ था, सुरक्षा कारणों से सेना ने उसे मरम्मत की बजाय विस्फोट से उड़ा दिया था। जिस समय लादेन मारा गया वह कुर्ता पाजामा पहने था। उसके कपड़ों पर दो फ़ोन नम्बर टाँके गये थे। रात को एक बजे के क़रीब हुए इस ऑपरेशन में मरने वालों के बारे में दो अलग अलग दावे हैं। एक दावे के अनुसार लादेन समेत कुल चार लोग मारे गये थे। दूसरे दावे के अनुसार लादेन समेत कुल पाँच लोग मारे गये। मारे जाने वालों में एक औरत भी थी। लादेन का एक बेटा भी मारा गया था। राबर्ट ओ नील नाम के एक कमांडो ने दावा किया था कि लादेन को गोली उसी ने मारी थी। जब ओ नील तीसरी मन्ज़िल पर लादेन के बेडरूम में पहुँचा तो वह अपनी पत्नी के कन्धों पर हाथ रखकर उसके पीछे खड़ा था। ओ नील ने सीधे दो गोलियाँ उसके माथे पर मारी और वह गिर गया। जब वह गिर गया तो एक गोली और मारी। एक और कहानी बताती है कि ओ नील के तीसरी मन्ज़िल पर पहुँचने से पहले ही जीने से चली गोलियों में वह मारा जा चुका था। जब वह मारा गया तब उसके पास हथियार नहीं था। मारे जाने के बाद लादेन की पहचान के लिए कई कार्रवाइयाँ हुईं। पहले उसकी पत्नी ने उसकी शिनाख़्त की। फिर जलालाबाद में अफ़ग़ानियों ने उसे पहचाना। उसके बाद उसका डीएनए टेस्ट किया गया। मारे जाने के बाद जो नाप की गयी उसके अनुसार लादेन की लम्बाई छह फुट चार इंच थी।

पाकिस्तान को इस कार्रवाई की जानकारी थी या नहीं इस बारे में अलग अलग कहानियाँ हैं, लेकिन एक कहानी के अनुसार पाकिस्तान के सेना प्रमुख अशरफ़ परवेज़ कयानी को रात के तीन बजे अमेरिकी सेना के कमांडर ने फ़ोन करके बताया कि ऐबटाबाद की एक कार्रवाई में लादेन मारा गया है।[10]

अफ़ग़ानिस्तान की घटनाओं पर नज़र रखने वाले सीएनएन के राष्ट्रीय सुरक्षा विशेषज्ञ व एरिजोना स्टेट यूनिवर्सिटी में प्रोफ़ेसर अमेरिकी पत्रकार पीटर बर्गेन ने 'द राइज एण्ड फाल ऑफ ओसामा–बिन–लादेन' शीर्षक से ओसामा–बिन–लादेन की जीवनी लिखी है। उनका कहना है कि अमेरिकी राष्ट्रपति डोनाल्ड ट्रंप ने ओसामा से सम्बधित 4,70,000 फाइलें जारी की हैं। यह फाइलें ऐबटाबाद में मिली थीं। इसमें लादेन के जीवन और गतिविधियों से सम्बन्धित बहुत सारी जानकारियाँ हैं।

उन्होंने इसी को आधार बनाकर लादेन की जीवनी लिखी है। सीआईए ने तो दावा किया है कि ओसामा–बिन–लादेन अरबी में पत्रिका निकालता था जो हाथ से लिखी जाती थी। उस जरनल से पता चलता है कि वह उस समय क्या सोच रहा था। उस समय उसके साथ रह रही उसकी दोनों पत्नियाँ और बच्चे क्या सोच रहे थे। लादेन अपने जीवन के आख़िरी दिनों में अरब स्प्रिंग यानी अरब विद्रोह की घटनाओं को लेकर बहुत चिन्तित था। वह उस समय की मध्य पूर्व की घटनाओं को बहुत अहम मानता था और इस बात का मलाल था कि इतिहास इतनी तेज़ी से घूम रहा है और वह उसमें सीधे योगदान नहीं दे पा रहा है। लादेन के अनुयायी अरब स्प्रिंग के आरम्भिक दिनों में नदारद थे।

पीटर बर्गेन कहते हैं कि लादेन इतनी सारी हिटलरी बातों, हत्याओं और क्रूरताओं के बावजूद एक पारिवारिक व्यक्ति था। जब वह मारा गया तो लादेन के साथ 27 लोग रह रहे थे। 16 लोग लादेन के अपने परिवार वाले थे और 11 लोग उसके बॉडीगार्ड थे। दुनिया का इतना बड़ा इनामी आंतकी इतने सारे लोगों के साथ रह सकता है इसकी खुफिया विभाग के लोग सहज कल्पना नहीं कर पाते। यानी बुराइयों और तबाही के विचारों के साथ वह परिवार के विचार के साथ था। वह चाहता था कि अन्तिम समय में भी उसका परिवार उसके साथ रहे। सीआईए वालों ने उसकी इस पृष्ठभूमि के बारे में पता कर रखा था। इसलिए उसे लादेन के सुराग पर काम करने में सुविधा हुई। उन्हें मालूम था कि वह हमेशा तीन चार बीबियों के साथ ही रहता है। चाहे सूडान हो, अफ़ग़ानिस्तान हो या 9/11 से पहले की स्थिति हो वह हमेशा कुनबे के साथ ही रहता था।

बर्गेन कहते हैं कि एक तरह से यह कुनबा उसकी अपनी जेल थी और वह इसका चीफ़ वार्डन। हालाँकि वह हर काम के लिए बेहद सतर्क था। वह ऐबटाबाद के घर वाले बगीचे में जब भी घूमता था तो काऊब्वाय का हैट पहने रहता था। ताकि सेटेलाइट से यह न पता चल सके कि यहाँ कोई पगड़ी और दाढ़ी वाला अरबी रह रहा है। एक बॉडीगार्ड की पत्नी को नहीं मालूम था कि यह व्यक्ति कौन है। एक बार जब उसका चेहरा टीवी पर दिखाया गया तो उसकी नौ साल की बच्ची चौंक उठी। उसने कहा यह तो वही व्यक्ति है जिसके साथ हम रह रहे हैं। इस घटना के बाद टीवी हटा लिया गया और बॉडीगार्ड ने अपनी पत्नी और बच्ची को समझा दिया कि वे इस घटना का जिक्र कहीं और न करें।[11]

लादेन के पास से मिली फाइलों से पता चलता है कि वह अपने बॉडीगार्ड को 100 डॉलर प्रति माह देता था। यह राशि दुनिया के सबसे ख़तरनाक और मोस्ट वान्टेड आतंकी की हिफाजत के लिए बहुत कम है। इससे दो बातें पता चलती हैं। या तो लादेन बड़ा कंजूस था या फिर आख़िरी दिनों में उसके पास धन की बहुत कमी हो गयी थी। लादेन ने 15 जनवरी यानी मारे जाने से साढ़े तीन महीने पहले अपने सुरक्षा कर्मियों को एक औपचारिक पत्र लिखा था। उस पत्र में उसने कहा था, "हमारे मतभेद काफ़ी हो गये हैं। एक परिसर में रहते हुए भी आप सबको औपचारिक पत्र लिख रहा हूँ। मैं इसे इसलिए लिख रहा हूँ कि अब हमें नये संरक्षकों की ज़रूरत है।" वह कहीं और जाना चाहता था क्योंकि वह परिसर एक बॉडीगार्ड के नाम पर रजिस्टर्ड था। लगता है कि उसके रिश्ते अपने करीबी लोगों से बिगड़ने लगे थे।

ऐबटाबाद के परिसर में रहने वाले बच्चे स्कूल नहीं जाते थे। उन्हें उसी घर में ही पढ़ाया जाता था। अन्तिम दिनों में साथ रह रही लादेन की दो पत्नियाँ काफ़ी पढ़ी लिखी थीं। तीसरी और सबसे छोटी पत्नी ईरान में नज़रबन्द थी। उसकी एक पत्नी बाल मनोविज्ञान में पीएच.डी. थी और दूसरी कुरान के व्याकरण में पीएचडी थी। वे दोनों महिलाएँ बच्चों को घर पर ही पढ़ाती थीं। वे अल–कायदा की रणनीति बनाने में भी लादेन को सहयोग करती थीं। क्या पाकिस्तानी उसके ठिकाने को जानते थे? इस सवाल या सन्देह को बर्गेन भी खारिज़ नहीं कर पाते, लेकिन इस बात का कोई सबूत भी नहीं है कि पाकिस्तानियों को लादेन के ठिकाने की जानकारी थी। लादेन के ठिकाने को पाकिस्तान को बताया जाये इसकी तात्कालिक वजह भी नहीं है। क्योंकि अल–कायदा पाकिस्तान सरकार से नाराज चल रहा था। इन 4,70,000 फाइलों में ऐसा कुछ नहीं है जिससे पता लगे कि पाकिस्तान के लोग लादेन के ठिकाने को जानते थे।

ओसामा–बिन–लादेन के जरनल यानी उसकी पत्रिका को देखने से बहुत सारी बातें पता चलती हैं। पता चलते हैं उसके विचार और पता चलता है उसके सोचने का तरीका। बर्गेन का आकलन है कि अरब स्प्रिंग को लेकर लादेन काफ़ी उत्साहित था। उस आन्दोलन के दौरान लोग वहाँ पर ओसामा–बिन–लादेन के पोस्टर लहराते भी देखे गये। वे लोग धर्मतन्त्रीय शासन की माँग कर रहे थे। अरब के तमाम देशों में उन दिनों तत्कालीन भ्रष्ट शासकों के ख़िलाफ़ विद्रोह भड़क गया था।

मिस्र, ट्यूनीशिया, सीरिया, लीबिया सभी जगहों पर लोग सड़कों पर थे। अल–कायदा ने लादेन का एक टेप जारी किया था जिसमें वह अरब स्प्रिंग की बात कर रहा था। ओसामा–बिन–लादेन अपने ख़्यालों में रहता था और उटोपिया तैयार करता रहता था। अरब विद्रोह के बाद उसका विचार था कि इण्डोनेशिया से मोरक्को तक सारे मुस्लिम देशों में तालिबान जैसा शासन हो। हालाँकि अरब के विद्रोही लोग वैसा नहीं चाहते थे।

ट्रंप प्रशासन की ओर से जारी फाइलों के अनुसार ओसामा–बिन–लादेन के फैमिली जरनल के 228 पेज मिले हैं। उसने मारे जाने से कई हफ़्ते पहले लिखना शुरू किया था। उसके परिवार के लोग डिनर से पहले और बाद में इकट्ठा होकर तमाम मुद्दों पर चर्चा करते थे और फिर उन बातों को अरबी के जरनल में लिखा जाता था। वे लोग ट्यूनीशिया और मिस्र की क्रान्ति पर चर्चा करते थे और गद्दाफी के ख़िलाफ़ हो रहे विद्रोह पर चर्चा करते थे। लादेन अल जजीरा बहुत देखता था। वह बीबीसी भी देखता था। उसके बाद अपनी पत्नियों से ख़बरों पर चर्चा करता था। उसके परिवार के लोग लादेन का एक भाषण तैयार कर रहे थे। उन्हें लगता था कि इस भाषण के बाद वह अरब के विद्रोह का नेता हो जायेगा। हालाँकि अल–कायदा ने इराक और सोमालिया में जो मुसलमानों की हत्याएँ कीं थीं उससे वह चिन्तित था। वह अपने वीडियो भाषण में उसके लिए माफ़ी माँगना चाहता था क्योंकि उसका कहना था कि अल–कायदा का मक़सद मुसलमानों को मारना नहीं है।

इन फाइलों के विश्लेषण से बर्गेन इस निष्कर्ष पर पहुँचते हैं कि वह भ्रान्ति और विभ्रम में जीने वाला उग्र विचारों का व्यक्ति था। उसे लगता रहता था कि उसका दौर आने वाला है। उसे यह अन्दाज़ा एकदम नहीं था कि 9/11 के बाद अमेरिका तालिबान सरकार को गिरा देगा। उसे लगता था कि अमेरिका ख़ुद ही बिखर जायेगा। वैसे जैसे सोवियत संघ बिखर गया। उसे लगता था कि उसके मुज़ाहिदीन लड़ाकों के कारण सोवियत संघ बिखरा है। फिर वह कभी कभी कहता था कि उसने मध्य पूर्व में लाकर अमेरिका को फँसा दिया है और अब वह निकल नहीं पायेगा बल्कि अपनी मौत मर जायेगा। वह हक़ीक़त से काफ़ी अलग सोचता था। इसलिए कहा जा सकता है कि अन्तर्राष्ट्रीय मसलों और सैन्य रणनीतियों के बारे में वह काफ़ी अपरिपक्व था। 9/11 के बाद उसे उम्मीद थी कि अमेरिका मध्य पूर्व से चला जायेगा और

उसकी कठपुतली सरकारें जैसे कि सऊदी अरब की शासन प्रणाली ध्वस्त हो जायेगी। जिस समय वह अमेरिकी हमलों से बचने के लिए छुपता छिपाता भाग रहा था तब उसे उम्मीद थी कि अल–कायदा अमेरिका पर एक और हमला कर देगा। जबकि 9/11 के बाद अल–कायदा ध्वस्त हो गया। अमेरिका पर हमले से पहले अफ़ग़ानिस्तान में अल–कायदा के 1900 अरब लड़ाके थे। उनमें से 1600 या तो मार दिये गये या पकड़ लिए गये। ओसामा लादेन अल–कायदा वालों को ललकार रहा था कि उन्हें या तो अमेरिकी राष्ट्रपति बराक ओबामा को मारना है या सेना के प्रमुख जनरल डेविड पेट्रास को। उसके बाद तो अमेरिका ताश के पत्तों की तरह बिखर जायेगा। इसी के साथ वह कहता कि उन्हें जो बाइडेन से परेशान होने की कोई ज़रूरत ही नहीं है क्योंकि वे तो राष्ट्रपति बनने के लिए तैयार ही नहीं हैं।

लादेन की इस मानसिकता का विश्लेषण करते हुए पीटर बर्गेन कहते हैं कि वह हिटलर की तरह से सोचता था। द्वितीय विश्वयुद्ध में जब हिटलर हारने लगा तो भी उसे जीत की भ्रान्ति घेरे हुई थी। इसलिए वह ऐसी बटालिनों को हमला करने या मार्च करने का आदेश जारी करता था जो अस्तित्व में ही नहीं थीं। ओसामा लादेन के बचपन की घटनाओं पर प्रकाश डालते हुए बर्गेन कहते हैं कि जब वह 10 साल का था तभी उसके पिता की एक विमान हादसे में मृत्यु हो गयी थी। जब वह दो साल का था तो उसकी माँ का उसके पिता से तलाक़ हो गया था। उसके पिता से 54 बच्चे थे। वह अपने पिता से जीवन में कुल एक बार ही रूबरू मिला था। कुल मिलाकर उसके व्यक्तित्व पर उसकी माँ का बड़ा प्रभाव था। वह जब सूडान में था तब भी अपनी माँ को बड़े भावुक पत्र लिखता था। आधुनिक शिक्षा में दीक्षित होने और अमेरिका से मिलकर बड़ा कारोबार खड़ा करने वाला उसका परिवार अमेरिका विरोधी नहीं है। कहीं पर छुट्टी मनाने गये बिन लादेन परिवार का एक फ़ोटो उनकी पृष्ठभूमि के बारे में संकेत देता है। उस फ़ोटो में मुहम्मद–बिन–लादेन की 23 सन्तानें हैं, लेकिन इनमें से कोई भी ओसामा की तरह जिहाद के रास्ते पर नहीं गया। इस परिवार के एक–चौथाई लोग अमेरिका में पढ़े लिखे हैं। इस ख़ानदान के मुखिया यानी सबसे बड़े भाई सलाम–बिन–लादेन ने पिता की मृत्यु के बाद बिज़नेस सम्भाला था। वे तो पश्चिमी रहन सहन को पसन्द करने वाले हैं। उन्होंने ऑरलॉडो में एक घर ख़रीद रखा है।

वे गिटार बजाते हैं और विशेषतौर पर एक मशहूर गाने की धुन निकालते हैं जो इस प्रकार है– वयेर हैव ऑल फ्लावर्स गॉन (Where have all the flowers gone)।[10]

कई अमेरिकी विश्लेषक और पत्रकार इस बात पर माथापच्ची करते हैं कि आखिर ओसामा–बिन–लादेन इतना अमेरिका विरोधी क्यों हो गया। वह अपने परिवार की परम्परा छोड़कर जिहाद के रास्ते पर कैसे चला? लादेन ने बचपन में कुरान पढ़ना शुरू किया। एक दिन उसने कहा कि उसे कुरान याद हो गया है। यह अपने में चमत्कारिक बात थी। क्योंकि कुरान में 6000 आयतें हैं। उसके दिमाग पर एक घटना का गहरा प्रभाव माना जा रहा है। जब अमेरिकी फौजें सऊदी अरब में आयीं। ओसामा इस घटना से बहुत विचलित हो गया और हिंसक तरीके से अमेरिकी फौजों को सऊदी अरब से हटाने का तरीका सोचने लगा। उसके बाद 1983 में एक घटना घटी जिसमें हिजबुल्लाह नामक आतंकी संगठन ने बेरूत पर हमला करके 241 अमेरिकी नागरिकों को मार डाला। इस घटना ने ओसामा को एक सीख दी कि हिंसक रास्ते से अमेरिकियों को डराया जा सकता है।[12]

उसके बाद जब 1979 में सोवियत सेनाओं ने अफ़ग़ानिस्तान में घुसपैठ की तो ओसामा अरब युवाओं को लेकर लड़ने गया। वह अपने इस योगदान को बहुत बढ़ा–चढ़ाकर पेश करता है। जबकि हक़ीक़त यह है कि वहाँ सोवियत सेनाओं से लड़ने में अफ़ग़ानिस्तान के मुज़ाहिदीन तक़रीबन 1,75,000 से 2,50,000 तक थे तो लादेन के अरब योद्धाओं की संख्या बमुश्किल 300 थी।

## तालिबान और अल-कायदा का अन्तर

तालिबान और अल–कायदा एक हैं या अलग अलग? यह एक सरल सवाल है और जटिल भी। आज जिस तरह से 15 अगस्त को अफ़ग़ानिस्तान पर कब्जे के बाद तालिबान सरकार बनी है उससे तो लगता है कि अब यह फर्क काफ़ी मिट चुका है। शिराज हक्कानी जो अल–कायदा के भी सदस्य हैं और आतंकियों को फण्ड देने का अपना हक्कानी नेटवर्क चलाते है वे इस्लामिक अमीरात ऑफ अफ़ग़ानिस्तान के गृहमन्त्री हैं। उनके सिर पर एफबीआई का 50 लाख डॉलर का और विदेश विभाग का एक करोड़ डॉलर का इनाम है। उनके चाचा खलील हक्कानी पर भी 50 लाख डॉलर

का इनाम है और वे शरणार्थी मन्त्री हैं। इसलिए यह आशंकाएँ ज़्यादा हैं कि तालिबान के लिए अफ़ग़ानिस्तान की धरती से आतंकवाद का निर्यात रोकना आसान नहीं होगा।

इसके बावजूद कई विश्लेषकों का मानना है और जो व्यावहारिक रूप से सही भी है कि दोनों संगठनों की उत्पत्ति और ढाँचा अलग–अलग है और उनके मक़सद भी अलग–अलग हैं। जैसे 9/11 का हमला अल–कायदा ने किया था। उसमें तालिबान का कोई हाथ नहीं था। तालिबान ने उसकी निन्दा की थी और कहा था कि वह लादेन को उसके अपराध के लिए दण्ड दिलाना चाहता है। किसी भी स्वतन्त्र देश में मुकदमा चलाने के लिए वह लादेन को सौंपने को तैयार है, लेकिन बुश ने कहा था कि अब सौदेबाजी नहीं हो सकती। उसकी बेगुनाही और गुनाह पर चर्चा की ज़रूरत नहीं है। हम जानते हैं कि वह अपराधी है।

वास्तव में तालिबान के विचार के जनक मुल्ला सलाम अब्दुल जईफ थे। उन्होंने मुल्ला उमर से सम्पर्क किया। 1994 के वसन्त के मौसम में संगीसार की एक मस्जिद में 50 लोग जमा हुए और तालिबान के गठन का फ़ैसला लिया। जाहिर सी बात है तालिबान तालिब यानी छात्र का बहुवचन है और छात्र बड़ी संख्या में सोवियत सेनाओं से लड़ने में हिस्सा ले रहे थे। तालिबान जब बना तो मौलवी अब्दुल समद इसके अमीर बने और मुल्ला उमर कमांडर। जब 1996 में तालिबान ने सरकार बनायी तो पाकिस्तान, सऊदी अरब और संयुक्त अरब अमीरात ने उसे मान्यता देने में देर नहीं की। हालाँकि पूरे देश पर तालिबान का क़ब्ज़ा नहीं था। अफ़ग़ानिस्तान का उत्तरी हिस्सा नार्दर्न अलायंस के कब्जे में था। उसमें एक हिस्सा इस्माइल मलिक, दूसरा रसीद दोस्तम और तीसरा अहमद शाह मसूद के। सन् 2000 तक तालिबान के कब्जे में सिर्फ़ 90 प्रतिशत हिस्सा ही आ पाया था। 1997–98 में मज़ार–ए–शरीफ में भयंकर लड़ाई हुई जिसमें तालिबान के हज़ारों योद्धाओं का क़त्ल हुआ। उसके कई मन्त्री गिरफ़्तार कर लिए गये, लेकिन मलिक दोस्तम और मसूद की आपसी लड़ाई में तालिबान को उत्तरी इलाक़े में विजय हासिल हुई। फिर भी पंजशीर का इलाक़ा उसके कब्जे में नहीं आया।

लेकिन तालिबान का मूल चरित्र स्थानीय है। वह सिर्फ़ अफ़ग़ानिस्तान को मुज़ाहिदीन गुटों की लड़ाई से मुक्ति दिलाना चाहता था। वह लोगों से हथियार रखवाना चाहता था, शरीयत क़ानून लागू करना चाहता था

और अफ़ग़ानिस्तान की एकता चाहता था। तालिबान को न तो फिलस्तीन की चिन्ता थी, न कश्मीर की और न ही चेचेन्या की। उसका जिहाद अफ़ग़ानिस्तान तक ही केन्द्रित था। वे अपनी सीमाओं में शासन करना चाहते थे। उनमें पश्चिम के प्रति वैसी नफरत भी नहीं थी, बल्कि तालिबान अमेरिकी कम्पनी उनोकल से गम्भीर रिश्ता कायम करना चाहता था। अफ़ग़ानिस्तान में पश्चिम विरोध की कोई लम्बी परम्परा नहीं है। उन्हें थोड़ा अंग्रेज़ों से चिढ़ रही है। फिर भी अफ़ग़ानिस्तान से बहुत कम लोग अल–कायदा से जुड़े। उनके ज़्यादातर लोग या तो तालिबान से जुड़े या विभिन्न मुज़ाहिदीन गुटों से सम्बन्धित थे।

जबकि अल–कायदा का जन्म पेशावर में 11 अगस्त 1988 को हुआ। अरबी में इसका मतलब होता है बेस यानी आधार। 20 अगस्त को एक औपचारिक बैठक में इस नाम को अन्तिम रूप दिया गया। चूँकि इस संगठन का लक्ष्य आरम्भ में 314 लोगों को छह माह में सैनिक प्रशिक्षण देना था इसलिए इसका बेस यानी आधार नाम रखा गया। इसका मक़सद था अल्लाह के नाम को उठाना और उनके मज़हब को फतह दिलाना। ओसामा–बिन–लादेन ने स्पष्ट करते हुए कहा, ''समूह का अल–कायदा नाम इसलिए रखा गया क्योंकि यह दमनकारी, काफ़िर व आतंकी सोवियत संघ से लड़ने के लिए बना है। अबू उबयदाह ने एक शिविर बनाया था। उस जगह को हम अल–कायदा कहेंगे क्योंकि वह ट्रेनिंग का आधार था।''

सोवियत सेनाओं को अफ़ग़ानिस्तान से हटाने के लिए ओसामा–बिन–लादेन ने हाई स्कूल और कॉलेज के छात्रों को बुनियादी सैनिक प्रशिक्षण दिया। पहले यह काम सऊदी अरब में किया फिर पेशावर में सर्विस ब्यूरो बनाया। लादेन ने जाजी में अरबियों के लिए प्रशिक्षण शिविर बनाया था। अल–कायदा के गठन में ओसामा–बिन–लादेन का दोस्त अल जवाहिरी भी शामिल था। अल जवाहिरी एक फिजीशियन थे। वे काहिरा के एक हस्पताल में काम करते थे। उन्होंने वहीं लादेन के भाषण को सुना और उनके मित्र हो गये। जवाहिरी को धन और सम्पर्क चाहिए था जो लादेन के पास था। इसके अलावा एक मौलवी अब्दुल्ला आजम थे जो पेशावर में वहाबी प्रचार के लिए वर्ल्ड मुस्लिम लीग और मुस्लिम ब्रदरहुड का दफ़्तर चलाते थे। वे जार्डन के फिलस्तीनी थे। उनसे बिन लादेन की भेंट जेद्दा विश्वविद्यालय में हुई थी।

लेकिन आजम, जवाहिरी और लादेन के विचारों और उद्देश्यों में अन्तर था। आजम फिलस्तीन की मुक्ति चाहते थे। इस लड़ाई में इजराइल का विरोध और उसी के बहाने अमेरिका का विरोध भी निहित था। जबकि जवाहिरी मुस्लिम देशों में भ्रष्ट सरकारों और गरीबी के ख़िलाफ़ एक तरह की क्रान्ति चाहते थे। लादेन फिलस्तीन, कश्मीर, मध्य एशिया में जिहाद चाहते थे। तीन अलग–अलग तरह से सोचने वालों के इसी तालमेल से अल–कायदा का जन्म हुआ। अल जवाहिरी पहले अपनी सरकार का विरोध नहीं करते थे, लेकिन लादेन से मिलकर वे अपनी ही नहीं सभी तरह की सरकारों के विरोधी हो गये।

अल–कायदा का दृष्टिकोण अन्तर्राष्ट्रीय था और तालिबान का स्थानीय। अल–कायदा के संस्थापक और बाद वाले नेता दोनों सम्पन्न परिवारों से थे। जबकि तालिबान के नेता देहाती, कबीलाई और गरीब परिवारों से थे। वे शरणार्थी शिविरों या देहात के कच्चे घरों में पैदा हुए थे। उनकी दुनिया बहुत बड़ी नहीं थी। इन लोगों के बीच एक वर्गीय अन्तर था और सांस्कृतिक अन्तर भी था। यही वजह है कि अल–कायदा के नेता तालिबानियों के बीच ज़्यादा लोकप्रिय नहीं थे। अल–कायदा वाले नस्लवादी थे और अफ़ग़ानियों को बर्बर और जाहिल मानते थे। जबकि तालिबानी दुबई की नम्बर प्लेट लगी एअरकण्डीशन्ड गाड़ियों में सफ़र करने वाले अरबी लोगों को पसन्द नहीं करते थे। अल–कायदा का कोई यूनीफॉर्म भी नहीं था।[13]

तालिबान के ज़्यादातर लोग मदरसों में पढ़े थे और उनमें से बहुत सारे यतीम भी थे। उनके माँ–बाप सोवियत संघ से लड़ाई में मार दिये गये थे। जबकि अल–कायदा के सदस्यों की पढ़ाई–लिखाई सेक्यूलर तरीके से हुई थी और उनमें से कई तो अमेरिकी विश्वविद्यालयों में पढ़े थे। तालिबान के नेता अपने लड़ाका साथियों को नियन्त्रित करते थे जबकि अल–कायदा के नेताओं के साथ ऐसा नहीं था। वहाँ नेटवर्किंग होती थी सूचनाओं का आदान प्रदान होता था। वे प्रशिक्षण देते थे और वित्तीय तरीके से मदद करते थे। मिस्र के नागरिक मुहम्मद अत्ता ने 9/11 के विमान अपहरण का नेतृत्व किया। वह जर्मनी में रह रहा था। वह तो शुद्धता वाला था, लेकिन उसके साथी शराब पीते थे और कैबरे देखते थे। सन् 2004 में जिस आतंकी ने मैड्रिड में बमबारी की वह फुटबॉल, फैशन, शराब और स्पानी महिला मित्रों का शौकीन था।

तालिबानियों के मुकाबले अल–कायदा वाले बहुत पढ़े–लिखे होते हैं। उन्हें इतिहास भूगोल और विज्ञान अर्थशास्त्र का ज्ञान होता है। वे तमाम भाषाएँ बोल लेते हैं। अल–कायदा के आतंकियों के कम्प्यूटरों से जो दस्तावेज़ मिले हैं उनमें फ्रांसीसी, अरबी, मलय, अंग्रेज़ी सभी भाषाओं की सामग्री है। उसमें अरस्तू, ईसा का भी जिक्र है।

अफ़ग़ानिस्तान के लोग अरब के उन अन्तर्राष्ट्रीय लोगों से अलग थे। इसलिए तालिबान भी अल–कायदा से अलग था। मौलवी अब्दुल्ला आज़म ने अफ़ग़ानी लोगों के लिए कहा, "यहाँ प्राचीन अवस्था वाली मानवता निवास करती है। वे सही और पवित्र हैं। वे आधुनिकता की क्रूर, आत्मविहीन और यान्त्रिक शक्तियों से लड़ रहे हैं।" तालिबानी देवबन्दी सुन्नी हनफ़ी हैं। उनमें बड़ी संख्या पश्तूनों की है। पश्तून संस्कृति वह है जहाँ भारतीय–ईरानी भाषा पश्तो बोली जाती है। वहाँ पश्तूनवली कोड चलता है जो पारम्परिक समाज के नियमों का एक सिलसिला है। उनमें पश्तून राष्ट्र के प्रति ज़बरदस्त वफ़ादारी रहती है। वे अपनी संस्कृति को पश्चिमी प्रभाव से बचाना चाहते हैं। उनकी जड़ें कबीलाई संस्कृति में हैं और वे शहरी संस्कृति के प्रति बहुत कठोर विचार रखते हैं।[14]

तालिबान का 1994 से लेकर 2001 तक का लक्ष्य अफ़ग़ानिस्तान को भ्रष्ट सरकारों से मुक्ति दिलाना था। चूँकि अफ़ग़ानिस्तान में अराजकता थी और देश विखण्डित हो रहा था इसलिए वे राष्ट्र में एकता कायम करना चाहते थे। वे देश में एक काम करने वाली सरकार कायम करना चाहते थे जो इस्लामी नियमों के मुताबिक हो। वे चाहते थे कि उस सरकार को दुनिया से मान्यता मिल जाये। तालिबान पहले ख़ुद ही सरकार चलाने के लिए तैयार नहीं था। वह तो मुल्क़ में शान्ति कायम करना चाहता था। इसीलिए उसके राजनीतिक और सैन्य संगठन का ढाँचा बहुत स्पष्ट नहीं है। वह या तो गोपनीय है या अस्पष्ट है। नॉर्दर्न अलायंस से जब तालिबान की लम्बी लड़ाई चली तो वह उन गुटों को सरकार में हिस्सेदारी देने को भी तैयार हो गया था, लेकिन मसूद सेना की संयुक्त कमान चाहते थे जो तालिबान के नेता उमर को मंज़ूर नहीं था, लेकिन एक बात तो तय है कि तालिबान के पास मुल्क़ को चलाने की कोई योजना नहीं थी। इसलिए वे आमराय बनाने की कोशिश करते थे। जब नहीं बनती थी तो मुल्ला उमर के पास सारे अधिकार दे देते थे। जो अपने विवेक या इल्हाम के आधार पर निर्णय लेते थे।

रोचक बात यह है कि तालिबान के पास न तो राज्य की संरचना कायम करने की योजना थी और न ही आर्थिक ढाँचा खड़ा करने की। तालिबान की पूरी सरकार 8 करोड़ डॉलर सालाना पर चलती थी जिसमें 7 से साढ़े सात करोड़ डॉलर तो सेना और युद्ध पर ख़र्च हो जाता था। जबकि अमेरिकी सरकार 45 करोड़ डॉलर हर घण्टे ख़र्च करती है। इसके बावजूद पाँच साल के शासन में तालिबान ने सरकार कायम करने की कोशिश की और गैस पाइप लाइन के लिए काम किया। दुनिया भर के दबाव के बाद मुल्ला उमर ने सन् 2000 में अफ़ीम की खेती पर पाबन्दी भी लगायी। हालाँकि उसे लागू कर पाना आसान नहीं था। क्योंकि अफ़ग़ानिस्तान की तबाह हो चुकी अर्थव्यवस्था और खेती के लिए अफ़ीम कमाई का जरिया बन गयी थी। इस पाबन्दी के एवज में अमेरिका ने उसे 4.3 करोड़ डॉलर का अनुदान भी दिया।

इसके ठीक उलट अल–कायदा का इरादा किसी एक देश में सरकार क़ायम करने की बजाय सारे मुस्लिम देशों की सरकारों को पलटना और पश्चिमी देशों को ध्वस्त करना है। वे राज्य सत्ता कायम करने और स्थिरता देने की बजाय एक अस्थिरता पैदा करना चाहते हैं। फिर अल–कायदा और तालिबान कई मंचों और मोर्चों पर मिलते हैं। यही इस समय का यथार्थ है और यही वैश्विक राजनीति की जटिलता है।

# तालिबान का इस्लाम

**इस्लाम का जो रूप तालिबान के साथ अफ़ग़ानिस्तान में उभरा है उससे दुनिया बेचैन है। कुछ विद्वान इसे उस मुल्क़ की प्रकृति मानते हैं। जबकि दूसरे इसमें भारत के देवबन्दी स्कूल की प्रेरणा देखते हैं। जिहाद के नाम पर संघर्ष, हिंसा और आतंकवाद के उस क्रमिक विकास में अमेरिका सऊदी अरब और पाकिस्तान की अपनी भूमिका है। देखना है यह जज़्बा कहाँ तक जाता है? क्या इससे तीसरे विश्व युद्ध की आशंका है?**

"अगर आतंकवादियों के पास सामूहिक नरसंहार का हथियार आ गया तो सिर्फ़ आतंकवाद की प्रकृति ही नहीं बदलेगी, बल्कि राज्य और वैश्विक राजनीति नाटकीय तरीके से बदलेगी। अगर चन्द धर्मांध लोगों का प्रतिनिधित्व करने वाले छोटे–छोटे संगठन पूरे के पूरे शहर को नष्ट कर सकते हैं और लाखों लोगों को मार सकते हैं तो कोई भी सार्वजनिक स्थल राजनीतिक हिंसा से मुक्त नहीं होगा। इसलिए आज का आतंकवाद तो महज खेला है, भविष्य का नाभिकीय आतंकवाद, साइबर आतंकवाद और जैव आतंकवाद ज़्यादा गम्भीर खतरा उपस्थित करेगा और सरकारों से ज़्यादा भीषण प्रतिक्रिया की माँग करेगा, लेकिन इसके नाते हमें भविष्य के काल्पनिक खतरों और अतीत के आतंकी अनुभवों में अन्तर करना होगा। यह डर कि एक दिन आतंकियों के हाथ में नाभिकीय बटन होगा और वे न्यूयॉर्क या लन्दन को नष्ट कर देंगे, हमें उन आतंकियों पर बदहवास प्रतिक्रिया करने की इजाज़त नहीं देता जो अपने स्वचलित हथियारों या भागते हुए ट्रक से दर्जनों लोगों को मार देते हैं। राज्यों को इस बिना पर सभी असन्तुष्ट समूहों को परेशान करना नहीं शुरू कर देना चाहिए कि एक दिन वे एटमी बटन पर क़ब्ज़ा कर लेंगे।"[1]

"निश्चित तौर पर हमारा खतरे का मौजूदा बोध महज आतंकवाद से प्रेरित नहीं है। तमाम विद्वानों और आम लोगों को भी लगता है कि तीसरा विश्वयुद्ध होने ही वाला है, जैसे कि एक सदी पहले हमने यह फ़िल्म देखी थी। जैसा कि 1914 में था वैसे ही आज भी 2018 में महाशक्तियों के बीच तनाव बढ़ रहा है और उसी के साथ बढ़ रही है असभ्य वैश्विक समस्याएँ जो हमें वैश्विक युद्ध की ओर खींचती लग रही हैं। क्या आतंकवाद के हमारे अतिसय भय के मुक़ाबले यह बेचैनी ज़्यादा सही है?"[2]

युआल नोवा हरारी एक इतिहासकार के तौर पर हमें आगाह करते हैं और कहते हैं कि आतंकवाद को लेकर बदहवास होने की ज़रूरत नहीं है, लेकिन जिस तरह से दुनिया दो साल से कोविड–19 को लेकर बदहवास थी वैसे ही आज अफ़ग़ानिस्तान और विशेषकर वहाँ आयी तालिबान की शासन प्रणाली को लेकर दहशत में है। इसलिए यह जानना ज़रूरी है कि आखिरकार तालिबान कौन है? उसकी राजनीति क्या है और उसने इस्लाम का कौन सा रूप दुनिया के सामने प्रस्तुत किया है? क्या दुनिया सभ्यताओं के संघर्ष के मुहाने पर खड़ी है? क्या इज़राइल और फिलस्तीन का संघर्ष जो हमारी सभ्यता की लड़ाई की गाँठ बना हुआ था वह अब खिसक कर अफ़ग़ानिस्तान में आ गया है? क्या यहाँ अमेरिका सोवियत संघ और चीन टकरायेंगे और भारत के कश्मीर पर आतंकी हमले बढ़ेंगे? क्या तालिबान पाकिस्तान और चीन के सहयोग से नाभिकीय हथियार हासिल करेगा? क्या तालिबान का इस्लाम गजब–ए–हिन्द की लड़ाई को अंज़ाम देगा?

ध्यान देने की बात है कि सनसनी बेचने वाला गोदी या खोजी मीडिया भले तरह तरह की डरावनी कहानियाँ पेश करे और कुछ अधिकारी भी गैर–ज़िम्मेदार बातें कर दे, लेकिन 9/11 के हृदय विदारक संहार और उसकी भीषण प्रतिक्रिया के बाद दुनिया समझदार हुई है। यही वजह है कि जब भारत के चीफ ऑफ आर्मी स्टाफ जनरल विपिन रावत ने अपने किसी बयान में चीन को लक्ष्य करते हुए सैमुअल पी हंटिन्गटन की सभ्यताओं के संघर्ष की थीसिस का ज़िक्र किया तो चीन के विदेश मन्त्री ने दुसांबे में भारत के विदेश मन्त्री पी. जयशंकर से आपत्ति जताई। भारत के विदेश मन्त्री ने बिना कोई विलम्ब किये स्पष्ट किया कि भारत सभ्यताओं के संघर्ष में विश्वास नहीं करता। इसलिए तालिबान के उदय को किसी एक बँधे–बँधाए चश्मे से देख पाना आसान नहीं है।

उसे पुराने अफ़ग़ानिस्तान के कबीलाई चश्मे से देखो तो धुँधला दिखायी देता है। उसे वैश्विक आतंकी संगठनों के चश्मे से देखो तो भी उसका फोकस ठीक नहीं बनता। उसे मुस्लिम ब्रदरहुड के चश्मे से देखो तो भी उसमें फिट नहीं होता। कुछ लोग एकदम देवबन्दी चश्मा लगाकर देखते हैं तो वह भी आउट ऑफ फोकस हो जाता है।

यही वजह है कि अहमद राशिद इसे देवबन्दी विचार का अतिवादी रूप बताते हैं। उनका कहना है कि तालिबान इस्लाम का जो रूप लेकर आया है वैसा इस्लाम अफ़ग़ानिस्तान में कभी रहा नहीं है। इसमें न तो मिस्र वाला इखवान–उल–मुसलमीन यानी इस्लामी ब्रदरहुड का रेडिकल इस्लाम है और न ही रहस्यमयी सूफ़ीवाद है। इसमें पश्तून के कबीलाई समाज का परम्परावाद भी नहीं है। वास्तव में इन तीनों के झगड़े ने तालिबान को फेंका है और उसका रूप ही अलग है। तालिबान के उभार से पहले अफ़ग़ानिस्तान में एक ओर कुटुम्ब, कबीले और जातीय समूह थे तो दूसरी ओर राज्य और मज़हब था। यह सब आपस में टकरा रहे थे। एक तरफ कबीला और उम्मा टकरा रहा था तो दूसरी तमाम मज़हबी और जातीय समूह एक–दूसरे के रक्त के प्यासे हो गये थे। भले ही उन लोगों ने लड़ाई लड़कर सोवियत सेना को भगाया था, लेकिन जैसे ही सोवियत सेना गयी और तीन साल के संघर्ष के बाद नज़ीबुल्लाह सरकार का पतन हुआ वैसे ही देश में गृह युद्ध छिड़ गया। इस बीच में तालिबान इस्लामी सुधार के नये आन्दोलन के रूप में आया।

तालिबान की कल्पना में एक नैतिक समाज का निर्माण करना था वैसे जैसे पैग़म्बर हज़रत मुहम्मद ने अरब के भ्रष्ट शासकों के ख़िलाफ़ विद्रोह किया और असभ्य समाज को सभ्य बनाने का काम किया। इसलिए उसे किसी संगठन और संस्था से ज़्यादा एक करिश्माई नेतृत्व की ज़रूरत थी। वैसे जैसे पैग़म्बर का नेतृत्व था। वह उसे मुल्ला उमर में मिला। जो सादगी पसन्द था और लड़ना भी जानता था और जिसमें आध्यात्मिक शक्ति भी थी। तालिबान की सफलता के पीछे बड़ा कारण यही है कि उसने अफ़ग़ानिस्तान की विविधताओं से लड़ते हुए भी उसे सबसे ज़्यादा अपने भीतर समाहित किया। जबकि अहमद शाह मसूद की पार्टी ज़मायत–ए–इस्लामी मुस्लिम ब्रदरहुड से प्रेरित होने के बावजूद लोगों को एकजुट नहीं कर पायी। दरअसल वे अफ़ग़ानी समाज में एकता ऊपर से थोपना चाहते थे जबकि तालिबान ने नीचे से एकता क़ायम की।[3]

इसका मतलब यह नहीं है कि तालिबान से पहले अफ़ग़ानिस्तान में इस्लाम को मानने वाली संस्कृति नहीं थी। वह थी, लेकिन इस्लामी उग्रवाद नहीं था। तालिबान ने उस रूप को बदल दिया। 'इस्लाम अफ़ग़ानी लोगों के जीवन में लम्बे समय से रहा है। आम अफ़ग़ानी रोज़ा, नमाज़ और जकात करते रहे हैं। अफ़ग़ानी समाज विविधतापूर्ण समाज रहा है। वहाँ पश्तून, ताज़िक, उज़्बेक, हाज़रा, हेराती, हिन्दू, सिक्ख और यहूदी समाज के लोग मिल–जुलकर रहते रहे हैं, लेकिन इस्लाम इस समाज को जोड़ता था। गाँव के केन्द्र में मस्जिद होती थी और बहुत सारी गतिविधियाँ उससे बँधी होती थीं, लेकिन जिहाद ने अफ़ग़ानियों के जीवन में ख़ास तरह के जोश और जज़्बे का संचार किया और उसी से उन्होंने पहले अंग्रेज़ों को तीन बार हराया फिर सोवियत संघ की सेना को भगाया और बाद में अमेरिका समेत नाटो की सेना को भी वापस जाने के लिए मजबूर कर दिया।'

अफ़ग़ानी समाज किस कद्र इस्लाम के नियमों का पाबन्द रहा है इसका नमूना पेश करते हुए अहमद राशिद बताते हैं कि अफ़ग़ानिस्तान पर चालीस साल तक (1933–1973) शासन करने वाले आख़िरी बादशाह मुहम्मद ज़हीर शाह का इंटरव्यू लेने 1988 में रोम गया। वहाँ इंटरव्यू के दौरान जैसे ही नमाज़ का वक़्त होता था तो वे उठ कर बगल वाले कमरे में चले जाते थे। ज़हीर शाह ही क्यों अफ़ग़ानिस्तान के कम्युनिस्ट शासक भी अपने दफ़्तर में नमाज़ का कक्ष बनाये हुए थे और जब भी वक़्त होता था तो वे सरकारी कामकाज को विराम देकर नमाज़ अदा करने लगते थे। इसी तरह मुज़ाहिदीन लड़ाई रोक कर नमाज़ अदा करते थे। ऐसा भारत के मुगल बादशाह औरंगज़ेब के बारे में भी कहा जाता है। वह युद्ध के मैदान में ही अपनी चटाई बिछाकर नमाज़ अदा करने लगता था। इससे एक ओर ऐसा करने वालों की धार्मिक आस्था का पता चलता है तो दूसरी ओर अल्लाह में उनके भरोसे का भी।[4]

मुल्ला उमर अपनी नमाज़ की चटाई पर घण्टों बिताता था। कहते हैं कि उस दौरान उसे तमाम फैसले लेने की सूझ आती थी। एक तरह से इलहाम होता था। यह सब होने के बावजूद अफ़ग़ानी समाज की खासियत यह थी कि कोई भी नमाज़ी बगल वाले से यह नहीं कहता था कि चलो तुम भी नमाज़ पढ़ो। यानी नमाज़ पढ़ने के लिए किसी को मजबूर नहीं किया जाता था। अफ़ग़ानिस्तान में इस्लाम रहा है और लम्बे समय से रहा है, लेकिन वह ऐसा कट्टर नहीं था जैसा आज है।

वह सहनशील रहा है। वह दूसरे पन्थों और धर्मों के लिए आक्रामक नहीं रहा है। अफ़ग़ानी मुल्ला कभी किसी पर अपना मज़हब थोपते नहीं थे। यही वजह थी कि सन् 1992 तक हिन्दू, सिक्ख और यहूदी देश की अर्थव्यवस्था में अपनी भूमिका निभाते थे। हिन्दू और सिक्ख वही थे जो अंग्रेज़ों के हमलों के दौरान 1839, 1879 और बाद में 1919 में उनके सैनिक और सहायक बनकर अफ़ग़ानिस्तान गये थे। उनमें से बहुतेरे तो मार दिये गये और जो बचे वे वहाँ बस गये थे। हिन्दू और सिक्ख मुगल बादशाहों और महाराजा रणजीत सिंह के साम्राज्य के दौरान भी वहाँ गये थे जिसे कुछ समय के लिए अफ़ग़ानिस्तान तक विस्तार मिला था।

हिन्दू, सिक्ख और यहूदी अफ़ग़ानिस्तान के शहरों जैसे काबुल, कन्धार, हेरात और मज़ार के मुद्रा बाज़ारों को नियन्त्रित करते थे। वे लड़ाई के दौरान बादशाह को वित्तीय मदद देते थे जिसे बादशाह बाद में लौटाता था। यह एक ऐसी समझदारी थी जो किसी भी देश की सुरक्षा, अर्थव्यवस्था और भाईचारे के लिए बुनियादी शर्त है, लेकिन 1992 के बाद वे वापस आ गये। वजह थी कि उसके बाद छिड़े गृहयुद्ध ने अफ़ग़ानी समाज की सहनशीलता को तोड़ दिया। ताज़िक नेता अहमद शाह मसूद ने 1995 में काबुल में हाजराओं यानी शियाओं को मारा। हाज़राओं ने 1997 में तालिबानियों यानी पश्तूनों को मज़ार–ए–शरीफ में मारा। तालिबानियों ने 1998 में हाजरा और उज़्बेकों को मारा। यह सारी मार–काट सामान्य नहीं थी। इसमें हज़ारों तालिबानियों, हाजराओं और उज़्बेकों का क़त्लेआम हुआ। यह लड़ाई से ज़्यादा नफरत की कहानी थी। उससे न सिर्फ़ जातीय विभाजन तेज हुआ बल्कि शिया सुन्नी विभाजन भी बढ़ गया।

इस्लाम में अल्लाह और पैग़म्बर हज़रत मुहम्मद के मामले पर तो एकमत है, लेकिन उसके आगे ख़लीफ़ा और इमाम को लेकर बहुत विवाद है। उदाहरण के लिए सबसे बड़ा विभाजन तो शिया और सुन्नी का है। हालाँकि सुन्नियों की आबादी 80–85 प्रतिशत है और शिया तक़रीबन 15–20 प्रतिशत। बाकी दूसरे सम्प्रदाय कम संख्या में हैं, लेकिन उनकी मौजूदगी है और उनकी स्थिति बहुत ख़राब रहती है। इस्लाम के भीतर अहमदिया जैसे अल्पसंख्यक सम्प्रदाय की तो बड़ी बेकद्री है, लेकिन असली टकराव तो शिया और सुन्नी का होता है और सुन्नी लोग शिया को भी मुसलमान नहीं मानते। सुन्नियों का मानना है कि मुहम्मद साहेब के न रहने पर चार ख़लीफ़ा हुए जो उनके उत्तराधिकारी थे।

उन्हें खुलफा–ए–राशिदीन यानी सही दिशा में चलने वाला बताया जाता है। इन ख़लीफ़ाओं के नाम हैं– अबू बकर (632–634), हज़रत उमर (634–644), हज़रत उस्मान (644–656) और हज़रत अली (656–661)। इनमें अबू बकर मुहम्मद साहेब के ससुर थे और हज़रत अली उनके दामाद। जबकि शियाओं का कहना है कि पैग़म्बर के बाद किसी को ख़लीफ़ा कहना उचित नहीं है। उसके बाद जो भी हुए उन्हें इमाम कहा जाना चाहिए। अबू बकर के बारे में शियाओं का कहना है कि मुहम्मद साहेब अपने दामाद हज़रत अली को ही अपना उत्तराधिकारी बनाना चाहते थे, लेकिन अबू बकर ने धोखे से वह दर्जा हथिया लिया था। वे बाद में ख़लीफ़ा बने हज़रत अली को तो अपना नेता मानते है, लेकिन उससे पहले के तीन ख़लीफ़ाओं को नहीं मानते। इसलिए शिया और सुन्नी सम्प्रदाय में निरन्तर झगड़ा होता रहता है।

सुन्नियों के इसी पन्थ के भीतर चार मत यानी चार स्कूल हैं। वे चारों मत चार इमामों के आधार पर बने हैं। एक इमाम अबू हनीफा (699–767) हैं जिनके नाम पर हनफी मत बना। दूसरे हैं इमाम शाफई (767–820) जिनके नाम पर शाफई मत बना। तीसरे हैं इमाम हंबल (780–855)। उनके नाम पर हंबली मत बना। चौथे हैं इमाम मलिक (711–855)। उनके नाम पर मलिकी मत बना। इनमें से हंबली मत के लोग सऊदी अरब, कतर, कुवैत और मध्य पूर्व में पाये जाते हैं। वे इमाम का अनुसरण ज़रूरी मानते हैं। शाफई मत के लोग मध्य पूर्व एशिया और अफ्रीका में रहते हैं और अपने तौर तरीकों में हनफी मत के मानने वालों से अलग हैं। मालिकी मत के लोग इमाम मलिक की व्याख्या में विश्वास करते हैं और वे इमाम मोत्ता नामक किताब से अपनी व्याख्याएँ निकालते हैं। इस मत के लोग मध्यपूर्व एशिया और उत्तरी अफ्रीका में रहते हैं। इन चारों मतों के अलावा सलफी, वहाबी और अहले हदीस मत के लोग भी होते हैं। इनमें सऊदी अरब के अल वहाब के नाम पर शुरू हुए वहाबी मत के लोग सबसे कट्टर माने जाते हैं। उनका कहना है कि किसी इमाम को मानना ज़रूरी नहीं है। विवाद होने की स्थिति में कुरान और हदीस के आधार पर फ़ैसला लिया जाना चाहिए।

इन चारों मतों में भारत, पाकिस्तान, बांग्लादेश और अफ़ग़ानिस्तान में हनफी मत के लोग ज़्यादा पाये जाते हैं। वे तुलनात्मक रूप से उदार भी माने जाते थे। अफ़ग़ानिस्तान के सुन्नी भी ज़्यादातर हनफी ही रहे हैं।

भारत में हनफी मत के दो विभाजन हैं और इनका असर आसपास के देशों यानी पाकिस्तान और अफ़ग़ानिस्तान पर रहा है। हनफी मत के दो विभाजनों में एक है देवबन्दी और दूसरा है बरेलवी। यह दोनों मत उत्तर प्रदेश के दो शहरों के नाम पर हैं। बीसवीं सदी के आरम्भ में दो इमाम यानी इस्लामी विद्वान हुए जिनकी व्याख्याओं के आधार पर देवबन्दी और बरेलवी स्कूल की स्थापना हुई। उनमें से एक थे अशरफ अली थानवी (1863–1943)। दूसरे थे अहमद रजा बरेलवी (1856–1921)। इनमें से अशरफ अली थानवी की व्याख्या को मानने वालों ने देवबन्द की स्थापना की और अहमद रजा बरेलवी की बातों को मानने वालों ने बरेलवी स्कूल की स्थापना की। देवबन्दी लोग कुरान और हदीस को मानते हैं और बरेलवी भी उसे ही मानते हैं, लेकिन देवबन्दी किसी भी प्रकार की मज़ार और दरगाह में यक़ीन नहीं करते। वे शुद्ध मुहम्मद साहेब के जीवन और उनकी शिक्षाओं पर चलने की बात करते हैं और उसमें किसी भी तरह की कोई मिलावट नहीं करते। एक तरह से उन पर वहाबी प्रभाव भी बताया जाता है। जबकि बरेलवी सूफ़ी मतों को भी मानते हैं और उनके परिसर में आला हज़रत अहमद रज़ा बरेलवी की मज़ार भी है।

देवबन्द की स्थापना अब्दुल रशीद गंगोही और मौलाना कासिम ननौतवी ने 1866 में पश्चिमी उत्तर प्रदेश के क़स्बे देवबन्द में की थी। गंगोही और ननौतवी दोनों शाह वली उल्लाह के शागिर्द थे और दिल्ली के मदरस–ए–रहीमिया के पढ़े थे। शाह वली उल्लाह इस्लाम के बड़े विद्वान थे। 1987 के संग्राम में उनकी प्रेरणा भी मानी जाती है। गंगोही और ननौतवी दोनों ने 1857 की लड़ाई में योगदान दिया था। बाद में उन्होंने इस्लाम और उसकी संस्कृति के संवर्धन और पश्चिमी देशों के आक्रमण से बचाने के लिए देवबन्द में मदरसा कायम किया। यह मदरसा आज काहिरा के अल अजहर विश्वविद्यालय के बाद दुनिया में इस्लाम का सबसे बड़ा इदारा है। आज दुनिया में तालिबान और अल–कायदा जैसे इस्लाम के उग्र और कट्टर रूप से मानने वालों को देवबन्द से ही प्रेरित बताया जाता है। पाकिस्तान और अफ़ग़ानिस्तान में देवबन्दियों के मदरसों से निकले हुए छात्र ही मुज़ाहिदीन बने और बाद में तालिबान। हालाँकि देवबन्द इस नजरिये को हमेशा खारिज़ करता रहा है।

देवबन्द का एक दूसरा पहलू भारत के स्वाधीनता संग्राम में योगदान का भी रहा है। देवबन्द के मदरसे के तमाम उलेमा महात्मा गाँधी के

सहयोगी थे और इंडियन नेशनल कांग्रेस से जुड़े थे। वे लगातार जेल भी गये और सजायें भी पायीं।

अफ़ग़ानिस्तान की 80 प्रतिशत आबादी सुन्नी मुसलमानों की है और वे हनफी मत के मानने वाले रहे हैं। इसे इस्लाम का उदार स्कूल माना जाता था। बाकी जो शिया आबादी है उसमें कुछ हाजरा, कुछ पश्तून, कुछ ताज़िक और कुछ हेराती लोग हैं। वहाँ इस्माइली समुदाय भी है जो आगा ख़ान के अनुयायी हैं। इस्माइली समुदाय भी तालिबान विरोधी हुआ करते थे, लेकिन तालिबान के विचारों को समझने के लिए तालिबान से पहले के समाज और बाद में बाहर से हुए हस्तक्षेप को समझना ज़रूरी है। सुन्नी हनफी पन्थ में ऊँच–नीच का भेदभाव नहीं है। वह एक प्रकार से विकेन्द्रित है। वहाँ पर केन्द्रीकृत प्रणाली नहीं थी। या यूँ कहना चाहिए कि उसमें किसी एक धार्मिक नेता के पीछे चलने का रिवाज नहीं था। वहाँ नक्शबन्दी और कादिरिया नामक दो सूफ़ी तरीका (समुदाय) भी सक्रिय थे। सूफ़ीमत का जन्म इराक के बसरा शहर में 1000 साल पहले हुआ माना जाता है। सूफ का एक अर्थ होता है ऊन। जो लोग ऊनी कपड़े पहन कर इस्लाम धर्म का प्रचार करते थे उन्हें सूफ़ी कहा गया। कुछ लोगों का कहना है कि सूफ़ी शब्द यूनान के सोफिस से बना है जिसका अर्थ होता है दर्शन यानी तसव्वुफ। इसलिए जो लोग रहस्य और दर्शन की बातें करते थे उन्हें सूफ़ी कहा गया। सूफियों को अहमियत अल–गजाली के समय में मिली। इनके प्रमुख सन्तों में राबिया, अल–अदहम, मन्सूर हल्लाज वगैरह थे। अत्तर, रूमी हाफिज़ जैसे मशहूर कवि भी सूफ़ी मत से ही थे।

मेरियन ब्रेमर कहती हैं कि अफ़ग़ानिस्तान के इतिहास में सूफ़ीवाद का बड़ा योगदान रहा है। उन्होंने समाज और राजनीति को गढ़ा है, लेकिन आज तालिबान के उभार के साथ बहुत कम लोग जानते हैं कि उनकी अहमियत क्या रही है। गाँव शहर दोनों जगहों की आबादी पर उनका असर रहा है। गजनी शहर में तो उनका केन्द्र रहा है। अफ़ग़ान बादशाह जब गद्दीनशीन होते थे तो सूफ़ी सन्त उस समय दुआ देने और मुबारकबाद देने के लिए मौज़ूद रहते थे, लेकिन सूफ़ी महज बादशाह बनाते नहीं थे, बल्कि वे अन्याय करने वाले बादशाहों के विरुद्ध विद्रोह भी करते थे। अमानुल्ला शाह के वक़्त में जब नये क़िस्म का क़ानून और संहिता का निर्माण होने लगा तो वे उनके ख़िलाफ़ हो गये। बाद में उनके तख़्तापलट में सूफ़ियों का भी योगदान बताया जाता है।

सोवियत कब्जे के विरुद्ध अफ़ग़ानी समाज को जगाने में सूफियों का बड़ा योगदान बताया जाता है। उन्होंने तमाम मुज़ाहिदीन गुटों को समर्थन दिया। एक सूफ़ी शेख और राजनेता सिगबतुल्लाह मुज़ाहिदी ने अफ़ग़ानिस्तान लिबरेशन फ्रंट का गठन किया और सोवियत सेनाओं से मोर्चा लिया। मुज़ाहिदी परिवार नक्शबन्दियों का नेता था और सदियों तक किंगमेकर की भूमिका में था। कम्युनिस्टों ने इस मुज़ाहिदी परिवार के 79 लोगों को काबुल में मार डाला। जनवरी 1979 में सिगबतुल्लाह मुजाहिदी ने नेशनल लिबरेशन फ्रंट ऑफ अफ़ग़ानिस्तान नाम से पार्टी बनायी। वह कट्टरपन्थियों का आलोचक था।

वे 1992 में दो महीने के लिए तब मुल्क़ के राष्ट्रपति बने जब नज़ीबुल्लाह का तख्तापलट हुआ। यानी वे देश के पहले मुजाद्दिदी राष्ट्रपति थे। उनके बाद बुरहानुद्दीन रब्बानी राष्ट्रपति बने, लेकिन जिन सूफियों ने सोवियत कब्जे से देश को आज़ाद कराने में मुज़ाहिदीन को खड़ा किया उन्हीं के गर्भ से निकले तालिबान ने उन्हें कुचल दिया। सन् 1996 में तालिबान के सत्ता में आने के बाद सूफियों का दमन किया गया। सूफ़ियों की अच्छाई और बुराई यही है कि वे किसी से नफ़रत की बात नहीं करते। कम से कम सिद्धांत रूप में तो यही है। वे रूह और अल्लाह की बात करते हैं। इश्क हकीकी और इश्क मज़ाजी की बात करते हैं और इन्सान और अल्लाह के बीच एक मोहब्बत का रिश्ता कायम करते हैं। चिश्ती तरीका के सूफ़ी सन्त तो संगीत पर ज़ोर देते हैं।

यह बातें देवबन्दी ख़्याल को मानने वाले तालिबान को पसन्द नहीं थीं। इसलिए उन्होंने सूफ़ियों का दमन किया। 1996 से 2001 के बीच तो डर के मारे सूफ़ी भूमिगत हो गये। उसके बाद जब अमेरिका और यूरोप के समर्थन से हामिद करज़ई की सरकार बनी तो वे थोड़ा थोड़ा बाहर आने लगे, लेकिन उन पर हमले जारी रहे और 15 मार्च 2012 को 11 सूफ़ी मारे गये। 2018 में भी 50 सूफ़ी विद्वान फिदायीन हमले में मारे गये।

ऐसे में यह भी जानना ज़रूरी है कि देवबन्दी स्कूल का क्या असर रहा है पाकिस्तान, अफ़ग़ानिस्तान के इस्लामी उग्रवादियों पर और आज के तालिबान और अल–कायदा पर। 'मदरस–ए–रहीमिया के बचे लोगों ने अन्य तरीका निकाला। उन्होंने पश्चिम को पूरी तरह से खारिज़ कर दिया और इस्लाम के मूल की ओर लौटने का प्रयास किया। इस वजह से शाह वलीउल्लाह के निराश शिष्य मौलाना मुहम्मद कासिम ननौतवी

ने मुगलों की पूर्व राजधानी से 100 मील उत्तर देवबन्द में एक प्रभावशाली, लेकिन अवसाद भरा और संकीर्ण सोच वाला मदरसा कायम किया। ननौतवी ने 1857 में मेरठ के उत्तर स्थित दोआब में शामली में थोड़े समय के लिए इस्लामी राज्य की स्थापना कर डाली थी। इस तरह देवबन्दी मदरसा कुरान की बुनियादी शिक्षाओं की ओर गया और उसने बहुत कड़ाई से किसी भी तरह के हिन्दू या ईसाई प्रभाव को अपने पाठ्यक्रम से निकाल दिया।'[5]

'आज 140 साल बाद पाकिस्तान और अफ़ग़ानिस्तान में स्थित उन्हीं देवबन्दी मदरसों से आधुनिक इतिहास का सर्वाधिक पश्चगामी यानी दकियानूस शासन निकला है। यह ऐसा शासन है जिसने ऐसा परिवेश बनाया जिससे अल–कायदा का जन्म हुआ। जिसके चलते पश्चिम के इतिहास में अब तक का सबसे ज़्यादा रेडिकल और कट्टरपन्थी बदला लेने वाला हमला हुआ। आज पूर्व और पश्चिम एक–दूसरे के आमने सामने खड़े हैं। कई लोग इसे धार्मिक युद्ध की स्थिति मान रहे हैं। जिहादी ईसाई दुश्मनों के विरुद्ध रक्षात्मक युद्ध लड़ने की बात कर रहे हैं और एक बार फिर निर्दोष महिलाओं, बच्चों और नागरिकों का वध हो रहा है।'[6]

दुनिया भर के इतिहासकार और पत्रकार जब भी तालिबान की उत्पत्ति बताते हैं तो उसके साथ देवबन्द का नाम जोड़ते हैं। उसी के साथ वे अल–कायदा का नाम भी जोड़ते हैं। फिर उनकी निगाह पाकिस्तान और अफ़ग़ानिस्तान के देवबन्दी मदरसों से घूमते हुए भारत के पश्चिमी उत्तर प्रदेश के देवबन्द शहर पर आती है। जहाँ पर दारुल उलूम देवबन्द नाम का मज़हबी इदारा है। भारत सरकार के एक मन्त्री गिरिराज सिंह तो सार्वजनिक रूप से कहते रहे हैं कि देवबन्द आतंकियों को पैदा करने की नर्सरी है। इस बीच जैसे ही 15 अगस्त 2021 को काबुल पर तालिबान का क़ब्ज़ा हुआ वैसे ही उत्तर प्रदेश के मुख्यमन्त्री योगी आदित्यनाथ के नेतृत्व में काम कर रही सरकार ने देवबन्द में एंटी टेररिस्ट स्क्वायड यानी एटीएस का प्रशिक्षण केन्द्र खोले जाने का ऐलान कर दिया। इस तरह से देश दुनिया में जब भी आतंकवाद की घटनाएँ होती हैं तो देवबन्द पर एक उँगली उठती ही है। देवबन्द इसकी सफाई में बहुत कुछ कहता रहता है।

इसलिए यह जानना ज़रूरी है कि दुनिया भर में फैले देवबन्दी मदरसे का मूल इदारा आखिर इन आतंकी गतिविधियों और आरोपों और

सरकार की सतर्कता के बारे में क्या कहता है। जमीयत–उलेमा–ए–हिन्द और दारुल उलूम देवबन्द के अहम संचालक मौलाना अरशद मदनी कहते हैं, 'तालिबान का इस्लाम उसका अपना इस्लाम है। हमारा उससे कोई लेना देना नहीं है। हमारा उनसे सिर्फ़ ऐतिहासिक सम्बन्ध है। पाकिस्तान और अफ़ग़ानिस्तान के मदरसों को पढ़ाने का काम भारत के दारुल उलूम का नहीं है। 19 वीं और बीसवीं सदी में अंग्रेज़ों को हटाने के लिए जो आन्दोलन हुआ था उसमें हमारी एकता थी। हमारे पुरखे मौलाना महमूद हसन देवबन्दी जिन्हें शेख–उल–हिन्द कहा जाता है वे भारतीय स्वतन्त्रता संग्राम के योद्धा थे। अंग्रेज़ों से लड़ने के लिए उन्होंने स्वतन्त्रता संग्राम सेनानियों की एक जमात तैयार की थी।''

''इसी दौरान उन्होंने मौलाना उबैदुल्ला सिन्धी को अफ़ग़ानिस्तान भेजा ताकि भारत की आज़ादी के लिए एक सहायक शक्ति तैयार की जा सके। मौलाना उबैदुल्लाह सिन्धी ने ही अफ़ग़ानिस्तान में भारत की पहली अन्तरिम सरकार बनवायी थी। राजा महेन्द्र प्रताप सिंह ही इसके राष्ट्रपति थे जिन्होंने अंग्रेज़ी शासन के ख़िलाफ़ जिहाद का ऐलान किया था। जिस व्यक्ति ने अफ़ग़ानिस्तान में भारत की आज़ादी की लड़ाई शुरू की वह देवबन्दी था। तालिबान जो कि अपने को देवबन्द का अनुयायी बता रहा है वह तीन पीढ़ी बाद का अनुयायी है।''

''मौलाना ओबैदुल्लाह सिन्धी सिन्ध प्रदेश के निवासी थे और उनका देवबन्द के क्रान्तिकारी मदरसे से घनिष्ठ सम्बन्ध था। उन्होंने देवबन्द में एक क्रान्तिकारी संस्था जमीयत उल अन्सार बनायी थी, परन्तु वह संस्था आपसी मतभेदों के कारण बिखर गयी। वे देवबन्द मदरसे की दिल्ली शाखा के प्रधानाचार्य थे। मौलाना महमूद उल हसन की प्रेरणा से वे विद्यार्थियों का एक दल लेकर 15 अक्टूबर को काबुल पहुँचे। वहाँ उन्हें पूरे दल के साथ गिरफ्तार कर लिया गया। काबुल आने का मुख्य उद्देश्य सरहदी मुज़ाहिदीन और पठानों से मिलकर युद्ध काल में अंग्रेज़ों के ख़िलाफ़ मोर्चा खोलना था। राजा जी यानी राजा महेन्द्र प्रताप सिंह की अफ़ग़ानिस्तान की जेल में मौलाना ओबैदुल्लाह सिन्धी से पहली भेंट हुई और राजा जी ने उन्हें जेल से मुक्त कराया। इतना ही नहीं उन्होंने उन्हें अपनी अस्थायी आज़ाद हिंद सरकार में गृहमन्त्री बनाया। वही आज़ाद हिन्द सरकार जिसका गठन 1 दिसम्बर, 1915 को काबुल के ऐतिहासिक स्थल बागे बाबर में हुआ था। राजा जी के अनुसार मौलाना सिन्धी उनकी

सरकार में एक सक्रिय मन्त्री थे जिन्होंने हिन्दुस्तान की आज़ादी के क्रान्ति युद्ध में सर्वाधिक हिस्सा लिया। उन्होंने फौजी मुसलमान अफसरों और सिन्ध, देवबन्द की जनता के लिए अनेक पत्र लिखकर देश में क्रान्ति व्यापक प्रचार किया। इस प्रचार में ओबैदुल्लाह के मुख्य सहयोगी थे मिस्टर मन्सूर अन्सारी जो देवबन्द के निवासी थे।''[7]

''ओबैदुल्लाह का हिन्दुस्तान की सेना पर बड़ा प्रभाव था। उन्होंने मुज़ाहिदीनों के सहयोग से देश की उत्तरी सीमा पर अंग्रेज़ी फौजों के लिए संकट पैदा कर दिया था। ओबैदुल्ला ने पुराने बागी सैय्यदों से मैत्री सम्बन्ध स्थापित कर लिए थे। उन्होंने असमस तथा समरकन्द के गढ़ में आज़ाद हिन्द सरकार से मिलकर अंग्रेज़ों को परेशान करना शुरू कर दिया था। आज़ाद हिन्द सरकार में इस समय बहुत से अफरीदी सैनिक इकट्ठे किये गये थे। सन् 1920 में अफ़ग़ान बादशाह अमानुल्लाह ने अंग्रेज़ों से सन्धि कर ली और उन्होंने चाहा कि आज़ाद हिन्द सरकार भंग कर दी जाये और इसके सदस्य अफ़ग़ानिस्तान से बाहर चले जायें। ऐसे में मौलवी ओबैदुल्लाह को मौलवी बरकतुल्लाह के साथ रूस जाना पड़ा। राजाजी उस समय रूस में थे। रूस से वे तुर्की गये और फिर मक्का शरीफ में बस गये। बाद में वे अंग्रेज़ों से अनुमति लेकर हिन्दुस्तान आये और सिन्ध में उनका इन्तक़ाल हुआ।''[8]

अपनी इसी विरासत की पृष्ठभूमि में मदनी कहते हैं, ''जहाँ तक देवबन्द में पाकिस्तान और अफ़ग़ानिस्तान के छात्रों की बात है तो यहाँ हर साल दक्षिण एशिया से छात्र आते हैं। 800 सीटें हैं। हमें 10,000 आवेदन मिलते हैं। उन्हें दाख़िला मिलने के तमाम मापदण्ड हैं। हम उनका ध्यान रखते हैं और तभी दाख़िला देते हैं जब वे कसौटी पर खरे उतरते हैं। पाकिस्तान और अफ़ग़ानिस्तान के छात्र तभी आते हैं जब भारत सरकार उन्हें वीजा देती है। सभी छात्र औपचारिक प्रशासनिक प्रक्रिया से आते हैं। सरकार के पास हमारे अन्तर्राष्ट्रीय छात्रों के बारे में सारी सूचनाएँ होती हैं। हम धार्मिक इदारा हैं। पर हम भारतीय भी हैं। तालिबान के बहाने हमारी साख पर सन्देह करना शर्मनाक है।''[9]

दारुल उलूम देवबन्द के मौजूदा प्रिन्सीपल मौलाना अरशद मदनी धार्मिक शिक्षा और आतंकवाद के बीच कोई सीधा रिश्ता नहीं देखते। ''धार्मिक शिक्षा के स्कूल से आतंक को जोड़ना अनुचित है। दुनिया का कोई भी मज़हब किसी को मारना या अँग भँग करना नहीं सिखाता।

तालिबान ने औरतों और मर्दों के साथ भयानक हरकतें की हैं वह इस्लाम की शिक्षाओं के ख़िलाफ़ जाता है।' देवबन्द में एटीएस का प्रशिक्षण केन्द्र बनाने का स्वागत करते हुए मदनी कहते हैं, ''हम जो पढ़ाते हैं उसमें कुछ भी ग़लत नहीं है। हम एटीएस का स्वागत करते हैं। वे जब भी चाहें हमारी क्लास में आ सकते हैं।' वहीं के एक प्राध्यापक तहशीन ख़ान कहते हैं, ''वे (एटीएस वाले) यहाँ आयें तो उन्हें सच जानने का मौक़ा मिलेगा। हो सकता है देवबन्द और तालिबान में जो सम्पर्क कायम करते हैं वह बन्द हो जाये। ऐसे वक़्त में हम सुरक्षित महसूस करेंगे।''

देवबन्द की स्थिति अजीब है। एक ओर उसका नाम अन्तर्राष्ट्रीय स्तर पर आतंकवाद से जोड़ा जा रहा है तो दूसरी तरफ भारत में उसका देशभक्ति का इतिहास है। देवबन्द अपना योगदान हिन्दू और मुस्लिम एकता के लिए मानता है। सबसे बड़ी बात यह है कि इस उपमहाद्वीप में अलगाववाद, साम्प्रदायिकता आतंकवाद की जड़ में बैठे द्विराष्ट्र के मुस्लिम लीग और हिन्दू महासभा के सिद्धान्त का देवबन्द और उसके उलेमाओं ने हमेशा विरोध किया। इस्लाम के राजनीतिक विमर्श में दारुल हरब और दारुल इस्लाम की अवधारणा बहुत प्रचलित है। इसी अवधारणा को जिहाद और काफ़िरों से लगातार लड़ाई से जोड़ कर देखा जाता है। दारुल हरब का अर्थ होता है युद्ध की धरती। यानी जहाँ ग़ैर–मुस्लिम हैं और जहाँ मुस्लिमों का राज नहीं है वहाँ लगातार लड़ाई करनी पड़ेगी जब तक ग़ैर–मुस्लिमों का आधिपत्य न मान लें, लेकिन देवबन्द ने अपने फतवे में कहा है कि हिन्दुस्तान अगर दारुल इस्लाम नहीं है तो दारुल हरब भी नहीं है। वह दारुल अमन है। यहाँ जिहाद बेमानी है।

देवबन्द के उलेमा अब्दुल हमीद नौमानी ने कहा, 'हालाँकि काफ़िर शब्द अपने में अपमानजनक नहीं है। इसका मतलब सिर्फ़ इतना है कि जो इस्लाम को नहीं मानता। अगर इससे किसी को चोट पहुँचती है तो इस शब्द के प्रयोग को टाल देना चाहिए।' देवबन्द के और भी कई फतवे हैं जो हिन्दू संस्कृति के प्रति समावेशी रुख़ अख़्तियार करते हैं और महिलाओं को सम्मान देने की बात करते हैं। देवबन्द ने महिला आरक्षण बिल का समर्थन किया है जो कि संसद और विधानसभाओं में महिलाओं को 33 फीसदी आरक्षण देने की माँग करता है। देवबन्द इण्डोनेशिया के विपरीत योग को व्यायाम के रूप में स्वीकार करता है। बाबा रामदेव के देवबन्द के योग कार्यक्रम में आठ लाख मुस्लिमों ने हिस्सा लिया था।

देवबन्द आतंकवाद का विरोधी रहा है। वह अपनी इस स्थिति को बार बार स्पष्ट करता रहा है। सन् 2008 में जब भारत पर जगह–जगह आतंकी हमले हो रहे थे तो 26 फ़रवरी को देवबन्द में ऑल इंडिया एंटी टेररिस्ट कांफ्रेंस हुई। इसमें इस्लाम के कई विद्वानों और उलेमाओं ने हिस्सा लिया। उस कॉन्फ्रेंस में इस्लाम के नाम पर किसी भी तरह के आतंकवाद को खारिज़ किया गया। उसी कांफ्रेंस के बाद दिल्ली में 31 मई 2008 को एक लाख लोगों की रैली हुई जिसमें साफ़तौर पर आतंकवाद के विरुद्ध फतवा जारी किया गया। उसमें ऐलान किया गया, 'इस्लाम अमन और सद्भाव का मज़हब है। इस्लाम में दुनिया में कहीं भी सामाजिक विद्वेष पैदा करना, अव्यवस्था खड़ी करना, शान्ति भंग करना, दंगा करना, खूंरेजी करना, लूटपाट करना या बेगुनाहों का क़त्ल करना सबसे ज़्यादा अमानवीय जुर्म माना जाता है। इस्लाम का मज़हब हर तरह के आतंकवाद को ख़त्म करने और शान्ति का सन्देश फैलाने आया है। इस्लाम का मतलब अमन है। आतंकवाद दुश्मन है इसे ख़त्म करो।' इस सम्मेलन के बाद जमीयत–उलेमा–ए–हिन्द ने कई राज्यों में सम्मेलन किया ताकि अमन की इस बात को नीचे तक ले जाया जा सके। देवबन्द के इस प्रयास की तारीफ़ भाजपा के नेता रविशंकर प्रसाद, राजनाथ सिंह और कांग्रेस के नेता गुलाम नबी आज़ाद ने भी की थी।[10]

लेकिन देवबन्द है कि उसके माथे पर कलंक लगाये जाने का सिलसिला जारी ही रहता है। विडम्बना देखिये कि देवबन्द ने जिस पाकिस्तान के बनाये जाने का विरोध किया था वहाँ पर देवबन्दी ताक़तवर हैं और कश्मीर से लेकर अफ़ग़ानिस्तान और पाकिस्तान में आतंकवाद फैलाने वालों को तैयार कर रहे हैं। जबकि भारत के लोग यह भूल ही गये हैं कि देवबन्द ने पाकिस्तान बनाये जाने का विरोध किया था। सन् 2008 के दिसम्बर में तो पाकिस्तान ने देवबन्द की शिकायत संयुक्त राष्ट्र से भी कर डाली। चूँकि पाकिस्तान के नार्थ वेस्ट फ्रण्टियर प्रान्त के अकोराखरक में मुल्ला उमर और जलालुद्दीन हक्कानी का प्रशिक्षण हुआ था इसलिए पाकिस्तान ने आरोप लगाया कि देवबन्द नार्थ वेस्ट फ्रण्टियर प्राविन्स और फेडरल आटोनामस ट्राइबल एरिया के आतंकियों को प्रभावित कर रहा है। उन्होंने देवबन्द से फतवा जारी करने की अपील की थी।

आतंकवादियों पर बहस चलते–चलते जिहाद पर बहस जा पहुँचती है और जिहाद पर बहस करते–करते देवबन्द मदरसों और फिर इस्लाम

पर बहस जाकर ठिठक जाती है। समस्या इस्लाम में है या उसके राजनीतिक इस्तेमाल में है? समस्या जिहाद में है या उसके ग़लत अर्थ और व्याख्या में ? समस्या पश्चिम के साम्राज्यवाद विरोधी संघर्ष में है या फिर उसके तरीके में? या फिर समस्या सीआईए, आईएसआई और सऊदी अरब के बहाबी आन्दोलन के माध्यम से गढ़े गये नये इस्लाम में है और उसे देवबन्द पर आरोपित करने में है? आख़िर जिहाद है क्या? इसे समय समय पर विद्वानों ने किस तरह से व्याख्यायित किया है?

जिहाद अरबी का शब्द है। इसका अर्थ है प्रयत्न करना संघर्ष करना। विद्वानों का कहना है कि दो तरह के जिहाद हैं। एक उच्च स्तरीय जिहाद और दूसरा निम्न स्तरीय जिहाद। उच्च स्तरीय जिहाद आध्यात्मिक होता है और उसे जिहाद–अल–नफस कहते हैं। जबकि निम्न स्तरीय जिहाद शारीरिक होता है और उसे जिहाद–अल–सैयफ कहते हैं। इन्हें क्रमशः अल जिहाद–अल–अकबर और अल जिहाद–अल–असगर कहते हैं। जिहाद करने के चार उपकरण बताये गये हैं। एक दिल से। दूसरा जुबान से। तीसरा हाथ से और चौथा तलवार से। आजकल असगर वाला जिहाद ही ज़्यादा चल रहा है। यानी सेना, बन्दूक या तलवार के माध्यम से इस्लाम का प्रचार या इस्लामी प्रणाली की स्थापना।

इस्लामी विद्वानों ने अकबर वाले जिहाद को खारिज़ कर दिया। उन्होंने उसका मज़ाक उड़ाया और दूसरे वाले को ही मान्यता दे दी। इसका मतलब यह हो गया है कि काफ़िरों से लड़ो और जब तक वे उसे स्वीकार न कर लें या उसे सम्मान देने को तैयार न हो जायें। जिहाद की व्याख्या को अल–जिहाद–अल–असगर के रूप प्रस्तुत करने का श्रेय जिन तीन विद्वानों को जाता है वे है– हसन अल बन्ना, अब्दुल अल मौदूदी और सैयद कुतुब।

इन तीन विचारकों में दो मिस्र और एक हिन्दुस्तान (पाकिस्तान) के थे। उनका कार्यकाल लगभग एक ही है। हसन अहमद अब्दुल रहमान मुहम्मद अल बन्ना का जन्म 1906 में मिस्र में हुआ। वे स्कूल के टीचर और इमाम थे। उन्होंने अंग्रेज़ी सत्ता को चुनौती देने के लिए 1928 में इख्वान–उल–मुसलमीन यानी मुस्लिम ब्रदरहुड की स्थापना की। यह संगठन दुनिया के शक्तिशाली और विवादास्पद संगठनों में से एक है। पहले इस संगठन का उद्देश्य इस्लाम के नैतिक मूल्यों और उसके अच्छे कामों का प्रचार करना था, लेकिन जल्दी ही यह संगठन राजनीति में रुचि लेने लगा।

राजनीति में आते ही इसका मक़सद अंग्रेज़ी उपनिवेशवाद और पश्चिमीकरण का विरोध करना हो गया। उनका कहना था कि इस्लाम ही समाधान है। देश का शासन शरीयत के आधार पर चलना चाहिए। इस संगठन ने कम्युनिस्ट पार्टियों की तर्ज पर हथियार बन्द दस्ते का गठन किया। जाहिर ही है कि ऐसे संगठन को सरकार इजाज़त नहीं देने वाली थी और संगठन पर प्रतिबन्ध लगा और उसे भूमिगत होकर काम करना पड़ा। सन् 1940 में इस संगठन के हथियार बन्द दस्ते के 20 लाख सदस्य थे। इस संगठन ने अंग्रेज़ों पर बमबारी और तोड़–फोड़ की योजना बनायी और उन्हें हिंसक तरीके से सत्ता से बेदखल करने की तैयारी की। इस सारी गतिविधि के समर्थन के लिए अल बन्ना ने इस्लाम की रेडिकल व्याख्या की और जिहाद को हिंसा से जोड़ दिया। अल बन्ना को 1949 में किसी ने गोली मार कर हत्या कर दी।

मौलाना अल मौदूदी का जन्म 1903 में हैदराबाद प्रान्त के औरंगाबाद में हुआ था। वे मौदूद चिश्ती के वंशज थे। वे काफ़ी प्रखर थे और उन्होंने अपनी विद्वत्ता से इक़बाल तक को प्रभावित किया। इक़बाल के कहने पर ही वे विभाजन से पहले ही पाकिस्तान के लाहौर में जाकर बस गये। उन्होंने वहाँ 1941 में जमात–ए–इस्लामी पाकिस्तान की स्थापना की। वे स्थापना के साथ ही संगठन के अमीर यानी अध्यक्ष भी हुए और 1972 तक अमीर रहे। उन्हें आधुनिक इस्लाम का सबसे व्यवस्थित विचारक बताया जाता है। उन्होंने सौ के करीब पुस्तकें लिखी हैं। उनमें अल–जिहाद–फि–अल–इस्लाम जैसी जिहाद पर सबसे चर्चित किताब महज 24 साल की उम्र में लिखी। इस पुस्तक के बारे में इक़बाल ने कहा है, "यह जिहाद की इस्लामी विचारधारा और उसके शान्ति और युद्ध के क़ानून पर एक उत्कृष्ट कार्य है। मैं हर जानकार व्यक्ति को इसका अध्ययन करने की सलाह देता हूँ।" जिहाद के बारे में उनके विचारों का ही प्रभाव है कि आज अल–कायदा, तालिबान और आईएस जैसे संगठन तैयार हुए हैं। जिहाद के इन विचारों को धार देने में पहले सोवियत संघ का हमला और अमेरिका, पाकिस्तान की इमदाद और बाद में अमेरिका की ज्यादती ज़िम्मेदार है।

जिहाद के बारे में इस्लाम को हिंसक बनाने का काम तीसरे विचारक सैयद कुतुब ने किया। उनका जन्म 1906 में मिस्र में हुआ था। उन्हें सलाफी जिहाद का जनक कहा जाता है। उनके विचारों में अल–कायदा

और आईएसआईएल की प्रेरणा निहित है। उन्होंने 24 किताबें लिखीं जिनमें 'माइलस्टोन' और 'इन द शेड ऑफ कुरान' बहुत प्रसिद्ध हैं। उन्होंने कुरान का 30 खंडों में भाष्य किया है। वे एक विद्वान, कवि और विचारक थे। उनकी मित्र मण्डली में प्रभावशाली, राजनेता, बौद्धिक और कवि शामिल थे। वे उच्चस्तरीय लोग होते थे। कुतुब कुछ समय के लिए अमेरिका भी पढ़ने गये थे, लेकिन उन्होंने अमेरिकी संस्कृति के प्रति काफ़ी तिरस्कार का भाव दिखाया। वे इस्लामवादी विचारधारा के प्रणेता माने जाते हैं जिन्होंने हिंसक जिहाद की वक़ालत की। उन पर मिस्र के राष्ट्रपति अब्दुल नासिर की हत्या की योजना बनाने का आरोप लगा। उनके समर्थकों का कहना था कि यह आरोप ग़लत था और उनकी राजनीतिक विचारधारा के कारण उन्हें दंडित करने का प्रयास था, लेकिन उनकी सोच और गतिविधियाँ संकेत करती हैं वे हिंसा की किसी सीमा तक जा सकते थे। राष्ट्रपति नासिर की हत्या की साजिश करने के आरोप में उन्हें 1966 में फाँसी पर लटका दिया गया।

इन विद्वानों द्वारा दी गयी जिहाद की शास्त्रीय परिभाषाओं में प्रवेश करने से हमें उन नारों पर गौर करना होगा जो पाकिस्तान और अफ़ग़ानिस्तान की दीवारों पर लिखे गये और जिनसे प्रेरणा पाकर हज़ारों युवा अपने कष्ट, भावी जीवन और जान की परवाह किये बिना मरने मारने को तैयार हो गये। पाकिस्तान में लगे पोस्टरों में कहा गया, 'जिहाद जन्नत पहुँचने का सबसे छोटा रास्ता है। एक शहीद पूरे परिवार को जन्नत या मुक्ति देता है। पाकिस्तान में जिहादियों का मक़सद पूरे कश्मीर को भारत से आज़ाद कराना और अफ़ग़ानिस्तान में पश्तून सरकार कायम करना है।' लश्कर–ए–तैयबा के प्रमुख हाफ़िज सईद कहते हैं, 'कश्मीर भारतीय मुसलमानों की मुक्ति का द्वार है। हम सभ्यताओं के टकराव में यक़ीन करते हैं। हमारा जिहाद तब तक जारी रहेगा जब तक इस्लाम एक मज़हब के रूप में दुनिया पर हावी न हो जाये। यह हर मुसलमान का फर्ज़ है कि वह काफ़िरों का क़त्ल करे और बुराई और अविश्वास की ताक़तों को नष्ट करे।' पाकिस्तान के पंजाब प्रान्त के सरगोधा में पैदा हुआ हाफिज़ सईद अन्तर्राष्ट्रीय स्तर का मोस्ट वान्टेड आतकी है। उसने लश्कर–ए–तैयबा नामक आतंकी संगठन की स्थापना की जिसका मुम्बई में 26/11 को हुए आतंकी हमले में हाथ बताया जाता है। इस हमले में छह अमेरिकियों समेत 166 लोग मारे गये थे।

वह अरबी और इंजीनियरिंग का अध्यापक रहा है। उसने 1985 में जमात–उद–दावा नाम का संगठन बनाया और उसके माध्यम से अफ़ग़ानिस्तान में जिहाद के लिए प्रचार करता था। जब अफ़ग़ानिस्तान से सोवियत सेनाएँ चली गयीं तो उसने भारत पर ध्यान केन्द्रित किया और कश्मीर को अलग करने की ठानी। जब उसके संगठन लश्कर–ए–तैयबा पर पाकिस्तान में पाबन्दी लगी तो उसने जमात–उद–दावा को चलाना जारी रखा, लेकिन यह संगठन छुपे रूप से एक आतंकी संगठन ही है।

जिहाद करते हुए मरने का जो आनन्द है उसके बारे में एक पाकिस्तानी लड़की (15) ने लिखा है। सन् 2007 में जब राष्ट्रपति परवेज मुशर्रफ ने इस्लामाबाद की लाल मस्जिद के आतंकियों को निकालने की कार्रवाई शुरू की तो वहाँ एक पन्द्रह साल की लड़की बुरी तरह घायल हो गयी थी। उसकी एक दोस्त ने जब उसे पानी पिलाने की कोशिश की तो उसने पानी लेने से इनकार कर दिया। घायल लड़की ने हँसते हुए कहा कि इस तरह से मरने का आनन्द मिलता है पगली। उस कार्रवाई में सौ लोग मारे गये थे।[111]

इस्लाम के विद्वानों का मानना है कि कुरान से ज़्यादा हदीस जिहाद में हिंसा करने के लिए उकसाता है। जिहाद पर पहली किताब (797) आठवीं सदी में मध्य एशिया के एक इस्लामी विद्वान अब्दुल्ला बिन अल मुबारक ने प्रकाशित की थी। उस किताब का नाम है–किताब अल जिहाद। उसमें कहा गया है कि जब एक गुनहगार जिहाद करते हुए मरता है तो अल्लाह उसके सारे गुनाह माफ कर देता है। उसके बाद नौवीं सदी में अल बुखारी ने पैग़म्बर हज़रत मुहम्मद के कथन का संकलन प्रकाशित किया। इस संकलन के अनुसार कुरान की आयत 9/11 कहती है–यह अल्लाह से एक प्रकार की सौदेबाजी है जिसमें सुख पाने के लिए मुसलमान सब कुछ कुर्बान कर देता है। अल्लाह ने मोमिनीनों से उनकी देह और उनका माल सब कुछ खरीद लिया है। बदले में वह मोमिनीनों को स्वर्ग का बगीचा देता है। मोमिनीन उसके मक़सद के लिए लड़ते हैं। वे मरते–मारते हैं। उन पर सच का एक वादा है। जो क़ानूनों से बँधा है। वह सब उनका सन्देश और कुरान है। अल्लाह के अलावा अपने वचन के लिए कौन ज़्यादा वफ़ादार हो सकता है? वे सौदेबाजी में आनन्द लेते हैं और यही सबसे बड़ी उपलब्धि है।

सुनन अबू दाऊद या अबू दाऊद अल सिजिस्तानी कहते हैं कि जिहाद कयामत के दिन तक लागू रहेगा। मुसलमानों का एक समूह हमेशा फतह करेगा और आखिर में छुपा हुआ इमाम मेहन्दी जाहिर होगा। अबू दाऊद अरबी मूल के फारसी थे। उनका जन्म सिजिस्तान में हुआ था और मृत्यु बसरा में हुई। उन्होंने पूरे अरब में घूम–घूमकर हदीस को इकट्ठा किया और उसमें से कुछ को चुनकर उसका संकलन निकाला। मिस्र, सीरिया, इराक और अन्य देशों की यात्रा के दौरान उन्होंने कुल 5,00,000 हदीस इकट्ठा की और उसमें से 4,800 का संकलन किया।

इस्लाम के सिद्धान्तों के अनुसार जिहाद से पहले दावा किया जाता है। दावा का अर्थ है कि निमन्त्रण। इस्लाम यह मुसलमानों का फ़र्ज़ मानता है कि वे दूसरे मज़हब के लोगों को अपने मज़हब में शामिल होने के लिए आमन्त्रित करे, लेकिन इस्लामिक शासकों ने इसे एक प्रकार से राज्य की संस्था के हिस्से के रूप में परिवर्तित कर दिया। इस्लाम का राजनीतिक उपयोग करने वाले एक मुस्लिम देश का यह फर्ज़ बनता है कि वह ग़ैर–मुस्लिम देश को पहले आमन्त्रित करे कि वह या तो इस्लाम को स्वीकार करे या जजिया कर अदा करे। अगर इन दोनों प्रस्तावों को खारिज़ कर दिया जाता है तो एक मुस्लिम शासक ग़ैर–मुस्लिम राज्य के विरुद्ध युद्ध या जिहाद छेड़ सकता है।

जिहाद पर पुस्तकें और साहित्य प्रकाशित करने और बाँटने वाला अग्रणी देश सऊदी अरब है। वह उत्तरी अमेरिका के मुसलमानों के लिए जो पुस्तकें भिजवाता है उसमें लिखा गया है, 'जिहाद आप के लिए निर्धारित किया गया है। ऐसा हो सकता है कि आप ऐसी चीज़ को नापसन्द करते हों जो आप के लिए अच्छा है। आप ऐसी चीज़ को पसन्द कर सकते हैं जो आप के लिए बुरा हो।'

दाऊदी बोरा सम्प्रदाय से सम्बन्ध रखने वाले और सेक्यूलर विचार के रास्ते पर चलने वाले इस्लाम के बड़े विद्वान असगर अली इंजीनियर ने जिहाद शीर्षक से अपने लेखों का संकलन सम्पादित किया है। वे इस मसले पर बहुत सारे सवाल करते हैं और इस्लाम की उदार और जनकल्याणकारी व्याख्या करने की कोशिश करते हैं। क्या इसका मतलब एक पवित्र युद्ध है या यह सामाजिक अन्याय के विरुद्ध एक प्रकार का लोकतान्त्रिक संघर्ष है। असगर अली इंजीनियर का कहना है, 'जिहाद शब्द कुरान में 41 बार आया है, लेकिन कहीं भी इसका उपयोग पवित्र युद्ध या

होली वार के रूप में नहीं हुआ है। कुरान में कहीं नहीं कहा गया है कि मुसलमानों और गैर मुसलमानों के विरुद्ध पवित्र युद्ध या जिहाद करो। वास्तव में कुरान में युद्ध के लिए हरब शब्द का प्रयोग किया गया है।'

असगर अली इंजीनियर ने अपना जिहाद वाला प्रपत्र तुर्की के शहर मारदिन में मार्च 2010 में एक सम्मेलन में प्रस्तुत किया था। उस सम्मेलन में दुनिया भर के इस्लामी विद्वान जुटे थे और उनका मक़सद इब्न तैमिया के चौदहवीं सदी के एक फतवे को सैद्धान्तिक रूप से खारिज़ करना था। जिहाद का वह फतवा मंगोलों के ख़िलाफ़ जारी किया गया था। मंगोल लोग इस्लाम को मान चुके थे, लेकिन ज़मीन पर उन्हें मुसलमान नहीं माना जाता था। वजह यह है कि वे लोग ईश्वरीय क़ानून शरीयत को मानने की बजाय मनुष्य द्वारा बनाये गये यश कोड को मानते थे। इस फतवे के कारण उनके ख़िलाफ़ जिहाद किया गया और उनके साथ हिंसा की गयी। उन पर ज़बरदस्ती शरीयत थोपी गयी। तुर्की का मारदिन सम्मेलन इस फतवे को उदासीन करने के लिए बुलाया गया था। हालाँकि उसका मक़सद आज के दौर में इस्लाम के नाम पर बढ़ती हिंसा को रोकना और उसकी छवि को सुधारना भी था।[12]

इस सम्मेलन में रेडिकल लोगों की नैतिक चौकीदारी और हिंसा पैदा करने वाले विचारों के विश्लेषण की ज़रूरत पर ज़ोर दिया गया था। उलेमा और धार्मिक मुस्लिम नेताओं से कहा गया कि वे अपना ध्यान जिहाद पर कम और इज़्तेहाद (तर्कशीलता) पर लगायें। उनसे कहा गया कि वे ऐसी संहिता तैयार करें जो सभी मुसलमानों पर लागू हो। उस संहिता की ज़रूरत सामाजिक एकता क़ायम करने के लिए है। ऐसा तभी हो पायेगा जब कुरान के चार प्रमुख मूल्यों को महत्त्व दिया जायेगा। वे मूल्य है–इंसाफ, परोपकारिता, समानुभूति और विवेक। इसे अरबी में अदल, एहसान, रहम और हिकया कहेंगे। कोई भी मुस्लिम राज्य या समाज इन दिनों इन मूल्यों का पालन नहीं करता। धर्मशास्त्र के विद्वानों ने इस्लाम को शरीयत के कुछ हिस्सों तक केन्द्रित कर दिया है। इस्लाम का मतलब हो गया है महिलाओं के लिए ड्रेस कोड, हुदूद क़ानून यानी निश्चित दण्ड की व्यवस्था वाले क़ानून जैसे हाथ काट लेना संगसार कर देना या दीवार गिराकर मार देना वगैरह, ईशनिन्दा वाले क़ानून।

ऐसी स्थितियों पर असगर अली इंजीनियर का कहना है कि अगर इस्लाम को मध्ययुगीन झंझटों से बाहर निकालना है तो उन्हें पैग़म्बर

के मुक्ति सम्बन्धी धर्मदर्शन पर यक़ीन करना होगा। 'पैग़म्बर हज़रत मुहम्मद एक मुक्तिदाता थे। वे एक शिक्षक थे और धार्मिक दिशानिर्देशक थे। उनके कुरान लिखने का मूल उद्देश्य था मानवता को अज्ञानता से, अन्धविश्वास से, दमन से, दासता से और नाइन्साफी से मुक्त करना। पैग़म्बर होने से पहले वे मक्का से हिज्बुल फुजूल के सदस्य थे। यह संगठन हिंसा और अन्याय को रोकता था और कमज़ोर और गरीबों को संरक्षण देता था।' मुहम्मद साहेब ने इकरा की बात की यानी शिक्षित होने की। उन्होंने बिलाल की बात की यानी प्रार्थना करने और अच्छा बनने की सीख दी। मुहम्मद साहेब ने सभी धर्म के मानने वालों को बराबर का हक दिया है। उन्होंने कहा है कि बानू औफ के यहूदी मुसलमानों के साथ उम्मा माने जायेंगे। यहूदी अपने धर्म के लिए और मुसलमान अपने धर्म के लिए वफ़ादार रहें।

भारतीय मूल के ब्रिटिश पत्रकार हसन सरूर अपनी प्रसिद्ध पुस्तक 'हू किल्ड लिबरल इस्लाम' में लिखते है– कुरान का पाठ द्विअर्थी है। लोग इससे अपने मतलब की बात निकाल लेते हैं। कुरान में एक जगह कहा गया है, 'जब मनाही वाले महीने यानी प्रतिबन्धित महीने बीत जायें तब विधर्मी (पैग़ान) जहाँ कहीं भी मिलें उनसे युद्ध करो, उनका अन्त करो। उन्हें घेरो, पायमाल करो और युद्ध की हर रणनीति के तहत उन पर घात लगाये रहो, लेकिन अगर वे प्रायश्चित करें और नियमित प्रार्थना करें या दान करें तो उनके लिए दरवाज़े खोल दो। क्योंकि अल्लाह तो माफ करने वाला है। वह बड़ा दयालु है।'[13]

इस टिप्पणी का हवाला देते हुए तारिक फतेह लिखते हैं, 'जिहादी अपनी करतूतों को इन्हीं शब्दों के हवाले से सही बताते हैं। वे यह नहीं सोचते कि इसका इस्तेमाल बहुत सीमित अर्थों में अरब के विधर्मियों के लिए किया गया था। आरम्भ के टिप्पणीकारों ने कहा भी था कि यह भविष्य की हर स्थिति में प्रयोग के लिए नहीं है, लेकिन दूसरे लोगों ने इसका इस्तेमाल सभी काफ़िरों के लिए किया है। यह तो वैसे ही है जैसे चर्चिल के उस वक़्त के भाषणों का इस्तेमाल आज जर्मनी पर हमले के लिए किया जाये।'[14]

लेकिन इस्लाम के इस रूप के निर्माण में अमेरिका की भूमिका कम नहीं रही। 'अमेरिका ने जिहादियों के उस विशाल भण्डार का फ़ायदा उठाने में कोई कसर नहीं छोड़ी जिनके दिमाग कट्टरता से भर दिये गये हैं।

वास्तव में अमेरिका ने साम्यवाद के विरुद्ध वैश्विक लड़ाई लड़ने के लिए जिहादियों को वित्तीय सहायता दी। दशकों तक अमेरिका ने गोपनीय तरीके से मुस्लिम वर्ल्ड के कम्युनिस्ट समर्थक और राष्ट्रवादी मुसलमानों ख़त्म करने के लिए जिहादी समूहों को मदद पहुँचाई। सत्तर के दशक के अन्त तक छुप–छुपकर चलने वाली यह प्रक्रिया ज़्यादा उजागर हो गयी और अमेरिका अन्तर्राष्ट्रीय जिहाद का गोपनीय समर्थक बन गया।'

'इसका सबसे स्पष्ट उदाहरण उस समय देखने को मिला जब 1980 के जनवरी माह में अमेरिकी राष्ट्रपति जिमी कार्टर के राष्ट्रीय सुरक्षा सलाहकार जबिगन्यू ब्रेजेंस्की ने पाकिस्तान और अफ़ग़ानिस्तान की सीमा निर्धारित करने वाले खैबर दर्रे पर खड़े होकर फ़ोटो खिंचवायी। उन्होंने कहा– हम अल्लाह में उनके गहरे विश्वास से परिचित हैं। हमें यक़ीन है कि उनका संघर्ष विजयी होगा। लड़ाई में आपकी जीत होगी क्योंकि आपका मक़सद जायज है और अल्लाह आपके साथ है।'

'ब्रेजेंस्की के बगल में पाकिस्तानी सेना के अधिकारी और सीआईए के अधिकारी और उस समय जिनसे ज़्यादा मोहब्बत की जाती थी वे अफ़ग़ानिस्तान के मुज़ाहिदीन थे। यह वही पगड़ी वाले अफ़ग़ानी थे जो बाद में उन तालिबानियों में बदल गये जिनसे आज नफरत की जाती है। उस मुज़ाहिदीन ने ब्रेजेंस्की के सिर पर ऊनी अफ़ग़ानी टोपी रख दी और आदर की भावना से निहाल हो गया। आखिरकार अमेरिका को वह भोला आदमी मिल गया जो अमेरिका के साम्राज्यवादी हितों के लिए मरने को तैयार हो गया।'

'इस तरह सोवियत सेनाओं के विरुद्ध सीआईए द्वारा प्रायोजित दस साल का जिहाद शुरू हो गया। इस युद्ध के बारे में सीआईए के एक अफसर ने कहा कि वह ऐसा युद्ध था जो हमारी दौलत से लड़ा गया, लेकिन उसमें ख़ून उनका बहा। यह साफ़ तौर पर अमेरिका प्रायोजित जिहाद था। यहाँ तक मदरसों की किताबें अमेरिका से आती थीं।

इन किताबों में जो हरुफ तहज़्जी थी उसमें जीम के लिए जिहाद शब्द लिखा था और काफ के लिए क्लाशनिकोव लिखा था। जबकि ते के लिए तोप था। जिहादी सिद्धान्त का यही प्रायोजन आज अमेरिका के साथ भष्मासुर साबित हुआ है। इख्वानुल मुसलमीन का वही जिहादी सिद्धान्त जिसने शीत युद्ध के दौरान तालिबान (उस समय के मुज़ाहिदीन) और

अल–कायदा को अमेरिका का सहयोगी बनाया आज वह ऐसा जिन्न हो गया है जिसे दोबारा बोतल में बिठाना असम्भव लग रहा है।'[15]

तारिक फतेह की बातें हिन्दू साम्प्रदायिक संगठनों को बहुत जंचती हैं और उनके ज़्यादातर कार्यक्रम वे ही आयोजित करते हैं। वे तब असन्तुलित होते हैं जब वे सारी बुराइयों की जड़ इस्लाम और उसके मानने वालों में देखते हैं और लगभग अप्रासंगिक हो चुके हाशिए के सिद्धान्तों को मुख्यधारा के किसी विचार की तरह पेश करते हैं। क्योंकि वैसे विचार हर धर्म में हैं और हर धर्म में उनके भीतर उदार लोग कट्टर लोगों को नियन्त्रित किये रहते हैं। यही वजह है कि फ़रीद जकरिया जैसे विदेश–नीति के विशेषज्ञ भी कहते हैं कि इस्लामी समाज के भीतर भी कट्टर और उदार लोगों के बीच संघर्ष चल रहा है। इस तरह तारिक फतेह उस समय समस्या की नब्ज़ पर हाथ रखते हैं जब वे कहते हैं, ''पश्चिमी ताक़तें महसूस करती हैं कि इस्लामी लड़ाकुओं की कतार ख़त्म ही नहीं हो रही है। क्योंकि उनके लिए जीवन मृत्यु के बाद ही शुरू होता है। इस्लामी राज्य और अबू बकर अल बगदादी के नेतृत्व में ख़लीफ़ा शासन की वापसी आसमान से नहीं टपकी है। वास्तव में आधुनिक युग में पहले इस्लामी राज्य का गठन तो पश्चिम ने ही किया। ज़्यादा साफ़ कहें तो वह ग्रेट ब्रिटेन ही था जिसने भारत के टुकड़े करके पाकिस्तान के इस्लामी गणराज्य की स्थापना की। एक बार जब संयुक्त राज्य अमेरिका और ग्रेट ब्रिटेन ने पाकिस्तान की वैधता को स्वीकार कर लिया तब विसात बिछ चुकी थी। यह देश इस्लामवाद के आदर्शों पर आधारित है जिसकी मान्यता है कि मुसलमान श्रेष्ठ होते हैं। यानी कौम अल काफ़िरोन। इस दौरान पश्चिम ने भारत जैसे लोकतन्त्र की अवहेलना की। उन्होंने रंगभेदी इस्लामी देशों और राज्यों के पीछे अपने को खड़ा कर दिया। जबकि वहाँ के क़ानून सामान्य व्यक्ति द्वारा चुने गये सांसद नहीं बनाते थे, बल्कि वे खुदा के आदेश पर बने क़ानून थे जिन्हें कोई बदल नहीं सकता था। जबकि जहाँ सांसद क़ानून बनाते थे वहाँ के लोगों की नागरिकता जाति और धर्म पर आधारित नही थी, बल्कि व्यक्ति के सार्वभौमिक मानवाधिकारों और स्वतन्त्रता की अवधारणा पर आधारित थे।'

तारिक फतेह को चिन्ता इस बात की है कि पश्चिम के लोग बिना समझे हुए इस्लामी राज्य से लड़े जा रहे हैं। जब आप किसी को समझे बिना उससे लड़ते हैं तो जीतने का सवाल ही नहीं उठता।

'अमेरिकी राष्ट्रपति जार्ज बुश और ब्रिटिश प्रधानमन्त्री डेविड कैमरून कहते हैं कि इस्लाम शान्ति का धर्म है। उनकी इस बात को बहुत दोहराया भी जाता है और यह एक निरर्थक क़िस्म का जुमला हो गया है, लेकिन एक भी पश्चिमी नेता में इस्लाम और इस्लामवाद में अन्तर करना नहीं आता। अगर है भी तो उनमें से कोई भी उसे स्पष्ट नहीं करता।'[17] ''इस्लाम एक ऐसा मज़हब है जिसे दुनिया में एक अरब से ज़्यादा लोग मानते हैं, लेकिन इस्लामवाद एक फासीवादी विचारधारा है जिसके तहत अपना दबदबा बनाने के लिए इस्लाम का राजनीतिक इस्तेमाल किया जाता है। इसका मक़सद पूरी दुनिया पर ख़लीफ़ा का शासन कायम करना है। एक इस्लामी राज्य का उद्देश्य यह है कि हमेशा के लिए युद्ध समाप्त करने की पृष्ठभूमि तैयार की जाये जिसके तहत सारे मुसलमान ग़ैर–मुस्लिमों पर हावी हो जायें जिसमें यहूदी और हिन्दू विशेष रूप से शामिल हैं। इसे इस्लामी मुहावरे में हनूद ये यहूद कहा जाता है।'

एक बार मध्यपूर्व में अमेरिकी सेना के विशेष ऑपरेशन कमांडर मेजर जनरल के. नगाटा ने इस्लामी राज्य के बारे में अमेरिकी प्रशासन की अज्ञानता के बारे में ज़िक्र करके अपने सेनाध्यक्ष को चौंका दिया था। इस गोपनीय टिप्पणी को दिसम्बर 2014 में न्यूयॉर्क टाइम्स ने प्रकाशित भी किया था। दरअसल जनरल को लग रहा था कि वे एक गोपनीय वार्ता कर रहे हैं। जनरल नगाटा का कहना था कि ओबामा प्रशासन को नहीं मालूम की इस्लामी राज्य क्या है इसके उभार का क्या मतलब है। 'हम आन्दोलन (इस्लामी राज्य) को नहीं समझते। जब तक हम इसे नहीं समझते तब तक हम इसे पराजित नहीं कर पायेंगे।' उनका कहना था कि 'हम समझ नहीं पा रहे हैं कि लोगों में इस्लामी राज्य के लिए इतना आकर्षण क्यों है? क्यों पूरी दुनिया से लोग इस आन्दोलन से जुड़ रहे हैं। इसलिए हमने विचार को परास्त नहीं किया है। क्योंकि हम उस विचार को समझते ही नहीं।'

अमेरिकी पत्रकार और 'द अटलांटिक' मैगजीन के स्टाफ ग्रेमे वुड इस्लामी राज्य के बारे में लिखते हैं, 'हक़ीक़त यह है कि इस्लामी राज्य अपने में इस्लामी है। एकदम से इस्लामी है। यह ज़रूर है कि इसने मध्य पूर्व और यूरोप से बड़े पैमाने पर उन असन्तुष्ट लोगों को आकर्षित किया है जो मनोरोग वाले अपराधी हैं, दुस्साहस ढूँढ़ने वाले हैं, लेकिन धर्म के आस्थावान अनुयायियों ने उन्हें जो मज़हब सिखाया है, वह इस्लाम की

सुसंगत और विद्वान व्याख्याओं से निकला है।' झगड़ा यहीं पर है। बहुत सारे लोग यह व्याख्या करते हैं कि इस्लाम की जो कट्टर और विद्वेष फैलाने वाली व्याख्याएँ की जा रही हैं वही वास्तव में इस्लाम है। जबकि दूसरे लोग कहते हैं कि ऐसा करना और कहना आईएसआईएस और तालिबान जैसे संगठनों की ख़तरनाक विचारधारा का प्रचार करना है।

इस बहस में दार्शनिक व तुलनात्मक साहित्य के प्रोफ़ेसर, फिलस्तीन की मुक्ति के घनघोर समर्थक और औपनिवेशिक अतीत के गहन विवेचनाकार प्रोफ़ेसर एडवर्ड वदी सईद सार्थक हस्तक्षेप करते हुए कहते हैं कि आमतौर पर मध्य एशिया और इस्लाम के बारे में वे लोग जानकारी का दावा करने लगते हैं जिन्हें न तो अरबी आती है, न फारसी आती है और न ही उस समाज की गहरी जानकारी होती है। इतना ही नहीं वे अध्येता वहाँ के समाज को जानने के लिए एक पूर्वाग्रहग्रस्त और शासक वाली दृष्टि लेकर जाते है। जब भी आप किसी समाज को बुरा मानकर ही उसका अध्ययन करने जाते हैं और उस समाज की संरचना को तैयार करने वाले उपकरणों को किनारे रखकर अपने ही उपकरणों से उसे परखते हैं तो ग़लती करने की गुंजाइश रहती है। ग़लती की यह गुंजाइश अरबी और अंग्रेज़ी के अनुवाद में भी है और किसी समाज को दुश्मन मानने के नाते भी है। ये आगाह करते हैं कि पश्चिम के शोधकर्ताओं, मीडिया वालों, विभिन्न वीडियो और तस्वीरों के माध्यम से हम जो छवि निर्मित करते हैं उससे दूर बैठे लोगों के मन में मध्य एशिया के निवासियों के प्रति एक धारणा बन जाती है और लगता है कि सारे लोग वैसे ही हैं जैसे उन्हें प्रस्तुत किया जाता है। इस तरह से इस्लाम की छवि भी बनती है और मुसलमान और अरबी लोगों की भी। दूसरी ओर अरब के लोग इस बात से बेचैन और हैरान होते हैं कि आखिर पश्चिम उनके बारे में इतना ज़्यादा क्यों जानना चाहता है जबकि वे कोई रुचि नहीं लेते। इसलिए सन्देह का और भी गहरा वातावरण निर्मित होता है।[17]

एडवर्ड सईद और एजाज अहमद जैसे विद्वानों के विश्लेषण में जाने से पहले हमें यह भी देख लेना चाहिए कि भारत में हिन्दी में कुरान का जो अनुवाद उपलब्ध है उसमें विभिन्न शब्दों की क्या परिभाषा दी गयी है। क्योंकि भारत में भी इस्लाम काफ़ी पहले आ गया था और यहाँ देवबन्द जैसे विश्वस्तरीय मदरसे हैं और मुगल साम्राज्य के तीन सौ वर्षों के लम्बे

शासन के दौरान तमाम विद्वानों और सूफियों ने दक्षिण एशिया में इस्लाम का एक नया रूप गढ़ा है। लखनऊ के अल कुरान इन्स्टीट्यूट से कुरान मजीद के हिन्दी अनुवाद का उल्लेख ज़रूरी है। इसका अनुवाद मौलाना सैयद अबुल आला मौदूदी ने किया है।[18]

इस्लाम की जो छवि निर्मित की गयी है और जिसके बारे में बार बार यह उल्लेख किया गया है कि यह तलवार से फैलने वाला लड़ाका धर्म है और आज इसके नाते पूरी दुनिया हैरान है, उसकी जो परिभाषा इस अनूदित पुस्तक में दी गयी है वह इस प्रकार है।

'इस्लाम का अर्थ है विनम्रता, विनीत, आज्ञा पालन, आत्मसमर्पण, स्वेच्छापूर्वक अधीनता स्वीकार करना आदि। अल्लाह के आगे अपने आपको डाल देने और उसकी आज्ञा का पालन करने का ही दूसरा नाम इस्लाम है। इस्लाम का दूसरा प्रसिद्ध अर्थ है सुलह, शान्ति, कुशलता, संरक्षण, शरण आदि। हज़रत मुहम्मद ने कहा है– इस्लाम ग्रहण करो (तबाही से) बच जाओगे। आप ने यह भी कहा है– जो व्यक्ति भी इस (इस्लाम) में आया सलामत रहा।'

इस पुस्तक में कुरान की बड़ी सुन्दर परिभाषा दी गयी है। उसके अनुसार 'कुरान का अर्थ है–पढ़ना। अल्लाह की अन्तिम किताब का नाम जो हज़रत मुहम्मद पर उतरी है। इस किताब का नाम ही यह बता रहा है कि यह किताब इसलिए अवतरित हुई है कि ज़्यादा से ज़्यादा पढ़ी जाये और संसार के लोग इसे पढ़कर अपने जीवन के मार्ग का निर्णय करें। इस किताब को कुरान कह देना ऐसा ही है जैसे किसी रूपवान व्यक्ति को सौन्दर्य की उपाधि दे दी जाये।'

अब जिहाद नामक उस शब्द का अर्थ भी जानना चाहिए जिसको लेकर दुनिया में सबसे ज़्यादा विवाद है। वह शब्द जिसके हिंसक और नकारात्मक अर्थ ने इस्लाम की सुलह, शान्ति, विनम्रता की छवि को सबसे ज़्यादा नुक़सान पहुँचाया है। इस शब्द का जो अर्थ दिया गया है वह इस प्रकार है, 'जान तोड़ कोशिश। ध्येय की सिद्धि के लिए सम्पूर्ण शक्ति लगा देना। युद्ध के लिए कुरान में किताल शब्द का प्रयोग हुआ है। जिहाद का अर्थ किताल के अर्थ से कहीं अधिक विस्तृत है। जो व्यक्ति सत्य धर्म के लिए अपने धन, अपनी लेखनी, अपनी वाणी आदि से प्रयत्नशील हो और इसके लिए अपने को थकाता हो वह जिहाद ही कर रहा है। धर्म के लिए युद्ध भी करना पड़ सकता है और उसके

लिए प्राणों का बलिदान भी किया जा सकता है। यह भी जिहाद का एक अंग है। जिहाद को उसी समय इस्लामी जिहाद कहा जायेगा जब वह अल्लाह के लिए हो। अल्लाह के नाम और उसकी प्रतिष्ठा के लिए हो न कि धन दौलत की प्राप्ति के लिए हो। जिहाद का मुख्य उद्देश्य है सत्य मार्ग की रुकावटों को दूर करना, संसार को अल्लाह के अतिरिक्त दूसरों की दासता से छुटकारा दिलाना। धर्म के पालन में जो बाधाएँ और रुकावटें खड़ी हैं उन्हें दूर करना।'[20]

मौलाना वहीदुद्दीन ख़ान ने भी कुरान का अनुवाद किया है। उसे नोएडा, चेन्नई और हैदराबाद की गुडवर्ड बुक्स ने प्रकाशित किया है। पवित्र कुरान शीर्षक से प्रकाशित इस पुस्तक के आरम्भ में दिये गये परिचय में यह टिप्पणी की गयी है, 'जो लोग मीडिया के माध्यम से कुरान को जानते हैं वे समझते हैं कि कुरान जिहाद की एक किताब है। और जिहाद उनके दृष्टिकोण के अनुसार नाम है–हिंसा के माध्यम से अपने उद्देश्य को प्राप्त करने का। परन्तु यह मात्र ग़लतफहमी है। जो व्यक्ति भी कुरान को प्रत्यक्ष रूप से पढ़े, उसके लिए यह समझना मुश्किल नहीं होगा कि कुरान का हिंसा से कोई सम्बन्ध नहीं है। कुरान पूर्ण रूप से शान्ति की पुस्तक है, वह हिंसा की पुस्तक नहीं।'[21]

आगे वे जिहाद को परिभाषित करते हुए लम्बी टिप्पणी करते हैं और जब जिहाद पर इतनी बात हो रही है और मुज़ाहिदीन का मतलब ही जिहाद करने वाला होता है तो वहीदुद्दीन ख़ान की टिप्पणी हमें पढ़ लेनी चाहिए। वे कहते हैं, 'यह एक वास्तविक्ता है कि कुरान की शिक्षाओं में एक शिक्षा वह है जिसे जिहाद कहा जाता है। परन्तु जिहाद शान्तिपूर्ण कार्रवाई का नाम है न कि किसी तरह की हिंसक कार्रवाई का। कुरान में बतायी गयी जिहाद की धारणा कुरान की इस आयत से ज्ञात होती है– 'और इसके (कुरान) माध्यम से तुम उनके साथ बड़ा जिहाद करो। (25–52)'

अपने उदार और समझदारी वाले विचारों के लिए प्रसिद्ध मौलाना वहीदुद्दीन ने आगे लिखा है, 'कुरान की इस आयत में कुरान के माध्यम से जिहाद करने की शिक्षा दी गयी है। स्पष्ट है कि कुरान कोई हथियार नहीं, कुरान एक वैचारिक पुस्तक है। कुरान अल्लाह की आडियोलाजी का एक परिचय है। इससे कुरान में बतायी गयी जिहाद की अवधारणा स्पष्ट रूप से परिलक्षित होती है। कुरान के अनुसार जिहाद वास्तव में

शान्तिपूर्ण वैचारिक संघर्ष (Peaceful Ideological Struggle) का नाम है। इस वैचारिक संघर्ष का लक्ष्य कुरान में यह बताया गया है कि कुरान का शान्तिपूर्ण सन्देश लोगों के दिलों में उतर जाये। (4:63)।' कुरान के कथनों की व्याख्या और व्याख्या के नियमों पर चर्चा करते हुए मौलाना वहीदुद्दीन लिखते हैं, 'इस आय़त के अनुसार कुरान का वाँछित कथन वह है जो कौल–ए–बलीग (बोधगम्य कथन) हो, अर्थात ऐसी वाणी जो लोगों के मन को सम्बोधित करे। जो लोगों को सन्तुष्ट करने वाली हो। जिसके माध्यम से लोगों को कुरान की सच्चाई पर विश्वास पैदा हो, जिसके माध्यम से लोगों के अन्दर वैचारिक क्रान्ति उत्पन्न हो जाये। यह कुरान का वैचारिक मिशन है। इस प्रकार का मिशन सिर्फ़ तर्कों के माध्यम से पूरा किया जा सकता है। हिंसा अथवा किसी सशस्त्र कार्रवाई से इस लक्ष्य को प्राप्त करना सम्भव नहीं। यह सही है कि कुरान में कुछ ऐसी आयतें हैं जो किताल (युद्ध) की अनुमति देती हैं, परन्तु यह आयतें मात्र युद्ध की स्थितियों के लिए हैं। वह मात्र आक्रमण के समय बचाव की स्थिति में हैं। रक्षात्मक युद्ध के अलावा कोई भी युद्ध इस्लाम में वैध नहीं है। वह रक्षात्मक युद्ध भी मात्र एक स्थापित राज्य ही कर सकता है। राज्य के अतिरिक्त किसी भी व्यक्ति को जिहाद छोड़ने की अनुमति नहीं है।'[22]

कुरान को किस तरह से समझा जाये इसे मौलाना स्पष्ट करते हैं, 'कुरान को समझने के लिए एक महत्त्वपूर्ण बात यह है कि कुरान कोई क़ानूनी किताब नहीं है। कुरान एक दावती (आवाहक) किताब है। कुरान की वाक् शैली क़ानूनी नहीं है। बल्कि आवाहक है। क़ानून की भाषा निर्धारण करने वाली भाषा होती है। क़ानून की भाषा निर्धारण करने वाली भाषा होती है। क़ानूनी लेख में चीज़ें शाब्दिक रूप से वाँछित होती हैं, जबकि आवाहक लेख में मामला ऐसा नहीं है। आवाहक लेख में उसके अर्थ पर विशेष ध्यान दिया जाता है। आहावक किताब में शब्दों की हैसियत मात्र एक माध्यम की होती है जबकि क़ानूनी किताब में शब्द स्वयं अपने में वाँछित बन जाते हैं।'[23]

इसलिए जिहाद के अर्थ को थोड़ा और स्पष्ट करते हुए मौलाना वहीदुदीन लिखते हैं 'कुरान के अनुसार, जिहाद पूर्ण रूप से एक अराजनीतिक प्रक्रिया है। आवाहक जिहाद का लक्ष्य मनुष्य के दिल को और उसके मन को और बदलना है। और दिल व मन में परिवर्तन मात्र

शान्तिपूर्ण प्रचार के माध्यम से होता है, न कि किसी तरह के बलात व हिंसात्मक कार्य के माध्यम से।'

इस्लाम के आधिकारिक विद्वानों की यह व्याख्याएँ अमेरिका और ब्रिटेन के प्रमुख बौद्धिकों में नदारद हैं। उनके अपने पूर्वाग्रह हैं और उसी से वे इस्लाम को देखते हैं। विडम्बना यह है कि वे इस्लाम को मानने वाले सभी लोगों को एक ही रंग से पोतने में यक़ीन करते हैं। वे यह मानने को तैयार ही नहीं हैं कि इस्लामी समाज के भीतर भी अहसहमति और मतभेद हो सकते हैं। अलग–अलग राजनीतिक ढाँचे हो सकते हैं और जीवन के सभी पहलू न तो धर्म से नियन्त्रित किये जा सकते हैं और न ही सातवीं–आठवीं सदी की व्याख्याओं को इक्कीसवीं सदी में हूबहू लागू किया जा सकता है। अकादमिक जगत में प्राच्यवाद (ओरियंटलिज्म) ने क्या–क्या गड़बड़ियाँ की हैं उसका प्रमाण एडवर्ड डब्ल्यू सईद ने ब्रिटिश मूल के अमेरिकी इतिहासकार बर्नार्ड लेविस के लेखन के माध्यम से प्रस्तुत किया है। बर्नार्ड लेविस ने 'इस्लाम एंड वेस्ट', 'द क्राइसिस ऑफ इस्लाम', 'द मिडल ईस्ट' और 'व्हाट वेंट रांग' जैसी चर्चित पुस्तकों के माध्यम से इस्लाम की जो व्याख्या प्रस्तुत की उसी के आधार पर सैमुअल पी. हंटिंगटन ने 'क्लैश ऑफ सिविलाइजेशन एंड रिमेकिंग ऑफ न्यू वर्ल्ड ऑर्डर' जैसी चर्चित और विवादित पुस्तक या थीसिस की रचना की। सईद ने अपनी पुस्तक 'कवरिंग इस्लाम' में लेविस के बारे में लिखा है, 'लेविस का सारा ज़ोर इस बात पर है कि किस तरह इस्लाम को उस दुनिया के बाहर का धर्म बताया जाये जिस चिरपरिचित दुनिया में हम सब रहते हैं। उसी के साथ यह भी बताया जाये कि आधुनिकता के विरुद्ध एक कथित युद्ध में सामयिक इस्लाम ने यूरोप के सामी–विरोधी विचारों को विरासत में प्राप्त किया है। जैसा कि मैंने अपनी ओरयंटलिज्म नामक पुस्तक में बताया है कि लेविस की पद्धति एक प्रकार के फर्जी अवलोकन वाली है। वे एक ख़ास आबादी के पूरे हिस्से पर भारी सांस्कृतिक बढ़त हासिल करने के लिए व्युत्पत्तिशास्त्र का धोखाधड़ी वाले अन्दाज़ में इस्तेमाल करते हैं। उससे ज़्यादा निन्दनीय यह बात है कि वे यह मानने को तैयार ही नहीं हैं कि इस्लामी लोगों को भी अपनी सांस्कृतिक, राजनीतिक और ऐतिहासिक प्रथाओं को चलाने का अधिकार है। ऐसी प्रथाएं जो कि लेविस के जान–बूझकर किये जा रहे इस प्रयास से बाहर हों कि चूँकि वे पश्चिमी नहीं हैं इसलिए वे अच्छी नही हैं। (यह ऐसी धारणा है जिसे उन्होंने बहुत

ज़बरदस्त तरीके से पकड़ रखा है)।' लेविस कहते हैं, 'इस्लाम आस्था और पूजा की सिर्फ़ एक प्रणाली ही नहीं है, न ही वह एक जीवन का एक खण्ड है, जैसा कि कहा जाता है, बल्कि वह सम्पूर्ण जीवन है।' सईद कहते हैं कि यह बयान अपने में न सिर्फ़ एक प्रकार के पूर्वाग्रह को प्रकट करता है बल्कि मानवीय जीवन की एक बेतुकी समझ को भी परिलक्षित करता है। लेविस की पद्धतियों से लगता है जैसे कि दुनिया के सारे तक़रीबन एक अरब मुसलमानों ने दीवानी, फौजदारी और संवैधानिक क़ानूनों को संचालित करने वाले नियमों को उन्होंने पूरी तरीके से पढ़ लिया है, जज़्ब कर लिया है और स्वीकार कर लिया है और वे एक गुलाम की तरह से अपने जीवन के हर महत्त्वपूर्ण निर्णयों में उन सिद्धान्तों को मानते हैं। अगर निरर्थक शब्द को कहीं भी लागू किया जा सकता है तो वह यहीं पर लागू किया जा सकता है। लेविस मुस्लिम समाज की विविधता को समझ ही नहीं सकते, मानव समाज की विविधता को क्या समझेंगे। वह समाज उनके लिए बन्द है और एक विदेशी और मूल रूप से भिन्न है।

लेविस की विश्लेषण पद्धति को बहुत बारीकी से पकड़ते हुए एडवर्ड सईद कहते हैं कि वे सबसे ख़राब रूप में अपने प्रसिद्ध और एक अशुभ शीर्षक वाले 'रूट्स ऑफ मुस्लिम रेज' में उपस्थित होते हैं। यह आलेख सितम्बर 1990 में एटलांटिक में प्रकाशित हुआ था। इसी लेख में क्लैश ऑफ सिविलाइजेशन मुहावरे का प्रयोग पहली बार हुआ था और बाद में उसी को सैमुअल पी हंटिगटन ने अपनी पुस्तक का शीर्षक बनाया। उस लेख का आख़िरी पैरा अपने में बेहद भड़काऊ और विभाजनकारी है–

'अब यह स्पष्ट हो जाना चाहिए कि हमारे सामने एक ऐसे मानस ऐसे आन्दोलन की चुनौती उपस्थित है जो उन मुद्दों, नीतियों और सरकारों की पहुँच से एकदम बाहर है जो उन्हें संचालित करती हैं। यह अपने में सभ्यताओं के संघर्ष से कम नहीं है। यह कहने में भले ही अतार्किक लगे लेकिन निश्चित तौर पर यह यह हमारी यहूदी–ईसाई विरासत, हमारे सेक्यूलर वर्तमान और दोनों के विश्वव्यापी विस्तार के विरुद्ध हमारे प्राचीन दुश्मन की ऐतिहासिक प्रतिक्रिया है। यह बहुत ज़रूरी है कि हम अपनी ओर से दुश्मन के विरुद्ध उतने ही ऐतिहासिक और उतनी ही अतार्किक प्रतिक्रिया के लिए न भड़कें।'[24]

एडवर्ड सईद का कहना है शीत युद्ध की समाप्ति और सोवियत संघ जैसे दुश्मन के बिखर जाने के बाद अमेरिका और इजराइल समर्थक

विद्वानों की पूरी जमात ने एक आख्यान रचा है जिसमें इस्लाम को शैतान की तरह पेश करना है। ऐसा लगातार करना है ताकि उसकी छवि सबके दिमाग़ के सामने रहे। वैसा करने वालों में न्यूयार्क टाइम्स की पत्रकार जूडिथ मिलर, सैमुअल पी हंटिगटन, मार्टिन क्रेमर, डैनियल पाइप्स और बैरी रूबिन जैसे विशेषज्ञों की पूरी फौज शामिल है। जूडिथ मिलर की किताब 'गाड हैज नाइण्टी नाइन नेम्स : ए रिपोर्टर्स जर्नी', 'ए मिलिटेंट मिडल ईस्ट' का जिक्र टाक शो और सेमिनारों में काफ़ी किया जाता है। जबकि सईद के मुताबिक यह किताब तमाम गलतियों और विकृत धारणाओं के भरी पड़ी है।

मार्क्सवादी दार्शनिक, साहित्यिक सिद्धान्तकार, राजनीतिक टिप्पणीकार और यूसी एरवाइन स्कूल ऑफ ह्यूमैनटीज के चांसलर प्रोफ़ेसर ऐजाज अहमद अपने प्रसिद्ध निबन्ध 'इस्लाम, इस्लामिज्म एंड द वेस्ट' में लिखते है–

'सन् 1978 में जब अफ़ग़ानिस्तान में कम्युनिस्ट क्रान्ति हुई तो हर 60 व्यक्ति पर एक मुल्ला हुआ करता था। साक्षरता दर 9 प्रतिशत थी जिसमें औरतों की साक्षरता दर एक प्रतिशत थी। जबकि गाँव के लोग विशेष कर पश्तून लोग अपने जमींदारों से या तो कर्ज़ से बँधे होते थे या फिर कबीलाई वफ़ादारी से सोवियत सेनाओं के आने के बाद ज़्यादातर लोग पाकिस्तान भाग गये और किसानों को भी भागने को उकसाया। इस तरह इस्लामवाद की पहली लहर अमीरों के लिए विलासिता वाले बंगलों में और आम आदमी के लिए शरणार्थी शिविरों में तैयार हुई। इस तरह से मुज़ाहिदीन यानी जिहाद करने वाले तैयार हुए। और सोवियत संघ में साम्यवाद के पतन के बाद सोवियत सेनाएँ वापस हो गयीं।'[25]

इस्लामीकरण की दूसरी लहर तालिबान के रूप में आयी। वजह यह थी कि अमेरिका समर्थित मुज़ाहिदीन सरदारों की सरकारें भ्रष्टाचार, बलात्कार, हत्या और एक–दूसरे का सफाया करने के नरक में डूब चुके थे। अमेरिका की निगरानी में पाकिस्तान की सरकार ने इन मदरसों के पूर्व छात्रों को दखल देने वाली एक ताक़त के रूप में तालिबान के रूप में संगठित किया। वे अफ़ग़ानिस्तान पर टिड्डी दल की तरह छा गये। हालाँकि कहा जाता है कि ज़्यादातर लड़ाइयाँ पाकिस्तानी सेना ने की थी नाम तालिबान का दिया गया। वे शुद्धतावादी, निरक्षर, अड़ियल और मध्ययुगीन थे।

उनके पहले के जो सिपहसालार थे उन्होंने हज़ारों औरतों के साथ बलात्कार किया था। तालिबान ने वैसा कुछ नहीं किया, लेकिन पूरे अफ़ग़ानिस्तान को एक जेल में तब्दील कर दिया। मुल्क़ की महिलाओं के सार्वजनिक जीवन के अधिकार छीन लिए गये उन्हें घरों में कैद कर लिया गया और उन्हें व्यापक रूप से भूखे मरने और बेसहारा रहने के लिए छोड़ दिया।

जब वे अमेरिका की नज़रों से गिर गये तो महिलाओं पर उनका अत्याचार किंवदन्ती बन गया। इस दौरान नॉर्दर्न अलायंस द्वारा हज़ारों औरतों से किये गये बलात्कारों का जिक्र ही नहीं हुआ क्योंकि वे लोग अफ़ग़ानिस्तान पर अमेरिकी हमले के बाद उनके सहयोगी बन गये थे। ...तालिबान का शासन एक बन्द क़िस्म का गोपनीय शासन था, लेकिन अफ़ग़ानिस्तान से कम्युनिस्टों के जाने के बाद वही ऐसा शासन था, जिसके दौरान न तो औरतों से बलात्कार हुआ, न कोई अधिकारी रिश्वत लेता था और न ही अफ़ीम पैदा की गयी और न ही हेरोइन बनायी गयी।

'अरब जगत द्वितीय विश्वयुद्ध के बाद औपनिवेशिक सत्ताओं के पतन के साथ किस तरह से धर्मनिरपेक्ष, कम्युनिस्ट और उदार विचारों के लिए सहनशील हो रहा था और किस तरह साम्राज्यवाद ने सिरे से उसे साम्प्रदायिक और कट्टर बनाने में योगदान दिया इस बारे में एजाज अहमद लिखते हैः–अगर हम द्वितीय विश्वयुद्ध के बाद के वर्षों यानी 1945 से 1965 के दौरान के मुस्लिम बहुल देशों के नक्शे पर गौर करें तो पायेंगे कि सऊदी अरब और खाड़ी देशों के अपवाद को छोड़कर इण्डोनेशिया से अल्जीरिया तक के ज़्यादातर देश असाधारण रूप से कम्युनिस्टों, मार्क्सवादियों और सेक्यूलर ख़्यालों के लिए दोस्ताना थे, लेकिन साठ के दशक के मध्य में जब इण्डोनेशिया में तख़्तापलट हुआ, अरब की सेक्यूलर फौज को नष्ट किया गया, 1978 में ईरान की इस्लामी क्रान्ति हुई और 1979–80 में अफ़ग़ान जिहाद की शुरुआत हुई तब धर्मनिरपेक्षता और वामपन्थी आक्रामकता पर संकट आ गया, बल्कि यूँ कहें कि ईरान और सऊदी अरब की कट्टरता की होड़ में राज्य व्यवस्था ही संकट में आ गयी। ईरान में पचहत्तर साल से आधुनिकीकरण, धर्मनिरपेक्षीकरण और राजतन्त्रीय व्यवस्था के विरुद्ध जो वामपन्थी और सेक्यूलर राष्ट्रवादी आन्दोलन चल रहा था वह वहाँ से फिसल कर धर्म आधारित क्रान्ति करने वाले अभिजात वर्ग के हाथ में आ गया।'[26]

एजाज अहमद अपने विश्लेषण में कम्युनिस्ट आन्दोलनों के कमज़ोर होने और कम्युनिस्ट सत्ताओं के कमज़ोर होने के साथ इस्लामवाद का उदय होते हुए देखते हैं। वे इस उभार में सीआईए के हथियार और रणनीति के साथ पश्चिम की तमाम व्याख्याओं का योगदान भी मानते हैं। एजाज अहमद का मानना है कि मौजूदा स्थिति का समाधान यह है कि ऐसी धर्मनिरपेक्ष व्यवस्था बने या राज्य का ऐसा धर्मनिरपेक्ष ढाँचा बने जहाँ सामाजिक न्याय की कमी न रहे। लोग सेक्यूलर राज्य के न्याय से इतने सन्तुष्ट रहें कि उन्हें न्याय के लिए अल्लाह के दरबार में जाने की ज़रूरत न पड़े। 'यहूदी और अरब लोगों के सह–अस्तित्व के लिए ज़रूरी है कि वे अपने शुद्धतावादी यहूदी राष्ट्रवाद में संशोधन करें। क्योंकि इस प्राचीन धरती पर यह लोग नये आये हैं। एक ऐसी दृष्टि चाहिए जिससे ऐसा बहु–जातीय धर्मनिरपेक्ष लोकतान्त्रिक राज्य बने जिसमें यहूदी, मुसलमान और ईसाई एक जैसे रहें। एक ऐसी राजनीति बने जो किसी जाति या मज़हब को किसी तरह का विशेष दर्जा न दें। आभ्यान्तरिक रूप से एक खुला दरबार हो जैसा पहले था। इज़राइल कैसा देश है और यह कैसा होना चाहिए, सारी समस्या यहीं है और इसलिए यहीं समाधान भी है। जब मनुष्य ने भौतिक जगत के कारोबार को सम्भालने का जिम्मा अपने ऊपर लिया तो उन्होंने यह भी दावा किया कि वे न्याय करने में सक्षम हैं। मनुष्य का दावा था कि वह न्याय तमाम पवित्र ग्रन्थों में दिये गये न्याय के विचार से ज़्यादा मुकम्मल होगा। सेक्यूलर जगत को अपने दावे से दोगुना ख़रा उतरना होगा। उन्हें इस दावे को भी खारिज़ करने लायक उदाहरण पेश करना होगा कि ईश्वर ने बेहतर न्याय की व्यवस्था की थी। कहने का मतलब यह है कि सेक्यूलर समाज में इतना न्याय होना चाहिए कि किसी को अपवित्र (मनुष्यों) की नाइन्साफी से ऊब कर अल्लाह की पनाह न लेनी पड़े। कहने का मतलब यह है कि रेडिकल बराबरी की राजनीति होनी चाहिए।'[27]

# फिर औरतें ग़ायब

**तालिबान के पिछले शासन में औरतों की जो स्थिति थी उसके चलते वहाँ की महिलाएँ भयभीत हैं। अन्तरिम सरकार में महिलाओं का कोई प्रतिनिधि न होने के कारण यह डर बढ़ गया है। इसलिए जो औरतें मुल्क़ छोड़ सकती हैं वे भाग रही हैं और जो नहीं जा सकतीं वे वहीं लड़ रही हैं। इस तरह शरीयत के भीतर और उसके बाहर अफ़ग़ानी औरतों का संघर्ष लम्बा चलने वाला है।**

अफ़ग़ानिस्तान की पहली महिला फ़िल्म निर्माता, अफ़ग़ानिस्तान फ़िल्म संघ की पहली महिला अध्यक्ष सहरा करीमी 15 अगस्त 2021 को काबुल पर तालिबान के क़ब्ज़े के बाद 16 अगस्त को मुल्क़ छोड़कर चली गयीं। वे 2012 से अफ़ग़ानिस्तान में रह रही थीं। जाते–जाते उन्होंने जो कविता लिखी वह अफ़ग़ानिस्तान के मानचित्र से ग़ायब होती औरतों की दशा का बयान करती है। उन्होंने लिखा–

*जब उन्होंने*
*ऐलान किया कि*
*लड़ाई ख़त्म हो गयी है*
*लोग घबराकर हवाई अड्डों और*
*पड़ोसी देशों की सरहदों की ओर*
*भागने लगे*
*वे समझ गये कि अब*
*युद्ध शुरू हो गया है*
*जब उन्होंने*
*यक़ीन दिलाने की कोशिश की कि*
*औरतों को काम पर जाने की*

आज़ादी होगी
बच्चियों को स्कूल जाने से
नहीं रोका जायेगा
तब सबसे ज़्यादा
डर लगा
औरतों को
सहरा करीमी की आवाज
दुनिया के कानों तक
पहुँचने से पहले
वहाँ पहुँच चुके थे हत्यारे
सेना ने बिना लड़े हथियार डाल दिये
राष्ट्रपति जान बचाकर निकल भागे
जो नहीं भाग पाये उन्होंने,
तलवारों की मर्जी के आगे
सिर झुका दिये
कोड़ों के सामने पीठें बिछा दीं
करीमी की आवाज़ में दर्द था
बिलकुल वैसा ही जैसा
उस कलाकार की आवाज़ में था
जिसकी गर्दन कुछ ही पलों
पहले उतार ली गयी
जैसा उस कवि के मुक्त गान में था
जिसे अभी–अभी फाँसी पर लटका दिया गया
वे लड़ना चाहती थीं अपने बीस सालों की खातिर
उन्हें उम्मीद थी लोग बर्बरों के विरुद्ध निकलेंगे
कट–कट कर जूझेंगे तलवारों से
वे हैरान हैं कि दुनिया इस तरह
खामोश क्यों है?
अक्सर जब बोलने का वक़्त होता है
हम चूक जाते हैं
और जब भी ऐसा होता है
हम तालिबान को न्यौता दे रहे होते हैं

16 अगस्त 2021 को लिखी गयी सहरा करीमी की यह कविता साफ़ साफ कह रही है कि तालिबान भले जितना कहे कि लड़ाई ख़त्म हुई है, लेकिन वास्तव में लड़ाई शुरू हुई है। यह लड़ाई औरत की देह पर हो रही है। उसकी सुन्दरता के विरुद्ध हो रही है। उसकी पढ़ाई–लिखाई के विरुद्ध हो रही है। उसकी मुखर वाणी और लेखनी के विरुद्ध हो रही है। उसके कैमरे के विरुद्ध हो रही है। उसकी कूची के विरुद्ध हो रही है और हो रही है उसकी आज़ादी के विरुद्ध। अफ़ग़ानिस्तान की औरतों का यह दर्द उनकी कवयित्रियों के शब्दों में आमू दरिया की तरह अनवरत बह रहा है।

आजकल हॉलैंड में रह रही अफ़ग़ानी कवयित्री **शकीला अलीजादा** लिखती हैं 'मुत्युलेख'। उनकी यह कविता वहाँ की औरतों का समष्टिगत दुख समेटे हुए है–

*किसकी मरती हुई साँसें*
*सो रही हैं*
*तुम्हारी बादामी आंखों में*
*किस छोटे बच्चे की दृष्टि*
*हो जाती है ख़ाली*
*तुम्हारे ट्रिगर पर*
*किस कमसिन् लड़की के लिए*
*जिसका हृदय है तुम्हारी हथेली में*
*रक्त में डूबे हुए पाँव*
*क्या तुम्हारा दिल भी धड़कता है?*
*पर्वत मानव !*
*कौन–सा भाग्य फाड़ देगा चट्टान*
*तुम्हारे पाँव के नीचे की?*
*कौन सी स्त्री महसूस करेगी*
*अपने कुचाग्रों को जलता हुआ?*
*तुम्हारे धूल–धूसरित बालों के लिए*
*कौन सी माँ अपने बेटे के लिए*
*कहो मुझसे*
*किसकी आँखों की गहराई में*
*तुम्हारी मरती हुई साँसें पायेंगी शान्ति*

एक और अफ़ग़ानी कवयित्री **नादिया अंजुमन** लिखती हैं–

*ये किस लुटेरे ने*
*तुम्हारे सपनों की*
*विशुद्ध*
*सोने की मूर्ति को*
*इस भीषण तूफ़ान में*
*लूट लिया है?*

उनकी एक और कविता 'कोई हसरत तक नहीं' देश में फैले निराशा के वातावरण को बयान करती है–

*कोई हसरत तक नहीं*
*मुँह खोलने की*
*फिर क्या गाना*
*गाना चाहिए मुझे?*
*मैंने जिससे नफरत की*
*ज़िन्दगी ने*
*फ़र्क़ न रहा*
*जिसके गाने और न गाने में*
*क्यों करनी चाहिए बात मुझे*
*मिठास के बारे में*
*जब अहसास होता है*
*मुझे कड़वाहट का*
*आह आततायी की दावत ने*
*दस्तक दी मेरे मुँह को*
*संगी कोई नहीं*
*ज़िन्दगी में मेरा*
*तो फिर किसके लिए*
*मीठी हो सकती हूँ मैं?*

नादिया अंजुमन की 'एक मौन चीख' भी स्त्रियों पर ढाए जा रहे ज़ुल्मों की आवाज़ बन कर उभरती है–

बारिश ही उनके
हर कदमों की आवाज़ है
जो सड़क की तरफ से
आ रहे हैं भीतर अभी
रेगिस्तान से ला रहे हैं वें
गन्दे घाघरे और ऐसी प्यासी आत्माएँ
मृग मरीचिका हैं जिनकी जलती हुई साँसें
जिनके चेहरे जले हुए हैं
और सूखे हुए हैं लू से
वे सड़क की तरफ से
आ रहे हैं भीतर अभी
यातनाओं और सन्तापों के दर्द से
तड़प रही हैं उनके साथ लड़कियाँ
ख़ुशी और हँसी कब की
गायब हो चुकी हैं उनके चेहरों से
उनके बूढ़े हो चुके
दिलों में दरारें पड़ चुकी हैं
उनके रूखे होठों के
सूखे समुद्रों पर मुस्कान नहीं
झलकती
उनकी आँखों की नदियाँ
सूख चुकी हैं
और उनसे झरती नहीं
अब कोई
आँसुओं की बहार
ऐ मेरे खुदा
शायद मैं
इससे अनजान हूँ
कि उनकी मौन चीखें
नहीं पहुँचतीं बादलों तक
और उस मेबरादार बहिश्त तक
बारिश ही उनके
हर कदमों की आवाज़ है

इसी तरह **परवीन फैज जादा मलाल** अपनी कविता में एक स्त्री की तलाश करती हैं जो अफ़ग़ानिस्तान के रेगिस्तान और पहाड़ों में कहीं खो गयी है।

**किसी रेगिस्तानी फूल की तरह**

*रेगिस्तान में खिले*
*किसी फूल की तरह*
*हम बारिश की प्रतीक्षा में हैं*
*किसी प्यासे नदी तट की तरह*
*घड़े के स्पर्श के लिए*
*प्यासे हैं हम*
*झुटपुटे में डूबी*
*किसी भोर की तरह*
*प्रकाश की लालसा है हमें*
*घर की तरह*
*स्त्री के अभाव में उजड़े*
*एक घर की तरह*
*किसी स्त्री की तलाश है हमें*
*अपने जीवन के तूफानी दौर से*
*थक चुके हैं हम बुरी तरह*
*साँस लेने के लिए हमें*
*एक पल चाहिए*
*शान्ति की बाहों में*
*शान्ति से सोने के लिए*
*एक पल चाहिए*

यह पिछले चालीस साल से लड़े गये युद्ध से व्याकुल स्त्रियों की पीड़ा है। क्योंकि युद्ध जब स्त्री के अधिकारों के लिए लड़ा जाता है और जब धरती पर अधिकार के लिए लड़ा जाता है तो निशाने पर स्त्री ही रहती है। ज़्यादातर युद्ध स्त्री की देह पर ही लड़े जाते हैं।

फ़ोटोग्राफ़र **रोया हेदारी** ने किस तरह तालिबान के कब्जे के बाद काबुल छोड़ा इसकी रोमांचक कथा है। वे राहुल देवुलापल्ली से टेलीफ़ोन पर बताती हैं कि जब वे वहाँ थीं तो उन्हें नहीं लगता था कि बड़ी लड़ाई  चलेगी।

न ही उन्हें लगता था कि वे काबुल, हेरात या मज़ार पर क़ब्ज़ा कर लेंगे। वे कहती हैं कि उन्होंने एक सेकण्ड के लिए भी नहीं सोचा था कि राष्ट्रपति मुल्क़ छोड़ कर भाग जायेंगे। वे हमेशा उम्मीद से भरी रही हैं। जब भी उन्हें डर लगता था तो वे अपने आप से कहती थीं कि चीज़ें बदलेंगी और एक दिन हम लड़ाई जीतेंगे। उन्हें उम्मीद थी कि राष्ट्रपति जनता के लिए कुछ न कुछ करेंगे, लेकिन जिस दिन राष्ट्रपति ने मुल्क़ छोड़ा उस दिन सब कुछ तबाह हो गया।

वे अपनी दास्तान सुनाती हुई कहती हैं कि 14 अगस्त की दोपहर को वे एक कैफे में थीं। वहाँ उन्होंने राष्ट्रपति का इंटरव्यू देखा और उसमें वे कह रहे थे कि हर चीज़ नियन्त्रण में है। "मैं उससे बहुत खुश थी। अगले दिन मैंने सुना कि राजधानी को तालिबान ने जीत लिया। मुझे इस पर यक़ीन नहीं हुआ क्योंकि मैंने उन्हें देखा नहीं था, लेकिन उसी रात जब हमने अपने घर के आसपास तालिबानियों को घूमते देखा तो लगा कि हमने सब कुछ खो दिया। अगले कुछ दिनों में मैंने तालिबान को लोगों को पीटते और उनकी हत्या करते हुए देखा। हम बहुत डर गये थे। उसी समय मुझे फ्रांसीसी दूतावास से एक इमरजेंसी काल आया। मैंने उनके लिए कुछ प्रोजेक्ट पर काम किया था। उन्होंने कहा कि वे देश छोड़ने में मेरी मदद कर सकते हैं।"[1]

"लेकिन मेरा फ़ोटोग्राफ़र दोस्त और मैं पहले दिन नहीं निकल पाये। हम हवाई अड्डे के पास दस दिन तक इन्तज़ार करते रहे। अगले दिन अमेरिकी दोस्त ने मदद की और हम लोग हवाई अड्डे के भीतर बने शिविर में गये। वहाँ हमें दो दिनों तक इन्तज़ार करना पड़ा। हमारे पास लैपटाप और कैमरे के अलावा कुछ नहीं था। आखिरकार मुझे फ्रांस की फ़्लाइट मिल गयी।"

रोया हेदारी अभी पेरिस में शरणार्थी की तरह से रह रही हैं। उनके माता–पिता और बहन अभी भी अफ़ग़ानिस्तान में हैं। वह जब भी माँ से फ़ोन पर बात करती हैं तो मुल्क़ लौटने का मन करता है क्योंकि माँ रो पड़ती है, लेकिन उसकी माँ साथ में यह भी कहती है कि अगर वह लौटी तो वह उसे माफ नहीं करेगी। वह तालिबान की मुखर आलोचक रही है। इसलिए उसके माता पिता को उसकी जान की चिन्ता है।

तालिबान के नाते हेदारी को दूसरी बार देश से बाहर भागना पड़ा है। पिछली बार पूरा परिवार भाग गया था और 2003 में तब लौटा था जब वहाँ एक चुनी हुई सरकार बन गयी थी।

हेदारी ने अपने लिए रोमांचक और ख़तरनाक रास्ता चुना है। वे अन्तर्राष्ट्रीय मीडिया एजेंसियों, एनजीओ और विदेशी सरकारों के लिए फ़ोटो खींचती हैं। तालिबान के दोबारा आगमन के बाद मुल्क़ के हालात के बारे में उनका कहना है, "देश में काम करने वाली बहुत कम औरतें बची हैं। ज़्यादातर ने देश छोड़ दिया है। वे नहीं चाहते कि औरतें बाहर आकर काम करें। उनका कहना है कि यह इस्लाम के नियमों के विरुद्ध है। उनका कहना है कि जो कलाकार हैं वे अपना काम बदल दें। हालाँकि वे कह रहे हैं कि वे महिला कार्यकर्ताओं और पत्रकारों को सुरक्षा देंगे और वे काम पर लौट सकती हैं, लेकिन हमें अभी देखना है कि वे क्या करते हैं। हम उन पर यक़ीन करते नहीं हैं।"[2]

अफ़ग़ानिस्तान की किम करदाशियां कही जाने वाली मशहूर पॉप स्टार एरियाना सईद (36) ने स्नेहा भूरा से अपने भाग निकलने की दास्तान सुनायी। वे 2011 से अफ़ग़ानिस्तान के लोगों के दिलों पर राज कर रही हैं। अफ़ग़ान पेसार्क नाम से उस साल जारी उनके अलबम ने धूम मचा दी थी। पेसार्क का अर्थ होता है आकांक्षाएँ, चाहतें, आज़ादी और इच्छाशक्ति। इस गाने ने उन्हें लोकप्रिय बनाया है उसे कई ईनाम भी मिले। उनकी कई खाशियतें हैं। वे पॉप स्टार तो हैं ही टीवी होस्ट भी हैं और फैशन विशेषज्ञ भी हैं। उन्होंने इसी साल जुलाई में एक लाख डॉलर की फैक्टरी लगाकर अफ़ग़ानी महिलाओं के हाथों से तैयार एक डिजाइन पेश किया। उन्हें क्या पता था कि एक दिन यह सब सिफर हो जायेगा।

एरियाना सईद ने अपनी ज़िन्दगी भर की कमाई लगा दी अफ़ग़ानी लोगों के लिए एक ब्रांड लांच करने के लिए। उन्होंने उसके लिए एक सुन्दर स्टोर खोला। इस दौरान उन्हें ख़ास दिक्कत का सामना भी नहीं करना पड़ा।

लेकिन जैसे ही तालिबान ने काबुल पर क़ब्ज़ा किया वे सुरक्षा चौकियों को जैसे–तैसे पार करते हुए हवाई अड्डे तक पहुँची। इस दौरान उनका अनुभव बेहद सिहरन पैदा करने वाला रहा। "मुझे तो यह सोच कर डर लग जाता है कि अगर मैं पकड़ी गयी होती तो मेरा क्या होता। सब कुछ इतने जल्दी हुआ कि हज़ारों लोग जो पहले जा सकते थे, लेकिन निश्चिन्त वे अफरा–तफरी में भागे। हम 15 अगस्त को एक कमर्शियल फ्लाइट लेना चाहते थे, लेकिन हम नाकाम रहे। क्योंकि तालिबान ने हवाई अड्डे पर क़ब्ज़ा कर लिया था और कई उड़ानें रद्द हो गयी थीं।

लोग जैसे तैसे काबुल हवाई अड्डे में भेड़ियाधसान किये हुए थे। आखिरकार 16 तारीख को भाग पाये।''[3]

संगीत के बारे में अफ़ग़ानी समाज की स्थिति का बयान करते हुए एरियाना कहती हैं, ''इस बीच अफ़ग़ानिस्तान ने काफ़ी तरक़्क़ी की है, लेकिन फिर भी वहाँ का समाज बुरी तरह विभाजित है। वहाँ अतिवादी और पिछड़ेपन की सोच वाले काफ़ी लोग हैं। जब भी मैं अफ़ग़ानिस्तान में कार्यक्रम करती थी तो मुल्ला लोगों की ओर से विरोध होता था। उसके बावजूद कई मौक़ों पर हम कार्यक्रम कर ले गये और इससे अफ़ग़ानी महिलाओं का बड़े पैमाने पर सबलीकरण हुआ। इससे उनके लिए कई रास्ते खुले।''

वे बताती हैं, ''काबुल में मेरा आख़िरी कार्यक्रम अफ़ग़ान क्रिकेट लीग की शुरुआत में हुआ। वहाँ मैंने काबुल के क्रिकेट स्टेडियम में कार्यक्रम किया जिसे अफ़ग़ानिस्तान नेशनल टीवी (आरटीए) पर प्रसारित किया गया, लेकिन ईमानदारी से कह रही हूँ कि मैंने कभी नहीं सोचा था कि यह मेरा अफ़ग़ानिस्तान में आख़िरी कार्यक्रम होगा। मैं उम्मीद करती हूँ कि जल्दी ही अमन और सामान्य स्थिति बहाल हो जायेगी और मैं वहाँ अपने गरीब भाइयों के लिए कार्यक्रम कर सकूँगी।''[4]

दिल्ली में रह रही एक अफ़ग़ानी लड़की (28) ने द टेलीग्राफ अख़बार से बात करते हुए जो बताया वह तो रोंगटे खड़े कर देने वाली दास्तान है। दिल्ली विश्वविद्यालय के राजनीति विज्ञान में पढ़ाई करने वाली वह लड़की कहती है कि चूँकि वह अमेरिका के एक मिलिट्री जरनल के लिए लिखती थी इसलिए तालिबान को उसकी तलाश है। यही वजह है कि वह अपने देश नहीं जा सकती। जबकि भारत ने उसका वीजा नवीकरण का आवेदन रद्द कर दिया है। भारत का कहना है कि जब उसकी पढ़ाई ख़त्म हो चुकी है तो उसका वीजा किस आधार पर नवीकृत किया जाये। अपनी तकलीफ़ बयान करते हुए वह लड़की कहती है, ''मैं वर्क वीजा के बिना भारत में नौकरी का आवेदन नहीं कर सकती और जब तक नौकरी नहीं मिलती तब तक वर्क वीजा भी नहीं मिल सकता है।'' जल्दी ही वह लड़की एक देश विहीन नागरिक की श्रेणी में आ जायेगी।[5]

लेकिन अपने मुल्क़ में उसके परिवार वालों की दशा और भी ख़राब है। उसकी छोटी बहन से तालिबानियों ने बलात्कार किया है और मुँह खोलने पर जान से मार डालने की धमकी दी है।

तालिबान ने तुर्कमेनिस्तान के पास स्थित उनके क़स्बे पर 26 जुलाई को ही क़ब्ज़ा कर लिया था। तब से वे वहाँ लोगों को मारपीट रहे हैं और डरा धमका रहे हैं। उसका परिवार कुछ कह नहीं सकता क्योंकि एक ओर जान से मारे जाने का खतरा है तो दूसरी ओर बदनामी का डर अलग से।

लेकिन बात इतनी ही नहीं है। दरअसल जिन तालिबानियों ने उनके क़स्बे पर क़ब्ज़ा किया है वे पश्तून हैं और यह परिवार उज़्बेक है। पश्तून लोग उज़्बेक को सच्चा मुसलमान नहीं मानते। नाम न छापने की शर्त पर वह लड़की बताती है, ''मेरे परिवार के लोग अलग–अलग जगहों पर भाग गये हैं। वे छुपे हुए हैं। मेरी बहन जो काबुल विश्वविद्यालय में दाख़िला लेने वाली थी उसकी उम्मीदें टूट गयीं हैं। वह दहशत में है पता नहीं अब पढ़ने को मिलेगा या नहीं।''

''हमारा परिवार सेक्यूलर मुस्लिम परिवार है। चूँकि मैंने एक अमेरिकी मिलिट्री जरनल में लिखा इसलिए तालिबान ने मेरे ख़िलाफ़ चिट्ठी जारी कर दी। अब हमारा घर उनके लिए सैन्य शिविर बन गया है। जैसे ही उन्होंने तुर्कमेनिस्तान के क़स्बे पर क़ब्ज़ा किया वे औरतों से ज़बरदस्ती विवाह करने लगे। लड़कों को तालिबान में भरती करने लगे। मेरे भाई का दोस्त एक दिन मस्जिद में बन्दूक लेकर दाखिल हुआ। उसके बाद से मेरा भाई मस्जिद में जाने से बचने लगा। मेरा भाई 12 साल का है। अब उसके भविष्य की भी चिन्ता है।'' दिल्ली में रह रही इस लड़की ने संयुक्त राष्ट्र मानवाधिकार कार्यालय में आवेदन दिया है, लेकिन अभी उसके पास जरनल से कोई पत्र नहीं आया है।[6]

दिल्ली में अपनी दिक्कतों की कहानी बताते हुए वह कहती है, ''हाल में मेरे फ्लैट में चोरी हुई। मेरा फ़ोन और लैपटॉप चला गया। पुलिस ने कुछ नहीं किया। मैं यहाँ तब से रह रही हूँ जब मैं 17 साल की थी। मैं गुरुद्वारा जाती हूँ। मैं वहाँ कीर्तन सुनती हूँ।''

दरअसल अफ़ग़ानिस्तान अपने भीतर एक प्रकार से इस्लाम बनाम इस्लाम की लड़ाई लड़ रहा है। एक ओर उदार इस्लाम है जो औरतों को पढ़ने, नौकरी करने और राजनीति करने का हक देता है तो दूसरी ओर कट्टर इस्लाम है जो उनसे यह सारे हक छीन लेता है। अफ़ग़ानिस्तान ने पिछले चालीस सालों में अगर कट्टरता का उभार देखा है तो दस साल सोवियत संघ के प्रभाव में और बीस साल अमेरिका और यूरोपीय देशों के प्रभाव में उदारता को बढ़ते और औरतों को हक हकूक मिलते देखा है।

पिछले 20 सालों में महिलाओं की साक्षरता दर जीरो से 30 प्रतिशत तक पहुँच गयी है। जहाँ 2001 में दस लाख छात्र दाख़िला लेते थे वहीं अब उनकी संख्या एक करोड़ हो गयी है। इस बीच सूचना प्रौद्योगिकी का भी वहाँ प्रवेश हुआ है। अगर अमेरिकी सैनिक और तालिबानी हथियारों से खेल रहे थे तो युवा पीढ़ी सूचना प्रौद्योगिकी का इस्तेमाल करना सीख गयी है। इन परिवर्तनों ने उसके लिए संसार की खिड़की खोली है।

इस खिड़की को तालिबानी यह कहकर बन्द कर देना चाहते हैं कि यह सब पश्चिमी संस्कृति है जिसने इस्लामी संस्कृति को नष्ट करने और बिगाड़ने का काम किया है। इसलिए जो भी पाबन्दियाँ लगायी जा रही हैं वह इस्लामी संस्कृति की स्थापना के लिए ज़रूरी हैं। तालिबान की इस व्याख्या को गाँव के लोग भले स्वीकार कर ले, लेकिन शहर के लोग स्वीकार करने को तैयार नहीं हैं। इसलिए शहरों में जगह–जगह प्रदर्शन हो रहे हैं और जो बाहर निकल नहीं पा रहे हैं वे दुनिया के अलग अलग हिस्सों से सोशल मीडिया पर विरोध जता रहे हैं। जो महिलाएँ तालिबान के आदेश से घरों में क़ैद हो गयीं हैं वे भीतर ही भीतर सुलग रही हैं। उनका कहना है कि जब कोई अधिकार ही नहीं रहेगा तो घर में बैठकर मरने से अच्छा है सड़क पर उतर कर मरा जाये।

ऐसी स्थिति में तालिबान पर भी भारी दबाव है कि वह अपने 1996 से 2001 के कार्यकाल के मुकाबले इस कार्यकाल में औरतों को थोड़ी बहुत आज़ादी दें। इसलिए कट्टरता और उदारता की कशमकश में अफ़ग़ानिस्तान की औरतें ही नहीं तालिबान भी झूल रहा है। तालिबान ने पहले कहा था कि वह अपनी सरकार में देश के सभी वर्गों का प्रतिनिधित्व करेगा, लेकिन जब मुल्ला हसन अखुन्द के नेतृत्व में अन्तरिम सरकार बनी तो उसमें महिलाओं को शामिल नहीं किया गया। उनके इस फैसले की अमेरिका, जर्मनी, यूरोपीय संघ सभी ने आलोचना की है। अफ़ग़ानिस्तान की औरतें भी इसके ख़िलाफ़ सड़क पर उतरी हैं, लेकिन दहशत के कारण उनकी संख्या सीमित है।

एक रोचक तथ्य यह है कि तालिबान ने महिला मामलों के मन्त्रालय को ख़त्म कर दिया है और उसकी जगह पर नैतिकता बढ़ाने और पापाचार मिटाने वाला मन्त्रालय बनाया है। कट्टरता और उदारता की इस जंग में अभी कुछ भी स्थिर नहीं है। जो महिलाएँ देश छोड़कर चली गयीं हैं उनकी तो लड़ाई अपनी जगह है और सोशल मीडिया और दूसरे

साधनों से चल रही है, लेकिन जो महिलाएँ देश के भीतर हैं उनकी लड़ाई यातना सहने और समय–समय पर बाहर निकल जाने के रूप में चल रही है। ऐसे में यह अभी देखा जाना है कि तालिबान उन्हें पढ़ने और काम करने का कितना अधिकार देता है।

15 अगस्त को सत्ता सम्भालने के साथ तालिबान ने ऐलान किया था कि देश में आठ साल से ऊपर की लड़कियों को पति या रक्त सम्बन्धी के अलावा किसी मर्द से सीधे सम्पर्क की इजाज़त नहीं है। औरत सड़क पर तब तक नहीं चलेगी जब तक बुरका न पहने या कोई रक्त सम्बन्धी साथ में न हो।

लेकिन तालिबान के नये शिक्षा मन्त्री अब्दुल बकी हक्कानी ने 13 सितम्बर को ऐलान किया कि औरतों को पढ़ने की इजाज़त दी जायेगी, लेकिन पुरुषों के साथ नहीं। छात्रों को क्या विषय पढ़ाया जाये उसकी भी समीक्षा की जायेगी। तालिबान जब पहली बार शासन में आया था तो 1996 से 2001 के बीच महिलाओं और लड़कियों को स्कूलों और विश्वविद्यालयों में पढ़ने के अधिकार से वंचित कर दिया गया था। जबकि अफ़ग़ानिस्तान के 1964 के संविधान में साफ़ लिखा हुआ है कि महिलाओं को वही अधिकार हैं जो पुरुषों को हैं। निश्चित तौर पर तालिबान का यह फ़ैसला उन तमाम हकूकों को कम करने वाला है जिसे औरतों और लड़कियों ने पिछले 20 सालों में जीया है, लेकिन वह सम्भवतः तालिबान के पिछले शासन के मुकाबले कुछ छूट देने वाला है। तालिबान का कहना है कि वह औरतों को शिक्षा से वंचित नहीं करेगा, लेकिन लड़के और लड़कियाँ एक साथ नहीं पढ़ेंगे। या तो कक्षा में परदे लगेंगे या फिर उन्हें अलग–अलग कक्षाओं में पढ़ाया जायेगा। 15 अगस्त को काबुल पर क़ब्ज़ा करने के बाद उन्होंने ऐलान किया था कि जब तक सुरक्षा का इन्तज़ाम न हो तब तक सभी औरतें घरों में ही रहें और काम पर न जायें। अपवाद स्वरूप उन्होंने उन औरतों को छूट दी थी जो स्वास्थ्य के क्षेत्र में काम कर रही हैं।

हक्कानी के ऐलान के साथ यह भी स्पष्ट होता जा रहा है कि अगर औरतों को पढ़ाई करनी है तो उन पर ड्रेस कोड लागू किया जायेगा। हक्कानी कहते हैं, "हमें इस बदलाव का कोई अफसोस नहीं है क्योंकि लोग मुस्लिम हैं और वे इसे स्वीकार कर लेंगे।" कुछ लोगों का कहना है कि इससे औरतें शिक्षा से वंचित हो जायेंगी क्योंकि विश्वविद्यालय के

पास अलग क्लास रूम का ढाँचा नहीं है, लेकिन हक्कानी का कहना है, "हमारे पास पर्याप्त महिला शिक्षिकाएँ हैं और अगर नहीं हैं तो विकल्प लाया जायेगा। यह सब विश्वविद्यालय की क्षमता पर निर्भर करता है। हम पुरुष शिक्षक भी लायेंगे जो परदे के पीछे से टेक्नोलॉजी का प्रयोग करके पढ़ायेंगे। प्राइमरी और सेकण्डरी स्तर पर भी लड़के लड़कियों को अलग किया जायेगा। अब तक वे सहशिक्षा में पढ़ते थे। महिलाओं को हिजाब पहनना होगा।"

हक्कानी पाठ्यक्रम में भी बदलाव की बात करते हैं। उनका कहना है, "जो भी विषय पढ़ाए जाते हैं उनकी समीक्षा होगी। हम एक तर्कसंगत इस्लामी पाठ्यक्रम तैयार करना चाहते हैं जो कि हमारे इस्लामिक, राष्ट्रीय और ऐतिहासिक मूल्यों के अनुकूल हो। दूसरी ओर वह दूसरे देशों से मुक़ाबला करने लायक भी हो।"

इस समय महिला अधिकारों को लेकर अगर दुनिया के आधुनिक और लोकतान्त्रिक देश तालिबान पर आरोप लगा रहे हैं और तमाम प्रदर्शनों को प्रचारित कर रहे हैं तो तालिबान भी अपने पक्ष में महिलाओं को गोलबन्द कर रहा है। पिछले दिनों तालिबान की महिला सम्बन्धी नीतियों के समर्थन में काबुल के शहीद रब्बानी विश्वविद्यालय में महिलाओं ने प्रदर्शन किया। उन औरतों ने काला नक़ाब पहन रखा था और हाथ में तालिबान का झण्डा ले रखा था। उनकी संख्या 300 के आसपास थी। वे नये निजाम की तारीफ़ करने वाले भाषणों को सुन रही थीं और महिला अधिकारों को हिफ़ाज़त की माँग करते हुए प्रदर्शन कर रही थीं।

हक्कानी की घोषणा इसी प्रदर्शन के बाद हुई है।

भले ही हक्कानी यह दिख़ाने की कोशिश कर रहे हों कि महिलाएँ उनके समर्थन में है, लेकिन उन पर उन प्रदर्शनों का भी असर ज़रूर पड़ा है जो सरकार की नीतियों पर सवाल कर रही हैं और दुनिया से अफ़ग़ानिस्तान में हस्तक्षेप के लिए गुहार लगा रही हैं।

ह्यूमन राइट्स वाच के अनुसार 3 सितम्बर 2021 को काबुल में तालिबानी पाबन्दियों के विरुद्ध अफ़ग़ानी महिलाओं ने प्रदर्शन किया। प्रदर्शन में आयी काबुल की अजेरो ने कहा, "हम अपने बुनियादी अधिकारों की माँग करते हुए विरोध प्रदर्शन कर रहे हैं। वे अधिकार शिक्षा, काम और राजनीतिक भागीदारी के हैं। हम तालिबान को यह बता देना चाहते हैं कि वे हमें समाज से मिटा नहीं सकते। हम इसलिए सड़क पर उतरे हैं

क्योंकि तालिबान कहता है कि सरकार के वरिष्ठ पदों पर महिलाएँ नहीं होंगी।'' दूसरी प्रदर्शनकारी का कहना था, ''तालिबान ने औरतों से कहा है कि नयी व्यवस्था में औरतों के लिए स्थान नहीं है। हमने कहा है कि हम काम करते रहना चाहते हैं, लेकिन वे कहते हैं कि औरत सिर्फ़ नर्स और टीचर का काम कर सकती है। हम इंजीनियर और वक़ील हैं। हम अपने व्यवसाय में काम करना चाहते हैं, लेकिन वे कहते हैं हम नहीं कर सकते। तो हमें घरों में ही रहना पड़ेगा। हम इसी के विरुद्ध सड़क पर उतरे हैं।''

औरतों का प्रदर्शन 2 सितम्बर को हेरात में शुरू हुआ और वह काबुल और मज़ार–ए–शरीफ तक पहुँच गया। 4 सितम्बर को 100 महिलाओं ने राष्ट्रपति भवन के सामने प्रदर्शन किया। वे बराबरी के समाज के लिए नारे लगा रही थीं। तालिबान के सुरक्षा बलों ने उन्हें रोका और 10 औरतों को पीटा। उन्होंने नरगिस नाम की एक प्रदर्शनकारी को बहुत पीटा। नरगिस बताती है, ''जब मैंने देखा कि वे एक प्रदर्शनकारी को बुरी तरह पीट रहे हैं तो मैं आगे आयी। उन्होंने किसी धातु से मेरे सिर पर वार किया और मैं बेहोश हो गयी। दो और औरतें ज़मीन पर पड़ी थीं और उनकी भी पिटाई हो रही थी।''[7]

बीबीसी ने 8 सितम्बर के प्रदर्शन की जो फ़ोटो जारी की उसमें महिलाएँ जो तख्तियाँ लिए हैं उन पर लिखा है– दुनिया क्यों खामोशी और क्रूरता से सब कुछ देख रही है। काबुल और बड़ख्शान में सकल पुरुष शासन के विरुद्ध प्रदर्शन हुआ। कुछ औरतों की पिटाई भी हुई। तालिबानी प्रवक़्ता ने कहा कि प्रदर्शनकारी न्याय मन्त्रालय की इजाज़त लेकर आयें और गाली गलौज न करें। जबकि पश्चिमी शहर हेरात में प्रदर्शन के दौरान तीन लोग मारे गये।

इस बीच # Don't Touch My Clothes हैसटैग से अफ़ग़ानी औरतों ने सोशल मीडिया पर दुनिया भर में अभियान चला रखा है। वे पारम्परिक वेशभूषा पहनकर फ़ोटो डालकर विरोध जता रहीं हैं। इस अभियान में पहली फ़ोटो डॉ. बहर जलाली ने डाली। काबुल विश्वविद्यालय की छात्रा समीरा कहती हैं, ''तालिबान ने महिलाओं की आज़ादी को कम करना शुरू कर दिया है। मुझे अब क्या खोना है। या तो मैं अपने घर के भीतर बन्द रहूंगी और अपनी पढ़ाई नहीं कर पाऊँगी या फिर अपनी जान की कीमत पर लड़ूँगी। अगर वे मुझे मार भी देंगे तो खामोश रहने से तो बेहतर ही होगा।''[8]

अफ़ग़ानिस्तान में तालिबानी कब्जे का कड़ा विरोध नोबल पुरस्कार विजेता मलाला यूसुफजई ने भी किया और आशंकाएँ जताईं कि औरतों के हक छीन लिए जायेंगे। मलाला वही युवती है जिसे 15 साल की उम्र में पाकिस्तान की स्वात घाटी में तालिबान ने इसलिए गोली मारी थी कि वह खुलेआम लड़कियों को स्कूल भेजने की पैरवी कर रही थी। तालिबानियों ने गोली उसके सिर में मारी थी, लेकिन ब्रिटेन के हस्पताल में अच्छी तरह इलाज के चलते उसे बचा लिया गया। आज वह आक्सफोर्ड विश्वविद्यालय में पीएचडी की छात्रा हैं। बाद में तहरीके तालिबान पाकिस्तान ने दावा किया कि मलाला पर हमला उसके संगठन ने किया है। हमलावर पकड़ा गया था, लेकिन बाद में जेल से फरार हो गया।

मलाला ने कहा, "तालिबान की वापसी से मैं बहुत परेशान हूँ। औरतों, अल्पसंख्यकों और मानवाधिकार के पैरवीकारों के लिए। दुनिया के नेताओं को इस मामले में दखल देनी चाहिए। जब से तालिबान ने अफ़ग़ानिस्तान को नियन्त्रित किया है तब से हम सदमे में हैं। वैश्विक, क्षेत्रीय और स्थानीय शक्तियों को तुरन्त युद्ध विराम की माँग करनी चाहिए और मानवीय राहत पहुँचानी चाहिए। उन्हें गाँव वालों और शहरी लोगों की हिफाजत करनी चाहिए।"

## हक मिले, हक छिने

अफ़ग़ानिस्तान पर विदेशी आक्रमण हो या आन्तरिक विद्रोह, हर समय घुमा फिराकर औरतों के हक का मुद्दा बीच में आ ही जाता है। या यूँ कहें कि वह एक मुख्य मुद्दा रहता है जिसके नाते कई बार वहाँ सत्ता परिवर्तन होता है। वहाँ यह सिलसिला बीसवीं सदी के आरम्भ से चल रहा है और आज तक जारी है। अफ़ग़ानी औरतों को हक मिलने की शुरुआत बीसवीं सदी के आरम्भ से ही हो गयी थी। वह मिलता रहा और छिनता भी रहा। इस्लाम की कट्टरता और उदारता की लड़ाई औरतों के अधिकार के मोर्चे पर घमासान तरीके से लड़ी जाती रही। यानी वहाँ महिलाओं को अधिकार मिलने का सिलसिला तभी आरम्भ हो गया जब यूरोप और एशिया के दूसरे देशों में हुआ, लेकिन दूसरे देशों के साथ अच्छाई यह रही कि वह जब मिला उसके बाद उसे छीना नहीं गया। उसका निरन्तर विस्तार होता रहा और वह वैश्विक नारी आन्दोलन का एक हिस्सा बना रहा। जबकि अफ़ग़ानिस्तान में मुल्ला और कबीलों के ग्रामीण सरदारों के विरोध के

कारण उसे छीना जाता रहा। शायद यही वजह है कि अफ़ग़ानिस्तान की कामकाज़ी महिलाएँ जो बाकी दुनिया की ओर देखती रहती हैं वे निराशा में देश छोड़कर भागी हैं तो देश में रहने वाली महिलाएँ अपने इतिहास की ओर देखकर उम्मीद भी पाले हुए हैं। उन्हें लगता है कि अगर पहले के दमनकारी नहीं रहे हैं तो यह भी लम्बे समय तक कैसे रहेंगे। बस उनके सामने सवाल यही है कि कैसे वे औरतों के हक को पश्चिमी संस्कृति और राजनीति की बजाय एशिया और विशेषकर इस्लाम के लिहाज से परिभाषित करें और तालिबान और मुल्लाओं को समझाएँ कि न तो वैसा मुहम्मद साहेब ने कहा है और न ही कुरान में वैसा लिखा है।

अगर अफ़ग़ानिस्तान में तालिबान से पहले भी कट्टरपन्थियों ने औरतों के हक छीने और उन पर ज़ुल्म ढाए तो पिछली सदी से आरम्भ से इस सदी के आरम्भ तक कम से कम पाँच ऐसे मौक़े आये जब मुल्क़ के संविधान में औरतों को मर्दों के बराबर का हक दिया गया। 1923, 1964, 1976, 1987 और 2004 ऐसे वर्ष हैं जब संविधान में औरतों को बराबरी का हक दिया गया और व्यापक सामाजिक सुधार का रास्ता साफ़ लिया गया।

1964 का अफ़ग़ानी संविधान इस बारे में बहुत अहम माना जाता है। इस वक़्त मुहम्मद दाऊद ख़ान प्रधानमन्त्री थे और उन्होंने इस संविधान के माध्यम से औरतों को मर्दों के बराबर का हक, वयस्क मताधिकार दफ़्तर चलाने का हक और बिना परदे के निकलने का अधिकार दिया।

हालाँकि मुहम्मद दाऊद का कार्यकाल 1953 में ही शुरू हो गया था, लेकिन उन्होंने पहले सामाजिक सुधारों और शैक्षणिक कार्यक्रमों को चलाया और फिर जब स्थिति अनुकूल देखी और विरोध कम देखा तो संविधान में भी सुधार किये। 1964 के इस संविधान को इस्लामी क़ानून और फिलॉसफी का समर्थन हासिल है। इस संविधान के समर्थकों ने दावा किया कि कुरान में मानवाधिकार दिये गये हैं और महिलाओं को भी मर्दों के बराबर का हक है। यह सारे अधिकार छठी सदी के यानी मैग्ना कार्टा से पहले के हैं। दरअसल अल्लाह की नज़र में औरत और मर्द बराबर हैं। सारी ग़लतफहमी विधिशास्त्र ने पैदा की है। संविधान बनाने वालों ने कहा कि चूँकि अफ़ग़ानिस्तान में औरतों और मर्दों का अनुपात छह और चार का है। इसलिए उन्हें बराबरी का हक मिलना चाहिए। इसके अलावा इस संविधान को अफ़ग़ानिस्तान की अपनी नजीरों का भी समर्थन हासिल है।

अफ़ग़ानिस्तान में औरतों के हक की चेतना तुर्की और अफ़ग़ानी समाज के अभिजात वर्ग के प्रभाव में आयी। औरतों के हक में क़ानून बनाने और सामाजिक सुधार के आरम्भ का श्रेय बादशाह अमानुल्लाह ख़ान को जाता है। अमानुल्लाह ख़ान ने दो बड़े काम किये। एक तो उन्होंने 1919 में अंग्रेज़ों के हमले को बेकार करते हुए उन्हें हराया और दूसरा स्त्रियों के हक में तमाम सुधार किये, लेकिन 1929 में उनके सत्ता से हटने की वजह भी यही दोनों काम बने। इसलिए अफ़ग़ानिस्तान का हर शासक इन दोनों मसलों पर सोच समझ कर कदम उठाता है। पहला काम यूरोप से पंगा और दूसरा काम औरतों के हक में मुल्लाओं से पंगा।

बादशाह अमानुल्लाह ख़ान पर जिस व्यक्ति ने सर्वाधिक असर डाला वह थे महमूद बेग तरजी (1865–1933)। तरजी साहेब का देश निकाला हो रखा था और उन्हें तुर्की में एक बड़े बौद्धिक जमाल अद दिन अल अफ़ग़ानी (1838–1937) ने प्रभावित किया। तरजी साहेब ने अक्टूबर 1911 में काबुल से सिराज–अल–अख़बार (ख़बरों की मशाल) प्रकाशित करना शुरू किया। तरजी का दावा था कि कोई भी समाज तब तक तरक़्क़ी नहीं कर सकता जब तक स्त्री शिक्षा को सुधार एजेंडा के केन्द्र में न रखा जाये। इसी अख़बार में तरजी साहेब की बीबी यानी अस्मा रस्मया ख़ानम ने दुनिया की मशहूर औरतों पर एक श्रृंखला प्रकाशित की। अस्मा ने 1921 से इरशाद–अल–निस्वां (औरतों की मार्गदर्शक) नामक पत्रिका का प्रकाशन शुरू किया। अस्मा ख़ानम और तरजी की बेटी सोराया तरजी ने अमानुल्लाह ख़ान से विवाह किया जो अपने पिता के उत्तराधिकारी के रूप में 1919 में मुल्क़ के बादशाह बने।

फिर क्या था शाही महल औरतों के लिए हमदर्दी, हक और तरक़्क़ी के दरवाज़े खोलने लगा। अस्मा ख़ानम और बेगम सोराया ने मिलकर 1921 में औरतों का पहला स्कूल मकतब–ए–मस्तुरत खोला। बादशाह अमानुल्लाह ने एक साथ कई निजामनामों पर दस्तखत किये जो कि बाल विवाह को रोकते थे, बहुपत्नी प्रथा को प्रतिबन्धित करते थे, विधवाओं को विवाह की इजाज़त देते थे, परदा ख़त्म करते थे और मेहर की रकम तय करते थे। बादशाह अमानुल्लाह ख़ान का पूरा परिवार औरतों को आगे बढ़ाने और समाज सुधार के कामों में लग गया था। अमानुल्लाह की बहनों राजकुमारी कोबरा ने अंजुमन–ए–हिमायत–ए–निस्वाँ और दूसरी बहन सिराज अल बनात ने 1924 में काबुल में औरतों का हस्पताल खोला।

यह सही है कि इस समाज सुधार का असर व्यापक समाज पर नहीं पड़ा और इसका लाभ मुल्क़ के अमीर और अफसर तबके के लोग ही उठा रहे थे, लेकिन फिर भी यह एक बड़ी शुरुआत थी जो अफ़ग़ानिस्तान के इतिहास में मील का पत्थर कही जा सकती है। इस शुरुआत के चलते तक़रीबन 800 लड़कियों ने स्कूल में शिक्षा पाना शुरू किया।[10]

लेकिन औरतों के हक में होने वाले इस सुधार की प्रक्रिया निरापद नहीं थी। मुफ्ती लोगों ने इसका विरोध करना शुरू कर दिया था। शिक्षा और सुधारों का यह असर काबुल या कुछ बड़े शहरों तक सीमित था और गाँव व कबीलों तक यह नहीं पहुँचा था, लेकिन इसकी प्रतिक्रिया होने लगी थी। भले ही अंग्रेज़ और यूरोपीय लोग इस बात का दावा करें कि वे दुनिया में बराबरी, शिक्षा और लोकतन्त्र पहुँचाना चाहते है, लेकिन यह काम वे कीमत लिए बिना नहीं करते। उनका असली मक़सद अपना वर्चस्व कायम करना रहता है और उसके लिए वे दूसरों की आज़ादी को भी दांव पर लगा देते हैं।

वही अफ़ग़ानिस्तान के साथ भी हुआ। चूँकि अमानुल्लाह ख़ान ने 1919 के तीसरे एंग्लो अफ़ग़ान युद्ध में अंग्रेज़ों को हरा दिया था इसलिए अपने साम्राज्य के विस्तार और अमानुल्लाह ख़ान को नीचा दिख़ाने की ताक में बैठे अंग्रेज़ शासकों ने अफ़ग़ानिस्तान के समाज में उदारता और कट्टरता के विभाजन का फ़ायदा उठाने का मौक़ा नहीं गँवाया। अमानुल्लाह सोच रहे थे कि उनके आधुनिक विचारों और सुधारों का यूरोप में स्वागत होगा और इससे उन्हें इस काम को बढ़ाने में ताक़त मिलेगी। इसी के साथ कुछ और विचार मिलेंगे लागू करने के लिए।

अमानुल्लाह ख़ान ने 1927–28 के बीच अपनी बेगम के साथ यूरोप का दौरा किया और तरह तरह के लोगों से मुलाकात की। इस दौरे में बेगम सोराया के ऐसे कई फ़ोटो लिए गये जहाँ वे सार्वजनिक स्थलों पर बिना हिजाब के घूम रही हैं। एक फ़ोटो ऐसा भी आया जिसमें फ्रांसीसी राष्ट्रपति गास्तों दौमर उनका हाथ चूम रहे हैं। अंग्रेज़ी राज के खुफिया अधिकारियों ने यह फ़ोटो अफ़ग़ानिस्तान में बड़े पैमाने पर बँटवाये। इस तरह उन सिपहसालारों को भड़काया जो अमानुल्लाह के सामाजिक सुधारों से खार खाए बैठे थे। फिर क्या था कट्टरपन्थियों ने सिपहसालार हबीबुल्लाह कलाकनी (बच्चा ओ सक्को) के नेतृत्व में काबुल पर धावा बोल दिया। उन्होंने अमानुल्लाह का तख्ता पलट दिया और सत्ता अपने हाथ में ले ली।

हबीबुल्लाह ने कहा कि बादशाह काफ़िर है। इसी के साथ उन्होंने लड़कियों के स्कूल बन्द करा दिये, परदा फिर से ज़रूरी कर दिया और उन सारे सुधारों को खारिज़ कर दिया जो अमानुल्लाह ने किये थे।

अफ़ग़ानिस्तान में औरतों के हक के साथ यही उठापटक आज तक जारी है। कभी तरक़्क़ीपसन्द और उदारवादी जीतते हैं तो कभी कट्टरपन्थी। जब उदारवादी जीतते हैं तो औरतें आज़ाद होती हैं और जब कट्टरपन्थी जीतते हैं तब उन पर गुलामी का परदा डाल दिया जाता है।

अगर 1919 से 1929–30 तक का दौर औरतों की आज़ादी के खिलने और फलने फूलने का है तो 1930 से 1950 तक का दौर उसे कुचले जाने और कैद करने का है। सामाजिक सुधार करने की कोशिश में लगे बादशाह नादिर शाह को 1933 में क़त्ल कर दिया गया। उनके उत्तराधिकारी मुहम्मद ज़हीर शाह ने सुधार को जारी रखने का प्रयास किया लेकिन उन्हें भी बड़े विरोध का सामना करना पड़ा। लड़कियां और औरतें स्कूलों और विश्वविद्यालयों से बाहर कर दी गयी थीं। परदा, बाल विवाह लौट आया था और लौट आयी थी बहु–विवाह की प्रथा।

मुहम्मद ज़हीर शाह 1933 से 1973 तक करीब चार दशक तक अफ़ग़ानिस्तान के बादशाह रहे। उनके शासन का आधा कार्यकाल औरतों के अधिकारों के लिए कमज़ोर, संघर्षशील और आधा कार्यकाल उन्हें हासिल करने और लागू करने वाला कहा जायेगा। उन्हीं के शासन में 1964 में बराबरी का हक देने वाला संविधान लागू हुआ और 1973 में उन्हीं के तख़्तापलट के साथ बादशाहत का अन्त हो गया, लेकिन उसके बाद 1992 तक जब तक वहाँ कम्युनिस्टों का शासन रहा आधुनिकता के दायरे में जितनी आज़ादी मिल सकती थी वह औरतों को हासिल हो रही थी। हालाँकि कम्युनिस्ट शासन लोकतान्त्रिक होता नहीं इसलिए वहाँ नागरिक अधिकारों की वैसी स्थिति नहीं रही जैसी लोकतान्त्रिक देशों में होती है। यही कारण है कि रिवोल्यूशनरी एसोसिएशन ऑफ वीमेन ऑफ अफ़ग़ानिस्तान यानी रावा जैसे मशहूर स्त्री संगठनों ने जितनी आलोचना तालिबानी शासन की की है उससे कम आलोचना कम्युनिस्ट और अमेरिका संरक्षण में चलने वाली सरकारों की नहीं की है। ज़हीर ख़ान ने अपनी सत्ता मुल्ला मौलवियों और पढ़े लिखे आधुनिक लोगों के बीच तालमेल करके चलायी लेकिन 1930 के बाद कट्टरपन्थी जिस तरह से हावी हो गये थे उसका असर दूसरे विश्वयुद्ध की समाप्ति के बाद ही जा सका।

ज़हीर ख़ान के शासन के दौरान जब बड़े घरानों की अफ़ग़ानी औरतें विदेश से लौटती थीं तो हवाई अड्डे पर उनके नौकर हिजाब लेकर विमान की सीढ़ियों तक जाते थे। वजह साफ़ थी कि वे बाहर से खुले माहौल में लौटती थीं और मुल्क़ लौटते ही उन्हें बन्दिशों का सामना करना पड़ता था। औरतों पर लगने वाली यह बंदिशें तब तक जारी रहीं जब तक 1953 में मुहम्मद दाऊद ख़ान वहाँ के प्रधानमन्त्री नहीं बन गये। हालाँकि इस दौरान औरतों को संगठित करने और उनके हक के लिए जागरूकता फैलाने का संघर्ष चलता रहा। बादशाह की पत्नी हुमैरा बेगम ने 1946 में वूमेन वेलफेयर एसोसिएशन (WWA) बनाया जिसके प्रभाव में 1950–51 से काबुल विश्वविद्यालय में औरतों पढ़ने जाने लगीं। 1960 के दशक में वहाँ रुख़्साना नामक पॉप गायिका बहुत मशहूर हुईं।

दाऊद ख़ान और बादशाह हालाँकि एक ही ख़ानदान के थे, लेकिन उनके बीच सत्ता को लेकर संघर्ष चलता रहा और 1963 में दाऊद को इस्तीफा देना पड़ा। 1964 में नया संविधान लागू होने के साथ औरतों को हक मिले। इसके पीछे जहाँ उदारवादी कुलीन राजनेताओं का योगदान था वहीं अनहिता रातेबजाद जैसी कम्युनिस्ट नेताओं की भी मेहनत थी। अनहिता रातेबजाद उन चार महिलाओं में थीं जिन्हें 1965 में महा सभा यानी लोया जिरगा के लिए चुना गया था। अन्य औरतें थीं हेरात की खादिजा अहरारी, कन्धार की मासूमा इस्माती वारदक और काबुल की रोकिया अबू बकर।

रातेबजाद ने 1965 में डेमोक्रेटिक ऑर्गनाइजेशन ऑफ अफ़ग़ान वूमेन का गठन किया था। उन्होंने औरतों के हक के लिए जनसंघर्ष चलाया। जब 1973 में दाऊद ख़ान ने सेना के सहारे विद्रोह किया और ज़हीर ख़ान को सत्ता से हटाकर बादशाहत ख़त्म कर दिया तो उन्होंने भी अनहिता रातेबज़ाद के आन्दोलन और उनकी माँगों को अपने सुधारों में शामिल किया। हालाँकि दाऊद की नीतियों सोवियत संघ से दूर जा रही थीं और वे पाकिस्तान के कुछ हिस्सों को मिलाकर पख़्तूनिस्तान की बात कर रहे थे, लेकिन 1973 से 1978 तक उनके कार्यकाल के दौरान कई उल्लेखनीय सुधार हुए जिनसे स्त्री अधिकारों में वृद्धि हुई। दाऊद ने 1976 में नया संविधान बनाया और 1977 में सिविल क़ानून पास किया। उस क़ानून के तहत उन्होंने दहेज और शादी के ख़र्च को नियन्त्रित करने की कोशिश की। यह वही काम था जिसे पहले अमीर अमानुल्ला ने करने की कोशिश की थी। 1977 के सिविल क़ानून की धारा 27 कहती है,

"औरत और मर्द के भेदभाव के बिना अफ़ग़ानिस्तान के सारे नागरिक किसी भेदभाव और विशेषाधिकार के बिना क़ानून के सामने बराबर का अधिकार और दायित्व रखते हैं।" रोचक बात यह है कि यह डिक्री दाऊद ख़ान ने जारी की थी, लेकिन बाद में 1978 की बगावत के बाद सत्ता में आने वाले कम्युनिस्ट इसे अपने पहले के आन्दोलन की उपलब्धि मानते हैं।[11]

युद्ध करने वाले एक संगठन के रूप में तालिबान का जन्म भले ही 1994 में हुआ हो, लेकिन तालिबानी प्रवृत्तियाँ अफ़ग़ानिस्तान और पाकिस्तान के समाज में लम्बे समय से रही हैं। अफ़ग़ानिस्तान की औरतों के हक की लड़ाई को इन्हीं सौ वर्षों की हार जीत के इतिहास की रोशनी में देखा जा सकता है। जब बादशाह ज़हीर ख़ान और राष्ट्रपति दाऊद ख़ान अफ़ग़ानिस्तान में औरतों को हक देने का क़ानून पास कर रहे थे और रातेबजाद जैसी कम्युनिस्ट महिलाएँ संघर्ष कर रही थीं तब काबुल विश्वविद्यालय में इस्लामी धर्मशास्त्र के प्रोफ़ेसर बुरहानुद्दीन रब्बानी अपनी शिक्षाओं से कट्टरता फैला रहे थे और उनके शिष्य अहमद मसूद और गुलबुद्दीन हिक्मतयार औरतों पर तेज़ाब फेंक कर उन्हें डरा रहे थे।

रब्बानी ने 1972 में जमीयत इस्लामी का गठन किया और जब दाऊद ने उन्हें गिरफ़्तार करने की कोशिश की तो वे पाकिस्तान भाग गये। रब्बानी के संगठन ने बहु–विवाह और बाल विवाह की अहमियत पर ज़ोर दिया और औरतों की शिक्षा और सार्वजनिक जीवन में उनकी भूमिका को खारिज़ किया। उनके शिष्य गुलबुद्दीन हिक्मतयार उस समय चर्चा में आये जब उन्होंने 1969 काबुल विश्वविद्यालय की छात्राओं पर एसिड फेंक दिया। दो दशक बाद उन्हीं के शागिर्दो ने पेशावर में महिला टीचरों और राहत काम में लगे वर्करों पर तेजाब फेंका। बाद में जब अफ़ग़ानिस्तान से सोवियत संघ की वापसी हुई तो बुरहानुद्दीन रब्बानी वहाँ के राष्ट्रपति बने और गुलबुद्दीन हिक्मतयार प्रधानमन्त्री। सन् 1990 में अफ़ग़ानिस्तान के 200 मुल्लाओं ने एक फतवा जारी करके कहा, "महिलाओं और लड़कियों को शिक्षित होने के लिए यह सही समय नहीं है। औरतों को अपने घर से बाहर जाने की ज़रूरत नहीं है। स्कूल तो वेश्यालय हैं वहाँ जार कर्म और व्याभिचार होता है।"

1992 से 1996 तक जब तक मुज़ाहिदीनों का शासन रहा तब तक महिला अधिकारों पर असंगठित तरीके से हमला होता रहा, लेकिन विचारधारा वही थी। 1996 में जब तालिबान आया तो उसी विचारधारा को और संगठित जामा पहना दिया गया और हमला ज़्यादा क्रूर और व्यवस्थित हो गया।

## तालिबानी दौर में औरतें और बच्चे

तालिबान के लेखक अहमद राशिद उस दौर की मज़हबी पुलिस के आतंक का वर्णन करते हुए लिखते हैं, ''मौलवी कलामुद्दीन के बिखरे हुए दफ़्तर में किसी की झाँकने की हिम्मत नहीं है। आधी आबादी तो कतई नहीं आयेगी क्योंकि मौलवी औरतों को तो इमारत में घुसने ही नहीं देते। वे कद काठी से लम्बे चौड़े पश्तून कबीले के आदमी हैं जिनके हाथ पैर लम्बे चौड़े हैं और नाक मोटी और लम्बी है। जब वे बात करते हैं तो उनकी लम्बी और घनी काली दाढ़ी उनकी मेज को छूती है। उनके लहीम शहीम शरीर और नाम का पूरे शहर पर आतंक है। तालिबान की मज़हबी पुलिस के मुखिया के तौर पर वे जो आदेश जारी करते हैं उसने उस काबुल शहर के जीवन को बदल कर रख दिया है जहाँ कभी लोग आसानी से आते जाते थे। उनके आदेश ने अफ़ग़ानी औरतों को सार्वजनिक जीवन से गायब ही कर दिया है।''[12]

''मौलवी कलामुद्दीन नैतिकता प्रोत्साहन और व्याभिचार निवारण विभाग चलाते थे। 1997 की गर्मियों में जब मैं उनका इंटरव्यू लेने गया तो उन्होंने नये आदेश जारी ही किये थे जिसके तहत उन्होंने औरतों के ऊँची एड़ी के जूते चप्पल पहन कर चलने पर रोक लगा दी थी। औरतें चलते समय अपने जूतों से आवाज़ नहीं कर सकती थीं। हस्पतालों में औरतों के स्टाइल वाले कपड़े पहनने और मेकअप करके जाने पर रोक लगी थी। औरतों का दायित्व था कि वे मर्यादित आचरण करें और खामोशी से चलें और ज़मीन पर अपने जूतों की ठोकर न मारें क्योंकि उससे आवाज़ होती है।'' उनके आदेश का कहना था, 'औरतें मेडिकल क्षेत्र के अलावा किसी भी क्षेत्र में काम नहीं कर सकतीं। मेडिकल सेक्टर की औरतें भी ड्राइवर की सीट के बगल में नहीं बैठेंगी। जिस कार में कोई विदेशी जा रहा हो उस कार में किसी भी अफ़ग़ानी महिला को जाने का हक नहीं है।'

कलामुद्दीन का संगठन एक प्रकार का जासूसी संगठन भी था। उनका कहना था कि उनके पास सेना, सरकारी मन्त्रालय, हस्पताल और अन्तर्राष्ट्रीय राहत संस्थाओं में सैकड़ों जासूस हैं। उनका संगठन स्वतन्त्र था। उसे न्याय मन्त्रालय और सुप्रीम कोर्ट ऑफ अफ़ग़ानिस्तान से किसी प्रकार का आदेश लेने की ज़रूरत नहीं थी। वे सीधे अमीर मुल्ला मुहम्मद उमर से आदेश लेते थे। उनके आदेश नियमित तौर पर रेडियो शरीयत

से प्रसारित होते थे। वही रेडियो जो पहले रेडियो काबुल हुआ करता था। खेल के बारे में जो नियम जारी किये गये थे उसके अनुसार, 'खिलाड़ियों का हौंसला अफजाई करने वाले सभी दर्शकों को हिदायत दी गयी थी कि वे अल्लाह हो अकबर का नारा लगायें और ताली न बजायें। अगर खेल के दौरान नमाज़ का वक़्त हो जाये तो खेल को रोक दिया जाये। खिलाड़ी और दर्शक दोनों तरह के लोग नमाज़ अदा करें।'

पतंगबाज़ी के साथ महिलाओं के सारे खेल प्रतिबन्धित कर दिये गये थे। जो संविधान 1923, 1964, 1976, 1987 और 2004 में बनाये गये थे और जिनके तहत औरतों को हक दिये गये थे तालिबान ने उन सबको मानने से इनकार कर दिया था। उनका कहना था, 'शरीयत हमारा संविधान है। इसलिए हमें किसी तरह के संविधान की ज़रूरत नहीं है। लोग इस्लाम से मोहब्बत करते हैं इसलिए वे तालिबान का समर्थन करते हैं। यही कारण है कि हम जो कर रहे हैं उसे वे पसन्द करते हैं।' अर्टार्नी जनरल मौलवी जलीलुल्लाह मौलवीजादा ने कहा।

सेव द चिल्ड्रेन की निदेशक सोफी एलियूसेन ने कहा, ''इस युद्ध का सबसे बुरा असर औरतों और बच्चों पर पड़ रहा है। औरतें बिना ख़ाना खाये रह रही हैं। उनके बच्चे कुपोषण के शिकार हो रहे हैं। औरतें हिस्टीरिया, ट्रॉमा और डिप्रेशन की शिकार हो रही हैं। क्योंकि वे नहीं जानती कि अगला रॉकेट कब और कहाँ गिरेगा। बच्चे माँ की मोहब्बत और अनुशासन को कैसे समझ सकते हैं जब वे देख रहे हैं कि बड़े लोग एक–दूसरे को मार रहे हैं। माएँ अपने बच्चों की बुनियादी ज़रूरतें नहीं पूरी कर पा रही हैं। इतना ज़्यादा तनाव है कि बच्चे अपने अभिभावकों पर यक़ीन ही नहीं कर रहे हैं। अभिभावकों ने बच्चों से बात करना बन्द कर दिया है या वे यह समझाने की कोशिश ही नहीं करते कि बाहर क्या हो रहा है।''

डॉ. लीला गुप्ता ने यूनिसेफ की ओर से काबुल के बच्चों पर एक सर्वे किया था। सर्वे के अनुसार ज़्यादातर बच्चों ने इतनी भयानक हिंसा देखी थी कि उनमें जीने की इच्छा ही समाप्त हो गयी थी। जितने बच्चों पर सर्वे किया गया था उनमें से दो तिहाई ने किसी न किसी के राकेट से चिथड़े उड़ते देखे थे। 70 प्रतिशत से ज़्यादा बच्चों के परिवार का कम–से–कम एक सदस्य मारा गया था। वे बड़ों पर यक़ीन करना छोड़ चुके थे। उन्हें बार बार भयानक सपने आते थे, पुरानी यादें उनके जेहन में कौंधती थीं और उन्हें लगता था कि जीवन जीने लायक नहीं है।

काबुल विश्वविद्यालय से पढ़ी और एक एनजीओ में काम करने वाली नसीबा गुल नाम की एक लड़की ने कहा था, 'तालिबान औरतों को धूल में मिला देना चाहते हैं। कोई भी औरत चाहे कितनी गरीब हो या कट्टर हो वह नहीं चाहती अफ़ग़ानिस्तान पर तालिबान शासन करे। इस्लाम कहता है कि औरतें मर्दों के बराबर हैं और औरतों को इज्जत दी जानी चाहिए, लेकिन तालिबान तो लोगो को इस्लाम के ही ख़िलाफ़ कर रहा है। 'लेकिन हाईहील और स्कर्ट पहन कर चलने वाली नसीबा तालिबान के आने के बाद काम से महरूम हो गयी। मजबूरन उसे पाकिस्तान जाना पड़ा।

तालिबान नेताओं की पृष्ठभूमि और अफ़ग़ानिस्तान के क़बीलाई समाज की हक़ीक़त का वर्णन करते हुए अहमद राशिद लिखते हैं, 'तालिबान के ज़्यादातर नेता दक्षिणी अफ़ग़ानिस्तान पश्तून प्रान्त के गरीब, दकियानूसी और कम पढ़े–लिखे परिवारों से आये हैं। मुल्ला उमर के गाँवों में औरतें हमेशा पूरी तरह से बुरका पहन कर निकलती थीं और कोई भी लड़की स्कूल नहीं गयी क्योंकि स्कूल थे ही नहीं। उमर और उनके लोग औरतों के बारे में अपने परिवेश और अपनी कमियों को पूरे देश पर थोप रहे हैं और फिर उसे कुरान के माध्यम से सही बता रहे हैं। दरअसल अफ़ग़ानिस्तान इतना विविधता वाला देश है कि कोई यह दावा नहीं कर सकता कि सभी औरतों के लिए यह परम्परा और संस्कृति मानक है। न ही तालिबान से पहले किसी शासक ने अफ़ग़ानियों के लिए दाढ़ी और औरतों के लिए बुरका पहनने पर ज़ोर दिया था।'[13]

'पाकिस्तान का बाकी हिस्सा दक्षिणी इलाक़े जैसा नहीं था। पूरब के अफ़ग़ान पश्तून पाकिस्तानी पश्तूनों से काफ़ी प्रभावित थे और वे अपनी लड़कियों को स्कूल भेजने में गर्व का अनुभव करते थे। उनमें से कइयों ने तो तालिबान के शासन में भी वह सिलसिला जारी रखा। या तो उन्होंने गाँव में स्कूल खोल दिया या फिर अपने बच्चों को पाकिस्तान भेज दिया। पाकिस्तान के अफ़ग़ान शरणार्थी शिविरों में हज़ारों पश्तून लड़कियां पढ़ती थीं। पश्तून पट्टी के बाहर सभी जातीय समुदाय स्त्री शिक्षा को प्रोत्साहित करते थे। अफ़ग़ानिस्तान की ताक़त उसकी जातीय विविधता रही है। अफ़ग़ानिस्तान के शहरों की अपनी विविधता रही है। कन्धार तो हमेशा से दकियानूसी वाला शहर रहा है, लेकिन हेरात प्रान्त की कुलीन परिवार की महिलाएँ तो फ्रांसीसी जुबान बोलती थीं। काबुल की 40 प्रतिशत महिलाएँ

कामकाज़ी रही हैं और उनका यह व्यवहार कम्युनिस्ट शासन के दौरान तो रहा ही है 1992 के बाद मुज़ाहिदीन शासन में भी रहा है।'

तालिबानी मानसिकता का विश्लेषण करते हुए एक अफ़ग़ानी एनजीओ की प्रमुख सिमी वाली कहती ने बताया, 'महिलाओं के विरुद्ध यह विद्वेष इस्लाम और सांस्कृतिक मान्यताओं में नहीं राजनीतिक आस्था और विचारधारा में निहित है। तालिबान मुसलमान मर्दों की नयी पीढ़ी है जोकि युद्ध की संस्कृति से पैदा हुई है। जिन्होंने अपने बालिग जीवन का अधिकतर समय अपने समुदाय से पूरी तरह से अलग रहने में बिताया है। अफ़ग़ानी समाज में पारम्परिक रूप से औरतें सामाजिक व्यवहार को नियमित करने का उपकरण रही हैं। वे अफ़ग़ानिस्तान की संस्कृति की शक्तिशाली प्रतीक रही हैं।'

पश्तूनों ने दरअसल अपनी पश्तूनवली को शरीयत से मिलाकर जो क़ानून बनाया उसे उन जातीय समुदायों पर लागू कर रहे हैं जिनका रहन सहन और रस्मो रिवाज उनसे अलग रहा है। 'सभी पश्तून कबीले पश्तूनवली नाम के क़ानून को मानते रहे हैं। यह एक तरह की सामाजिक आचार संहिता रही है जिसके आधार पर कबीलों की पंचायत या जिरगा ज़मीन, औरत और क़त्ल के मुकदमों पर फैसले करती रही है। पश्तूनों ने शरीयत और पश्तूनवली के बीच की रेखा हमेशा धुँधली रखी है। कबीलाई सजायें आमतौर पर शरीयत की बजाय पश्तूनवली से निर्धारित होती रही हैं, पश्तूनवली संहिता अलग अलग तरह से विभिन्न पश्तून कबीलों में लागू होती थी, लेकिन वह दूसरे जातीय समुदायों में नहीं लागू होती थी। आज जब पश्तून दूसरे समुदायों पर पश्तून और शरीयत के नियम लागू कर रहे हैं तो समुदायों में विभाजन बढ़ गया है। ग़ैर–पश्तूनी समाज सोच रहा है कि यह कन्धारी पश्तून क़ानूनों को पूरे देश पर लागू करने की कोशिश है।'

यही वजह है कि तालिबान ने हर तरह के मनोरंजन पर रोक लगाने की ठान रखी है। सिनेमा, टीवी, वीडियो संगीत और नृत्य हर तरह के कार्यक्रमों पर पाबन्दी लगायी गयी। जबकि अफ़ग़ानिस्तान के लोग सिनेमा जाया करते थे। आज जब सूचना प्रौद्योगिकी की तेज़ी का दौर है तो वे भी तमाम तरह से मनोरंजन अपने टेलीविजन सेट और स्मार्ट फ़ोन पर कर लिया करते थे। अपने पहले दौर की पाबन्दियों के औचित्य को सिद्ध करते हुए मुल्ला मुहम्मद हसन ने कहा था, "हम महसूस करते हैं कि

लोगों को कुछ मनोरंजन की ज़रूरत है, लेकिन उसके लिए वे पार्क में जा सकते हैं। वहाँ फूलों को देख सकते हैं और इस्लाम के बारे में कुछ सीख सकते हैं।'

तालिबान और बाहरी दुनिया से आदान–प्रदान के बीच जेण्डर का मुद्दा पहले भी फँसा था और आज भी फँसेगा। पहले भी यूरोप और संयुक्त राष्ट्र की संस्थाएँ इस बात का दबाव डाल रही थीं वे औरतों के साथ अपना व्यवहार नरम करें तभी अनुदान और राहत मिलेगी और वह मसला आज भी उठेगा, लेकिन कट्टरपन्थी तालिबानियों का मानना है कि तालिबान सार्वभौमिक मानवाधिकारों को स्वीकार करे उससे बेहतर है पश्चिम तालिबान के साथ तालमेल बिठाये। 'संयुक्त राष्ट्र किस तरह की शिक्षा चाहता है। यह काफ़िरों की नीति है। वह औरतों को ऐसी आज़ादी देती है जिससे वे बदचलनी करेंगी और इस्लाम को नष्ट कर देंगी। जिस भी इस्लामी देश में जारकर्म का चलन बढ़ता है वह मुल्क़ बर्बाद हो जाता है। वहाँ काफ़िरों का बोलबाला हो जाता है क्योंकि उनके मर्द औरतों की तरह हो जाते हैं। और औरतें अपना बचाव नहीं कर पाती हैं। हमसे जो भी सहयोग करना चाहता है वह इस्लाम के दायरे में करें। पवित्र कुरान दूसरे लोगों की ज़रूरत के लिहाज से समायोजन नहीं कर सकती। लोगों को कुरान की ज़रूरत के लिहाज से तालमेल करना होगा।'[14]

अफ़ग़ानिस्तान में औरतों के संघर्ष का जिक्र तब तक अधूरा रहेगा जब तक रावा यानी रिवोल्यूशनरी एसोसिएशन ऑफ द वूमेन ऑफ अफ़ग़ानिस्तान का जिक्र न किया जाये। इस संगठन की स्थापना काबुल विश्वविद्यालय की छात्रा मीना किश्वर कमाल ने 1977 में की थी। इस संगठन का उद्देश्य औरतों के हक़ और सामाजिक लोकतन्त्र के लिए लड़ना है। इसकी रणनीतियाँ अहिंसक हैं। पहले इसका दफ़्तर काबुल में था, लेकिन विरोध बढ़ने के साथ इसे पाकिस्तान ले आया गया। मीना किश्वर कमाल ने 1979 में अफ़ग़ानिस्तान पर सोवियत संघ के कब्जे के विरुद्ध भी अभियान शुरू किया था और अमेरिका और सऊदी हस्तक्षेप से लड़ने वाले मुजाहिदों का भी विरोध किया था। मीना किश्वर कमाल ने अपने विचार को रखने और औरतों के जागरण के लिए 'पयाम–ए–जान' नामक पत्रिका निकाली। उन्होंने फ्रांस की सोशलिस्ट पार्टी से रिश्ता बनाया और पेरिस की यात्राएँ कीं। युद्ध के दौरान उन्होंने अफ़ग़ानी शरणार्थी बच्चों के लिए स्कूल खोला। हालाँकि किश्वर कमाल की 1987 में हत्या कर दी गयी।

फिर भी उनका संगठन पाकिस्तान में अपना केन्द्र बनाकर दुनिया के स्तर पर अपनी सक्रियता बनाये हुए है।

इन दिनों रावा का कार्यालय पाकिस्तान के क्वेटा में है। इस संगठन के लोग अफ़ग़ानिस्तान और पाकिस्तान में सेमिनार, प्रेस कांफ्रेंस करते हैं और औरतों पर होने वाली ज्यादती को उजागर करते हैं। रावा ने तालिबान की मज़हबी पुलिस द्वारा औरतों की पिटाई की फ़िल्में बनायीं और उसे पूरी दुनिया के स्तर पर प्रचारित किया। वे बहु–पक्षीय निरस्त्रीकरण के लिए भी काम करते हैं। इसलिए उन पर तालिबान और उसके विरोध में लड़ने वाले नार्दर्न एलायंस दोनों ने पाबन्दी लगायी। रावा ने 2001 के बाद अफ़ग़ानिस्तान पर अमेरिका और नाटो देशों के हमले का भी विरोध किया। एक बार तो रावा ने कहा कि वह अमेरिकी सरकार पर मुकदमा करेगा क्योंकि उन्होंने उनकी वेबसाइट से चार तस्वीरों का इस्तेमाल किया और उन्हें अपने प्रचार के लिए गिराये गये परचों में छापा। उसकी वजह से महिलाओं की हत्या हुई।

रावा का मानना है कि नाटो भी उतना ही कट्टरपन्थी है जितना तालिबान। क्योंकि इस्माइल ख़ान की हेरात सरकार ने यह बात साबित कर दी। वह भी औरतों पर बराबर ज़ुल्म करती रही। इसलिए रावा ने हामिद करज़ई की सरकार को बहुत महत्त्व नहीं दिया। रावा का कहना था कि हामिद करज़ई की सरकार अनुदार शक्तियों के ख़िलाफ़ लगातार खड़े होने में असमर्थ है। उनके शासन में मुल्क़ में औरतों की स्थिति बेहतर नहीं हुई है।

अफ़ग़ानिस्तान की महिलाओं की स्थिति को खालिद हुसैनी के उपन्यास 'हज़ारों शानदार सूरज' (A Thousand splendid suns) में मार्मिक ढंग से दर्शाया गया है। यह मरियम और लैला नाम की दो लड़कियों की कहानी है। इनमें मरियम हेरात की एक गरीब घर की लड़की है और वह अवैध सन्तान है। इसलिए उसे न तो माँ का प्यार मिलता है और न ही पिता का। वह ताज़िक है। उसकी माँ आत्महत्या कर लेती है और मरियम अपने से बीस साल बड़े व्यक्ति राशिद से विवाह करने को विवश हो जाती है, लेकिन मरियम उसे सन्तान नहीं दे पाती क्योंकि उसका बार बार गर्भपात हो जाता है। इस कारण राशिद उसकी काफ़ी उपेक्षा करता है। उधर काबुल में एक और लड़की लैला है जो थोड़ा सम्पन्न परिवार की है। वह भी ताज़िक है।

वह मरियम से अगली पीढ़ी की लड़की है। उसका तारिक नाम के एक पश्तून लड़के से प्यार होता है। लैला के दो भाई मुज़ाहिदीन थे जो सोवियत संघ की सेना से लड़ते हुए मारे गये थे। इस नाते उसकी माँ की मानसिक स्थिति ठीक नहीं है। इस बीच अफ़ग़ानिस्तान पर मुज़ाहिदीन का क़ब्ज़ा हो जाता है। तारिक पाकिस्तान जाना चाहता है, लेकिन मारा जाता है। लैला का परिवार भी काबुल छोड़ना चाहता है, लेकिन रॉकेट गिरने से वह भी मारा जाता है। लैला बच जाती है, लेकिन घायल है। उसका इलाज राशिद और मरियम करते हैं। बाद में लैला के गर्भ से एक लड़की का जन्म होता है। वह तारिक की लड़की है। राशिद लैला से भी शादी कर लेता है। उपन्यास लड़के की चाह में जी रहे राशिद, उसकी दो पत्नियों और युद्ध में फँसे अफ़ग़ानिस्तान में लोगों की जान माल की सुरक्षा और रोजी रोटी की कहानी है। वहाँ नये शासन के बाद औरतों के साथ भेद–भाव और बढ़ जाता है। हालाँकि वह पहले भी कम नहीं था। एक दौर ऐसा आता है जब मरियम और लैला भागना चाहती है, लेकिन पकड़ी जाती हैं और राशिद उन पर बहुत ज़ुल्म करता है। आखिर में लैला राशिद के बेटे को जन्म देती है, लेकिन जन्म देने की पीड़ा भी भयंकर है। उसका बच्चा ऑपरेशन से पैदा होता है और हस्पताल युद्ध से जर्जर है इसलिए वहाँ कोई बेहोशी का इन्तज़ाम नहीं है। यह उपन्यास 2007 में आया था और पूरी दुनिया में हाथों हाथ लिया गया। उससे पहले खालिद हुसैनी दो दोस्तों के बीच दगाबाजी और उसे दूर करने के प्रयास पर आधारित 'द काइट रनर' नामक उपन्यास लिखकर अफ़ग़ानिस्तान के दर्द को दुनिया के सामने रख चुके थे।

उपन्यास लिखते हुए खालिद हुसैनी को ईरानी कवि सैब तबरीजी से उसके शीर्षक की प्रेरणा मिली। सैब तबरीज़ी की कविता है जिसमें काबुल के लिए गहरी हुड़क है :

*काबुल की हर सड़क*
*बसी हुई है नज़रों में*
*बाज़ार के बीच से*
*गुजर रहा है*
*मिस्र वालों का कारवाँ*
*उसकी छतों पर*
*चमकने वाले महताबों को*

*आप गिन नहीं सकते*
*और न ही*
*उन हज़ारों आफताबों को*
*जो उसकी दीवारों के पीछे छुपे हैं*

जाहिर है अफ़ग़ानिस्तान की छतों पर चमकने वाले तमाम महताबों को गिनना आसान है और न ही दीवारों के पीछे छुपे आफताबों को। उन महताबों के हज़ारों आफताब हैं। उन्हें रोशन करना है। आफताबों को चमकने देना होगा तभी महताब की चमक भी बनेगी। आफताब लोगों की आकांक्षाएँ हैं। सुन्दर सपने हैं। जिन्हें कभी विदेशी हमले रोक लेते हैं तो कभी आज़ादी और देशभक्ति का दिखावा करने वाले अपनों के क्रूर पंजे उन्हें जकड़ लेते हैं। यही वजह है कि औरतों की पीड़ा और दर्द के बारे में मरियम की ताज़िक माँ कहती है– 'मेरी बेटी इसे आज जान लो और अच्छी तरह जान लो, जैसे एक कुतुबनुमा की सुई हमेशा उत्तर की ओर इशारा करती है वैसे ही एक मर्द की इल्जाम लगाने वाली उँगली एक औरत की तलाश करती है। मरियम इसे हमेशा याद रखना।'

मरियम की माँ का यह सीधा सा वाक्य हमारी सभ्यता में चल रहे लैंगिक संघर्ष का भी सूत्र वाक्य है। जिसे तुलसीदास अपने शब्दों में कहते है– 'कत विधि सृजी नारि जग मांहीं, पराधीन सपनेहुं सुख नाहीं।'

तालिबान प्रेम, सुन्दरता, कला संस्कृति के विरोध का एक मुहावरा बन चुका है। पता नहीं अपने दूसरे दौर में वह कुछ सुधरेगा या वैसे ही रहेगा, लेकिन पहले दौर में उसने दुनिया में अपनी क्रूरता और कट्टरता जो झण्डा फहराया है उससे हर कोई निराश है। निराश वे भी हैं जो कुछ बोल रहे हैं और जो नहीं बोल रहे हैं वे भयभीत तो ज़रूर हैं। जो लोग सोचते हैं कि तालिबान ने सिर्फ़ बामियान में स्थित बुद्ध की विशालकाय मूर्तियों को तोप लगाकर उड़ाया है वे भूल रहे हैं कि वे वैसा उन मुस्लिम स्मारकों के साथ भी कर रहे हैं जो मध्य युग में प्रेम के प्रतीक बन गये थे। मज़ारे शरीफ में राबिया बल्की का मकबरा है। वह मध्य युग की एक सशक्त कवयित्री थी जिसे प्रेम करने के कारण मार डाला गया था। वह अपने युग की पहली महिला थीं जिसने फारसी में प्रेम कविताएँ लिखी थीं। उन्हीं प्रेम कविताओं के लिए उसके भाई ने उसकी कलाई की नस काट दी थी। उसका कहना था कि वह एक गुलाम के साथ सोई थी इसलिए उसे सजा दी जा रही है। राबिया ने अपनी आख़िरी कविता मरते

समय अपने ख़ून से लिखी थी। कई सदियों तक उज़्बेक लड़के लड़कियाँ उस मकबरे का एक सन्त के मकबरे की तरह सम्मान करते थे वे वहाँ सजदा करते हुए दुआ करते थे कि वे अपनी मोहब्बत में कामयाब हों। जब तालिबान की सत्ता आयी तो उन्होंने उस मकबरे को लोगों की पहुँच से बाहर कर दिया। क्योंकि मोहब्बत किसी भी युग में हुई हो नफरत करने वाले तालिबानी उसे कैसे सह पायेंगे।

लेकिन अफ़ग़ानी समाज में राबिया का बलिदान और उसकी कविताओं की गूँज इतनी गहरी है कि क्या उसे तालिबानी बन्दूकों, कोड़ों और पाबन्दियों से मिटाया जा सकेगा? सूफ़ी कवि फ़रीद–अल–दिन–अत्तार की कविता राबिया की उँगलियों के रक्त से निकले प्रेम के सन्देश को इस तरह अमर कर देती है :

*चाँद जैसे खूबसूरत चेहरे ने*
*अपनी उँगलियों के पोरों से*
*जो ख़ून बहाया है*
*वह बिखरा है पूरी दीवार पर*
*उसके दर्द भरे दिल से*
*निकली हैं कई कविताएँ*
*जब हमाम में कोई दीवार*
*ख़ाली नहीं रही तो भी*
*ख़ून की कुछ बूँदें*
*बची रह गयी थीं*
*उसके पोरों में*
*जब उसने दीवारों को*
*भर दिया अपनी कविताओं से*
*तब वह ख़ून, मोहब्बत*
*आग और आँसुओं में*
*गिर पड़ी दीवार के*
*एक टुकड़े की तरह*
*उसकी ख़ूबसूरत रूह ने*
*छोड़ दिया उसका शरीर*
*हज़ारों ख्वाहिशों के साथ*

अफ़ग़ानिस्तान की हज़ारों औरतों का यह संघर्ष और ख़ून से हमाम और शाही महलों की दीवारों पर लिखी उनकी कविताएँ और इन्साफ के नारे भले ही थोड़े समय के लिए दबा दिये जायें और उन्हें पश्चिम के व्याभिचार और पूर्व की नैतिकता के बीच उलझा दिया जाये, लेकिन वे हमेशा नहीं दबाये जा सकते। नारी स्वतन्त्रता की लड़ाई पश्चिम की बपौती नहीं है। वह हर समाज में रही है और रह रह कर उठती रही है। इस्लाम के भीतर वह इस्लामी नारीवाद के रूप में है तो हिन्दू समाज में द्रौपदी और जाबाला के रूप में है। इस्लाम की औरतें अपनी लड़ाई लड़ेंगी। भले दुनिया उनकी मदद कर पाये या न कर पाये।

# अमेरिका : वापसी के मायने

**अफ़ग़ानिस्तान से अमेरिकी वापसी का एक अर्थ तो यह है कि अफ़ग़ानी जिहाद जीत गया और वहाँ स्थायी आज़ादी कायम करने का अमेरिकी सपना टूट गया। दूसरा अर्थ यह है कि दुनिया में सभ्यताओं का संघर्ष चल रहा है और वह अभी लम्बा चलेगा। क्योंकि न तो अमेरिका इस्लामी देशों को समझ पा रहा है और न ही इस्लामी देश उसे। तीसरी बात यह है कि अमेरिका को किसी अन्य देश में राष्ट्रनिर्माण का प्रयास नहीं करना चाहिए। वियतनाम, अफ़ग़ानिस्तान और इराक उसके सबक हैं। इसी के साथ शीतयुद्ध का नया परिदृश्य भी उभरा है। जहाँ एक ओर अमेरिका, भारत, आस्ट्रेलिया, जापान, यूरोप और उसके दूसरे सहयोगी देश हैं वहीं चीन, रूस, पाकिस्तान और अन्य इस्लामी देश हैं।**

"पिछले एक दशक में अमेरिका एक अति से दूसरे अति के बीच झूलता रहा है। पहले घोर विवादी और मुँहफट ट्रंप थे और अब झाड़ पोंछ कर खड़े किये गये पस्त और पायमाल बाइडेन हैं। लगता है यह देश न सिर्फ़ पतवारविहीन हो गया है, बल्कि इसका कोई नाखुदा भी नहीं है। यह एक ऐसा बीमार देश हो गया है जिसकी बीमारी के भ्रम पैदा करने वाले लक्षण दिख रहे हैं।"[1] यह टिप्पणी लन्दन के 'द टेलीग्राफ़' में एक लेखक ने की थी। अमेरिका की अफ़ग़ानिस्तान वापसी से यूरोप और उसके नाटो के साथी काफ़ी निराश हैं। भारत जैसे देश भी निराश है, लेकिन नाटो देशों के नागरिक जितना खुलकर अपनी खीझ निकाल रहे हैं उतना शायद ही कोई निकाल रहा हो। लन्दन के 'द टाइम्स' अख़बार में एक लेखक ने लिखा, "हम यूरोप के 60 करोड़ लोग अमेरिका से ज़्यादा बड़े और सम्पन्न हैं। हमें किसी ने मज़बूत होने से रोका नहीं हैं। हमने कमज़ोर बने रहने का निर्णय ख़ुद किया है। हम सब ने सुरक्षा और नेतृत्व के लिए

अमेरिका पर भरोसा किया, लेकिन अब अमेरिका ने अपना हित सर्वोपरि कर दिया है। उन्होंने हमें चोटिल और गुस्से की हालत में छोड़ दिया है। अफ़ग़ानिस्तान यूरोप के लम्बे लड़कपन का प्रमाण साबित हुआ है।"[2]

अमेरिकी नाकामी का जिक्र करते हुए तालिबान के लेखक अहमद राशिद ने 13 साल पहले आयी 'डिसेंट इनटू कयास' में लिखा दिया था, "अफ़ग़ानिस्तान और इराक के पुनर्निर्माण में अमेरिका की नाकामी और पाकिस्तान और केन्द्रीय एशिया को सुधार और लोकतन्त्र की ओर न ले जाने के कारण इस्लामी उग्रवाद से पश्चिम की लड़ाई का समर्थन कर पाना उदार मुसलमानों के लिए अब असम्भव है। न ही वे अपने मुल्कों में कोई बदलाव लाने लायक हैं।"[3]

'रिटर्न ऑफ ए किंग', 'द बैटल फार अफ़ग़ानिस्तान' (2013) जैसी सीख देने वाली पुस्तक लिखने वाले विलियम डालरिम्पल अफ़ग़ानिस्तान को विभिन्न साम्राज्यों का क़ब्रिस्तान बताते हैं। जिया–उस–सलाम से एक इंटरव्यू में यह पूछे जाने पर कि क्या अफ़ग़ानिस्तान बाइडेन का वियतनाम साबित हुआ है उन्होंने कहा, "हाँ मैं ऐसा मानता हूँ। मैं समझता हूँ कि वियतनाम के बाद यह अमेरिकी विदेश–नीति की सबसे बड़ी विफलता है। यह स्पष्ट है कि सीआईए (सेंट्रल इंटेलीजेंस एजेंसी), सेना और विदेश विभाग सभी ने तालिबान को कम करके आंका। मैं जितना जानता हूँ मुझे गोपनीय ढाँचे या समझौते में किसी प्रकार की साजिश के आयाम पर यक़ीन नहीं होता। मैं समझता हूँ कि यह अमेरिकी सरकार के सभी विभागों की बहुत बड़ी ग़लती है, उनका बहुत बेढंगे तरीके से किया गया काम है और उनके द्वारा ग़लत तरीके से लगाया गया अनुमान है। किसी ने नहीं सोचा था कि सत्ता तालिबान के हाथों में जायेगी, किसी ने नहीं अनुमान लगाया था कि ऐसा होने जा रहा है और साफ़तौर पर वे सारे लोग भौचक रह गये थे।"[4]

यह पूछे जाने पर कि क्या दोहा समझौते के हाशिए पर तालिबान से कुछ ऐसी वार्ता हुई है जिसके कारण 20 साल बाद तालिबान के सत्ता में वापस आने का रास्ता साफ़ हुआ है, डालरिम्पल कहते हैं, "निश्चित तौर पर दोहा समझौते से अफ़ग़ानिस्तान की सरकार बहुत कमज़ोर हो गयी। इसने तालिबान को वैधता प्रदान की। उस समय मेरे अलावा बहुत सारे लोगों ने कहा था कि यह तबाही है, यह बड़ी ग़लती है। जाल्मय खलीलजाद ट्रंप के दूत थे और अब बाइडेन को उसकी ज़िम्मेदारी लेनी होगी,

लेकिन मैं नहीं मानता कि किसी प्रकार की गोपनीय सौदेबाजी हुई है। अब कोई बाइडेन पर भरोसा नहीं करेगा। सिर्फ़ अमेरिकी प्रतिष्ठा को ही नहीं नाटो की प्रतिष्ठा को भी गहरा आघात लगा है।''[5]

क्या बाइडेन अपने पहले के शासक की गलतियों की कीमत चुका रहे हैं? इस पर डालरिम्पल का कहना था, 'हाँ पर उन्हें इसका जिम्मा लेना चाहिए। ट्रंप की नीतियों को लेकर आगे बढ़ने का फ़ैसला उनका अपना था। उन्होंने ट्रंप के कई फ़ैसलों को पलटा है। वे इसे पलट सकते थे।''

इस बीच वापसी के फैसले नही, लेकिन उसके तरीके को लेकर पूर्व राष्ट्रपति डोनाल्ड ट्रंप और उनके समर्थक राष्ट्रपति जो बाइडेन पर हमलावर हो गये हैं। 2024 के चुनाव की तैयारी में लगे ट्रंप ने बाइडेन से इस्तीफा माँगा और कहा, ''मैंने तो अफ़ग़ानी सुरक्षा बलों को सबसे मज़बूत स्थिति में छोड़ा था।'' हालाँकि ट्रंप के बयान में अपना चुनावी हित ज़्यादा और राष्ट्रीय हित कम दिख रहा है और इसे एक गैर ज़िम्मेदार बड़बोले नेता की बयानबाजी ही कहा जा सकता है। फिर भी उनके बयानों से अनुदार समर्थकों को ऑक्सीजन मिलती रहती है। इसी को ध्यान में रखकर उन्होंने जो बाइडेन को निशाने पर रखते हुए अपने फैसले पर ही हमला बोल दिया, ''जो बाइडेन ने जो किया वह तो अपने में किंवदन्ती बन चुका है। अमेरिकी इतिहास में इसे सबसे बड़ी हार के तौर पर देखा जायेगा।''[5]

संयुक्त राष्ट्र में अमेरिका की राजदूत रही निक्की हेली ने कहा, ''यह अपमानजनक नाकामी है और पूरी तरह से समर्पण है।''

येल यूनीवर्सिटी के एक इतिहासकार ने कहा, ''ऐतिहासिक रूप से कुछ अपवादों को छोड़ दिया जाये तो अमेरिका की दखल देने की आदत ने बहुत तबाही मचाई है और बहुत पीड़ा दी है। इसका पूरा असर तब पता चलेगा जब हम वह करना छोड़ देंगे।'' कोलराडो विश्वविद्यालय के इतिहासकार सू ग्रे ने कहा, ''उन्होंने आज़ादी के अगले युद्ध को बेचने की एक और योजना बना ली है और अमेरिकी ज़रूर इसे खरीदेंगे। वे डर, देशभक्ति और हम अच्छे लोग हैं इसे लम्बे समय से बेच रहे हैं और हम फिर उसे खरीदकर आगे बढ़ जायेंगे।''[6]

यह बात गौर करने की है कि दोहा समझौता क्या था जिसकी आड़ में जो बाइडेन अपने को बचा रहे हैं और जिसकी आड़ में ट्रंप और बाइडेन

के समर्थक छाया युद्ध लड़ रहे हैं। यह जानना रोचक है कि अमेरिका ने यह समझौता अफ़ग़ानिस्तान की इस्लामी अमीरात नामक सरकार से किया था जिसे तालिबान कहा जाता है। हालाँकि समझौते के शीर्षक में लिखा हुआ है कि अमेरिकी सरकार इस सरकार को मान्यता नहीं देती है। अमेरिका और तालिबान के बीच यह समझौता कतर के दोहा शहर में 29 फ़रवरी 2020 को हुआ था और इसके तहत इस बात पर सहमति बनी थी अफ़ग़ानिस्तान में शान्ति बहाल करने के लिए मई 2021 तक अमेरिका व नाटो की सेनाएँ वहाँ से वापस चली जायेंगी और युद्ध समाप्त हो जायेगा।

समझौते के चार हिस्से हैं। पहले हिस्से में कहा गया है कि तालिबान अफ़ग़ानिस्तान की धरती को अमेरिका और उसके मित्र देशों की सुरक्षा के विरुद्ध किसी भी व्यक्ति या समूह द्वारा प्रयोग नहीं होने देंगे। उसका दूसरा बिन्दु यह है कि अमेरिका से विदेशी फौजों की वापसी की एक समय सीमा तय की जायेगी। तीसरा बिन्दु यह था कि फौजों की वापसी के बाद तालिबान अफ़ग़ानिस्तान के विभिन्न गुटों से वार्ता करेंगे। चौथा बिन्दु यह था कि अफ़ग़ानी गुटों से वार्ता के लिए पूरी तरह से युद्ध विराम किया जायेगा।

इस समझौते में पहले तय किया गया था कि फौजें मई 2021 तक वापस चली जायेंगी, लेकिन बाइडेन ने राष्ट्रपति बनने के बाद उसे अगस्त के अन्त तक बढ़ा दिया था। अब सवाल यह है कि क्या जो बाइडेन के हाथ ट्रंप के उस समझौते से बँधे हुए थे? ''समझौता इतना सख़्त नहीं था कि बाइडेन उससे अपनी गर्दन बाहर नहीं निकाल सकते थे। समझौते में एक धारा ऐसी थी कि अगर तालिबान और अफ़ग़ानी गुटों के बीच वार्ता विफल रहती है तो अमेरिका समझौते से हाथ खींच सकता है।''[7]

ट्रंप शासन के आख़िरी दिनों में कार्यवाहक रक्षामन्त्री रहे क्रिस मिलर कहते हैं, ''अगर (बाइडेन) समझते हैं कि समझौता बुरा था तो वे फिर से वार्ता कर सकते थे। अगर वे वैसा चाहते थे तो उनके पास बहुत सारा अवसर था।''

अफ़ग़ानिस्तान की विशेषज्ञ और ट्रंप के दौर में नेशनल सिक्योरिटी कौंसिल की सीनियर डायरेक्टर लिसा कर्टिस कहती हैं, ''दोहा समझौता बहुत कमज़ोर था। अमेरिका (बाद में) चाहता तो तालिबान से रियायत ले सकता था। वे चाहते थे कि अमेरिकी फौजें जायें और वे (तालिबान) देश पर फौजी तरीके से क़ब्ज़ा कर लें।''

इस सुझाव के बारे में जो बाइडेन ने कहा था कि, ''आपके राष्ट्रपति के तौर पर हमें यह फ़ैसला करना है कि हम पहले वाले समझौते का पालन करें या फिर तालिबान से युद्ध लड़ने के लिए उतर जायें।'' बाइडेन का कहना था कि देश के बहुत सारे लोग चाहते हैं कि अमेरिका युद्ध से बाहर निकले और विशेष कर वे फौजी और उनके परिवार चाहते हैं जो देश की आबादी के एक प्रतिशत है।

बाइडेन ने 31 अगस्त, 2021 को राष्ट्र के नाम अपने सम्बोधन में जो भाषण दिया उसमें सारे बिन्दुओं को छूने की कोशिश की। शायद उनके आलोचकों को वहाँ जवाब मिल जायेगा। विलियम डालरिम्पल जिन खुफिया विभाग और विदेश विभाग और अमेरिकी प्रशासन के विभिन्न अंगों की पूरी विफलता बताते हैं उन्हीं की शान में बाइडेन कसीदे पढ़ते हैं।

बाइडेन कहते हैं, ''कल रात अमेरिका ने काबुल में अफ़ग़ानिस्तान के 20 साल के युद्ध की समाप्ति की घोषणा कर दी। यह अमेरिका के इतिहास का सबसे लम्बा युद्ध था। हमने इतिहास का सबसे बड़ा एअरलिफ्ट (आसमानी बचाव) किया। इस अभियान में 1,20,000 लोगों को सुरक्षित स्थान पर पहुँचाया गया। विशेषज्ञ जितनी संख्या सम्भव बता रहे थे यह उसकी दोगुनी है। दुनिया के किसी देश ने इतिहास में ऐसा नहीं किया। सिर्फ़ अमेरिका के पास ऐसी क्षमता और इच्छा शक्ति है और हमने आज ऐसा कर दिया। अभियान की असाधारण सफलता अमेरिकी सेना, राजनयिकों और खुफिया विभाग वालों की हैरान कर देने वाली कुशलता, बहादुरी व निस्वार्थ साहस के कारण हुई है।''[8]

अमेरिकी सेना और खुफिया विभाग वालों की चौतरफा आलोचना के बीच बाइडेन एक परिपक्व राजनेता के तौर पर तमाम अन्तर्राष्ट्रीय अनुभवों का सहारा लेते हुए अपने प्रशासन का बचाव करने खुलकर उतरे, ''हफ्तों तक उन्होंने जान हथेली पर लेकर अमेरिकी नागरिकों, अपनी मदद करने वाले अफ़ग़ानियों, मित्र देशों के नागरिकों को विमान पर बिठाकर देश से बाहर निकाला। (हालाँकि) देश छोड़ने वालों की भारी भीड़ थी। वे जानते थे कि (ISIS & K) आईएसआईएस के आतंकी (तालिबान के दुश्मन) आसपास घात लगाये बैठे हैं। अमेरिकी लोगों ने अपना काम किया। लेकिन हमने व्यावसायिक कामयाबी के लिए अपनी जान जोखिम में नहीं डाली बल्कि हमने दया के अभियान के लिए खतरा मोल लिया। हमारे 13 लोग मारे गये और 23 जख्मी हुए।''[9]

अमेरिकी राष्ट्रपति के बयान से तो लगता है कि जितनी तेज़ी से वहाँ तालिबान का क़ब्ज़ा हुआ उसकी उन्हें आशंका नहीं थी। उन्हें लगता था कि तालिबान वार्ता करेगा और बाकी समूह कुछ न कुछ देर टिकेंगे। इसी पर आश्चर्य जताते हुए वे कहते हैं, ''मैं खुद डोवर हवाई अड्डे पर था। (इस अभियान की निगरानी के लिए)। 1 अप्रैल को युद्ध समाप्त करने का फ़ैसला लिया था। हमने 31 अगस्त की तारीख तय की थी। आशा थी कि हमने दो दशक में जिन 3,00,000 अफ़ग़ानी सैनिकों को अफ़ग़ानी सुरक्षा बल के रूप में तैयार किया है वे गृहयुद्ध में तालिबान से लड़ेंगे, लेकिन वैसा हो नहीं पाया। हम तब भी तैयार थे। जब अफ़ग़ानी राष्ट्रपति अपने लोगों को छोड़कर भागे और अपने मुल्क़ को दुश्मन तालिबान के हवाले करके चले गये हम तब भी तैयार थे।''[10]

जो लोग वापसी की प्रक्रिया पर सवाल उठाते हैं उन्हें जवाब देते हुए बाइडेन कहते हैं, ''हमने 6000 अमेरिकी सैनिकों से काबुल हवाई अड्डे की सुरक्षा के लिए कहा था। जनरल मैकेंजी बताते हैं कि ऑपरेशन इसी तरह से तैयार किया गया था। मार्च के बाद हमने अफ़ग़ानिस्तान में रह रहे अमेरिकियों से 19 बार अनुरोध किया और उनसे बाहर निकलने को कहा। ऑपरेशन एलाइड रिफ्यूज ने 5,500 अमेरिकियों को निकाला।''

बाइडेन इस अभियान की तत्परता और कुशलता का वर्णन अपने भाषण में विस्तार से करते हैं और मानते हैं कि इसे धीरे–धीरे करने की बजाय तेज़ी से ही करने में भलाई थी। या तो फिर से वहाँ ठहरने और युद्ध जारी रखने का फ़ैसला ले लिया जाता और सेना की नयी टुकड़ियाँ भेजी जातीं, लेकिन जब वापस लौटने और युद्ध समाप्त करने का निर्णय ले लिया गया तो उसे लम्बा खींचने में नुक़सान था न कि फ़ायदा। वे एक ओर अमेरिकी हितों और सुरक्षा की दुहाई देते हैं तो दूसरी ओर यह भी साबित करते हैं कि अमेरिका ने अपनी सुरक्षा में आंतकवाद को नष्ट करने के लिए जो युद्ध छेड़ा था वह विफल नहीं हुआ है। वे उन लोगों को भी जवाब देते हैं जो कहते हैं कि अमेरिका ने पहले अफ़ग़ानिस्तान पर हमला किया जोकि नहीं करना था। और उसने इराक और सीरिया पर हमला कर दिया ताकि ध्यान बँटाया जा सके।

वे कहते हैं, ''आखिरकार वे कौन से हित हैं जो राष्ट्र की जीवनीशक्ति है? वे हित हैं कि अफ़ग़ानिस्तान फिर कभी अपने देश का हमारी धरती पर हमला करने के लिए इस्तेमाल न होने दें। हम पहले अफ़ग़ानिस्तान में क्यों गये?

क्योंकि हम पर ओसामा–बिन–लादेन और अल–कायदा ने 11 सितम्बर 2001 (9/11) को हमला किया था। वे लोग अफ़ग़ानिस्तान में रह रहे थे। हमने 2 मई 2011 को ओसामा–बिन–लादेन के साथ इन्साफ कर दिया। एक दशक पहले अल–कायदा मिटा दिया गया। ...अगर 11 सितम्बर 2001 को हम पर अफ़ग़ानिस्तान की बजाय यमन से हमला हुआ होता तब भी क्या हम तालिबान नियन्त्रित अफ़ग़ानिस्तान में युद्ध करने जाते। इसका ईमानदार उत्तर है–ना। हमारा अफ़ग़ानिस्तान में कोई और अहम राष्ट्रीय हित नहीं है सिवाय इसके कि अमेरिका पर हमला न हो।

हमने अफ़ग़ानिस्तान में जो लक्ष्य तय किया था उसे तो एक दशक पहले ही प्राप्त कर लिया था, लेकिन उसके बाद भी हम एक दशक तक वहाँ ठहरे रहे।

यह एक नयी दुनिया है। आतंक का ख़तरा पूरी दुनिया में फैल (कैंसर की तरह) गया है। उसका दायरा अफ़ग़ानिस्तान से आगे निकल गया है। हमें सोमालिया में अल शाबाद से खतरा है, तो सीरिया और इराक में अल कैदाफियों से। यह संक्रमण या खतरा पूरे अफ्रीका और एशिया में है। हमारी समझ से एक राष्ट्रपति का बुनियादी दायित्व यह है कि वह अमेरिका की रक्षा करे, लेकिन 2001 के खतरों से नहीं बल्कि 2021 के खतरों से।''[11]

सन् 2001 में अफ़ग़ानिस्तान में अमेरिका और नाटो सेनाओं के हमले से लेकर अब तक वहाँ चार राष्ट्रपति आ चुके हैं। अगर वहाँ सेना भेजने वाले जार्ज बुश पहले राष्ट्रपति थे तो जो बाइडेन चौथे राष्ट्रपति हैं जिन्हें इन सेनाओं की वापसी पर फ़ैसला लेना था। हालाँकि उसकी भूमिका उनके पहले के राष्ट्रपति डोनाल्ड ट्रंप दोहा समझौते से तैयार कर चुके थे। इन सभी राष्ट्रपतियों के व्यक्तित्व और नीतियाँ में फ़र्क़ रहा है। उनका व्यक्तित्व भी अलग रहा है। इनमें से बराक ओबामा जैसे अमेरिका के पहले काले राष्ट्रपति के साथ तो जो बाइडेन उपराष्ट्रपति के तौर पर रहे हैं। इसलिए वे विदेश–नीति से ही नहीं अवगत हैं, बल्कि इस युद्ध पर अमेरिका ने जो धन, संसाधन और सैनिक गँवाए हैं उनका भी हिसाब वे पेश करते हैं।

एक ओर वे साबित करना चाहते हैं कि यह युद्ध अमेरिका के लिए खर्चीला साबित हुआ है और दूसरी ओर वे यह भी कहना चाहते हैं कि बीस साल की लड़ाई के बाद किसी भी देश की सेना थक जाती है।

इसलिए अब न सिर्फ़ आतंकवाद का स्वरूप बदला है, बल्कि उससे लड़ने का तरीका भी बदलना होगा। वे सूचना प्रौद्योगिकी और नये हथियारों का भी जिक्र करते हैं और बताते हैं कि उनके माध्यम से दूर बैठकर भी आतंकियों पर निशाना लगाया जा सकता है, लेकिन इसी के साथ वे यह भी स्वीकार करते हैं कि राष्ट्रनिर्माण का जो महान उद्देश्य लेकर अमेरिका अफ़ग़ानिस्तान में गया था वह पूरा नहीं हो सका है। इसी के साथ वे इसे एक सबक के तौर पर भी लेते हैं कि अब शायद अमेरिका सैन्य शक्ति के बूते पर किसी देश में राष्ट्र निर्माण की परियोजना न चलाये।

वे कहते हैं, ''अफ़ग़ानिस्तान में युद्ध समाप्त हो चुका है। मैं चौथा राष्ट्रपति हूँ जिसके सामने यह सवाल था कि कब इसे समाप्त किया जाये। अब मैं बीस साल बाद दूसरी पीढ़ी को युद्ध लड़ने के लिए नहीं भेजना चाहता।'' इस दौरान बाइडेन अपने बेटे को भी याद करते हैं जो इराक में तैनात था और जिसकी मौत हो गयी थी। उनकी असली चिन्ता युद्ध पर होने वाले भारी ख़र्च को ख़त्म करने और चीन और रूस के मुक़ाबले अमेरिका को प्रतिस्पर्धा में डालने की है। वे बताते हैं कि अफ़ग़ानिस्तान में लड़े गये युद्ध में अमेरिका के दो ट्रिलियन डॉलर ख़र्च हुए हैं। इसे भारतीय रुपयों में परिवर्तित करें तो यह ख़र्च दो लाख करोड़ रुपये तक आता है। इसे अगर प्रतिदिन होने वाले ख़र्च में विभाजित करें तो 30 करोड़ डॉलर प्रतिदिन का ख़र्च है। वे बताते हैं कि यह आँकड़ा ब्राउन यूनिवर्सिटी के एक शोधकर्ता ने निकाला है। अगर एक ट्रिलियन डॉलर का ही ख़र्च मानें तो भी बीस साल के लिहाज से प्रतिदिन 15 करोड़ डॉलर का ख़र्च आता है। ज़ाहिर है कि कोई भी राष्ट्रपति इस लिहाज से भी सोचेगा और उस देश के योजनाकार भी इस बात को विचार में रखेंगे। सेना के जनरल भी यह सोचेंगे कि उसके कितने लोग मारे गये हैं और उसका भावी विकास कितना प्रभावित हुआ है।

वे अपने तैनात सैनिकों की संख्या, उनमें शहीद होने वालों और घायल होने वालों की संख्या भी बताना नहीं भूलते। वे कहते हैं, ''अफ़ग़ानिस्तान में अधिकतम 1,10,000 सैनिक तैनात थे। उनमें से 2,461 मारे गये और 20,744 घायल हुए। क्या इस देश के फौजी फिर वहाँ जाना चाहते हैं? हज़ारों सैनिक बाहर तैनात किये जाने से अमेरिकी सुरक्षा बढ़ नहीं जाती।''

तो फिर आतंकवाद से लड़ाई कैसे होगी और अमेरिका उसमें योगदान कैसे देगा? इसका भी उत्तर वे देते हैं, ''आतंकवाद का खतरा बना हुआ है।

वह और भी ज़्यादा घातक और शैतानी हो गया है। अब यह दूसरे मुल्कों में पहुँच गया है। इसलिए हमारी रणनीति बदली है। हम अफ़ग़ानिस्तान और दूसरे मुल्कों में आतंकवाद से लड़ते रहेंगे। हमें उसके लिए ज़मीनी लड़ाई लड़ने की ज़रूरत नहीं है। ज़रूरत पड़ी तो हम आतंकवादी ठिकानों पर निशाना लगा सकते हैं। उसके लिए अमेरिकी सैनिक भेजने की ज़रूरत नहीं है। हमने पिछले हफ़्ते उस क्षमता का प्रदर्शन किया जब ISIS & K ने हमारे 13 सैनिकों और दर्जनों बेगुनाहों को मारा था। हमें अपनी सुरक्षा के लिए आतंक पर वहाँ निशाना लगाना है जहाँ वह आज है। न कि जहाँ वह दो दशक पहले था। जो अमेरिका को नुक़सान पहुँचाना चाहते हैं, जो हमारे और हमारे दोस्तों पर आतंकी हमला करते हैं वे जान लें कि अमेरिका कभी खामोश नहीं बैठेगा। हम उन्हें माफ नहीं करेंगे। हम धरती के दूसरे कोने तक पीछा करके उनका शिकार करेंगे।''

दरअसल अमेरिका को चिन्ता है कि अगर वह ग्रेट ब्रिटेन की तरह दुनिया के विभिन्न हिस्सों में सेनाएँ भेज कर युद्ध लड़ता रहा तो आर्थिक रूप से तेज़ी से तरक़्क़ी कर रहे चीन से पिछड़ जायेगा और फिर उसकी स्थिति महाशक्ति की नहीं रहेगी। इसलिए बाइडेन कहते हैं, ''दुनिया बदल रही है। हमारी चीन से कड़ी होड़ है। रूस के साथ हमारे सामने तमाम चुनौतियाँ हैं। हमें साइबर हमले और एटमी प्रसार को रोकना है। हमें अमेरिकी प्रतिस्पर्धा को बढ़ाना है। चीन और रूस चाहते हैं कि अमेरिका एक दशक और अफ़ग़ानिस्तान में फँसा रहे। हमें अपनी गलतियों से सीखना है। हमें साफ़ और प्राप्त करने लायक लक्ष्यों के साथ मिशन तय करने चाहिए।''

अमेरिका गया था अफ़ग़ानिस्तान में अल–कायदा और ओसामा–बिन–लादेन से बदला लेने, लेकिन वह वहाँ लग गया लोकतन्त्र और आधुनिक राजनीतिक प्रणाली कायम करने में। यानी गये थे कपास ओटने लेकिन लगे हरि भजन करने। सेना के माध्यम से हरिभजन करना कितना कठिन है इसका एहसास उसे हो गया है इसलिए बाइडेन कहते हैं, ''अफ़ग़ानिस्तान का निर्णय अफ़ग़ानिस्तान के बारे में नहीं है। यह दूसरे देशों के पुनर्निर्माण के लिए चलाये गये एक सैन्य अभियान के युग का अन्त है। हमने अफ़ग़ानिस्तान में आतंकविरोधी अभियान को देखा। आतंकियों को बाहर निकाला और हमले रोके। हमने विद्रोह ख़त्म करने के लिए अभियान चलाए। हमने राष्ट्रनिर्माण का अभियान चलाया।

हमने एक लोकतान्त्रिक, एक–दूसरे से जुड़े हुए और एकीकृत अफ़ग़ानिस्तान बनाने का अभियान चलाया। यह ऐसा काम था जो अफ़ग़ानिस्तान के सदियों के इतिहास में कभी हुआ नहीं था।''

इसलिए अमेरिका के इस अभियान के बारे में कहा जा रहा है कि कैसी मसाल लेकर चले तीरगी में आप जो रोशनी थी वह भी सलामत नहीं रही।

यही वजह है कि अफ़ग़ानिस्तान के युद्ध और वहाँ युद्ध के अन्त और अमेरिकी सैनिकों की वापसी के बारे में अमेरिका नागरिकों की प्रतिक्रिया मिली जुली है। 'प्यू रिसर्च सेंटर' के एक सर्वे के अनुसार 54 प्रतिशत अमेरिकी मानते हैं कि फौज की वापसी का फ़ैसला सही था। जबकि 42 प्रतिशत कहते हैं कि यह ग़लत था। 69 प्रतिशत लोगों का मानना है कि अमेरिका अफ़ग़ानिस्तान में अपने लक्ष्यों को नहीं पा सका। वहाँ की स्थिति को जिस तरह से सम्भाला गया उस बारे में भी जनता की राय बंटी हुई है। सिर्फ़ 29 प्रतिशत लोगों का मानना है कि बहुत अच्छा काम किया गया। 29 प्रतिशत लोगों का कहना है कि ठीक ठाक था। जबकि 42 प्रतिशत लोगों का मानना है कि बहुत ख़राब तरीके से सम्भाला गया।

पार्टी के अनुसार भी अमेरिकियों की राय बँटी हुई है। सिर्फ़ 7 प्रतिशत रिपब्लिकन समर्थकों का मानना है वहाँ अमेरिका ने अच्छा काम किया। डेमोक्रेटिक पार्टी के 43 प्रतिशत समर्थकों का मानना है कि अच्छा काम किया गया। 46 प्रतिशत अमेरिकी मानते हैं कि तालिबान अमेरिका के लिए बड़ा ख़तरा है। 44 प्रतिशत लोग मानते हैं कि यह मामूली खतरा है। जो लोग तालिबान को बड़ा खतरा मानते हैं उनमें 61 प्रतिशत रिपब्लिकन और 33 प्रतिशत डेमोक्रेटिक पार्टी के समर्थक हैं। डेमोक्रेटिक पार्टी के 70 प्रतिशत समर्थक मानते हैं कि सेना की वापसी का निर्णय सही है। जबकि रिपब्लिकन पार्टी के 64 प्रतिशत लोग इसे ग़लत निर्णय मानते हैं। जो लोग मानते हैं कि अमेरिका अपने उद्देश्य को पाने में नाकाम रहा उनमें 70 प्रतिशत रिपब्लिकन हैं और 69 प्रतिशत डेमोक्रेट हैं।[11]

यहाँ अमेरिकी विदेश–नीति के दो विशेषज्ञों की राय भी अहमियत रखती है। उनमें कुछ बातें तो समान है, लेकिन कुछ बातें अलग हैं। वियतनाम, इराक और अफ़ग़ानिस्तान में युद्ध लड़ने के मूल रूप से विरोधी भाषाविद और विदेश–नीति के आलोचक दुनिया के शीर्षस्थ बौद्धिक नोम चोमस्की कहते हैं कि सरकार की विफलता का कारण यह है कि वह

खुफिया सूचनाओं पर निर्भर रहती है। वह ज़मीन पर लोगों से बात नहीं करती। अफ़ग़ानिस्तान में सेना की वापसी के साथ ही तालिबान के कब्जे के पीछे यही वजह है। वहाँ जो सरकार थी वह भ्रष्ट थी। जिस तीन लाख सेना की बात की जाती है वह तो काग़ज़ पर थी। सेना की सारी ताक़त हवाई हमले पर निर्भर थी। ज़मीन पर लड़ने वाले सैनिक कम थे। ऐसा ही 1968 में वियतनाम में हुआ। वहाँ हैरान कर देने वाला विद्रोह हुआ अमेरिकी हमले के ख़िलाफ़। गाँव–गाँव में विद्रोह हुआ। जबकि जनरलों ने कहा कि हम तो युद्ध जीत गये। अमेरिका 20 साल तक अफ़ग़ानिस्तान में रहा, लेकिन यह नहीं कर पाया कि नीतियों का निर्माण स्थानीय अफ़ग़ानी लोग करें। यह बात किसी के दिमाग में ही नहीं आयी इसलिए तबाही हुई।

"इसी तरह इराक में पाबन्दियाँ लगायी गयीं। उससे जनता बर्बाद हुई और सद्दाम हुसैन ताक़तवर हुआ। अफ़ग़ानिस्तान में हमने हमला उनका पीछा करने के लिए नहीं किया जो 9/11 के लिए ज़िम्मेदार थे। तालिबान तो पहले ही समर्पण के लिए तैयार था, लेकिन हमने उसे स्वीकार नहीं किया। हम तो उसे तबाह करने पर तुले थे। ताक़तवर राज्य की यही मानसिकता होती है। वे किसी की सुनते नहीं। अब तो बहुत सारे सुबूत आ गये हैं कि अफ़ग़ानिस्तान के गाँवों पर बमबारी की अमेरिकी रणनीति ग़लत थी।"

नोम चोमस्की अमेरिकी हमले की एकदम अलग व्याख्या करते हैं और कहते हैं कि जितने आतंकियों को तालिबान ने पैदा नहीं किया उतने आतंकी अमेरिकी हमले ने पैदा किये। जब भी कहीं से ख़बर आती है कि सेना ने बच्चों को मारा है तो क्या प्रतिक्रिया होती है लोगों की। हम उसकी कल्पना कर सकते हैं। हम ऐसा क्यों मानें और ऐसा व्यवहार क्यों करें कि अफ़ग़ानिस्तान आतंकियों की पनाहगाह बन जाये। आतंकी नेटवर्क अमेरिका ने पैदा किये हैं। फंडिंग से नहीं, बल्कि अपने ऐक्शन से। 9/11 से पहले ओसामा–बिन–लादेन अफ़ग़ानिस्तान और पाकिस्तान की सीमा पर एक गाँव में था। अब तो वह पूरी दुनिया में फैल चुका है। यह लादेन के बहाने हुआ है। इससे रेडिकल इस्लाम पूरी दुनिया में फैल गया है।[12]

चोमस्की अफ़ग़ानी समाज की संरचना और नृतत्वशास्त्री साक्ष्यों के आधार पर लादेन की परिघटना को समझाते हैं। वे कहते है कि अफ़ग़ानिस्तान का समाज आदिवासी समाज है। वहाँ किसी को पनाह देने

या निर्णय लेने की एक ग्रामीण व्यवस्था है। फिर भी तालिबानी तैयार थे कि लादेन पर 9/11 के अपराध का मुकदमा किसी स्वतन्त्र मुस्लिम देश में चलाया जाये वे उसे सौंप देंगे, लेकिन अमेरिका नहीं माना। वह तो उसे तबाह करना चाहता था। उसे अपनी ताक़त दिख़ानी थी। इसलिए ऐसा हुआ।[13]

चोमस्की के अनुसार अगर आज अफ़ग़ानिस्तान को रेडिकल इस्लाम से बचाना है तो उसे पड़ोस के देश चीन और रूस के साथ सहयोग करना होगा। उज़्बेकिस्तान, कज़ाकिस्तान और फ्रांस के साथ सहयोग करना होगा। वे चेतावनी देते हुए कहते हैं कि अमेरिका और चीन का सहयोग मानव जाति के अस्तित्व की शर्त है। अगर यह दोनों देश सहयोग नहीं करेंगे तो पर्यावरण समाप्त हो जायेगा। युद्ध होगा और मानव सभ्यता ही समाप्त हो जायेगी। चोमस्की कहते हैं कि अगर आज अफ़ग़ानिस्तान का सही अर्थों में पुनर्निर्माण करना है तो वहाँ के निर्णय में स्थानीय लोगों को शामिल करना होगा। तालिबान को शामिल करना होगा, उज़्बेक को शामिल करना होगा, ताज़िकों को शामिल करना होगा। वहाँ के हज़ारा (शिया) समुदाय को शामिल करना होगा। वहाँ के कम्युनिस्टों को शामिल करना होगा। साथ ही पड़ोसी देशों को भी जोड़ना होगा। अमेरिका तो वहाँ से हज़ारों किलोमीटर दूर है। रूस, चीन, ईरान, ताज़िकिस्तान और मध्य एशिया के देश नज़दीक हैं। वहाँ रेडिकल इस्लाम बढ़े यह बात न तो रूस चाहेगा और न ही चीन। वे अपने यहाँ के इस्लामी उग्रवादियों से परेशान हैं। इसी के साथ यह भी करना होगा कि जो लोग अफ़ग़ानिस्तान छोड़ना चाहते हैं उन्हें शरण देने के लिए यूरोपीय देश और अमेरिका तैयार हो।

अफ़ग़ानिस्तान के पुनर्निर्माण में चीन के साथ सहयोग की पैरवी अमेरिकी विदेश–नीति के विशेषज्ञ फरीद जकरिया भी करते हैं। उनका कहना है, 'जब तालिबान ने कहा कि चीन हमारा रणनीतिक भागीदार होने जा रहा है तो चीन ने उस पर कोई प्रतिक्रिया नहीं दी। तालिबान चीन को तेज़ी से अपने साथ जोड़ना चाहता है तो चीन संयम बरतना चाहता है। यह अन्तर है चीन और तालिबान में। अमेरिका को चीन से सहयोग करना चाहिए। उसकी चिन्ताएँ समझनी चाहिए। हमें उसे शेयर करना चाहिए। चीन आतंकवाद नहीं चाहता। हमें अफ़ग़ानिस्तान के सभी

पड़ोसी देशों से कार्यकारी सम्बन्ध बनाने चाहिए, लेकिन इन बीस सालों में रूस, चीन और ईरान जैसे सारे अफ़ग़ानी पड़ोसियों से अमेरिका के बुरे सम्बन्ध रहे हैं।''[14]

लेकिन जकरिया इस राय के नहीं हैं कि अफ़ग़ानिस्तान से वापसी के बाद अमेरिका का महाशक्ति का दर्ज़ा वैसे ही ख़त्म हो गया है जैसे ग्रेट ब्रिटेन 1930 के दशक में पहले और दूसरे विश्वयुद्ध के बीच कमज़ोर हो गया था। वे ऐतिहासिक आँकड़े पेश करते हुए कहते हैं कि ग्रेट ब्रिटेन के राज में भले सूरज नहीं डूबता था, लेकिन पहले विश्वयुद्ध के बाद और दूसरे विश्वयुद्ध के पहले यानी तीस के दशक में विश्व की अर्थव्यवस्था यानी ग्लोबल जीडीपी में उसका योगदान घटकर 6 से 7 प्रतिशत रह गया था, लेकिन आज भी अमेरिका की स्थिति काफ़ी मज़बूत है। आज भी वैश्विक जीडीपी में अमेरिका का योगदान 22 प्रतिशत है। यानी दो अर्थव्यवस्थाओं को मिलाकर वह अकेले है। उसकी सैन्य शक्ति आज भी दुनिया में नम्बर एक पर है। वह ग्रेट ब्रिटेन की तरह से कहीं साम्राज्य रखने की कोशिश नहीं कर रहा है। इसलिए उसके पतन के कयास लगाना बेमानी है। उनका साफ़ दावा है कि अमेरिका ख़त्म नहीं हो रहा है। दुनिया में प्रौद्योगिकी और अर्थव्यवस्था क्षेत्र में अगुआयी वही करता रहेगा।

वे अमेरिका की राष्ट्रनिर्माण परियोजना को विफल नहीं बताते। हालाँकि बाइडेन अभी तो उससे तौबा कर रहे हैं। फरीद जकरिया कहते हैं, ''काबुल सरकार इसलिए नहीं फेल हुई क्योंकि अमेरिका की राष्ट्रनिर्माण की परियोजना फेल हो गयी थी, बल्कि वह इसलिए फेल हुई क्योंकि तालिबान के पास पाकिस्तान में एक आधार था। जहाँ से पैसा और हथियारों की सप्लाई हो रही थी। अगर विद्रोहियों की किसी दूसरे देश में मज़बूत जड़ें होती हैं तो उनका दमन करना आसान नहीं होता।''

ज़करिया मौजूदा स्थितियों के सन्दर्भ में बहुत निराश नहीं हैं। उनका मानना है कि इन बीस सालों में बहुत कुछ बदला है और तालिबान के लिए अफ़ग़ानिस्तान को 2001 की स्थिति में या 1996 की स्थिति में ले जाना आसान नहीं होगा। जकरिया कहते हैं, 'अमेरिका को तालिबान से कड़ाई से बात करनी चाहिए। उससे यह वचन लेना चाहिए कि वहाँ फिर से आतंकी अड्डा नहीं बनेगा। यह सही है कि तालिबान नहीं बदला है, लेकिन अफ़ग़ानिस्तान बदल गया है। बीस सालों में एक पूरी पीढ़ी

आ गयी है नयी प्रौद्योगिकी आ गयी है। आज से बीस साल पहले वहाँ न तो इतनी शिक्षा थी और न ही इतना पारस्परिक संवाद। आज बहुत सारे लोगों के हाथ में मोबाइल हैं। अब लोग पढ़ गये हैं। वे दुनिया के बारे में जानते हैं। इसलिए कट्टरपन्थी इस्लामी संगठन के लिए काम करना पहले के मुकाबले कठिन होगा। अफ़ग़ानिस्तान को केन्द्रित तरीके से संचालित करना कठिन होगा।''[15]

अफ़ग़ानिस्तान से तेज़ी से बाहर निकलने के बाइडेन के तरीके पर जकरिया भी हैरानी जताते हैं। उनका कहना है, ''दरअसल बाइडेन जल्दी से बाहर निकलना चाहते थे, लेकिन बाकी लोग देरी कर रहे थे। सेना ने तय किया कि गति के मायने हैं। इससे लोगों का जीवन सुरक्षित बचेगा। अमेरिकी सैनिक बहादुर होते है, लेकिन वे नीतियों के जोखिम को समझते हैं। यह सही है कि बाइडेन पर अमेरिका के भीतर और बाहर से नाटों देशों से भी हमले हो रहे हैं, लेकिन ज़्यादातर अमेरिकी मानते हैं कि वे अफ़ग़ानिस्तान में बहुत ज़्यादा दिन रुक गये। लोग महसूस कर रहे थे कि यही छोड़ने का वक़्त है। अगर बाइडेन कांग्रेस से अर्थव्यवस्था सम्बन्धी बिल पास करा ले गये जो कि चीन से मुक़ाबला करने के लिए ज़रूरी है तो उनका घरेलू असन्तोष दूर हो जायेगा। इसी के साथ उन्हें सहयोगी और मित्र देशों से सलाह करके उनकी नाराज़गी मिटानी चाहिए। बीस साल रहना बहुत बड़ी बात है। अमेरिका ने बहुत धैर्य दिखाया है। थोड़ा डिप्लोमेसी दिख़ाने से मित्रों की नाराज़गी और बाइडेन की छवि को हुई क्षति दूर की जा सकती है।''[16]

अफ़ग़ानिस्तान, तालिबान और अल–कायदा के बारे में अमेरिका की सोच, नीति और कार्रवाई को समझने के लिए यह भी देखना ज़रूरी है कि पिछले 20 वर्षों में उसके चार राष्ट्रपतियों ने क्या–क्या कहा और क्या क्या किया। सबसे पहले इस बात पर गौर करना होगा कि 9/11 के बाद अमेरिकी राष्ट्रपति जार्ज बुश जूनियर ने क्या कहा और क्या किया। 11 सितम्बर को जब दिनदहाड़े अमेरिका पर सबसे बड़ा आतंकी हमला हुआ तो राष्ट्रपति जार्ज बुश ने साफ़तौर पर कहा, ''हम उन लोगों में कोई फ़र्क़ नहीं करते जिन्होंने आतंकी कार्रवाई की है और जो उन्हें पनाह देते हैं। आतंक के विरुद्ध युद्ध जीतने के लिए हम एकजुट हैं। इन्साफ और शान्ति के लिए हर तबके के लोग एक हैं।'' बुश ने 20 सितम्बर को अमेरिकी कांग्रेस के संयुक्त अधिवेशन को सम्बोधित करते हुए कहा,

''हमारा दुख गुस्से में बदल चुका है और गुस्सा संकल्प में। हम चाहे अपने दुश्मन को इन्साफ के मुकाम तक लायेंगे या इन्साफ उनके पास तक पहुँचायेंगे लेकिन इतना तय है कि इन्साफ किया जायेगा। इस टकराव की दिशा क्या होगी यह तय नहीं है, लेकिन इतना तय है कि आखिर में क्या होगा। स्वतन्त्रता और डर, न्याय और क्रूरता में हमेशा जंग रही है और हम जानते हैं कि परमात्मा इस दौरान तटस्थ नहीं रहता। आज स्वतन्त्रता और भय के बीच लड़ाई छिड़ी है। कुछ लोग कहते हैं कि यह आतंक का युग है। मैं जानता हूँ कि आगे संघर्ष है खतरों का सामना करना है, लेकिन यह देश हमारे युग को परिभाषित करेगा न कि वे इस युग को परिभाषित करेंगे।

जब तक संयुक्त राज्य अमेरिका एकजुट है और दृढ़ संकल्पित है यह आतंक का युग नहीं होगा, यह यहाँ और पूरी दुनिया में स्वतन्त्रता का युग होगा।''[17]

अमेरिकी राष्ट्रपति जार्ज बुश ने आतंकवाद के ख़िलाफ़ युद्ध की इस भावना को जारी रखते हुए कहा, ''हमें विश्व की सामूहिक इच्छा का समर्थन हासिल है। यह हमला भले अमेरिकी धरती पर हुआ है, लेकिन यह सभ्य समाज के दिल और आत्मा पर किया गया हमला है। इक्कीसवीं सदी की अपने ढंग की एकदम अलग क़िस्म की पहली लड़ाई लड़ने के लिए दुनिया एकजुट हो गयी है। यह उन लोगों के ख़िलाफ़ युद्ध है जो आतंक का निर्यात करते हैं। यह उन सरकारों के विरुद्ध युद्ध है जो उनका समर्थन करती हैं और उन्हें पनाह देती हैं।''

राष्ट्रपति जार्ज बुश ने सात अक्टूबर, 2001 को जो सम्बोधन किया उस पर भी गौर करने लायक है। उन्होंने कहा, ''हमारे आदेश पर सेना ने अल–कायदा के प्रशिक्षण शिविरों और तालिबान के सैन्य केन्द्रों पर हमले शुरू कर दिये हैं। इन हमलों का मक़सद अफ़ग़ानिस्तान को आतंकी केन्द्रों के रूप में इस्तेमाल किये जाने से रोकना है। चालीस देशों ने हमसे खुफिया सूचनाएँ साझा कीं थीं। उसके बाद यह निर्णय लिया गया।

हमने दो हफ़्ते पहले तालिबान सरकार के नेताओं से स्पष्ट माँगें रखी थीं। हमने उनसे कहा था कि वे आतंकी प्रशिक्षण शिविरों को बन्द करें। दूसरी माँग थी कि अल–कायदा नेटवर्क के नेताओं को हमें सौंप दें। तीसरी माँग थी कि उनके देश में अनुचित तरीके से जो अमेरिकी और विदेशी नागरिक रोके गये हैं उन्हें वापस कर दें, लेकिन इनमें से कोई

माँग नहीं मानी गयी। अब तालिबान को इसकी कीमत चुकानी होगी। आतंकी शिविरों को नष्ट करके और उनके संचार तन्त्र को तोड़कर हम आतंकियों का प्रशिक्षण मुश्किल कर देंगे। सम्भव है आतंकी गुफाओं में और गहरे छुप जायें, लेकिन हमारी सैनिक तैयारी इस तरह की है कि हम उन्हें उन गुफाओं से बाहर निकाल कर उनके साथ न्याय करेंगे।

इसी के साथ हम भूख से बेहाल अफ़ग़ानी जनता के लिए ख़ाना और दवाइयों के पैकेट गिरा रहे हैं। अमेरिका अफ़ग़ानी लोगों का दोस्त है। हम उन सभी एक अरब लोगों के दोस्त हैं जो इस्लाम को मानते हैं। अमेरिका उन लोगों का दुश्मन है जो आतंकी हैं। वह उन लोगों का दुश्मन है जो बर्बर हैं और हत्याएँ करते हुए एक महान मज़हब को बदनाम कर रहे हैं। यह आतंकवाद के विरुद्ध हमारा सैन्य अभियान है। डिप्लोमेसी, जासूसी और खाते ज़ब्त करने का अभियान पहले ही चल रहा है। आज हम अफ़ग़ानिस्तान पर फोकस कर रहे है, लेकिन हमारी यह लड़ाई व्यापक है। हर देश को अपना पक्ष चुनने का हक़ है, लेकिन इस लड़ाई में कोई तटस्थता नहीं है। हमने स्थायी स्वतन्त्रता के लिए अभियान (Operation Enduring Freedom) छेड़ा है। हम अमन पसन्द देश हैं, लेकिन आतंक के रहते हुए शान्ति नहीं हो सकती। उसे रोकने के लिए धमकाना ज़रूरी है। हम सिर्फ़ अपनी आज़ादी की रक्षा नहीं करेंगे। बल्कि उन सभी जगहों की आज़ादी की रक्षा करेंगे जो चाहते हैं कि उनके बच्चे बिना डर के रहें।''[18]

स्थायी स्वतन्त्रता के अभियान के सौ दिन बाद अमेरिकी प्रशासन ने अपनी उपलब्धियों का जो दावा किया वे इस प्रकार थीं। तालिबान को सत्ता से हटाकर अफ़ग़ानिस्तान की सत्ता पर अल–कायदा की पकड़ को ख़त्म करना शुरू कर दिया। अल–कायदा के वैश्विक संचालन और आतंकी फंडिंग नेटवर्क को छिन्न भिन्न कर दिया। अल–कायदा के आतंकी शिविरों को नष्ट कर दिया। अफ़ग़ानिस्तान के बेगुनाह लोगों को आतंक के शासन से बाहर आने में मदद की। अफ़ग़ानी गुटों के लम्बे समय से चले आ रहे मतभेद दूर करके उन्हें अन्तरिम सरकार बनाने में मदद की।

वास्तव में राष्ट्रपति जार्ज बुश ने अफ़ग़ानिस्तान पर हमले के कई दिनों बाद 9/11 के ज़िम्मेदार लोगों पर बल प्रयोग करने के प्रस्ताव को अमेरिकी कांग्रेस से प्रस्ताव पारित कराकर उसे क़ानूनी जामा पहनाया।

बुश ने इस प्रस्ताव को लगातार हमले के क़ानूनी औचित्य के तौर पर पेश किया। हालाँकि बुश के इसी तरीके की युद्ध विरोधी लोग निरन्तर आलोचना करते हैं। वे आलोचना करते हैं अफ़ग़ानिस्तान में बरती गयी क्रूरता की भी।

अमेरिका ने नवम्बर 2001 के महीने में काबुल जीत लिया था। तालिबानी सरकार ने समर्पण कर दिया था और उनके नेता काबुल छोड़कर चले गये थे। वे कन्धार में जमे हुए थे, लेकिन कुछ दिनों बाद कन्धार भी जीत लिया गया। काबुल जीतने के बाद ही हामिद करज़ई को अमेरिकी सहयोग से राष्ट्रपति बनाया गया था। अमेरिका ने 2002 से 2004 तक अफ़ग़ानिस्तान में ऑपरेशन एनाकोंडा चलाया। यह अभियान शाही कोट घाटी और अरमा की पहाड़ियों में चला। यहाँ मुज़ाहिदीन लड़ाकुओं ने दो बार सोवियत सेनाओं को हराया था। शाही कोट एक किला है जो 9 किलोमीटर लम्बा और पाँच किलोमीटर चौड़ा है। तोरा बोरा की पहाड़ियों में चली लड़ाई के बाद यह सबसे बड़ी लड़ाई थी। एक ओर हवाई जहाज से ला कर उतारे गये 1700 अमेरिकी सैनिक और 1000 अफ़ग़ान सरकार समर्थक लड़ाकू थे तो दूसरी ओर 300 अल–कायदा और 1000 तालिबानी थे।

लड़ाई के अलावा राष्ट्रनिर्माण का अभियान भी शुरू हो गया था। अमेरिका ने 2002 में मार्शल प्लान बनाया ताकि अफ़ग़ानिस्तान का पुनर्निर्माण किया जा सके। इस अभियान में संयुक्त राष्ट्र से मिलकर नागरिक मामलों का एक ढाँचा तैयार किया गया। इसमें कई एनजीओ को शामिल किया गया। उधर तालिबान–अल–कायदा के कमज़ोर पड़ने के साथ अमेरिका ने अपने जासूसी संगठनों और सैन्य तन्त्र को इराक की ओर खिसकाना शुरू कर दिया। जार्ज बुश का यह सैन्य अभियान 2003 में ठण्डा पड़ गया था और उस समय अफ़ग़ानिस्तान में सिर्फ़ 8000 अमेरिकी सैनिक रह गये थे, लेकिन 2006 में फिर ख़ूनी विद्रोह शुरू हो गया। अगर 2005 में अफ़ग़ानिस्तान के भीतर 25 आत्मघाती आतंकी हमले हुए थे तो 2006 में इस तरह के 139 हमले हुए। बमबारी की घटनाएँ 1677 हो गयीं।

2007 में अमेरिका और नाटो सेनाओं ने संयुक्त अभियान में तालिबान के कमांडर मुल्ला दादुल्ला को मार गिराया। वह बेहद दुर्दांत था। हेलमंड प्रान्त में गुरिल्ला युद्ध के इस नेता को पश्चिमी लोगों के अपहरण, उन पर आत्मघाती हमले कराने  में महारत हासिल थी। इस दौरान अमेरिका

और नाटो के सैनिकों ने अन्धाधुन्ध हमले किये। 2008 की जाँच में पता चला कि अमेरिकी सैनिकों ने हेरात के हमले में दर्जनों नागरिकों को मार डाला था। उस हमले की आलोचना राष्ट्रपति हामिद करज़ई ने भी की।

बराक ओबामा 2009 में राष्ट्रपति बने और उन्होंने आतंकवाद से युद्ध के लिए अपनी अलग रणनीति बनायी। उनका मानना था कि अफ़ग़ानिस्तान में अमेरिका की कामयाबी स्थिर पाकिस्तान में है। उन्होंने कहा कि अफ़ग़ानिस्तान में अल–कायदा के तन्त्र को नष्ट करो और कुछ ऐसा करो कि वे पाकिस्तान या अफ़ग़ानिस्तान फिर न आ पायें। अगस्त 2009 तक अफ़ग़ानिस्तान में 60,000 अमेरिकी सैनिक थे, लेकिन अचानक उनकी संख्या बढ़ाकर 80,000 कर दी गयी। बाद में 30,000 सैनिक और भेजे गये। दरअसल बराक ओबामा चाह रहे थे कि ऑपरेशन जल्दी–जल्दी समाप्त करके अमेरिकी फौजों को 2011 तक वापस कर लिया जाये। 2 मई 2011 को अल–कायदा का नेता ओसामा–बिन–लादेन पाकिस्तान के ऐबटाबाद में एक अमेरिकी नौसैनिक ऑपरेशन में मारा गया। उसके बाद अमेरिकी कांग्रेस की मर्जी को देखते हुए ओबामा जल्दी से जल्दी सेना की वापसी चाहते थे, लेकिन धीरे–धीरे अफ़ग़ानिस्तान के विभिन्न गुटों के बीच लड़ाई तेज होती गयी और तालिबान ताक़तवर होता गया। इसलिए वहाँ लड़ाई दस साल और खिंच गयी।

ओसामा–बिन–लादेन 2 मई 2011 को मारा गया। उसकी मौत का ऐलान करते हुए अमेरिकी राष्ट्रपति बराक ओबामा ने अपने राष्ट्र के नाम सम्बोधन में जो कहा उससे अमेरिकी विदेश–नीति और आतंकवाद और इस्लाम के बारे में उसके नज़रिए का पता चलता है। ओबामा ने कहा, "अमेरिकी जनता और दुनिया को बताना चाहता हूँ कि अमेरिका की एक कार्रवाई में ओसामा–बिन–लादेन मारा गया। वह अल–कायदा का नेता था और एक आतंकी था जो हज़ारों बेगुनाह पुरुषों, स्त्रियों और बच्चों की मौत का ज़िम्मेदार था।

दस साल पहले सितम्बर का एक अच्छा सा दिन था। उस समय हमारे इतिहास में अमेरिका जनता पर सबसे बुरा हमला हुआ था। 9/11 की छवियाँ राष्ट्रीय स्मृतियों में पथरा चुकी हैं। फिर भी बहुत सी ऐसी तस्वीरें हैं जिसे दुनिया ने देखा नहीं है। हम अपने राष्ट्र की रक्षा के साथ एकजुट थे और उन्हें इन्साफ देना चाहते थे जिन्होंने यह अपराध किया था। हमने तेज़ी से जान लिया था कि यह काम अल–कायदा ने किया है।

वह एक ऐसा संगठन है जिसके नेता ओसामा–बिन–लादेन थे। लादेन ने अमेरिका के ख़िलाफ़ खुलेआम युद्ध की घोषणा कर रखी है और जो हमारे देश के और दुनिया के तमाम बेगुनाहों को मारना चाहता है। इसलिए हमने अपने नागरिकों, अपने दोस्तों और सहयोगियों की रक्षा के लिए अल–कायदा के विरुद्ध लड़ने का फ़ैसला किया।

पिछले दस सालों में सेना और आतंकविरोधी प्रोफेशनल की मदद से हमने काफ़ी कुछ हासिल किया है। हमने आतंकी हमलों को रोका और अपने घर की सुरक्षा कड़ी की है। अफ़ग़ानिस्तान में हमने तालिबान सरकार को हटाया। वही तालिबान जिसने बिन लादेन को शरण और समर्थन दे रखा था। दुनिया भर में अपने दोस्तों की मदद से हमने अल–कायदा के तमाम आतंकियों को मारने का काम किया, लेकिन ओसामा–बिन–लादेन नहीं पकड़ा जा सका। वह अफ़ग़ानिस्तान की सीमा पार करके पाकिस्तान चला गया था। इस बीच अल–कायदा उस सीमा पर काम करता रहा।

हाल में हमने सीआईए के निदेशक लियोन पनेटा को आदेश दिया कि वे अल–कायदा से अपनी लड़ाई के दौरान ओसामा–बिन–लादेन को पकड़ने या मारने को सर्वोच्च प्राथमिकता दें। इसी के साथ हम उनके नेटवर्क को नष्ट करने में लगे रहें। पिछले अगस्त में सुराग मिल गया था कि ओसामा–बिन–लादेन कहाँ हो सकता है, लेकिन पिछले हफ़्ते मामला पक्का हो सका। आज मेरे कहने पर पाक के ऐबटाबाद में एक कार्रवाई हुई। अमेरिकियों की एक छोटी टीम ने असाधारण साहस से कार्रवाई की। किसी भी अमेरिकी को कोई हानि नहीं हुई। ओसामा–बिन–लादेन मारा गया और उसका शरीर बरामद कर लिया गया।

दो दशक तक ओसामा–बिन–लादेन अल–कायदा का नेता था। वह उस संगठन की पहचान था। वह हमारे देश हमारे दोस्त और हमारे सहयोगियों पर हमले करता रहा। ओसामा–बिन–लादेन की मौत अल–कायदा को हराने में हमारे मुल्क़ की अब तक सबसे बड़ी उपलब्धि है। हाँ उसकी मौत हमारे प्रयासों का अन्त नहीं है। निस्सन्देह अल–कायदा हमला करता रहेगा। हमें घर के भीतर और बाहर सतर्क रहना होगा और हम रहेंगे।''[19]

इसके बाद बराक ओबामा ने मुस्लिम जगत को सन्देश देने की कोशिश की कि वे अमेरिका को अपना दोस्त ही मानें। वे एक तरह से अमेरिकी की उस छवि को बदलने में लगे थे जिसे जार्ज बुश ने बनायी थी।

जैसे आज जो बाइडेन अमेरिका की उस छवि को बदल रहे हैं जो डोनाल्ड ट्रंप ने बनायी थी।

आतंकवाद से युद्ध और इस्लाम से मैत्री का सन्देश देते हुए ओबामा ने कहा, "हम कहना चाहते हैं कि अमेरिका न तो इस्लाम से लड़ाई कर रहा है और न ही कभी करेगा। जैसा कि बुश ने 9/11 के बाद कहा था और हम फिर से स्पष्ट कर रहे हैं कि हमारी लड़ाई इस्लाम के विरुद्ध नहीं है। बिन लादेन एक मुस्लिम नेता नहीं था। वह मुसलमानों का संहारक था। वास्तव में ओसामा ने हमारे मुल्क़ समेत कई मुल्क़ों में मुसलमानों का क़त्लेआम किया है। इसलिए जो भी शान्ति और इन्सानी गरिमा में यक़ीन करते हैं उन्हें उसकी मौत का स्वागत करना चाहिए। हम तो सालों से कह रहे हैं कि हम पाकिस्तान में कार्रवाई करेंगे अगर पता चलेगा कि ओसामा–बिन–लादेन वहाँ पर है। दस सालों के संघर्ष और बलिदान के बाद हम जानते हैं कि युद्ध की क़ीमत क्या है। जिन परिवारों ने अल–कायदा के आतंक के नाते अपनों को खोया है हम उनसे कहना चाहते हैं कि इन्साफ हो गया।

लेकिन अपने मुल्क़ को सुरक्षित रखने का मक़सद पूरा नहीं हुआ है, आज की रात हमें फिर यह याद रखना चाहिए कि हम जो भी तय करते हैं उसे अमेरिका पूरा कर सकता है। हमारे इतिहास की यही कहानी है। चाहे अपने लोगों की सम्पन्नता की तलाश हो या अपने नागरिकों के लिए एकता का संघर्ष हो। चाहे बाहर अपने मूल्यों के लिए खड़े होने का सवाल हो या दुनिया को सुरक्षित बनाने के लिए अपने बलिदान का मामला हो। हमें याद रखना चाहिए कि हम यह काम धन और सत्ता के लिए नहीं कर रहे हैं, बल्कि हम जो हैं उसके लिए कर रहे हैं। ईश्वर की निगरानी में हम एक राष्ट्र हैं जो अविभाज्य है और जहाँ सबके लिए आज़ादी और इन्साफ है।"[20]

बराक ओबामा चाहते थे कि लादेन के मारे जाने के बाद अमेरिकी फौजों को वापस बुला लिया जाये। अमेरिकी नागरिक भी वैसा चाहते थे, लेकिन मित्र देशों और सहयोगियों के दबाव के चलते वे बार बार वापसी की तारीख बढ़ाते रहे। अन्त में उनका इरादा 2016 तक फौजों की वापसी का था, लेकिन वे वैसा कर नहीं सके।

अफ़ग़ानिस्तान की स्थितियाँ बिगड़ रही थीं। वहाँ 2014 में अशरफ गनी ने अब्दुल्ला के साथ सत्ता में साझेदारी का जो समझौता किया उसे अमेरिकी सेना और सीआईए ने तुड़वा दिया। गनी और अब्दुल्ला का

झगड़ा बढ़ता गया और उस दौरान तालिबान की ताक़त तेज़ हुई। उधर तालिबान के प्रमुख मुल्ला उमर की तपेदिक से मौत हो गयी। सरकार ने बताया कि वह 2013 में दक्षिणी अफ़ग़ानिस्तान के किसी ग्रामीण इलाक़े में मर गया। फिलहाल फौजें वापस नहीं हो सकीं और 2017 में रिपब्लिकन पार्टी डोनाल्ड ट्रंप के नेतृत्व में सत्ता में आ गयी।

यह जानना दिलचस्प होगा कि आतंकवाद और रेडिकल इस्लाम के विरुद्ध निरन्तर सख़्त बयान देने वाले और दोगले चरित्र के कारण पाकिस्तान की इमदाद रोकने वाले ट्रंप ने ही बाद में फ़रवरी 2020 में तालिबान के साथ समझौता किया। हालाँकि उस समझौते पर लिखा हुआ है कि अफ़ग़ानिस्तान के इस्लामी अमीरात सरकार यानी तालिबान को अमेरिका मान्यता नहीं देता। आज वे ही ट्रंप बाइडेन के उस फैसले पर सवाल उठा रहे हैं जो उनके किये गये समझौते के आधार पर लिया गया है। ट्रंप ने आते ही एक तेज तर्रार थानेदार के रूप में दुनिया पर डण्डा फटकारना शुरू कर दिया। उन्होंने कहा कि आतंकवाद से युद्ध तो लम्बा चलेगा। फौजों की वापसी का फ़ैसला ज़मीनी स्थिति के मुताबिक होगा न कि मनमाने तरीके से घोषित मियाद के आधार पर।

डोनाल्ड ट्रंप ने अमेरिका सर्वप्रथम की विदेश–नीति जारी की। उन्होंने कहा कि आईएसआईएस और दूसरे रेडिकल इस्लामी संगठनों को हराना हमारी सर्वोच्च प्राथमिकता है। हमें ऐसी व्यापक योजना बनानी चाहिए जिससे आईएसआईएस को हराया जा सके। वे नाटो प्रतिनिधियों और अमेरिकी सेंट्रल कमान के वरिष्ठ अधिकारियों को सम्बोधित रहे थे। उन्होंने कहा, "सेंट्रल कमान और सेंट्रल ऑपरेशन कमान रेडिकल इस्लामी आतंकवाद से हमारी लड़ाई के केन्द्र में है। अमेरिका आपके साहस का कर्ज़दार है। आपने देखा होगा कि हम उस दुश्मन के ख़िलाफ़ कमर कसे हुए हैं जो मौत का जश्न मनाता है और विनाश की पूजा करता है। आईएसआईएस क़त्लेआम के अभियान पर चल रहा है और पूरी दुनिया में ज़ुल्म ढा रहा है। रेडिकल इस्लाम हमारी धरती पर हमला करने के लिए कमर कसे हुए हैं जैसा कि उन्होंने 9/11 को किया था। जो उन्होंने बोस्टन से ऑरलैंडो तक किया। पूरे यूरोप में आपने देखा कि पेरिस और नाइस में क्या हुआ। यह पूरे यूरोप में हो रहा है। ऐसी स्थिति आ चुकी है कि उसकी ख़बरें ही नहीं छपतीं। ज़्यादातर मामलों में बेईमान प्रेस उसे रिपोर्ट ही नहीं करता। उसकी अपनी वजहें हैं और आप उसे समझते हैं।

इसलिए आज हम अपने समवेत स्वर में सन्देश देना चाहते हैं कि इन मौत और विनाश की शक्तियों को अमेरिका और उसके सहयोगी देश पराजित करेंगे। हम उन्हें हरायेंगे। हम रेडिकल इस्लामी आतंकवाद को हरायेंगे। हम अपने मुल्क़ में उनकी जड़े जमने नहीं देंगे। हम अपने को वैसा करने नहीं देंगे।''[21]

डोनाल्ड ट्रंप ने अफ़ग़ानिस्तान के नव–निर्माण में आगे आकर बड़ी भूमिका निभाने की अपील की। हालाँकि उसी दौरान तालिबान ने काबुल में हमले तेज कर दिये। ट्रंप ने जवाब में हवाई हमले किये और पूरे ग्रामीण इलाक़े में सेनाएँ तैनात कर दीं। उधर पाकिस्तान के दोगलेपन से खफा ट्रंप ने कड़ी ताकीद करते हुए अरबों डॉलर की सुरक्षा सहायता रोक दी। ट्रंप ने कहा भी कि पाकिस्तान तालिबानी आतंकियों को पनाह देने में झूठ और धोखा दे रहा है।

लेकिन दूसरी ओर ट्रंप ने 2018 के अन्त तक तालिबान के साथ शान्ति वार्ता तेज कर दी। इस काम में अमेरिका के विशेष दूत जाल्मय खलीलजाद लगाये गये जबकि तालिबान की ओर से मुल्ला अब्दुल गनी बरादर (मौजूदा उप प्रधानमन्त्री) लगाये गये। वार्ता कतर के दोहा शहर में हो रही थी। इसलिए इसे दोहा समझौता के नाम से भी जाना गया। 2019 में तालिबान ने कहा कि अफ़ग़ानी फौजें चली जायें और हम अफ़ग़ानी धरती का अन्तर्राष्ट्रीय आतंकी समूहों के लिए प्रयोग नहीं होने देंगे, लेकिन सितम्बर में ट्रंप ने अचानक वार्ता तोड़ने का संकेत दे दिया। जबकि वार्ताकार भारी प्रगति की बात कह रहे थे। तालिबान ने कहा कि इससे ख़ून–ख़राबा बढ़ेगा।

वार्ता फिर शुरू हुई। फ़रवरी 2020 में समझौता हुआ कि मई 2021 तक अमेरिकी फौजें चली जायेंगी, लेकिन तालिबान ने अफ़ग़ानी सुरक्षा बलों पर हमले जारी रखे। उधर अमेरिका ने दक्षिण हेलमन्द प्रान्त में तालिबान पर हमले किये। सितम्बर में पहली बार तालिबान और अफ़ग़ानिस्तान सरकार के प्रतिनिधि दोहा में आमने सामने मिले। दोनों पक्षों ने अमेरिका और नाटो की सेनाओं की वापसी के बाद अफ़ग़ानी समाज में अमन कायम रखने के लिए एक फ्रेमवर्क बनाने की बात कही, लेकिन इन दोनों के बीच कोई तालमेल नहीं बन सका जैसा कि 31 अगस्त को सेनाओं की वापसी के बाद दिख गया। अफ़ग़ानी सरकार युद्धविराम की बात कर रही थी और तालिबान देश में शरीयत लागू करने की बात कर रहा था।

अमेरिका के न्यूयॉर्क शहर के वर्ल्ड ट्रेड टावर पर 11 सितम्बर को हुआ आतंकी हमला और उसके बाद अफ़ग़ानिस्तान पर हमले के साथ अमेरिकी प्रतिक्रिया पर बहुत कुछ लिखा और कहा गया है। कहा गया कि आतंक की इस सबसे बड़ी घटना के बाद दुनिया बदल गयी है। वह अब पहले जैसी नहीं रही। कोई भी सुरक्षित नहीं है। सुरक्षा चौकसी और सन्देह बढ़ गया है। एक ओर आतंकी खूँखार हुए हैं तो दूसरी ओर राष्ट्र राज्य कम लोकतान्त्रिक और क्रूर हुए हैं। इस अमेरिकी युद्ध नीति और विदेश–नीति की वाहवाही भी हुई है और आलोचना भी। अमेरिकी राष्ट्रपति तो तालिबान से समझौता करते हुए और उसे सरकार बनाते देखकर फौजों को वापस बुलाते हुए भी उस फैसले की तारीफ़ करने से पीछे नहीं हटेंगे, लेकिन एक ओर तमाम राष्ट्रपतियों के बयान का भावार्थ भी समझना होगा और समझना होगा अमेरिकी विदेश–नीति के आलोचकों का बारीक विश्लेषण भी।

नोम चोमस्की और राबर्ट फिस्क दो बड़े आलोचक हैं जो यह विश्वास करने को तैयार नहीं हैं कि 9/11 के ज़िम्मेदार लोगों के बारे में पुख्ता सबूत इकट्ठा करने के बाद ही अफ़ग़ानिस्तान पर हमला किया गया। इसलिए उनका कहना है कि यहीं से अमेरिका की ग़लत नीति की ढलान दिखती है। चोमस्की अगस्त 2002 में प्रकाशित अपने लेख में कुछ इस प्रकार सवाल उठाते हैं। उनका कहना है, "इसमें कोई सन्देह नहीं है कि 9/11 का अत्याचार एक ऐतिहासिक महत्त्व की घटना है। क्षमा के साथ कहना चाहता हूँ कि ऐसा उसके आकार के कारण नहीं था, बल्कि इसलिए था कि उसमें जो पीड़ित थे वे निर्दोष थे। ऐसा लम्बे समय से कहा जा रहा था कि नयी प्रौद्योगिकी के चलते औद्योगिक शक्तियां हिंसा करने का अपना वास्तविक एकाधिकार खो देंगी, उनके पास सिर्फ़ भारी–भरकम प्रधानता ही रहेगी। किसी ने यह नहीं सोचा होगा कि यह अनुमान इस ख़ास तरीके से सही साबित होगा, पर वैसा हो गया। आधुनिक इतिहास में पहली बार यूरोप और उसकी शाखाओं से जुड़े लोगों को अपनी धरती पर उस तरह के अत्याचार का शिकार होना पड़ा है जो वे नियमित तौर पर दूसरी जगहों पर करते आ रहे थे। इस तरह की समीक्षा के लिए इतिहास को ज़्यादा सुपरिचित होना चाहिए जिसे पश्चिम के लोग मानने को तैयार नहीं होंगे, लेकिन जो पीड़ित हैं वे करेंगे। इस समय कई अहम सवाल खड़े होते है–

1. इसके लिए कौन ज़िम्मेदार है?
2. इसका कारण क्या है?
3. इसकी सही प्रतिक्रिया क्या होनी चाहिए?
4. इसके दूरगामी परिणाम क्या होने वाले हैं?

''जहाँ तक पहले सवाल का जवाब है तो यह मान लिया जाता है कि इसका दोषी बिन लादेन और उसका अल–कायदा नेटवर्क है। उनके बारे में सीआईए से ज़्यादा कोई और नहीं जानता। इसी सीआईए ने अमेरिकी सहयोगी देशों के खुफिया संगठनों के माध्यम से कई देशों से रेडिकल इस्लामी लोगों को भर्ती करके उन्हें एक सैन्य आतंकी शक्ति के रूप में संगठित किया, लेकिन उनका मक़सद रूसी हमले के विरुद्ध अफ़ग़ानियों को तैयार करना नहीं था, क्योंकि अगर वह होता तो अच्छा होता, बल्कि इसलिए तैयार किया क्योंकि राज्य पर मुज़ाहिदीन का क़ब्ज़ा हो गया था। फिर भी भले ही इतिहास का सबसे तीव्र जासूसी अभियान चलाया गया, लेकिन 9/11 के दोषियों के लिए सबूत जुटा पाना आसान नहीं है। बमबारी के आठ महीने बाद एफबीआई के निदेशक राबर्ट मुलर ने कांग्रेस के समक्ष गवाही देते हुए कहा कि अमेरिकी सतर्कता विभाग अब 'मानता' है कि इस मामले की साजिश अफ़ग़ानिस्तान में रची गयी थी, लेकिन उसकी योजना का निर्माण और क्रियान्वयन की तैयारी कहीं और हुई। फिर भी कमज़ोर सबूत के बावजूद यही माना जायेगा कि 9/11 के बारे में आरम्भिक निष्कर्ष सही रहा होगा।''

दूसरा सवाल यह है कि 9/11 की वजह क्या रही होगी? ''ज़्यादातर विद्वान आतंकियों की बातों पर भरोसा करते हुए यह मानते हैं कि वे पिछले 20 वर्षों से जो कहते हैं वह करते हैं। उनका लक्ष्य यह है कि मुस्लिम देशों से काफ़िरों को बाहर करना, भ्रष्ट सरकारों का तख्तापलट करना और इस्लाम का एक उग्रवादी संस्करण कायम करना। जार्ज बुश पूछते हैं कि वे हमसे नफ़रत क्यों करते हैं? यह सवाल नया नहीं है और इसका जवाब पाना आसान नहीं है। 45 साल पहले राष्ट्रपति आइजनहावर और उनके अधिकारियों ने इस बात पर चर्चा की थी कि अरब देशों में हमारे ख़िलाफ़ नफरत का अभियान क्यों चल रहा है वह भी सरकार द्वारा नहीं बल्कि जनता द्वारा। राष्ट्रीय सुरक्षा परिषद ने सलाह दी कि उसका मूल कारण यह है कि अमेरिका भ्रष्ट और क्रूर सरकारों का समर्थन करता है और लोकतन्त्र और विकास को अवरुद्ध करता है।

और वह ऐसा इसलिए करता है क्योंकि उसे मध्य पूर्व में अपने तेल के हितों की रक्षा करनी है। वाल स्ट्रीट जरनल ने 9/11 के बाद अमीर और पश्चिमीकृत मुसलमानों पर खोजी ख़बर की तो यही पाया कि वे इज़राइल, फिलस्तीन और इराक में अमेरिकी नीतियों से खीझे हुए हैं, लेकिन टिप्पणीकार सरल सा जवाब तलाशते हैं और कहते हैं कि उनकी नाराज़गी इसलिए है क्योंकि वे हमारी आज़ादी और लोकतन्त्र के प्रति मोहब्बत से चिढ़ते हैं। सदियों से चली आ रही उनकी सांस्कृतिक विफलताओं को तलाशा जाता है और कहा जाता है कि वे वैश्वीकरण में भाग नहीं ले पाये इसलिए उनका व्यवहार वैसा हो गया है।

अब तीसरे सवाल पर चर्चा होनी चाहिए। तीसरा सवाल यह है कि इसका उचित जवाब क्या है? निश्चित तौर पर इसका जवाब विवादित है, लेकिन प्रतिक्रिया को बुनियादी नैतिक स्तरों का पालन करना चाहिए। विशेष तौर पर अगर कोई कार्रवाई हमारे लिए सही है तो वह दूसरों के लिए भी सही होगी। अगर वह दूसरों के लिए ग़लत है तो हमारे लिए भी ग़लत है। जो लोग नैतिक स्तर को खारिज़ करते हैं उनका कहना है कि किसी कार्रवाई के सही ग़लत का फ़ैसला ताक़त से होता है। इसलिए नैतिक सवालों को टाल देना चाहिए, लेकिन राष्ट्रपति ज़ॉन कैनेडी ने आदेश दिया था कि क्यूबा पर धरती का कहर बरपाया जाये जब तक उसका नेतृत्व समाप्त न कर दिया जाये। क्योंकि उसने अमेरिकी हमले का सफल प्रतिरोध किया है। इसी तरह राष्ट्रपति रीगन ने भी निकारागुआ पर आतंकी युद्ध शुरू किया था और बहुत बर्बर हमले किये, बड़ी तबाही की जिसमें दसों हज़ार लोग मारे गये। देश इतना बर्बाद हो गया कि उसे पहचानना मुश्किल हो गया। विश्व न्यायालय और संयुक्त राष्ट्र सुरक्षा परिषद ने इसे अन्तर्राष्ट्रीय आतंकवाद बताते हुए अमेरिका की निन्दा की, लेकिन कोई नहीं मानता कि क्यूबा और निकारागुआ को यह हक है कि वे वाशिंगटन और न्यूयॉर्क पर बमबारी करें या अमेरिकी राजनेताओं की हत्या कर दें। इसी तरह सम्भावित खतरे के जवाब में बुश के अग्रिम हमले के सिद्धान्त पर भी सवाल उठते हैं, लेकिन यह सिद्धान्त नये नहीं हैं। ज़्यादातर लोग रीगन की उस बात से प्रेरणा लेते हैं कि लीबिया पर हमला 'भावी हमले के विरुद्ध आत्मरक्षा' के संयुक्त राष्ट्र के चार्टर पर आधारित है। इसलिए आसानी से यह बात रख दी जाती है कि हम अच्छे हैं और वे बुरे हैं। यह सिद्धान्त किसी भी तर्क को ध्वस्त कर देता है।

अब हम इन बिन्दुओं के आधार पर चौथे सवाल पर विचार करते हैं। मुझे लगता है कि 9/11 का अपराध उन प्रवृत्तियों को तीव्र करेगा जो पहले से मौजूद हैं। बुश का सिद्धान्त एक नमूना है। जैसा कि तत्काल कहा गया था वैसे ही दुनिया भर की सरकारों ने 9/11 को क्रूर और दमनकारी कार्यक्रम चलाने के एक मौक़े के रूप लपक लिया। रूस ने उत्साहित होकर आतंक के विरुद्ध गठजोड़ से अपने को जोड़ लिया। क्योंकि उसे उम्मीद थी कि चेचेन्या में वह जो दमनकारी कार्रवाई कर रहा है उसे वैधता मिल जायेगी और वह निराश नहीं हुआ। उसी तरह की वजह से चीन भी शामिल हो गया। तुर्की पहला देश था जिसने आतंक के विरुद्ध युद्ध के लिए अपनी सेनाएँ भेजने का प्रस्ताव रखा। वहाँ के प्रधानमन्त्री ने कहा कि हम अमेरिकी राष्ट्रपति के शुक्रगुजार हैं कि उन्होंने कुर्दों के विरुद्ध हमें हथियार दिये हैं। जबकि कुर्द बेचारे बुरी तरह कुचले हुए हैं। इज़राइल को लग गया कि वह फिलस्तीनियों का ज़्यादा ज़ोर से दमन कर सकेगा। और उसे इस काम में अमेरिका का ज़्यादा मज़बूत समर्थन मिलेगा।''[22]

इसी के साथ अमेरिका समेत ज़्यादातर लोकतान्त्रिक समाजों में आतंक से लड़ने के नाम पर घरेलू आबादी पर अनुशासन थोपने और अलोकप्रिय क़दम उठाने के ज़्यादा मौक़े पैदा हो गये। इस दौरान डर के वातावरण का दोहन किया गया और लोगों से देशभक्ति की माँग की जाने लगी। व्यवहार में इस माँग का यही मतलब होता है कि तुम चुप रहो और हम अपना कार्यक्रम चलाते रहेंगे।

इसका एक प्रमुख परिणाम यह हुआ कि अमेरिका को पहली बार केन्द्रीय एशिया में बड़ा सैनिक अड्डा बनाने का मौक़ा मिल गया। इस क्षेत्र के संसाधनों को नियन्त्रित करने के लिए अमेरिकी बहुराष्ट्रीय कम्पनियों को वहाँ ले जाने के लिए सैनिक अड्डा ज़रूरी था, लेकिन इसी के साथ खाड़ी इलाक़े के दुनिया के प्रमुख ऊर्जा केन्द्रों को चारों ओर से घेरने का मौक़ा भी मिल गया।

बुश प्रशासन आतंक के विरुद्ध इस युद्ध को दुनिया पर कायम अपने सैन्य दबदबे को और बढ़ाने के अवसर के रूप में भी देख रहा है। बुश प्रशासन का यह प्रयास उनके समय से बीस साल पहले रीगन प्रशासन द्वारा आतंक के विरुद्ध का एक नया अवतार ही है। सरकार की सोच की झलक उस समय मिल गयी जब सऊदी अरब के शहजादे अब्दुल्ला ने

अप्रैल 2002 में अमेरिका का दौरा किया और कहा कि अमेरिकी प्रशासन को इजराइली आतंक और दमन को समर्थन देने पर अरब जगत में होने वाली प्रतिक्रिया पर ज़्यादा ध्यान देना चाहिए। इस पर अधिकारियों ने उनसे कहा कि अरब के लोग क्या सोचते हैं अमेरिका इसकी परवाह नहीं करता। न्यूयॉर्क टाइम्स ने ख़बर छापी कि एक उच्च अधिकारी ने अब्दुल्ला से कहा कि अगर आप सोचते हैं कि ऑपरेशन डिजर्ट के समय हम मज़बूत थे तो आज हम दस गुना ज़्यादा मज़बूत हैं। ऐसा उन्हें यह समझाने के लिए कहा गया कि अफ़ग़ानिस्तान हमारी क्षमताओं का प्रदर्शन करने के लिए है।

अफ़ग़ान युद्ध को 13 साल तक रिपोर्ट करने वाले ब्रिटेन के मशहूर पत्रकार रॉबर्ट फिस्क अपनी चर्चित पुस्तक 'रॉबर्ट फिस्क ऑन अफ़ग़ानिस्तान' में लिखते है– बिन लादेन का अब कोई मायने नहीं है। वह जिये या मरे क्योंकि एक नाभिकीय वैज्ञानिक के तौर पर उसने बम का आविष्कार कर दिया।

ओसामा–बिन–लादेन का तीन बार इंटरव्यू करने वाले रॉबर्ट फिस्क 9/11 की ज़िम्मेदारी उस पर डाल देने वालों से सवाल करते हुए कहते हैं, "अगर लादेन उन तमाम चीज़ों के लिए दोषी है जो आरोप उस पर लगे हैं तो उसके पास 10,000 लोगों की सेना होनी चाहिए। अमेरिका ने उसके सिर पर 50 लाख डॉलर का इनाम रखा था। पढ़कर वह हंसा। क्या उसे वैश्विक आतंक का चेहरा अमेरिका ने नहीं बनाया? क्या वह सचमुच इतना शक्तिशाली था? उसके पास कभी रेडियो शायद ही था। (सैटेलाइट टीवी होने की तो बात ही अलग)। उसे नहीं मालूम था कि ईरान के विदेश मन्त्री ने हाल में सऊदी अरब का दौरा किया। (दुनिया की ताज़ा ख़बरों से इतनी बुरी तरह कटा हुआ) क्या यही विश्व आतंक का गाडफादर है?"

आतंक के विरुद्ध युद्ध के औचित्य और तमाम दलीलों पर सवाल खड़ा करते हुए फिस्क लिखते हैं, "सऊदी अरब में, कुवैत में वे अवैध लड़ाकू हो गये हैं, युद्धबन्दी हो गये हैं। संक्षेप में यह वही सम्बोधन है जो 1980 के दशक में उन्हें रूसी दिया करते थे। इससे तो यही लगता है कि काबुल के बाहर (रूसियों द्वारा) पोल–ई चौकरी जेल में उन्हें रखना सही साबित हो गया।"[23]

# पाकिस्तान : तालिबानी ख़ुशी कब तक

**क्या तालिबान पाकिस्तान के इशारे पर चलेगा? क्या वहाँ पाकिस्तान भारत की दाल नहीं गलने देगा? तालिबान की विदेश–नीति कितनी स्वतन्त्र और कितनी पाकिस्तानी होंगी? तालिबान से पाकिस्तान को कितना खतरा है? तहरीक–तालिबान पाकिस्तान को तालिबान कितना नियन्त्रित करेगा? उनके बीच सीमा विवाद और पश्तूनिस्तान का मसला कितना असर डालेगा? क्या अब पाकिस्तान रेडिकल इस्लामी संगठनों का प्रशिक्षण केन्द्र नहीं रहेगा?**

अफ़ग़ानिस्तान में तालिबान के क़ब्ज़ा करने के बाद अमेरिका, यूरोप, भारत और दुनिया के तमाम देश भले सशंकित हो, लेकिन अगर किसी देश को सबसे ज़्यादा ख़ुशी हुई है तो वह पाकिस्तान है। यह बात पाकिस्तान के प्रधानमन्त्री इमरान ख़ान के उस बयान से झलकती है जो उन्होंने तत्काल दिया। उनका कहना था कि– उन्होंने गुलामी की ज़न्जीरें तोड़ दी हैं। इस तरह के बयान पाकिस्तान के तमाम राजनेताओं, सेना के रिटायर प्रमुखों, बौद्धिकों और पत्रकारों की ओर से भी आये हैं। जहाँ यूरोप और अमेरिका में सेना की वापसी पर मिली जुली प्रतिक्रिया है और तालिबान के शासन को लेकर एकतरफा आशंकाएँ हैं वहीं पाकिस्तानी जनता के भीतर सेना की वापसी और तालिबानी सत्ता के आने पर बेहद सकारात्मक प्रतिक्रिया है। कहा जा रहा है कि पाकिस्तान ने 20 साल बाद भू–राजनीतिक समीकरण को तेज़ी से अपने पक्ष में और भारत के विरुद्ध कर दिया है। जो भारत पिछले 20 सालों से अफ़ग़ानिस्तान का दुलारा बना हुआ था वह अब वहाँ से अपने दूतावास और अपने लोगों को लेकर भाग आया है। भारत और तालिबान सरकार के बीच एक प्रकार की संवादहीनता की स्थिति है। लगता नहीं कि कठिन प्रयास के बिना वह कायम हो पायेगा। वह कितना विश्वसनीय बनेगा यह भी कहा नहीं जा सकता।

इसके ठीक विपरीत पाकिस्तान को इस बात की ख़ुशी है कि उसने अफ़ग़ानिस्तान को न सिर्फ़ भारत से काट दिया है बल्कि इस इलाक़े में भारत के अन्य प्रतिद्वन्द्वी जैसे कि चीन को भी अफ़ग़ानिस्तान के मामले में अनुकूल बनाने में एक हद तक कामयाब रहा है। पाकिस्तान ने अफ़ग़ानिस्तान के मोर्चे पर उसके पुराने शत्रु और भारत के पुराने मित्र रूस को अपने पाले में खींचा है और भारत को वहाँ से भी एक प्रकार की प्रतिकूलता दिखायी पड़ रही है।

पाकिस्तान इस मामले में एक ओर पीड़ित होने की सहानुभूति बटोर रहा है तो दूसरी ओर अफ़ग़ानी जनता के प्रति मानवीय दृष्टिकोण पैदा करने की कोशिश कर रहा है। इस तरह वह यह दिख़ाना चाह रहा है कि पाकिस्तान ने अमेरिका और नाटो के साथ मिलकर आतंकवाद से लड़ाई लड़ी है और आज तालिबान जो कुछ कह रहा है उस पर दुनिया को भरोसा करना चाहिए। यानी दुनिया को इस्लामिक रेडिकल समूहों को खड़ा करने में पाकिस्तान की भूमिका और अल–कायदा जैसे आतंकी संगठनों को पनाह देने में पाकिस्तान और तालिबान के रोल को भूल जाना चाहिए। यह बात पाकिस्तान के प्रधानमन्त्री इमरान ख़ान ने 24 सितम्बर को संयुक्त राष्ट्र महासभा को ऑनलाइन सम्बोधित करते हुए जो मुद्दे उठाये हैं उससे प्रकट होती है। ''कुछ कारणों से संयुक्त राज्य अमेरिका और यूरोप के राजनेता अफ़ग़ानिस्तान के मौजूदा संकट के लिए पाकिस्तान को दोष देते हैं। इस मंच से मैं उन सभी को यह बताना चाहता हूँ कि जब हमने 9/11 के बाद आतंकवाद के विरुद्द अमेरिका के युद्ध में भागीदारी की तो अफ़ग़ानिस्तान के अलावा इस युद्ध में पाकिस्तान को भी बहुत कष्ट उठाना पड़ा। इतना ज़्यादा कष्ट उठाने का कारण यह था कि हम इस युद्ध में अफ़ग़ानिस्तान के विरुद्ध अमेरिका के सहयोगी बने। उस युद्ध में अफ़ग़ानिस्तान की धरती से पाकिस्तान पर हमले हो रहे थे। इसलिए हमारे लिए तारीफ का कम से कम एक शब्द तो होना चाहिए था। कल्पना कीजिए ऐसे में जब हमें अफ़ग़ानिस्तान की घटनाओं के लिए दोषी ठहराया जाता है तो हमें कैसा लगता है।''

अफ़ग़ानिस्तान संकट से पाकिस्तान पीड़ित है यह बताने के बाद वे इस बात पर आते हैं कि अफ़ग़ानिस्तान की कितनी ख़राब स्थिति है और उसके लिए दुनिया से इमदाद दी जानी चाहिए। वे महासभा के इसी आनलाइन सम्बोधन में कहते हैं, ''संयुक्त राष्ट्र के अनुसार अफ़ग़ानिस्तान

के आधे लोग पहले से ही कमज़ोर हैं और अगले साल तक 90 प्रतिशत लोग गरीबी रेखा से नीचे चले जायेंगे। अफ़ग़ानिस्तान के आसमान पर ज़बरदस्त मानवीय संकट मँडरा रहा है। इसके गम्भीर परिणाम होंगे और उससे न सिर्फ़ अफ़ग़ानिस्तान और उसके पड़ोसियों को दिक्कत होगी, बल्कि दूसरी जगहों पर भी दिक्कत होगी। अफ़ग़ानिस्तान की जनता के लिए हमें मौजूदा सरकार को मज़बूती देनी होगी। तालिबान ने वादा किया है कि वे मानवाधिकार का आदर करेंगे। वे एक समावेशी सरकार बनायेंगे। वे अपनी धरती का इस्तेमाल आतंकवादियों के लिए नहीं होने देंगे। उन्होंने उन्हें माफ कर दिया है। अगर विश्व समुदाय तालिबान को प्रोत्साहित करता है और उनसे बात करता है तो यह हर किसी के लिए अच्छा होगा।''[1]

पाकिस्तान सरकार ने संयुक्त राष्ट्र महासभा के अधिवेशन से पहले इस बात के लिए ज़बर्दस्त लाबिंग की कि इस बैठक में तालिबान सरकार का प्रतिनिधित्व हो। उसके प्रतिनिधि को महासभा को सम्बोधित करने का मौक़ा दिया जाये, लेकिन संयुक्त राष्ट्र के अध्यक्ष ने इसकी इजाज़त नहीं दी, बल्कि महासभा ने तालिबान की जगह पर अशरफ गनी के प्रतिनिधि को आमन्त्रित किया। पाकिस्तान ने तालिबान के लिए इतना ज़ोरदार अभियान चलाया कि उससे अमेरिका नाराज हो गया। अपने देश में भी पाकिस्तान सरकार के इस प्रयास की आलोचना हुई। पाकिस्तान के प्रसिद्ध अख़बार 'डॉन' ने भी कहा कि तालिबान सरकार को पहले अन्तर्राष्ट्रीय मानदण्डों पर खरा उतरना होगा तब उसे अन्तर्राष्ट्रीय मान्यता की उम्मीद करनी चाहिए।[2]

पाकिस्तान के विदेश मन्त्री शाह मुहम्मद कुरैशी ने न्यूयार्क में अन्तर्राष्ट्रीय समाचार एजेंसी एपी से बात करते हुए कहा कि विश्व समुदाय को चाहिए कि वह तालिबान सरकार को मान्यता देने के लिए रोडमैप यानी योजना बनाये। अगर वह सरकार उन मानदण्डों पर खरी उतरे तो उसे मान्यता दी जाये। उनका कहना था कि आज जो स्थितियाँ हैं उसमें विकल्प क्या है? आज के दौर में तालिबान का शासन एक हक़ीक़त है। हम उस हक़ीक़त से भाग नहीं सकते। उन्होंने अन्तर्राष्ट्रीय मुद्रा कोष और दूसरे अन्तर्राष्ट्रीय संगठनों और देशों से माँग की कि वे अफ़ग़ानिस्तान सरकार का वह कोष जारी करें जो अभी जब्त करके रखा हुआ है।

इसमें कोई दो राय नहीं कि इस समय तालिबान सरकार पर सबसे ज़्यादा असर पाकिस्तान सरकार का ही है। वह पाकिस्तान की मित्र सरकार है। अफ़ग़ानिस्तान में जब तालिबान सरकार का गठन हो रहा था और सहमति नहीं बन रही थी तो आईएसआई के तत्कालीन निदेशक फ़ैज़ हमीद काबुल में मौजूद थे। उनके पाकिस्तान लौटने के बाद ही वहाँ सरकार के गठन का ऐलान किया गया। तालिबान के प्रवक़्ता मुजाहिद ने भी कहा है कि पाकिस्तान हमारा दूसरा घर है। अफ़ग़ानिस्तान के पूर्व राष्ट्रपति हामिद करज़ई कहा करते थे कि हमारे सम्बन्ध अविभाज्य हैं। दोनों देशों के बीच 2570 किलोमीटर की सीमा मिलती है। उनके सांस्कृतिक जातीय और धार्मिक रिश्ते गहरे हैं, लेकिन यह रिश्ते एक आयामी नहीं हैं। यह जटिल रिश्ते हैं। इसमें एक तरह का दोगलापन भी है और भस्मासुरी भूल भी है। पाकिस्तान ने अफ़ग़ानिस्तान के बहाने आतंकवाद जैसे शेर की सवारी की है। इसलिए उसे डर भी है कि वह कहीं उसे भी न घायल कर दे, लेकिन पाकिस्तान यह खेल तब से खेल रहा है जब से सोवियत संघ अफ़ग़ानिस्तान में घुसा। उसके बाद रेडिकल इस्लामी समूहों को तैयार करना अपने यहाँ अफ़ग़ानियों के लिए शरणार्थी शिविर तैयार करना और फिर उनके मदरसों से पहले मुजाहिद और बाद में तालिबान पैदा करना। उसके बाद दुनिया की निगाह में आतंकियों और कट्टरपन्थियों से लड़ाई लड़ते हुए भी दिखना। इस फितरत में पाकिस्तान ने अपनी रणनीतिक अहमियत भले बना रखी, लेकिन काफ़ी कलाबाजियाँ खायी हैं उसने।

इस बीच तहरीक–ए–तालिबान पाकिस्तान ने विशेष तौर पर पाकिस्तान सरकार की नाक में दम कर रखा है। दो अक्टूबर 2021 को टीटीपी कहे जाने वाले इस संगठन ने उत्तरी वजीरिस्तान इलाक़े में स्पनवाम नाम के इलाक़े में सेना के गश्ती दल पर हमला किया। इस हमले में चार सैनिक और एक पुलिस वाला मारा गया। इस हमले की ज़िम्मेदारी टीटीपी ने ली और उसने कहा कि हमने छापा डालने की कोशिश में लगे सैनिक दल पर हमला किया। जबकि पाकिस्तान सरकार का दावा है कि उस दौरान तो युद्ध विराम चल रहा था। फिर भी टीटीपी ने हमला किया। यह एक ऐसा संगठन है जो पाकिस्तानी राज्य को युद्ध छेड़ कर पलट देना चाहता है। वह अल–कायदा से प्रभावित है और उसके तालिबान से भी अच्छे रिश्ते हैं। इस संगठन ने अफ़ग़ानिस्तान में तालिबान के साथ अमेरिका और नाटो सेनाओं से लड़ाई लड़ी थी।[3]

तहरीक–ए–तालिबान पाकिस्तान के 6000 लड़ाके पाकिस्तान में हैं। एक ओर पाकिस्तान के प्रधानमन्त्री इमरान ख़ान कहते हैं कि युद्ध विराम घोषित है और आतंकी संगठनों से वार्ता चल रही है तो दूसरी ओर टीटीपी के प्रवक्ता मुहम्मद खुरासनी का कहना है कि उसने कभी युद्ध विराम नहीं घोषित किया। टीटीपी संगठित है और उसमें किसी भी तरह की कोई गुटबाजी नहीं है।

अफ़ग़ानिस्तान में तालिबान के आने से पाकिस्तान को होने वाले फ़ायदे और उसकी ख़ुशी पर टिप्पणी करते हुए विदेश–नीति के विशेषज्ञ मिशेल कुगेलमैन लिखते हैं, "निश्चित तौर पर यह पाकिस्तान की रणनीतिक जीत है। बीस साल बाद पहली बार अफ़ग़ानिस्तान में पाकिस्तान की मित्र सरकार बनी है, लेकिन इससे पाकिस्तान फ़ायदे में ही रहेगा इसकी गारण्टी नहीं है। वह अपना असर खो भी सकता है। फिलहाल अच्छा रिश्ता बनाये रखना दोनों के हित में है। पाकिस्तान ने पहले सोवियत विरोध के मुद्दे पर मुज़ाहिदीन गुटों का समर्थन किया। जब सोवियत संघ चला गया और वहाँ 1996 में तालिबान की सरकार आयी तो पाकिस्तान उसे मान्यता देने वाला पहला देश था, लेकिन जब 9/11 के बाद अफ़ग़ानिस्तान पर नाटो का हमला हुआ तो वहाँ की तालिबान सरकार का तख़्तापलट दिया गया। उसके बाद पाकिस्तान ने तालिबान को पनाह दी।"[4]

"पाकिस्तान के पनाह देने के कारण ही तालिबान अमेरिकी हमले से बच पाया और फिर से संगठित हुआ। हालाँकि अमेरिकी हमले में उसके हज़ारों योद्धा मारे गये। इससे लगता है कि पाकिस्तान ने तालिबान को लड़ाई के मैदान से लेकर वार्ता की मेज तक सहयोग दिया है, लेकिन चूँकि युद्ध का दौर समाप्त हो चुका है इसलिए अब वह निकटता कितनी रह पायेगी यह देखा जाना है। अब तो तालिबान को उस तरह हथियार और पनाह की ज़रूरत नहीं है जैसी पहले थी। पाकिस्तान चाहता है कि तालिबान टीटीपी को नियन्त्रित करें। क्योंकि उसका नेता अफ़ग़ानिस्तान में रहता है। टीटीपी ने 2007 से 2014 तक पाकिस्तान में काफ़ी हिंसा की है। उसके बाद जब उसे कुचला गया तो वह शान्त हुआ। हाल में वे फिर एकजुट हो रहे हैं। तालिबान की वापसी से वह गदगद है। इस उत्साह में वह फिर हमले करने लगा है। हाल में उसने कई हमले किये। अगस्त के महीने में टीटीपी ने 32 हमले किये। 5 सितम्बर के हमले में पाकिस्तान पैरामिलिट्री के 3 लोग मारे गये।"

‘इसलिए सवाल यह उठता है कि क्या तालिबान अपने पुराने मित्र संगठन को दबाएगा। 2007 में टीटीपी बनने से पहले उसका नेता बैतुल्ला महसूद अफ़ग़ानिस्तान में नाटो से लड़ रहा था। वह पाकिस्तान से वहाँ लड़ाके भेजता था। तालिबान पर भले पाकिस्तान के अहसान और मैत्री का दबाव है, लेकिन तालिबान सत्ता में आने के बाद टीटीपी के बारे में गोलमोल बातें करने लगा है। तालिबान प्रवक्ता जबीउल्लाह मुजाहिद ने पाक टीवी से एक इंटरव्यू में कहा—अफ़ग़ानिस्तान की धरती का इस्तेमाल किसी अन्य देश की शान्ति भँग करने में नहीं होने देंगे, लेकिन यह तय करना पाकिस्तान का काम है कि टीटीपी की लड़ाई सही है या ग़लत।’ कहने का मतलब यह है कि टीटीपी के मामले पर तालिबान ज़्यादा दखलंदाजी नहीं करेगा।

तालिबान टीटीपी के मामले से हाथ क्यों खींच रहा है इसके कुछ कारण हैं। अफ़ग़ानिस्तान एक निराशा में डूबा हुआ देश है। तालिबान को अपने मुल्क़ को हौंसला देना है और इसके लिए अपने संगठन की घरेलू साख बनानी है। अफ़ग़ानिस्तान की घरेलू अर्थव्यवस्था ख़राब है। आईएस—खोरसान का खतरा अलग है। एक अनुमान यह भी है कि अफ़ग़ानिस्तान के लोग पाकिस्तान से बहुत ख़ुश नहीं हैं। सात सितम्बर के बाद काबुल में पाकिस्तान विरोधी प्रदर्शन हुए हैं। इसलिए शायद तालिबान पाकिस्तान का ज़्यादा पक्ष लेते हुए दिखना नहीं चाहेगा। कम से कम अपनी जनता के लिहाज से। इससे दोनों देशों में तनाव बढ़ सकता है।

‘बहुत सारे अफ़ग़ानिस्तान वासियों की तरह तालिबानी अफ़ग़ानिस्तान और पाकिस्तान सीमा यानी डूरंड लाइन को नहीं मानते। हाल में पाकिस्तान ने सीमा पर जो कँटीले तार लगाये हैं उसकी अफ़ग़ानिस्तान के लोग आलोचना कर रहे हैं। उनका कहना है कि यह ऐसी सीमा को वैधता देने की कोशिश है जिसे वे मानते नहीं हैं। इसके अलावा पाकिस्तान और तालिबान के बीच और भी कई मतभेद हैं। नाटो सेनाओं ने तालिबानियों को हिरासत में लेकर जो पूछताछ की थी उसकी एक रपट 2012 में आयी थी। उस रपट में कहा गया था कि तालिबान वाले पाकिस्तान से ज़्यादा मोहब्बत नहीं करते। हिरासत में लिए गये तालिबानियों का कहना था कि पाकिस्तानी अविश्वसनीय होते हैं, वे जोड़—तोड़ करते हैं। वे नियन्त्रित करने की कोशिश करते हैं और अपमान करते हैं।

पाकिस्तान के लोग उन तालिबानियों को तुरन्त गिरफ्तार कर लेते थे जो उनकी बात न मान कर उनसे असहयोग करते थे। सन् 2002 में पाकिस्तान में तालिबान के राजदूत को गिरफ्तार कर लिया गया था। मुल्ला अब्दुल गनी बरादर तो एक दशक तक पाकिस्तान की जेल में रहे (वही जो इस समय इस्लामी अमीरात ऑफ अफ़ग़ानिस्तान के उप प्रधानमन्त्री हैं)।'[5]

'इसके बावजूद दोनों देश एक–दूसरे से घनिष्ठ रिश्ता बनाये रखना चाहते हैं। क्योंकि यह रिश्ता तभी से है जबसे 1980 में छापामार युद्ध शुरू हुआ। तालिबान सरकार में गृहमन्त्री सिराजुद्दीन हक्कानी और शरणार्थी मन्त्री खलील हक्कानी पाकिस्तान के करीबी हैं। उनका मन्त्रिमण्डल में होना इस बात का प्रमाण है कि रिश्ता ठीक रहेगा। जो अफ़ग़ानी नेता पाकिस्तान को पसन्द नहीं करते थे उन्हें मन्त्रिमण्डल में महत्त्वपूर्ण जगह नहीं मिली है। (जैसे कि मुल्ला बरादर)। बड़े पद उन्हें ही मिले हैं जो लोग पाकिस्तान के प्रति अच्छी राय रखते हैं और उसके साथ खड़े होना चाहते हैं। (जैसे की अखुन्द और हक्कानी)। ऐसी स्थिति में इस बात की सम्भावना है कि सेना के मामले में पाकिस्तान अफ़ग़ानिस्तान की मदद करे। उसके राजनयिक को असरदार बनाने के लिए पाकिस्तान अपने कौशल का इस्तेमाल करे। वह अफ़ग़ानिस्तान की नीतियाँ अपने ढंग से बनवाये। पाकिस्तान चाहेगा कि भारत अफ़ग़ानिस्तान से दूर रहे और अभी अफ़ग़ानिस्तान के पुनर्निर्माण का जो कारोबार है उसे रूस और चीन करें। हाल में तालिबान ने चीन के बारे में बहुत अच्छी टिप्पणी भी की थी।'

अफ़ग़ानिस्तान, रेडिकल इस्लामी संगठन और आतंकवाद से जटिल रिश्तों वाले पाकिस्तान की भूमिका पर पश्चिमी देश अभी भी उम्मीद लगाये हुए हैं। पश्चिमी देशों को आशा है कि पाकिस्तान अभी भी मध्यस्थ की भूमिका निभा सकता है, लेकिन सभी पश्चिमी देशों ने जिहादी आतंकवाद से लड़ाई में पाकिस्तान को पक्का साथी माना है। अमेरिका का मानना है कि आतंक के विरुद्ध युद्ध में वह तालिबान की मदद करता रहा है। 9/11 के बाद आतंकविरोधी युद्ध में पाकिस्तान अमेरिका का सहयोगी बन गया था, लेकिन सेना और खुफिया एजेंसियाँ इस्लामी समूहों और तालिबान से सम्बन्ध बनाये रखे हुए थीं। पाकिस्तान यह भी नहीं चाहता था कि अफ़ग़ानिस्तान में भारत समर्थक सरकार रहे।...

इसका मतलब यह नहीं है कि पाकिस्तान निश्चिन्त हो गया है। उसने सीमा पर तमाम हमले झेले हैं। पाकिस्तान का इसमें हित है कि काबुल की तालिबान सरकार अल–कायदा और आईएसआई पर हमला करे। यानी पाकिस्तान चाहेगा कि अफ़ग़ानिस्तान एक सुशासित राज्य बने। फिर शरणार्थियों का मामला भी पाकिस्तान की चिन्ता का विषय है। पाकिस्तान में 30 लाख अफ़ग़ानी शरणार्थी हैं। वह अब और शरणार्थी सह नहीं सकता। उधर पाकिस्तान के अमेरिका से रिश्ते ख़राब हैं। जो बाइडेन ने राष्ट्रपति बनने के बाद कभी इमरान ख़ान को फ़ोन नहीं किया। अमेरिका के पूर्व राष्ट्रीय सुरक्षा सलाहकार लेफ्टीनेंट जनरल एचआर मैकमास्टर का कहना है–पाकिस्तान अगर जिहादी समूहों का समर्थन बन्द नहीं करता तो उसका बायकाट होना चाहिए। हमें यह दर्शाना बन्द करना चाहिए कि पाकिस्तान हमारा पार्टनर है। वह जिहादी समूहों को समर्थन दे रहा है, ट्रेनिंग दे रहा है और उसका इस्तेमाल अपनी विदेश–नीति की भुजा के तौर पर कर रहा है। इस तरह वह दुश्मन की तरह से काम कर रहा है। लेकिन हाल में जर्मनी और ब्रिटेन के विदेशमन्त्री इस्लामाबाद गये थे। उसके बाद इटली के विदेशमन्त्री भी वहाँ गये थे। राजनयिक मानते हैं कि पाकिस्तान का तालिबान पर प्रभाव है अगर उसे छोड़ दिया गया तो वह चीन से सट जायेगा।

शायद यही कारण है कि सीआईए के निदेशक विलियम बर्नस भी भारत की यात्रा के बाद 9 सितम्बर को पाकिस्तान गये थे। हाल में दक्षिण एशिया सहित भारत के दौरे पर आयी अमेरिका की महत्त्वपूर्ण राजनयिक व विदेश उप–मन्त्री वेंडी शरमन पाकिस्तान भी गयीं। पाकिस्तान जाने से पहले उन्होंने मुम्बई में एक बातचीत में कहा, "मैं नहीं समझती कि अब पाकिस्तान से कोई व्यापक रिश्ता कायम करने की ज़रूरत है। हम अब उन दिनों में नहीं लौटना चाहते थे जब भारत और पाकिस्तान दोनों देशों का नाम एक साथ लेते थे। हम वहाँ विशेष उद्देश्य के लिए जा रहे हैं। वह एक संकीर्ण उद्देश्य है। वह संकीर्ण उद्देश्य अफ़ग़ानिस्तान है। ताकि हम अमेरिका, भारत और हर किसी की सुरक्षा सुनिश्चित कर सकें। हम जानना चाहते हैं कि अफ़ग़ानिस्तान में क्या हो रहा है। हमें तालिबान पर एक राय बनानी है। हमें यह सुनिश्चित करना है कि हमारे पास क्षमता हो हर किसी को सुरक्षित करने की। इसलिए मैं बहुत विशेष बात करना चाहती हूँ।' वेंडी शरमन ने पाकिस्तान में वहाँ से राष्ट्रीय सुरक्षा सलाहकार

युसुफ मोईद से बात की और विदेश मन्त्री एसएम कुरैशी से भी भेंट की। हालाँकि क्या बात हुई इस बारे में कोई बयान जारी नहीं हुआ।

फॉरेन पॉलिसी जरनल ने संकेत दिया है कि अमेरिका भारत और पाकिस्तान को लेकर अपने रिश्तों में बड़ा बदलाव कर रहा है इसलिए वेंडी शरमन का दौरा काफ़ी ख़ास है। वेंडी ने बताया कि वे मैडलीन अलब्राइट के साथ उस समय भी पाकिस्तान की यात्रा पर आयी थीं जब पहली बार तालिबान सत्ता में आया था। उस समय उन्होंने पेशावर के शरणार्थी शिविर में लड़कियों और महिलाओं से भी बात की थी। तब उनकी बेटी भी साथ में थी। लड़कियों ने बताया था कि किस तरह से उस समय उसकी बहन से बलात्कार किया गया और उसे खिड़की से फेंक दिया गया। उन्होंने कहा कि जो तालिबान से वार्ता कर रहे हैं उनसे किसी को कोई समस्या नहीं है, लेकिन तालिबान को अपनी बात को काम से साबित करना होगा। उन्हें सोचना होगा कि 20 साल में दुनिया बदल गयी है। अब न तो वह अफ़ग़ानिस्तान है और न ही वह तालिबान। यह इक्कीसवीं सदी है।

पाकिस्तान और तालिबान में अगर जुड़वाँ भाइयों का रिश्ता है तो कुछ बुनियादी मतभेद भी हैं। वह मतभेद पाकिस्तान और अफ़ग़ानिस्तान के राष्ट्रीय हितों के हैं तो इस्लाम के रेडिकल और उदार स्वरूप को लेकर भी हैं। तालिबान जैसे संगठन, विचार और औजार के निर्माण के दौरान पाकिस्तान ने ख़ुद से बहुत संघर्ष किया है। मुहम्मद अली जिन्ना ने भले ही इस्लाम का साम्प्रदायिक इस्तेमाल करके पाकिस्तान का निर्माण किया, लेकिन वे स्वयं एक आधुनिक व्यक्ति थे। जो लन्दन में पढ़े लिखे थे और पाकिस्तान का शासक वर्ग भी आधुनिक शिक्षा से सम्पन्न रहा है। आधुनिकता की यह लहर अफ़ग़ानिस्तान में कम रही है, लेकिन वह अनुपस्थित नहीं रही है। उसको लाने की कोशिश वहाँ अमानुल्ला ख़ान, ज़हीर ख़ान और दूसरे शासक करते रहे हैं, लेकिन पाकिस्तान और अफ़ग़ानिस्तान में आपसी खींचतान रही है। वह खींचतान उस डूरंड रेखा को लेकर रही है जो दोनों देशों के बीच क़रीब ढाई हज़ार किलोमीटर की सीमा बनाती है। अफ़ग़ानिस्तान उस बॉर्डर को मानने को तैयार नहीं है। जबकि पाकिस्तान उसे मानकर उस पर बाड़ लगाता रहा है। दूसरा विवाद पश्तूनिश्तान (पख्तूनिस्तान) को लेकर है। पाकिस्तान और अफ़ग़ानिस्तान में पश्तून यानी पठान समुदाय की बड़ी आबादी है।

वह आबादी दोनों देशों को मिलाकर पश्तूनिस्तान बनाने की माँग करती रही है। खुदाई खिदमतगार के नेता और पश्तून बिरादरी के बड़े नेता ख़ान अब्दुल गफ़्फ़ार ख़ान पश्तूनिस्तान की माँग करते रहे हैं। भारत भी उसका समर्थक रहा है। चूँकि पाकिस्तान की सेना और प्रशासन में पश्तून बड़े पदों पर हैं इसलिए पाकिस्तान सरकार में यह खौफ रहा है कि अगर यह आन्दोलन ज़ोर पकड़ेगा तो पाकिस्तान का नुक़सान होगा। इसी तरह फाटा इलाक़े में आदिवासियों के आन्दोलन को अफ़ग़ानिस्तान मदद करता है। वह बलूचिस्तान के अलगाववादी आन्दोलन से भी सहानुभूति रखता है। अफ़ग़ानिस्तान के इस रवैए को भी पाकिस्तान अपने लिए घातक मानता है। चूँकि इन आन्दोलनों को भारत का भी समर्थन रहता है इसलिए पाकिस्तान इससे विशेष रूप से चिन्तित रहता है।

पश्तूनिस्तान की माँग और डूरंड लाइन के विवाद को ठण्डा करने के लिए और उससे ध्यान बँटाने के लिए पाकिस्तान ने यह रणनीति बनायी है कि वह अफ़ग़ानिस्तान में इस्लामी गुटों को बढ़ावा दे। वे गुट जब सक्रिय होंगे तो अफ़ग़ानिस्तान का क्षेत्रीय हितों से ध्यान हटेगा। वहाँ ऐसी सरकार बनेगी जो पाकिस्तान की दोस्त होगी। वह अपने देश के इस्लामीकरण के एजेण्डे पर काम करेगी और अपने ही लोगों को दबाने में अपनी ताक़त लगायेगी। इस तरह पाकिस्तान को अपने सीमाई इलाक़ों के विवाद और सीमा विवाद को शान्त रखने का मौक़ा मिलेगा।

लेकिन पाकिस्तान की इस रणनीति ने पाकिस्तान को भी भीतर से घायल किया है। उसके भीतर इतने आतंकी और इस्लामी गुट पनप गये हैं कि वहाँ की शान्ति और राज्य व्यवस्था खतरे में पड़ गयी है। पाकिस्तान के पूर्व विदेश मन्त्री खुर्शीद अहमद कसूरी अफ़ग़ानिस्तान पर ऐतिहासिक खींचतान और आज की स्थिति के बीच एक सिलसिला कायम करते हैं। वे लिखते हैं–

अफ़ग़ानिस्तान कभी जार के रूस और ग्रेट ब्रिटेन के बीच खींचतान का मुद्दा रहा था। दोनों उस पर अपना दबदबा कायम करना चाहते थे। इस वजह से कई लड़ाइयाँ हुईं। इस बीच पाकिस्तान और अफ़ग़ानिस्तान को मिलाकर महासंघ बनाने का विचार भी आया। उस विचार को पेश किया अफ़ग़ानिस्तान के शाहजादा मुहम्मद दाऊद ख़ान ने। वे पश्तूनिस्तान का मामला भी उठाते थे। एक बार तो उनके मुद्दे से आकर्षित होकर पाकिस्तान के राष्ट्रपति अयूब ख़ान ने अफ़ग़ानिस्तान के आख़िरी

बादशाह ज़हीर शाह से कहा कि हम सब वही लोग हैं जिसे महामहिम मुक्त कराना चाहेंगे। (क्योंकि अयूब ख़ान भी पश्तून थे)।

अफ़ग़ानिस्तान में पश्तून समुदाय बड़ा है। वही लोग हैं जो तालिबान के संगठन के केन्द्र में हैं, लेकिन पश्तून समुदाय उससे भी ज़्यादा पाकिस्तान में हैं। जैसे कि जितने ताज़िक ताज़िकिस्तान में हैं उससे भी ज़्यादा ताज़िक अफ़ग़ानिस्तान में हैं। जिस तरह अफ़ग़ानिस्तान और ताज़िकिस्तान के बीच ताज़िक को लेकर समस्या रही है उसी तरह पाकिस्तान और अफ़ग़ानिस्तान में पश्तून को लेकर भी समस्या रही है। इन दोनों देशों के बीच शरणार्थी समस्या भी रही है, अफ़ग़ानिस्तान के 35 लाख शरणार्थी लगभग चालीस सालों से पाकिस्तान में रह रहे हैं। इसे लेकर सरकारों के बीच तो समस्या रही है, लेकिन जनता के बीच जो रिश्ते रहे हैं उसके नाते वह समस्या गम्भीर रूप नहीं ले पायी।[6]

अफ़ग़ानिस्तान के शरणार्थी पाकिस्तान में तब से आने लगे हैं जब से 1979 में सोवियत संघ ने वहाँ सैनिक हस्तक्षेप किया। पाकिस्तान के तत्कालीन राष्ट्रपति जनरल जिया उल हक ने सोवियत संघ के लड़ने के लिए अफ़ग़ानी शरणार्थियों को पनाह दी, लेकिन यह पनाह देने का काम आसान नहीं था। इसके कारण पाकिस्तान का अमन गड़बड़ाया और उसकी अर्थव्यवस्था पर भी काफ़ी दबाव पड़ा, लेकिन पाकिस्तान ने यह सिलसिला जारी रखा। शायद इसकी बड़ी वजह रणनीतिक थी।

डूरंड लाइन पर अफ़ग़ानिस्तान से टकराव तभी से होने लगा था जब से पाकिस्तान बना, लेकिन अफ़ग़ानिस्तान ने इस मामले को ज़्यादा बढ़ने नहीं दिया। बल्कि जब 1965 और 1971 में भारत पाकिस्तान युद्ध हुआ तो अफ़ग़ानिस्तान ने पाकिस्तान की सीमा पर एक भी सैनिक नहीं तैनात किया, बल्कि वहाँ के बादशाह ज़हीर शाह ने कहा भी कि हम आपको (पाकिस्तान) को किसी भी तरह की तकलीफ़ नहीं देना चाहते, लेकिन आदिवासी इलाक़े के नियन्त्रण के सवाल पर पाकिस्तान और अफ़ग़ानिस्तान के बीच विवाद रहा है। सन् 1955 और 1957 में यह विवाद इतना बढ़ गया कि दोनों देशों ने एक–दूसरे के राजदूत वापस कर लिए। सन् 1960 में पश्तूनिस्तान का मुद्दा उठा तो इसमें ख़ान अब्दुल गफ्फार ख़ान भी आगे थे, लेकिन सरकार ने उन्हें नज़रबन्द कर दिया। इस मामले को शान्त कराने के लिए 1963 में ईरान के शाह रजा पहलवी ने दखल देकर मामले को शान्त कराया।

जहाँ तक डूरंड विवाद का मामला है तो पाकिस्तान मानता है कि यह भारत के इशारे पर उठाया जाता है।

अफ़ग़ानिस्तान की इसी नीति का मुक़ाबला करने के लिए पाकिस्तान ने वहाँ इस्लामी गुटों को भी मदद देने की शुरुआत की। 1970 के दशक में शुरू हुई पाकिस्तान की इस नीति को वहाँ के सेक्यूलर शासक जुल्फिकार अली भुट्टो भी चला रहे थे। उन्होंने शाहजादा दाऊद ख़ान से लड़ रहे इस्लामी गुटों के नेताओं को मदद दी ताकि पश्तूनिस्तान (फखतूनिस्तान) के मुद्दे का जवाब दिया जा सके। यही इस्लामी नेता बाद में मुज़ाहिदीन बने और कालान्तर में वे ही तालिबान में परिवर्तित हुए और उन्होंने ही जिहाद का आन्दोलन चलाया। पाकिस्तान ने गुलबुद्दीन हिक्मतयार और अहमद शाह मसूद को बग़ावत करने में मदद की।

तालिबान को मदद पहुँचाना पाकिस्तान का जुनून रहा है। इस बात को अहमद राशिद ने अपनी तालिबान में प्रमाण के साथ प्रस्तुत किया है। पाकिस्तान शिकार है या शिकारी? तथ्य इतने अजीब हैं कि साफ़ तौर पर कुछ कहना कठिन है। 1998 में जब भारत ने पोखरण परमाणु विस्फोट किया था तो पाकिस्तान में भी नाभिकीय विस्फोट की होड़ लग गयी। उसने मई को एक के बाद एक छह नाभिकीय विस्फोट किये। उसके तमाम मन्त्रालय अपने अपने ख़र्च के लिए वित्त मन्त्रालय के पास प्रस्ताव डाले जा रहे थे। जबकि 1996 से मन्दी से गुजर रही पाकिस्तानी अर्थव्यवस्था की हालत ख़राब थी। इन सबके बावजूद "पाकिस्तान के वित्त मन्त्रालय ने 28 जून को काबुल में तालिबान प्रशासन के वेतन के लिए 30 करोड़ रुपये मंज़ूर किये। इस तरह अगले छह महीने तक पाकिस्तान सरकार अफ़ग़ानिस्तान में प्रशासन के वेतन के लिए पाँच करोड़ महीना देने जा रही थी, लेकिन इसी के साथ वित्त मन्त्रालय के इस इमदाद को छुपा कर भी रखना था क्योंकि अन्तर्राष्ट्रीय दाता संस्थाएँ सरकारी ख़र्च में कटौती की माँग कर रही थीं। इसलिए पाकिस्तान सरकार ने इस इमदाद को अपने ही मन्त्रालय के विभिन्न खातों में दर्शाया।"[7]

"पाकिस्तान ने तालिबान को 1997–98 के बीच तीन करोड़ डॉलर दिये। इसके अलावा उसने छह लाख टन गेहूँ, डीजल, पेट्रोलियम और केरोसिन् भी दिये। पाकिस्तान ने सऊदी अरब के सहयोग से बहुत सारे गोला–बारूद और गाड़ियाँ दीं और सोवियत संघ की सेना से पकड़ी

गयी तोपों और सैन्य विमानों के कल पुर्जे भी दिये। इसके अलावा उसने तालिबान को उक्रेन और पूर्वी यूरोप से बहुत सारे हथियार और गोला–बारूद खरीदने में मदद की। जो धन वेतन देने के लिए दिया गया था वह वेतन में नहीं गया, बल्कि युद्ध में चला गया। काबुल के तालिबान अधिकारियों को महीनों तक वेतन नहीं मिला। जबकि सरकारी स्तर पर पाकिस्तान इस बात से इनकार करता रहा कि उसने तालिबान को किसी तरह की मदद की है।''

तालिबान को मदद देने का काम बेनज़ीर भुट्टो की सरकार ने भी किया। उनका मक़सद था तालिबान को आईएसआई के असर से दूर करना। वे लोग आईएसआई की स्वतन्त्र सत्ता से चिढ़ते थे। उन्हें लगता था कि तालिबान पर आईएसआई का बहुत असर है और इसे दूर करना चाहिए। ताकि आईएसआई कमज़ोर हो और तालिबान उनकी सरकार की सरपरस्ती में रहे। क्योंकि आईएसआई को तालिबान पर तब तक यक़ीन कायम नहीं हुआ था और वह गुलबुद्दीन हिक्‌मतयार की मदद कर रही थी। बेनज़ीर भुट्टो की सरकार में गृहमन्त्री नसीरुल्लाह बाबर इन कामों में बहुत सक्रिय थे, बल्कि तालिबान को आगे बढ़ाने में उनकी विशेष भूमिका रही। बाबर ने तालिबान को आर्थिक रूप से मदद करने के लिए अफ़ग़ान ट्रेड डेवलपमेंट सैल गठित की। वे किसी गोपनीय खाते की बजाय सरकारी खाते से सीधे मदद कर रहे थे।

बाबर ने पाकिस्तान टेलीकम्युनिकेशन्स को आदेश दिया कि वह तालिबान के लिए टेलीफ़ोन नेटवर्क क़ायम करें। वह नेटवर्क पाकिस्तान टेलीफ़ोन ग्रिड का ही हिस्सा था। पाकिस्तान के किसी भी शहर से घरेलू कोड नंबर से कन्धार को फ़ोन मिलाया जा सकता था और वह कोड नम्बर–081 था। यह वही कोड नम्बर था जिससे क्वेटा की भी डायलिंग होती थी। पाकिस्तान के पब्लिक वर्क्स डिपार्टमेंट और वाटर सप्लाई विभाग ने कन्धार शहर में सड़क मरम्मत और बिजली सप्लाई का काम किया। इस तरह 'तालिबान का जन्म पाकिस्तान के शरणार्थी शिविरों में हुआ, उनकी पढ़ाई–लिखाई पाकिस्तानी मदरसों में हुई। उन्होंने पाकिस्तान की मुज़ाहिदीन पार्टियों से लड़ना सीखा उनके परिवार वालों के पास पाकिस्तानी पहचान पत्र थे। मुज़ाहिदीन समूहों का आईएसआई और जमात–ए–इस्लामी समूहों से विशेष रिश्ता था, लेकिन उनका रिश्ता दूसरे राजनीतिक और आर्थिक समूहों से नहीं था।

उनके विपरीत तालिबान पाकिस्तान के उन असरदार संगठनों और समूहों से सम्बन्धित रहा है जिन तक पाकिस्तानी लोगों की भी पहुँच नहीं होती।''[8]

हालाँकि पाकिस्तान ने तालिबान को इतनी मदद पहुँचायी, लेकिन वह पाकिस्तान की कठपुतली होने को तैयार नहीं था। वह किसी मुद्दे को उतना ही स्वीकार करता था जितना उसके अपने रणनीतिक हित में होता था। उसमें एक प्रकार की खुदमुख्तारी भी रही है। यह बात अलग है कि कश्मीरी आतंकवादियों के समर्थन में तालिबान वह बयान देता रहा है जिससे पाकिस्तान को बल मिले। एक ओर तालिबान डूरंड लाइन को मानने से इनकार करता रहा तो दूसरी ओर वह पश्तूनिस्तान के मुद्दे को भी समर्थन देता रहा। जबकि पाकिस्तान सोचता था कि इस्लाम के कारण वह ऐसे मुद्दों को छोड़ देगा। यानी तालिबान रेडिकल इस्लाम के साथ ही पश्तून राष्ट्रवाद को भी प्रोत्साहित करता रहा, लेकिन कश्मीर के मसले पर वे आतंकवादियों का समर्थन करते रहे, बल्कि पाकिस्तान की अफ़ग़ान नीति के पीछे कश्मीर भी एक बड़ा कारण रहा है। मुल्ला उमर ने 1998 में कहा, ''हम कश्मीर के जिहाद का समर्थन करते हैं। यह भी सही है कि कुछ अफ़ग़ान कश्मीर में भारतीय कब्जे के ख़िलाफ़ लड़ रहे है, लेकिन वे वहाँ अपने लिए लड़ने गये हैं।''

अफ़ग़ानिस्तान में तालिबान के काबिज होने के साथ कश्मीर में आतंकवाद की उन घटनाओं की याद ताजा होने लगी हैं जो अभी तक सिहरन पैदा करती हैं। सन् 1995 में जब कश्मीर में आतंकवाद अपने चरम पर था तब चरार–ए–शरीफ में कुछ आतंकवादी घुस गये थे। उसमें मस्त गुल नाम का ख़तरनाक आतंकी था। वह पश्तून है और पेशावर का रहने वाला है। तब तत्कालीन प्रधानमन्त्री नरसिंह राव को उनके सलाहकारों ने सुझाव दिया था कि किसी तरह से आप को चरार–ए–शरीफ की हिफाजत करनी चाहिए क्योंकि वहाँ शेख–उल–आलम–शेख नुरुद्दीन यानी नुन्द ऋषि की मज़ार है, लेकिन नरसिंह राव जब तक कोई कार्रवाई करते तब तक वे लोग चरार–ए–शरीफ को जलाकर भाग लिए। वही मस्तगुल अब तहरीक–ए–तालिबान पाकिस्तान में शामिल हो गया है। यह संगठन अफ़ग़ानिस्तान के तालिबान से जुड़ा हुआ है। आजकल वही संगठन पाकिस्तान के लिए सिरदर्द बना हुआ है क्योंकि वह चाहता है कि पाकिस्तान में इस्लामी क्रान्ति करके मौजूदा शासक वर्ग को सत्ता से हटा दिया जाये।

पाकिस्तान और उसका सत्ता प्रतिष्ठान अफ़ग़ानिस्तान में तालिबान को मदद करने और उसकी सत्ता को आर्थिक आधार प्रदान करने के लिए इतना मशगूल हो गया कि उसने राष्ट्रीय अन्तर्राष्ट्रीय सन्धियों और मर्यादाओं को दरकिनार कर दिया। उसके चलते अफ़ग़ानिस्तान को तो नुक़सान हुआ ही पाकिस्तान भी आर्थिक और राजनीतिक रूप से जख्मी हुआ। आईएसआई के एक अफसर का तो कहना है कि आईएसआई के अफसर तालिबान से ज़्यादा तालिबानी हो गये। हालाँकि आईएसआई के भीतर तालिबान को लेकर काफ़ी लम्बे समय तक रस्साकसी चलती रही। एक लाबी गुलबुद्दीन हिक्मतयार यानी काबुल के कसाई का समर्थन कर रही थी तो दूसरी तालिबान पर अनुमान लगा रही थी। एक ओर दुनिया तालिबान के विजय अभियान से सशंकित हो रही थी तो दूसरी ओर पाकिस्तान सरकार उनका समर्थन कर रही थी। यहाँ तक प्रधानमन्त्री नवाज शरीफ और आईएसआई ने भी अन्तर्राष्ट्रीय आलोचना की परवाह नहीं की। संयुक्त राष्ट्र के महासचिव कोफी अत्ता अन्नान लगातार चेतावनी दे रहे थे, लेकिन पाकिस्तान उनकी भी आलोचना से बाज नहीं आ रहा था। पाकिस्तान का कहना था कि संयुक्त राष्ट्र का अफ़ग़ानिस्तान में कोई असर नहीं रह गया है। क्योंकि वह पक्षपाती हो गया है। संयुक्त राष्ट्र में पाकिस्तान के राजदूत अहमद कमाल ने कहा, 'अफ़ग़ानिस्तान में पाकिस्तान अलग थलग नहीं पड़ गया है, बल्कि दुनिया पाकिस्तान से अलग थलग पड़ गयी है और एक दिन उसे तालिबान पर पाकिस्तान के नज़रिये को स्वीकार करना होगा।[9]

इतना ही नहीं पाकिस्तान ने तालिबान को कराची बन्दरगाह से लेकर मध्य एशिया तक तस्करी का मार्ग प्रदान कर दिया। उसने 1950 के अफ़ग़ान ट्रांजिट ट्रेड (एटीटी) को नया रूप देकर तालिबान सरकार को तस्करी और अवैध वसूली की खुली छूट दे दी और अपनी अर्थव्यवस्था और कर उगाही को धक्का दे दिया। 'अफ़ग़ान ट्रांजिट ट्रेड दुनिया का सबसे बड़ा तस्करी का गोरखधन्धा हो गया। इस समझौते का फ़ायदा उठाने में तालिबानी, पाकिस्तानी तस्कर, नशीली दवाओं के कारोबारी, अफसर, राजनेता, पुलिस अफसर और सेना के अधिकारी सभी शामिल थे।' इस रास्ते पर चोरी की मर्सडीज गाड़ियाँ और बेडफोर्ड ट्रक चलते थे और उनके नम्बर प्लेट फ़र्जी होते थे। ड्राइवरों के लाइसेंस भी फ़र्जी होते थे और उनके पास कोई इनवायस नहीं होती थी।

इन गाड़ियों के काफिले में जापानी कैमकोर्डर, अंग्रेज़ी अण्डरवियर, अर्ल ग्रे चाय, चीनी रेशम अमेरिकी कंप्यूटर पार्ट, अफ़ग़ानी हेरोइन, पाकिस्तानी गेहूँ और चीनी, पूर्वी यूरोप के क्लाश्निकोव और ईरान का पेट्रोल जैसे हर तरह के माल होते थे और वे लोग न तो कहीं सीमा शुल्क देते थे और न ही कहीं बिक्री कर।

तालिबान को तस्करी के लिए मिली इस छूट से सबसे ज़्यादा नुक़सान पाकिस्तान की सरकार को हुआ। 'सेंट्रल बोर्ड ऑफ रेवेन्यू के अनुमान 1992/93 में पाकिस्तान को 8 करोड़ डॉलर यानी 3.5 अरब रुपये का राजस्व का नुक़सान हुआ। उसके अगले साल यह नुक़सान 11 अरब रुपये का, उसके अगले साल 20 अरब रुपये, फिर 30 अरब रुपये और इस तरह हर साल यह राशि बढ़ती गयी। एक तरह से तालिबान का विस्तार पाकिस्तान के घाटे का समानुपाती था। जैसे जैसे तालिबान बढ़ रहा था वैसे–वैसे पाकिस्तान के राजस्व वसूली का घाटा बढ़ रहा था।' क्वेटा का ट्रांसपोर्ट माफ़िया तालिबान को हर महीने संरक्षण टैक्स देता था। जैसे–जैसे तालिबान पश्चिमी ओर बढ़ने लगा उसे और रकम की ज़रूरत पड़ने लगी। ट्रांसपोर्ट माफिया उसका इन्तज़ाम करने लगा। चमन बार्डर की चौकी से तालिबान की एक दिन में 60 लाख रुपये की उगाही हो रही थी, लेकिन जब तालिबान की सैन्य आक्रमण की तैयारी तेज़ हुई तो वह राशि दोगुनी हो गयी। इसी तरह से वह राशि बढ़ती जा रही थी क्योंकि तालिबान को अगले दिन हेरात प्रान्त पर हमला करना था। हालाँकि आईएसआई ने उसे ऐसा करने से मना किया था, लेकिन ट्रांसपोर्ट माफ़िया चाहता था कि वह हेरात पर क़ब्ज़ा करे और काबुल पर भी क़ब्ज़ा करें और उत्तर अफ़ग़ानिस्तान पर भी अपनी पकड़ बनाये ताकि माफ़िया का कारोबार फले फूले। इस तरह तालिबान एक ओर पाकिस्तान सरकार को चूना लगा रहा था तो दूसरी ओर उसकी क़ानूनी, सैन्य और खुफिया मदद से माफिया को भी फ़ायदा पहुँचा रहा था। यानी तालिबान न सिर्फ़ अफ़ग़ानिस्तान के अपेक्षाकृत उदार और कबीलाई इस्लाम को कट्टर रूप दे रहा था बल्कि अर्थव्यवस्था और शासन की स्थापित वैश्विक मान्यताओं और नियमों को ध्वस्त कर रहा था।

अगर गौर किया जाये तो यही दौर है जब दुनिया में उदारीकरण की नीति ज़ोर पर थी। विश्व व्यापार संगठन व्यापार और शुल्क के बहुत सारे नियम लागू कर रहा था, लेकिन पाकिस्तान सरकार और तालिबान

को कारोबार अपने ढंग से चलाना था जिसे काली अर्थव्यवस्था से ही चलाया जा सकता था। 'एटीटी की नयी व्याख्या और क्रियान्वयन के कारण पाकिस्तान की काली अर्थव्यवस्था कई गुना बढ़ रही थी। एक अध्ययन के अनुसार पाकिस्तान की काली अर्थव्यस्था जो 1973 में 15 अरब रुपये की थी वह 1996 में बढ़कर 1,115 अरब रुपये की हो गयी। ब्लैक इकनॉमी का जीडीपी में शेयर 20 प्रतिशत से बढ़कर 51 प्रतिशत हो गया। इस दौरान कर चोरी 1.5 अरब रुपये से बढ़कर 152 अरब रुपये पर चली गयी। तस्करी का जो कारोबार 1993 में 100 अरब रुपये का था वह 1998 में 300 अरब रुपये का हो गया। यह पाकिस्तान के सकल आयात के 30 प्रतिशत के बराबर था। इसी के साथ अफ़ग़ानिस्तान और पाकिस्तान का नशीली दवाओं का सालाना कारोबार 50 अरब रुपये पहुँच गया।'[10]

भ्रष्टाचार का यह कारोबार अफ़ग़ानिस्तान और पाकिस्तान तक ही सीमित नहीं था। इससे ईरान भी प्रभावित था। इससे तमाम स्थानीय उद्योग संकट में आ गये। ईरान का औद्योगिक प्रतिष्ठान और उनके रिवोल्यूशनरी गार्ड पेट्रोल उत्पादों की तस्करी से 2000 से 3000 प्रतिशत मुनाफ़ा कमा रहे थे। यह तेल अफ़ग़ानी सरदारों के माध्यम से आता था और वह बलूचिस्तान के पेट्रोल पम्पों पर जमा होता था।

## हेरोइन की तस्करी

औरतों पर इस्लाम के क़ानून कड़ाई से लागू करने वाले तालिबान ने अपने शासन में कमाई के लिए वह भी करना शुरू कर दिया जो इस्लाम में हराम है। इस काम में पाकिस्तान के इस्लामी गणराज्य ने उसका साथ दिया, बल्कि अगर कहें कि वह बराबर का भागीदार रहा तो अतिश्योक्ति नहीं होगी। तालिबान ने अफ़ीम की खेती की छूट दी और इससे एक ओर लम्बे समय तक सोवियत आक्रमण के कारण तबाह किसानों को अचानक कमाई का एक मौक़ा मिला और आधुनिक मर्यादित और क़ानूनी आर्थिक ढाँचे से अपरिचित तालिबान को अपना देश और सरकार चलाने के लिए धन मिल गया। तालिबान ने एक ओर हशीश के उत्पादन पर पाबन्दी लगा दी क्योंकि उसका उपयोग अफ़ग़ानी और मुस्लिम लोग करते थे और दूसरी ओर हेरोइन के उत्पादन की छूट दे दी क्योंकि उसका इस्तेमाल काफ़िर करते हैं। कन्धार में बैठने वाले तालिबान के एंटी ड्रग कंट्रोल

फोर्स के प्रमुख अब्दुल राशिद का कहना था, ''हम हशीश पर पाबन्दी इसलिए लगाते हैं, क्योंकि उसे अफ़ग़ानी और मुस्लिम प्रयोग करते हैं। जबकि अफ़ीम की इजाज़त इसलिए देते हैं क्योंकि इसका इस्तेमाल न अफ़ग़ानी और न ही मुसलमान करते हैं, बल्कि पश्चिम के काफ़िर करते हैं। हम अफ़ीम उगाने की इजाज़त इसलिए देते हैं क्योंकि किसानों को अच्छी कीमत मिलती है। हम किसानों को अफ़ीम की खेती बन्द करके गेहूँ पैदा करने के लिए बाध्य नहीं कर सकते क्योंकि इससे वे तालिबान के ख़िलाफ़ खड़े हो जायेंगे। इसलिए हम अफ़ीम पैदा करते हैं और हमारा गेहूँ हमें पाकिस्तान से मिल जाता है।'[11]

एक–दूसरे को जुड़वाँ भाई बताने वाले अफ़ग़ानिस्तान और पाकिस्तान के बीच या पाकिस्तान और तालिबान के बीच यह अद्‌भुत रिश्ता है। उससे भी हैरानी की बात यह है कि इसे इस्लाम के नाम पर सही ठहराया जा रहा था। दरअसल तालिबान अफ़ीम की खेती बन्द करने के लिए अन्तर्राष्ट्रीय समुदाय से एक तरह की सौदेबाजी कर रहा था। कन्धार के गवर्नर मुहम्मद हसन इसे सही बताते हुए कहते थे, ''नशीली दवा सामाजिक बुराई है और हम चाहते हैं कि हम अफ़ीम की जगह पर दूसरी नकदी फसल पैदा करें, लेकिन अभी यह सम्भव नहीं है क्योंकि हमे अन्तर्राष्ट्रीय मान्यता नहीं है। अगले दो सालों में मुल्ला उमर अमेरिका और संयुक्त राष्ट्र के सामने यह प्रस्ताव रखता रहा कि अगर उसे मान्यता मिल जाये तो वह अफ़ीम की खेती बन्द कर देगा।'' हालाँकि तालिबान अनाज और दूसरे क़िस्म की अन्तर्राष्ट्रीय मदद को इन्कार करके लोगों को भूखों मार रहा था। उस समय की तालिबान सरकार को जिन तीन देशों ने मान्यता दी थी उसमें पाकिस्तान, सऊदी अरब और संयुक्त अरब अमीरात शामिल थे।

एक ओर तालिबान अफ़ीम पैदा करने वालों को प्रोत्साहित करता था तो दूसरी ओर हशीश के तस्करों और नशड़ियों को कड़ा दण्ड देता था। ''जब हम किसी हशीश के तस्कर या नशेड़ी को पकड़ते हैं तो उसे बेरहमी से पीटते हैं ताकि वह सच्चाई उजागर कर ले। उसके बाद हम उसे कई घण्टों के लिए दिन में दो या तीन बार ठण्डे पानी में डाल देते हैं। यह बहुत सही इलाज है।''

यूनाइटेड नेशंस ड्रग कंट्रोल प्रोग्राम (यूएनडीसीपी) के अनुसार 1992 से 1995 के बीच अफ़ग़ानिस्तान में 2200 से 2400 मीट्रिक टन अफ़ीम

सालाना पैदा होती थी। 1996 में 2250 मीट्रिक टन अफ़ीम पैदा हुई और केवल कन्धार में 120 मीट्रिक टन अफ़ीम की पैदावार हुई। 1997 में जब तालिबान का नियन्त्रण काबुल और देश के उत्तरी इलाक़े में गया तो अफ़ीम के उत्पादन में 25 फीसदी बढ़ोतरी हुई है और वह 2,800 मीट्रिक टन होने लगा। पाकिस्तान के शरणार्थी शिविरों से आये अफ़ग़ानी इसी काम में लग गये थे और खासी आमदनी कर रहे थे, लेकिन यूएनडीसीपी के अनुसार किसानों को अफ़ीम से होने वाली कमाई का सिर्फ़ 1 प्रतिशत मिलता था। अफ़ग़ानिस्तान और पाकिस्तान को भी 2.5 प्रतिशत मिलता था। 5 प्रतिशत उन देशों पर ख़र्च होता था जिनसे होकर माल गुजरता था। बाकी मुनाफा यूरोप और अमेरिका के डीलर उठाते थे। इस तरह दस लाख अफ़ग़ानी किसानों को दस करोड़ डॉलर की सालाना आमदनी होती थी।

रोचक बात यह है कि हेरोइन का उत्पादन अफ़ग़ानिस्तान में नहीं पाकिस्तान में बढ़ा। 1980 के दशक तक पाकिस्तान 800 मीट्रिक टन अफ़ीम पैदा करता था और 1989 तक दुनिया के 70 प्रतिशत हेरोइन का सप्लायर था। यह काम सीआईए और आईएसआई के संरक्षण में होता था। पहले अफ़ग़ानिस्तान की अफ़ीम को पाकिस्तान में रिफाइन करके उससे हेरोइन बनायी जाती थी, लेकिन जब पाकिस्तान में थोड़ी कड़ाई हुई अफ़ग़ानिस्तान के लोगों ने अपने लैब बना लिए और केन्द्रीय एशिया से केमिकल की तस्करी करके हेरोइन का उत्पादन करने लगे। 1986 में पेशावर से कराची जा रहे मेजर जहूरुद्दीन अफरीदी को 220 किलो हेरोइन के साथ पकड़ा गया। दो महीने बाद उसी रास्ते पर फ्लाइट लेफ्टीनेंट खलीलुररहमान भी 220 किलो हेरोइन के साथ पकड़ा गया। उसने कुबूल किया कि पाँचवीं बार माल लेकर जा रहा था। अमेरिका के बाज़ार में इन बरामदगी की कीमती 60 करोड़ डॉलर आँकी गयी थी।

सोवियत संघ के अफ़ग़ानिस्तान से चले जाने के बाद अमेरिका और पश्चिमी देशों ने पाकिस्तान पर अफ़ीम का उत्पादन कम करने का दबाव डाला था। उससे उत्पादन कम भी हुए थे, लेकिन तालिबान के सत्ता में आने के बाद पाकिस्तान में हेरोइन के उत्पादन में तेज़ी आयी। फ़रवरी 1998 में क्लिंटन प्रशासन ने पाकिस्तान पर आरोप लगाया कि वह हेरोइन का निर्यात रोकने के लिए पर्याप्त कदम नहीं उठा रहा है। 'पाकिस्तान जहाँ पर 1979 तक कोई हेरोइन का नशेड़ी नहीं था,

1986 तक यह संख्या 6,50,000 हो चुकी थी। यह संख्या 1992 तक 30 लाख और 1999 तक 50 लाख हो गयी।'

अफ़ग़ानिस्तान के चार साल के गृहयुद्ध और पाँच साल के तालिबानी शासन के दौरान पाकिस्तान अफ़ग़ानिस्तान में खुलकर खेल रहा था। इसे एक जुनूनी खेल कहा जा सकता है। जो एक लड़ाकू, लेकिन अपेक्षाकृत ग्रामीण या देहाती समाज को रेडिकल इस्लामी और क्रूर बनाने का अभियान था। वह एक ओर उसका इस्तेमाल भारत के कश्मीर में भी करना चाहता था तो दूसरी ओर मध्य एशिया के कम्युनिस्ट विचार वाले लोगों पर कर रहा था, लेकिन उससे भी ज़्यादा उसका इस्तेमाल उदार और आधुनिक मुस्लिम समुदाय पर किया जा रहा था। सोवियत संघ के चले जाने के बाद अमेरिका ने भी पाकिस्तान पर ही यह मसला छोड़ दिया था। वह सतही तौर पर निगरानी करता था क्योंकि अगर सघन निगरानी कर रहा होता तो शायद 9/11 जैसी घटना न हुई होती।

लेकिन 9/11 जैसी घटना हो जाने के बाद मामला पलट गया। पाकिस्तान की स्थिति साँप–छछूँदर वाली हो गयी। जिस तालिबान और अल–कायदा को उसने संरक्षण दिया और पैदा किया था वे अब अमेरिका के निशाने पर थे। हालाँकि इन संगठनों के पैदा होने और तबाही मचाने में अमेरिका का भी योगदान था, लेकिन अमेरिका लम्बे समय से तालिबान पर इस बात के लिए दबाव डाल रहा था कि वह ओसामा–बिन–लादेन को उसके हवाले कर दें, जबकि तालिबान उसे मेहमान मानता था, बल्कि मुल्ला उमर हँसी–मज़ाक में लादेन को गधा भी कहता था। पाकिस्तान अब तक डबल गेम खेल रहा था। इसी खेल के तहत पाकिस्तान के आईएसआई के प्रमुख लेफ़्टिनेंट जनरल महमूद अहमद जिन्हें कि सेना के जनरल और पाकिस्तान के राष्ट्रपति जनरल परवेज़ मुशर्रफ़ के बाद दूसरे नम्बर का शक्तिशाली व्यक्ति माना जाता था वे 11 सितम्बर, 2001 को वॉशिंगटन के कैपिटल हिल पर सीनेटर बाब ग्राहम और कांग्रेस सदस्य पोर्टर ग्रास के साथ नाश्ता कर रहे थे। ग्रास सीनेट और हाउस की ख़ुफ़िया कमेटी के प्रमुख थे। इस बैठक में अमेरिका में पाकिस्तान की राजदूत मलीहा लोदी भी थीं। उस समय वे आतंकवाद और ओसामा–बिन–लादेन पर बात कर रहे थे। तभी ख़बर आयी कि वर्ल्ड ट्रेड टावर पर हमला हो गया है।

शाम को जब जनरल महमूद मलीहा लोदी के ऑफिस में टीवी पर आतंकी हमले का दृश्य देख रहे थे तभी अमेरिका के उप–विदेश मन्त्री रिचर्ड आर्मीटेज के कार्यालय से फ़ोन आया कि शाम को उनके साथ आपात बैठक है। जब महमूद आर्मीटेज के दफ़्तर में पहुँचे तो उन्होंने बहुत तीखे शब्दों में कहा, ''हम जानना चाहते हैं कि आप हमारे साथ हैं या नहीं। यह मामला इस पार या उस पार का है। इसमें बीच का कुछ नहीं है।'' महमूद ने जानना चाहा कि इस स्थिति में उनका देश क्या कर सकता है। आर्मीटेज ने कहा, ''हमें आपका पूरा समर्थन और सहयोग चाहिए। हम आपको कल बतायेंगे कि वह सहयोग किस तरह का होगा।''[12]

जनरल महमूद 13 सितम्बर, 2001 को जब अमेरिका के विदेश विभाग में बातचीत के लिए दोबारा गये तो उन्हें आर्मीटेज ने एक परचा थमाया जिसमें बुश प्रशासन ने सात माँगें रखी थीं जो उन्हें स्वीकार करनी थीं। उन्होंने कहा कि 'इन पर कोई सौदेबाजी नहीं हो सकती।' महमूद ने कुछ क्षण के लिए उस परचे को देखा और फिर राजदूत मलीहा लोदी की ओर बढ़ा दिया। मलीहा लोदी उस परचे को पढ़तीं उससे पहले ही महमूद ने कहा, 'हमें यह सारी माँगें स्वीकार हैं।' ऐसी प्रतिक्रिया सुनकर आर्मीटेज चौंक उठे। उन्होंने कहा कि जनरल इसमें बहुत कठोर माँगें हैं क्या आप अपने राष्ट्रपति से इस पर चर्चा नहीं करेंगे। इस पर जनरल महमूद ने कहा कि 'मैं अपने राष्ट्रपति के मानस को समझता हूँ।' इस जवाब से आर्मीटेज को सन्तुष्टि मिली थी। उन्होंने कहा कि 'आप टेनेट (सीआईए प्रमुख) से मिल लें, वे लैंगले मुख्यालय पर आपका इन्तज़ार कर रहे हैं।'[13]

दरअसल जनरल महमूद अपने राष्ट्रपति परवेज मुशर्रफ से बात कर चुके थे। उन्होंने 11 सितम्बर की शाम को पहली बैठक के बाद ही मुशर्रफ को फ़ोन किया था। मुशर्रफ का कहना था, 'मैंने तेज़ी से निर्णय ले लिया था और उसके बारे में बाद में विचार किया। मैंने इस बारे में नेपोलियन के सुझाव को ध्यान में रखा कि दो–तिहाई निर्णय प्रक्रिया सूचनाओं पर आधारित होती है और एक तिहाई हमेशा अँधेरे में छलाँग लगाने की तरह होती है।'[14]

जनरल मुशर्रफ को आईएसआई के प्रमुख महमूद ने अमेरिका के गुस्से और सदमे की जो ख़बर दी थी उसे सुनने के लिए वे पहले से तैयार थे। इस बीच अमेरिका के विदेश मन्त्री कालिन पावेल ने भी उन्हें

फ़ोन किया था। पावेल ने कहा था, 'इस लड़ाई में अगर पाकिस्तान अमेरिका का साथ नहीं देगा तो अमेरिकी जनता इसे ठीक नहीं मानेगी।' मुशर्रफ ने उनसे कहा कि वे पूरा सहयोग देंगे।'

अमेरिका ने जो सात माँगें रखी थीं वे इस प्रकार थीं–

(1) पाकिस्तान की सीमा पर अल–कायदा की गतिविधियाँ बन्द की जायें। पाकिस्तान से होकर ओसामा–बिन–लादेन को जाने वाले हर तरह के हथियारों की खेप और दूसरे क़िस्म की मदद को पकड़ा जाये।

(2) अमेरिकी विमानों को आसमान (पाकिस्तानी) से उड़ने और लैंड करने यानी उतरने का निर्बाध अधिकार दिया जाये।

(3) पाकिस्तान के हवाई अड्डे, नौसेना अड्डे और सीमा पर (अमेरिकी) पहुँच हो।

(4) खुफिया और पलायन सम्बन्धी सूचनायें तुरन्त दी जायें।

(5) अमेरिका, उसके दोस्त और सहयोगियों के प्रति घरेलू स्तर पर आतंकवाद को समर्थन देने वाली हर प्रकार की अभिव्यक्तियों पर प्रतिबन्ध लगाया जाये।

(6) तालिबान को होने वाली ईंधन की सप्लाई बन्द की जाये और उन सभी कार्यकर्ताओं को रोका जाये जो तालिबान में भर्ती होने अफ़ग़ानिस्तान जा रहे हों।

(7) पाकिस्तान तालिबान से राजनयिक सम्बन्ध ख़त्म कर ले और बिन लादेन और अल–कायदा को ख़त्म करने के लिए अमेरिका की मदद करे।

इन्हीं कठोर माँगों की एक प्रति पाकिस्तान में नव नियुक्त अमेरिकी राजदूत वेंडी चौंबरलिन ने 13 सितम्बर को राष्ट्रपति बुश की ओर से राष्ट्रपति परवेज मुशर्रफ को दी।

इन अन्तर्राष्ट्रीय स्थितियों और दबावों के बीच पाकिस्तान अमेरिका के साथ आतंकवाद के विरुद्ध युद्ध में उतरा और इस बिना पर उसने अमेरिका से सैनिक सहायता समेत अन्य प्रकार की सहायता ली। पाकिस्तान को अपने यहाँ आतंकी समूहों और जिहाद के विचारों से प्रेरित संगठनों पर पाबन्दी लगानी थी, लेकिन पाकिस्तान कोई अमेरिका नहीं था कि वहाँ यह काम रातोंरात हो जायेगा। उल्टे पाकिस्तान तमाम आतंकी समूहों का केन्द्र बनता गया। एक ओर सरकार उन्हें प्रतिबन्धित

कर रही थी तो दूसरी ओर वे नये–नये नामों से प्रकट हो रहे थे। सन् 2002 तक पाकिस्तान में 24 आतंकी समूह सक्रिय हो गये। उनमें प्रमुख संगठनों में लश्कर–ए–तैयबा, जैश–ए–मुहम्मद, हरकत उल मुज़ाहिदीन और हरकत–अल–जिहाद–अल–इस्लामी शामिल थे। यह सब एक ही प्रकार के लोग थे और उनका मक़सद भी एक ही था और उनकी भर्ती भी उसी पंजाब और नार्थ वेस्ट फ्रंटियर प्रान्त से हो रही थी। इनमें फर्क यही था कि एचयूएम और एचजेआई दोनों तालिबान से जुड़े थे और एलईटी के सम्बन्ध सऊदी अरब के वहाबी समूहों से थे।

परवेज मुशर्रफ के लिए यह लड़ाई एक दुधारी तलवार थी। इसमें एक ओर सेना और जनता उनके साथ पूरे मन से नहीं थी और दूसरी ओर उनकी अपनी जान को भी खतरा था। 25 दिसम्बर, 2003 को परवेज मुशर्रफ पर रावलपिण्डी में ही इतना ज़बरदस्त हमला हुआ कि उनकी मर्सडीज गाड़ी के तीनों टायर फट गये और उनका ड्राइवर एक टायर पर गाड़ी लेकर भागा और उन्हें सुरक्षित स्थल तक पहुँचाया। इससे पहले भी उच्च सुरक्षा वाले सेना के मुख्यालय वाले इसी इलाक़े में उन पर जानलेवा हमला हुआ था।

9/11 के बाद अमेरिका ने अफ़ग़ानिस्तान पर जो हमला किया उसके प्रभाव के बारे में तमाम तरह के विश्लेषण मिलेंगे, लेकिन पश्चिमी देशों की अर्थव्यवस्था और राजनीति की प्रतिनिधि पत्रिका 'द इकानमिस्ट' ने दस साल बाद जो विश्लेषण किया वह गौर करने लायक है–

9/11 के बाद अमेरिका ने अपना लक्ष्य हासिल कर लिया। वह अफ़ग़ानिस्तान में अल–कायदा के नेटवर्क को तोड़ ले गया। उसने उसके सँरक्षक तालिबान को भी विस्थापित कर दिया। पर इससे पाकिस्तान को नया खतरा पैदा हो गया, लेकिन पाकिस्तान को जो भयानक परिणाम भुगतने पड़े उसके लिए सोवियत संघ के बाद निरन्तर दखल देने वाली उसकी नीतियाँ ज़िम्मेदार रहीं। उसने गृहयुद्ध के दौरान अपने लोगों को बढ़ाया वह भी घातक रहा। अमेरिका अल–कायदा से तो लड़ता रहा लेकिन उसने अफ़ग़ानिस्तान और पाकिस्तान की सीमा पर एक झगड़ालू विरासत छोड़ दी।

इस बात को पाकिस्तान के पूर्व विदेश मन्त्री खुर्शीद महमूद कसूरी भी महसूस करते हैं। 'इस हमले के कारण जो कुछ हुआ उससे यह इलाक़ा लम्बे समय तक उथल–पुथल में रहने वाला है।

यह चुनौती अमेरिका के जाने के बाद भी दोनों मुल्क़ों को झेलनी पड़ेगी। अच्छा हो दोनों देश एक–दूसरे के भीतरी मामलों में कम से कम दख़ल दें। न ही अपनी ज़मीन को एक–दूसरे के विरुद्ध आक्रमण के लिए प्रयोग होने दें। क्योंकि अफ़ग़ानिस्तान की शान्ति, स्थिरता और सुरक्षा में पाकिस्तान से ज़्यादा किसी का हित नहीं है। अफ़ग़ानिस्तान भी अपनी तमाम कमियों के लिए पाकिस्तान की ओर उँगली उठाता रहा है। क्योंकि उसका मानना है कि पाकिस्तान की सोच है कि अगर अफ़ग़ानिस्तान में स्थिर सरकार रही तो पख़्तूनिस्तान और डूरंड लाइन का मामला उठाता रहेगा।'[15]

अमेरिका के साथ अफ़ग़ानिस्तान पर हमले के बाद पाकिस्तान आन्तरिक रूप से परेशान रहा है तो अफ़ग़ानिस्तान भी पाकिस्तान पर इस बात का आरोप लगाता रहा है कि वे तालिबान को संरक्षण दे रहे हैं और वे तालिबानी समूह निरन्तर अफ़ग़ानिस्तान में हमले करवा रहे हैं। इस तरह की आपत्तियां कभी राष्ट्रपति हामिद करज़ई ने पाकिस्तानी राष्ट्रपति परवेज़ मुशर्रफ़ के साथ सेना के अधिकारियों, विदेश मन्त्रियों और ख़ुफ़िया संगठनों के प्रमुखों की मौजूदगी में दर्ज़ करायी तो सीईओ डॉ. अब्दुल्ला अब्दुल्ला भी अपने स्तर पर उठाते रहे हैं।

अफ़ग़ानिस्तान के राष्ट्रपति हामिद करज़ई सन् 2006 में 15–17 फ़रवरी के बीच पाकिस्तान का दौरा करने वाले थे, लेकिन उससे पहले उन्होंने पाकिस्तान को कड़ा सन्देश दिया। उनका कहना था कि वे अफ़ग़ानिस्तान की स्थिति और उसमें पाकिस्तान की दखलंदाजी से बहुत परेशान हैं। सबूत मिल रहे हैं कि अफ़ग़ानिस्तान में जो भी हिंसा हो रही है, धमाके हो रहे हैं उसमें पाकिस्तान शामिल है। कन्धार और दक्षिण प्रान्त की पुलिस ने तोड़फोड़ में शामिल पाकिस्तानियों को गिरफ़्तार किया है। खास्त और दूसरे दक्षिणी प्रान्तों में पाकिस्तान के ख़िलाफ़ बहुत नाराजगी है। इसके बावजूद अफ़ग़ानिस्तान बहुत संयम का परिचय दे रहा है। उन्होंने कहा कि उनके मुल्क़ के पश्तून पाकिस्तान के रवैए से नाराज हैं और पाकिस्तान के एक मन्त्री ने पश्तूनों के बारे में बयान देकर अफ़ग़ानिस्तान के अन्दरूनी मामलों में हस्तक्षेप किया है। राष्ट्रपति ने बहुत साफ़ शब्दों में कहा कि पाकिस्तान तालिबान को उकसा रहा है कि वह अफ़ग़ानिस्तान में गड़बड़ी करें। उनका कहना था कि कुछ तालिबान अफ़ग़ानिस्तान सरकार से सहयोग कर रहे हैं और उनके पाकिस्तान स्थित तालिबान से सम्बन्ध कायम हैं।

उन लोगों ने बताया है कि पाकिस्तान में आईएसआई अफ़ग़ानिस्तान में गोपनीय अभियान चलाने के लिए तालिबान में भर्तियाँ चला रहीं हैं। उन्होंने कहा कि उन्हें पक्की ख़बर है कि मुल्ला उमर क्वेटा में छुपा हुआ है और उसे अफ़ग़ानिस्तान को सौंप देना चाहिए। उन्होंने कहा कि पाकिस्तान सीमा पर कुछ मदरसे ऐसे चल रहे हैं जहाँ पर अफ़ग़ानिस्तान में आतंकी गतिविधि की ट्रेनिंग दी जा रही है। उन्होंने चुनौती दी कि जैसा पाकिस्तान ने अतीत में किया है उस प्रकार से वह अफ़ग़ानिस्तान की सम्प्रभुता को कभी कुचल नहीं पायेगा। वे बलूचिस्तान के गवर्नर के इस बयान से भी नाराज थे कि अफ़ग़ानिस्तान से पाकिस्तान में हथियार भेजे जा रहे हैं। करज़ई ने कहा कि वे इस मामले को राष्ट्रपति से उठाना चाहते हैं और चाहते हैं कि उस समय खुफिया संगठन के प्रमुख भी उपस्थित रहें।

करज़ई के इस बारूदी सन्देश ने दोनों मुल्क़ों के बीच काफ़ी गर्मी पैदा कर दी थी। ऐवाने सदर यानी प्रेसीडेंट हाउस में जब दोनों देशों के राष्ट्रपतियों की मुलाकात हुई तो उसमें खुर्शीद महमूद कसूरी, राष्ट्रपति परवेज़ मुशर्रफ़ के चीफ ऑफ स्टाफ लेफ्टीनेंट जनरल हामिद जावेद, आईएसआई के डीजी जनरल अशफाक परवेज़ कयानी, नेशनल डायरेक्टरेट ऑफ सिक्योरिटी के डायरेक्टर यानी अफ़ग़ानिस्तान की खुफिया एजेंसी के प्रमुख अमरुल्ला सालेह और अन्य लोग भी उपस्थित थे। इस बैठक का वर्णन करते हुए खुर्शीद महमूद कसूरी लिखते हैं कि राष्ट्रपति परवेज़ मुशर्रफ़ ने पहले अमरुल्ला सालेह को बोलने का मौक़ा दिया, लेकिन वे कोई ठोस सबूत नहीं पेश कर पाये। हालाँकि उन लोगों ने मुल्ला उमर समेत कई तालिबान नेताओं के पाकिस्तानी पते और फ़ोन नम्बरों की एक सूची ज़रूर दी।

'इन सबूतों पर प्रतिक्रिया देते हुए परवेज मुशर्रफ ने प्रेस से कहा कि हाँ! उन्होंने मुझे एक सूची दी है, लेकिन मुझे इस बात की हैरानी है कि उन्होंने वह सूची प्रेस को भी दे दी है। यह सूची महीनों पुरानी है। यह तब की है जब सीआईए के साथ अभियान चलाये गये थे, लेकिन अब उन जगहों पर परिवार रह रहे हैं। मैं तो क्वेटा जाता रहता हूँ और मुझे मालूम है कि मुल्ला उमर वहाँ नहीं है। इसलिए यह सब बकवास है।

इसके विपरीत पाकिस्तानी अधिकारियों ने अफ़ग़ानिस्तान के रक्षा मन्त्रालय और आदिवासी मामलों के मन्त्रालय के कई दस्तावेज़ प्रस्तुत किये

जो फाटा (फेडरली एडमिनिस्टर्ड ट्राइबल एरिया) में भारतीय अधिकारियों के दौरे के समय उन्हें सुविधा दिलाने के बारे में थे। आईएसआई ने वे पत्राचार भी पेश किये जो भारतीय खुफिया एजेंसी रॉ और अफ़ग़ानिस्तान की खुफिया एजेंसी के बीच हुए थे। इसके बाद परवेज मुशर्रफ ने कहा कि पाकिस्तान के आदिवासी इलाक़ों से सटे अफ़ग़ानिस्तान के इलाक़े में भारतीय अधिकारी क्या कर रहे थे। इससे उनका सन्देह बढ़ा कि वे वहाँ कुछ ऐसे लोगों की भर्ती कर रहे थे जो पाकिस्तानी सीमा पर गड़बड़ी कर सकें। उन्होंने अफ़ग़ानिस्तान के रक्षा मन्त्रालय के कुछ ऐसे दस्तावेज़ प्रस्तुत किये जिसमें पाकिस्तान के बारे में ख़राब बातें कही गयी थीं।'[16]

बाद में परवेज मुशर्रफ ने कुछ और भी सबूत पेश किये। उसमें एक ऐसा फ़ोटो था जो बलूचिस्तान के बागी नेता ब्रह्मदाग बुगुती के काबुल में होने को दर्शाता था। एक और फ़ोटो में बुगुती काबुल से दिल्ली हवाई अड्डे पर उतर रहा है। इस पर मुशर्रफ ने सवाल किया कि वे क्यों मानें कि भारत की मिली भगत से अफ़ग़ानिस्तान पाकिस्तान में आतंकी गतिविधियां नहीं चला रहा है। मुशर्रफ का यह भी आरोप था कि अफ़ग़ानिस्तान की खुफिया एजेंसी में सोवियत संघ के समय के लोग भरे हैं और वे स्वभाव से पाकिस्तान विरोधी हैं।

दोनों देशों के बीच यह तल्खी उस समय और दिखी जब दोनों देशों के राष्ट्रपति जार्ज बुश के बुलावे पर व्हाइट हाउस गये और वहाँ वे एक–दूसरे की शक्ल देखना पसन्द नहीं कर रहे थे। उस माहौल को अमेरिका की तत्कालीन विदेश मन्त्री कोंडालिजा राइस ने एक फ़ोटो के माध्यम से अपनी पुस्तक 'नो हायर ऑनर' में व्यक्त किया है। इसके अलावा जब एक बार बुश काबुल गये तो करज़ई ने उनसे शिकायत की कि मुशर्रफ अफ़ग़ानिस्तान के पश्तून इलाक़े को पाकिस्तान में मिलाना चाहते हैं।

इस बीच जब 2 मई 2011 को ओसामा–बिन–लादेन पाकिस्तान के ऐबटाबाद में मारा गया तो अफ़ग़ानिस्तान के खुफिया संगठन के प्रमुख अमरुल्ला सालेह ने कई इंटरव्यू में दावा किया कि उन्होंने राष्ट्रपति परवेज़ मुशर्रफ़ से पहले ही कहा था कि लादेन ऐबटाबाद में छुपा हुआ है। 'जब एक बार करज़ई और मुशर्रफ मिले तो पाकिस्तानी राष्ट्रपति ने गुस्से में अपना मुक्का मेज पर दे मारा। उन्होंने गुस्से में कहा कि क्या हमारा देश एक अस्थिर देश (बनाना रिपब्लिक) है? फिर वे करज़ई की

ओर मुड़े और कहा कि इस पंजशीरी व्यक्ति को क्यों लाते हो क्या यह मुझे जासूसी सिखायेगा? इस बीच वे मुझे मारने के लिए भी दौड़े, लेकिन करज़ई ने उन्हें रोक लिया।' सालेह ने ऐसा दावा किया।

कुल मिलाकर अफ़ग़ानिस्तान पाकिस्तान पर जो आरोप लगाता रहा है वह संक्षेप में इस प्रकार हैं–

(1) तालिबान लड़ाकुओं को FATA और बलूचिस्तान के क्वेटा में मदद और शरण मिल रही है। पाकिस्तान ऐसा इसलिए कर रहा ताकि उसे एक रणनीतिक पैठ मिले और भारत पाकिस्तान के बलूचिस्तान में गड़बड़ी न फैला सके। तालिबान के विद्रोह का नेतृत्व और नियन्त्रण क्वेटा के शूरा में है।

(2) इन इलाक़ों में और पाकिस्तान की दूसरी जगहों पर तालिबान की ट्रेनिंग हो रही है। अफ़ग़ानिस्तान में अमेरिकी राजनयिक जाल्मय खलीलजाद ने बताया कि तालिबान क्वेटा में अपनी तैयारी कर रहा है।

(3) पाकिस्तान सरकार दोगली नीति पर चल रही है। वह एक ओर अल–कायदा से लड़ाई में अमेरिका को मदद कर रही है जबकि तालिबान के बारे में उसकी नीति अस्पष्ट है। पाकिस्तान ने ऐसा नजरिया इसलिए अपना रखा है ताकि जब अमेरिका वापस जाये तो तालिबान का विकल्प खुला रहे। यह पाकिस्तान की छद्म रणनीति है कि जब अमेरिका अफ़ग़ानिस्तान को छोड़ कर चला जायेगा तो वह अफ़ग़ानिस्तान को कैसे चलायेगा।

(4) कई और स्वतन्त्र संगठन तालिबान को समर्थन दे रहे हैं वे क्वेटा और पेशावर से काम कर रहे हैं। उन्हें खुफिया संगठनों और फ्रंटल कांस्टेबिलरी से मदद मिल रही है।

दूसरी ओर पाकिस्तान बलूचिस्तान का मामला उठाता रहा है और अफ़ग़ानिस्तान पर आरोप लगाता रहा है कि वह भारत के माध्यम से वहाँ अलगाववाद को बढ़ावा दे रहा है। राष्ट्रपति परवेज मुशर्रफ के सत्ता से हटने के बाद जब नया निज़ाम आया तब भारत के प्रधानमन्त्री डॉ. मनमोहन सिंह और पाकिस्तान के प्रधानमन्त्री यूसुफ़ रज़ा गिलानी की 16 जुलाई 2009 को मिस्र के शहर शर्म–अल–शेख में इस मामले पर उच्च स्तरीय वार्ता हुई। वे दोनों गुटनिरपेक्ष आन्दोलन में हिस्सा लेने गये थे। उस वार्ता में पाकिस्तान ने बलूचिस्तान का मामला उठाया और

बाद में जो संयुक्त बयान जारी किया गया उसमें यह कहा गया कि दोनों देशों के बीच संवाद जारी रहेगा। इसे इस बात से नहीं जोड़ा जायेगा कि आतंकवाद को कितना नियन्त्रित किया गया है। भारत ने एक साल पहले मुम्बई में 26/11 को हुए आतंकी हमले का मुद्दा उठाया तो पाकिस्तान ने बलूचिस्तान का। पाकिस्तान ने कहा कि उसने भारत को जानकारियाँ दी हैं। इस बीच दोनों देशों के बीच विदेश सचिव स्तर की जो वार्ताएँ चल रहीं थीं वे बन्द हो गयीं थीं। एक घण्टे की इस मुलाकात में तय किया गया कि वार्ता की पहल की जायेगी, लेकिन बलूचिस्तान को संयुक्त बयान में शामिल किये जाने से भारत में कड़ी प्रतिक्रिया हुई। बाद में गृहमन्त्री पी. चिदम्बरम ने एक पत्रकार के सवाल के जवाब में कहा कि भारत क्यों किसी देश के आन्तरिक मामले में दखल देगा। बलूचिस्तान में भारत के दखल देने का सवाल ही पैदा नहीं होता।

निश्चित तौर पर पाकिस्तान और अफ़ग़ानिस्तान के बीच जितने गहरे सांस्कृतिक, भौगोलिक और राजनीतिक रिश्ते हैं उतनी ही गहरी उलझनें भी हैं। पाकिस्तान ने सोवियत संघ को भगाने के लिए मुज़ाहिदीन पैदा किये और मुज़ाहिदीन की गुटबाजी मिटाने और अमेरिका, यूरोप और भारत जैसे आधुनिक देशों को दरकिनार रखने के लिए वहाँ तालिबान को खड़ा किया, लेकिन यह रेडिकल इस्लाम पाकिस्तान को भी हानि पहुँचा रहा है और जब दोबारा तालिबान की वापसी हुई है तो अभी तक संकेत ऐसे नहीं हैं कि वह वहाँ बहुत स्थिर सरकार दे पायेगा और पाकिस्तान से हमेशा अच्छे रिश्ते रख पायेगा। अभी तो तालिबान को अपने अच्छे व्यवहार और काम का प्रदर्शन करते हुए दुनिया से मान्यता प्राप्त करनी है और ऐसी स्थिति बनानी है कि उसकी अर्थव्यवस्था रास्ते पर आये।

लेकिन जहाँ तक पाकिस्तान और अफ़ग़ानिस्तान के बीच रिश्तों की बात है तो खुर्शीद अहमद कसूरी अच्छे पड़ोसी रिश्तों के बारे में 2002 की काबुल घोषणा की बात करते हैं। इस घोषणा पर पाकिस्तान और अफ़ग़ानिस्तान के अलावा चीन, ईरान, ताज़िकिस्तान, तुर्कमेनिस्तान और उज़्बेकिस्तान सभी ने हस्ताक्षर किये थे। उसमें कहा गया था कि हम सब मिलकर आतंकवाद, उग्रवाद और नशीली दवाओं के कारोबार को ख़त्म करेंगे। इस घोषणा की एक भावना यह भी थी कि अफ़ग़ानिस्तान अपनी धरती का इस्तेमाल किसी और देश को नुक़सान पहुँचाने के लिए नहीं होने देगा।

उस घोषणा में यह ख़ास प्रतिज्ञा भी की गयी थी कि दोनों देश एक–दूसरे के मामले दखल नहीं देंगे। अफ़ग़ानिस्तान के विदेश विभाग के प्रवक्ता ने कहा था कि हमारे यहाँ बहुत हस्तक्षेप किया गया है। अब पड़ोसी हमको बख्श दें। यह बात करज़ई सरकार के दौर में कही गयी थी, लेकिन वह आज भी अप्रासंगिक नहीं है। इसलिए पाकिस्तान के चेहरे पर तालिबानी ख़ुशी तभी तक रहेगी जब तक वह अफ़ग़ानिस्तान के अन्दरूनी मामलों में ज़्यादा हस्तक्षेप की कोशिश न करें।

# भूमिका तलाशता भौचक भारत

**15 अगस्त, 2021 को अफ़ग़ानिस्तान पर तालिबान का क़ब्ज़ा हुआ तो भारत भौचक था। उसका तालिबान से कोई सम्पर्क नहीं था। पिछले 20 वर्षों में करज़ई और अशरफ़ ग़नी के शासन में भारत की वहाँ पर काफ़ी चलती थी। भारत ने वहाँ भारी निवेश किया था। उससे पहले सोवियत समर्थित सरकारों के दस साल के शासन में भी भारत का वहाँ प्रभाव रहा। लेकिन हाल की चुनौतीपूर्ण स्थिति में भारत ने प्रयास बन्द नहीं किया है। राष्ट्रीय सुरक्षा सलाहकारों की 10–11 नवम्बर को दिल्ली में क्षेत्रीय सम्मेलन इसका प्रमाण है।**

प्रधानमन्त्री नरेन्द्र मोदी 21 सितम्बर, 2021 को संयुक्त राष्ट्र महासभा के सम्मेलन में हिस्सा लेने के लिए वाशिंगटन रवाना हुए तो अफ़ग़ानिस्तान के आसमान से नहीं गुज़रे। उन्होंने पाकिस्तान का आसमान चुना। इसके लिए भारत ने पाकिस्तान सरकार से अनुमति ली कि वह भारत के प्रधानमन्त्री के विशेष विमान बी–777 को अपने आकाश मार्ग से जाने की इजाज़त दे। अफ़ग़ानिस्तान पर तालिबान के कब्जे के बाद उसका आकाश किसी भी वाणिज्यिक उड़ान के लिए बन्द कर दिया गया है। तालिबान ने यह घोषणा 16 अगस्त को ही कर दी थी। पाकिस्तान से भी अनुमति मिलनी आसान नहीं थी। इससे पहले पाकिस्तान भारत के प्रधानमन्त्री नरेन्द्र मोदी और राष्ट्रपति रामनाथ कोविन्द के विमान को अपने आकाश से उड़ने की अनुमति देने से मना कर चुका है। सन् 2019 में कश्मीर से अनुच्छेद 370 हटाने के बाद भारत ने पाकिस्तान से तीन बार अनुरोध किया था, लेकिन उसने अनुमति देने से मना कर दिया था। प्रधानमन्त्री मोदी को जर्मनी और अमेरिका जाना था और राष्ट्रपति रामनाथ कोविन्द को आइसलैंड जाना था। वे पाकिस्तान के हवाई मार्ग का इस्तेमाल करना चाहते थे, लेकिन इजाज़त नहीं मिली। इस भू–राजनीतिक क्षेत्र में बदली

हुई स्थिति के कारण पाकिस्तान ने सम्भवतः यह दरियादिली दिखायी। या यूँ कहें कि बदले हालात के कारण भारत को वैसा अनुरोध करना पड़ा। प्रधानमन्त्री मोदी अपने अति आधुनिक विमान से 15 घण्टे की निरन्तर उड़ान (नान स्टाप फ्लाइट) के बाद अमेरिका पहुँचे।[1]

प्रधानमन्त्री जब 25 सितम्बर को संयुक्त राष्ट्र की महासभा में बोल रहे थे तो उनके भाषण में अफ़ग़ानिस्तान की चिन्ता साफ़ तौर पर झलक रही थी। उन्होंने कहा, ''यह सुनिश्चित हो कि अफ़ग़ानिस्तान की धरती का इस्तेमाल आतंकवाद के लिए न हो। संयुक्त राष्ट्र पर कई तरह के सवाल खड़े हो रहे हैं। इन सवालों को हमने जलवायु संकट में देखा है, कोविड में देखा है, दुनिया के कई हिस्सों में चल रहे आतंकवाद या छद्म युद्ध आतंकवाद में देखा है और अभी अफ़ग़ानिस्तान संकट ने इन सवालों को और गहरा कर दिया है। पीछे ले जाने वाली सोच के साथ जो देश आतंकवाद का इस्तेमाल राजनीतिक उपकरण के तौर पर कर रहे हैं उन्हें यह सोचना होगा कि आतंकवाद उनके लिए भी उतना ही बड़ा ख़तरा है। यह तय करना बहुत ज़रूरी है कि अफ़ग़ानिस्तान की धरती का इस्तेमाल आतंकवाद फैलाने और आतंकी हमलों के लिए न हो।''

यह बदली हुई स्थितियाँ थीं कि भारत के लिए अफ़ग़ानिस्तान का आसमान असुरक्षित हो गया। पाकिस्तान से इजाज़त लेकर उसके आसमान पर उड़ना पड़ा। वरना 25 दिसम्बर, 2015 को यही प्रधानमन्त्री नरेन्द्र मोदी काबुल में अफ़ग़ानिस्तान की संसद का उद्घाटन कर रहे थे और अफ़ग़ानिस्तान में जिरगा की लम्बी परम्परा के गुणगान कर रहे थे। उनके आत्मविश्वास का स्तर इतना ऊँचा था कि मास्को से काबुल होते हुए वे बिना किसी निर्धारित कार्यक्रम के लाहौर पहुँच गये और पाकिस्तान के प्रधानमन्त्री नवाज़ शरीफ़ के जन्मदिन और उनकी पोती की शादी के कार्यक्रम मे शामिल हुए। 21 सितम्बर, 2021 और 25 दिसम्बर, 2015 के बीच आया यह अन्तर ज़मीन आसमान का अन्तर है। निश्चित तौर पर यहाँ भारत की विदेश–नीति आसमान से ज़मीन पर उतर आयी है। आज भारत सहमा सहमा और स्थितियों पर खामोशी से निगरानी करने में लगा हुआ है और तय नहीं कर पा रहा है कि उसे अफ़ग़ानिस्तान से कैसा और कैसे रिश्ता कायम करना चाहिए। निश्चित तौर पर 25 दिसम्बर, 2015 का दिन भारत और मोदी की विदेश–नीति और राजनयिक का एक गुलाबी दिन था। वे सुबह की किरण फूटने से पहले ही काबुल पहुँच गये थे

और वहाँ उनका भव्य स्वागत हुआ। उनके स्वागत में अफ़ग़ानिस्तान के तत्कालीन राष्ट्रपति अशरफ गनी (जो अभी देश छोड़ कर भाग गये हैं) ने कहा, 'भारत और अफ़ग़ानिस्तान की दोस्ती प्राचीन है। वह हज़ारों धागों से बँधी है। भारत ने अफ़ग़ानिस्तान के कठिन वक़्त में मूल्यवान सहायता प्रदान की है। मोदी का काबुल में स्वागत करके गद्गद हूँ। हालाँकि भारत और अफ़ग़ानिस्तान को एक–दूसरे से परिचय कराने की दरकार नहीं है। हम दोनों अच्छे और बुरे वक़्त में साथ रहे हैं।' काबुल के दिलकोशा महल यानी राष्ट्रपति भवन (जहाँ आजकल तालिबानी बन्दूकें लहरा रहीं हैं) में दोनों देशों के प्रतिनिधिमण्डल की कई मुद्दों पर बात हुई।

उसके बाद मोदी ने जिरगा यानी अफ़ग़ानिस्तान के संसद भवन का उद्घाटन किया। जिरगा वहाँ की कबीलाई पंचायतों को कहते हैं। उसी के नाम पर वहाँ लोकतन्त्र क़ायम होने के साथ संसद भवन का निर्माण हुआ। मोदी ने संसद के दोनों सदनों को एक साथ सम्बोधित करते हुए कहा, ''मैं 1.25 अरब भारतीयों की ओर से आपकी उपलब्धियों की प्रशंसा करता हूँ। आपने जो दोस्ती दिखायी है उसके लिए एहसानमन्द हूँ। मैं यह याद करके भावविभोर हो रहा हूँ कि आज अटल बिहारी वाजपेयी जी का जन्मदिन है और यहाँ एक ब्लॉक का नाम अटल ब्लॉक है।' मोदी ने कहा कि भारत अफ़ग़ानिस्तान में योगदान देगा न कि इससे कोई प्रतिस्पर्धा करेगा।'' इस संसद भवन के बगल में दारु–अल–अमन महल था जिसे तालिबान ने बमबारी से नष्ट कर दिया था। उसकी तुलना में नया संसद भवन विध्वंस के जवाब में नव–निर्माण की कहानी कह रहा था। इस नये संसद भवन के निर्माण की योजना भारत ने 2007 में बनायी थी। तब इस परियोजना पर 4.5 करोड़ डॉलर ख़र्च होने थे। तब भारत में यूपीए की सरकार थी और डॉ. मनमोहन सिंह प्रधानमन्त्री थे। 2015 में जब वह पूरा हुआ तो उसकी लागत 9 करोड़ डॉलर पहुँच चुकी थी।

प्रधानमन्त्री नरेन्द्र मोदी के दौरे से पहले भारत ने अफ़ग़ानिस्तान को तीन एमआई–15 हेलीकॉप्टर (MI-15) दिये। यह भारत की रणनीति में परिवर्तन को दर्शाता है। यह लड़ाकू हेलीकॉप्टर है। इससे पहले भी भारत उसे ऐसे तीन हेलीकॉप्टर दे चुका था। वह भारत की मज़बूत रणनीतिक स्थिति थी। एक ओर प्रधानमन्त्री 16 वें रूस–भारत शिखर सम्मेलन में शिरकत कर रहे थे तो दूसरी ओर अमेरिका के सहयोग से अफ़ग़ानिस्तान में अपनी धाक जमा रहे थे। इसी आत्मविश्वास का प्रभाव था

कि वे अचानक लाहौर पहुँच गये पाकिस्तानी प्रधानमन्त्री नवाज शरीफ से मिलने। उन्होंने 25 दिसम्बर को रात के 12 बजे ट्विट किया कि प्रधानमन्त्री नवाज़ शरीफ़ से बात की और उन्हें जन्मदिन की बधाई दी। फिर उन्होंने दिन के एक बजे ट्विट किया कि आज दोपहर बाद प्रधानमन्त्री नवाज शरीफ से लाहौर में मिलने जा रहा हूँ। मैं दिल्ली लौटते हुए वहाँ रुकूँगा।

प्रधानमन्त्री मोदी की इस अचानक की गयी मैत्री यात्रा ने दोनों देशों में एक सुखद आश्चर्य पैदा किया। हालाँकि इस पर भौंहे तरेरने वाले भी थे। जम्मू और कश्मीर के पूर्व मुख्यमन्त्री उमर अब्दुल्ला ने ट्विट करके इसे अच्छा कदम बताया। जबकि कांग्रेस के नेता मनीष तिवारी ने कहा कि पिछली बार वाजपेयी लाहौर गये थे तो कारगिल हुआ था देखिये इस बार क्या होता है।

इस यात्रा की चर्चा करते हुए 26 दिसम्बर, 2015 को पाकिस्तान के प्रसिद्ध अख़बार 'डॉन' ने लिखा, 'प्रधानमन्त्री नवाज़ शरीफ़ के भाई शाबाज शरीफ़ जो पंजाब के मुख्यमंत्री हैं उन्होंने लाहौर के अल्लामा इकबाल हवाई अड्डे पर नरेन्द्र मोदी का स्वागत किया। उसके बाद वे रायविंड स्थित नवाज़ शरीफ़ के निजी घर गये। वहाँ उन्हें साग, दाल और देसी घी में बना व्यंजन परोसा गया। साथ में कश्मीरी चाय भी। सन् 2004 के बाद किसी भी भारतीय नेता की यह पहली पाकिस्तान यात्रा है। दोनों देशों के बीच तीन युद्ध हो चुके हैं। इसलिए उनके सम्बन्धों में ऊँच–नीच चलता रहता है। पिछले साल नरेन्द्र मोदी के शपथ ग्रहण समारोह में शामिल होने नवाज़ शरीफ़ भारत गये थे। मोदी और शरीफ़ पिछले साल पेरिस में भी मिले थे, लेकिन मोदी के इस दौरे का क्या होगा कुछ कहा नहीं जा सकता। क्योंकि पाकिस्तान में ट्रंप कार्ड तो सेना के हाथ में रहता है।'[2]

मोदी की इस यात्रा के बाद तो भारत पाकिस्तान के सम्बन्धों को सुधारने की चर्चा तेज़ हो गयी। भाजपा के नेता राम माधव तो डॉ. लोहिया द्वारा प्रस्तावित भारत पाक महासंघ की बात तक चले गये, लेकिन आखिर में सेना का ही ट्रंप कार्ड चला और सम्बन्ध सुधरने की बजाय नवाज शरीफ जेल में डाल दिये गये। शायद पाकिस्तानी सेना को भारत की इतनी तेज उड़ान अच्छी नहीं लगी। उसे यह भी अच्छा नहीं लगा कि भारत की इस उड़ान को पाकिस्तान के प्रधानमन्त्री नवाज शरीफ ईंधन दे रहे हैं।

इस प्रकार अफ़ग़ानिस्तान और पाकिस्तान को एक साथ साधने की भारत की कोशिश धरी रह गयी।

15 अगस्त, 2021 को तालिबान के सत्ता में आने के बाद भारत की विदेश–नीति में बेहद सतर्कता और गोपनीयता दिखायी पड़ने लगी। उसमें देखो और इन्तज़ार करने के नाम पर एक अस्थिरता भी जाहिर होने लगी। भारत अगस्त के महीने में संयुक्त राष्ट्र सुरक्षा परिषद का अध्यक्ष था। 16 अगस्त को सुरक्षा परिषद में भारत के स्थायी प्रतिनिधि टीएस तिरुमूर्ति यानी सुरक्षा परिषद के अध्यक्ष ने बयान जारी किया। सुरक्षा परिषद के सदस्यों ने अफ़ग़ानिस्तान में आतंकवाद से लड़ने के महत्त्व की पुष्टि की है और यह भी माना है कि अफ़ग़ानिस्तान के किसी भी क्षेत्र को किसी भी देश को धमकाने या उस पर हमले के लिए इस्तेमाल नहीं किया जाना चाहिए। यहाँ तक कि तालिबान या किसी भी अफ़ग़ान समूह या किसी भी व्यक्ति को किसी अन्य देश में सक्रिय आतंकी का समर्थन नहीं करना चाहिए।[3]

इस बीच काबुल हवाई अड्डे पर बम धमाका हुआ और उसमें 150 लोग मारे गये। उसमें 13 अमेरिकी सैनिक भी थे। उसके बाद 27 अगस्त को फिर सुरक्षा परिषद के अध्यक्ष तिरुमूर्ति का बयान आया। इस बयान में हमले की निन्दा की गयी थी, लेकिन तालिबान शब्द गायब था। जिस शब्द का प्रयोग भारत ने 16 अगस्त के बयान में किया था। सुरक्षा परिषद में भारत के पूर्व स्थायी प्रतिनिधि सैयद अकबरुद्दीन ने सुरक्षा परिषद के दोनों बयानों का स्क्रीन शॉट लेकर साझा किया और दिखाया कि एक में 'टी' शब्द गायब है।

नये बयान में कहा गया था–'सुरक्षा परिषद के सदस्यों ने अफ़ग़ानिस्तान में आतंकवाद का मुक़ाबला करने के महत्त्व को दोहराया है। ताकि यह सुनिश्चित किया जा सके कि अफ़ग़ानिस्तान के क्षेत्र का इस्तेमाल किसी भी देश को धमकी देने या हमला करने के लिए न हो और किसी भी अफ़ग़ान समूह या व्यक्ति को किसी भी देश के क्षेत्र में सक्रिय आतंकवादियों का समर्थन नहीं करना चाहिए।' इस बयान का अर्थ यही लगाया गया कि भारत और सुरक्षा परिषद तालिबान को राज्य के तौर पर देखने लगे हैं।

सैयद अकबरुद्दीन ने ट्वीट करके लिखा कि कूटनीति में एक पखवाड़ा काफ़ी लम्बा समय होता है। 'टी' शब्द गायब है नये बयान में भारत के 16 अगस्त और 27 अगस्त के बयान की तुलना कीजिए।[4]

दरअसल इस दौरान भारत अफ़ग़ानिस्तान से अपने नागरिकों को निकालने की जद्दोजहद में उलझा हुआ था इस काम में वायु सेना के C–17 विमान लगाये गये थे। 17 अगस्त यानी मंगलवार को भारत ने अपने सारे राजनयिक काबुल से निकाल लिए। वे सब एक सैनिक विमान से दिल्ली से सटे हिन्डन हवाई अड्डे पर लाये गये। इस विमान में 150 लोग थे। भारत के राजदूत रुद्रेन्द्र टण्डन ने दिल्ली पहुँचने पर कहा, ''मुल्क़ सुरक्षित पहुँच कर खुश हूँ। अब भारत का कोई राजनयिक वहाँ पर नहीं है, लेकिन भारत के अन्य नागरिकों की देश वापसी इतनी सरल और सुरक्षित नहीं रही।''[5]

रविवार यानी 23 अगस्त को 168 लोग एयरलिफ्ट किये गये। इनमें 24 अफ़ग़ानी सिक्ख और हिन्दू थे। उनमें दो लोग तो ऐसे थे जो अफ़ग़ानिस्तान में सांसद थे। एक सांसद नरिन्दर सिंह खासला ने अपना बयान दर्ज़ करते हुए कहा, ''पिछले 20 सालों की पूरी उपलब्धि ख़त्म हो गयी। कुछ बचा नहीं। वह सब वहाँ सिफर है। हम तक़रीबन 72 अफ़ग़ानी सिक्खों और हिन्दुओं के साथ काबुल हवाई अड्डे पर पहुँचने की कोशिश कर रहे थे, लेकिन उन्हें जगह–जगह बैरिकेड लगा कर खड़े तालिबानियों ने रोक लिया। बड़ी मुश्किल से काबुल हवाई अड्डे तक पहुँचे। वहाँ देखा तो हर गेट पर 5,000 से 6,000 लोग खड़े थे। हम किसी तरह वीआईपी गेट से भीतर गये। हमसे हर चीज़ छीन ली गयी। बहुत दुखद है मुल्क़ छोड़ना।''

काबुल दूतावास को 17 अगस्त को ही ख़ाली करा दिया गया था। इधर प्रधानमन्त्री मोदी ने वहाँ फँसे हिन्दुओं और सिक्खों को नये क़ानून के तहत प्राथमिकता के आधार पर शरण देने का आदेश दिया था, लेकिन सवाल उससे भी बड़ा था कि लोग एयरलिफ्ट कैसे किये जायें और भारत लाए कैसे जायें। इस बीच ख़बर आयी कि काबुल एयरपोर्ट के पास से 150 भारतीयों को अगवा कर लिया गया। वे एक मिनी बस में बैठकर हवाई अड्डे आ रहे थे। तालिबान के सिपाहियों ने उन्हें एक चैकपोस्ट पर रोककर गिरफ्तार कर लिया। सिपाही उन्हें एक स्थान पर ले गये और गैराज में बन्द कर दिया। पहले उनकी जमकर पिटाई की। फिर वहाँ उनके दस्तावेज़ों की जाँच की। जब दस्तावेज़ सही पाये गये तो उन्हें छोड़ा। इस बीच एक व्यक्ति खिड़की से कूद गया और अपनी जान बचाई। करीब 146 भारतीय तीन अलग अलग उड़ानों से दोहा लाये गये थे। वे फिर वहाँ से दिल्ली लाये गये।

हालाँकि अब भारत और अफ़ग़ानिस्तान की सीमाएँ नहीं मिलती, लेकिन आज़ादी से पहले जब पाकिस्तान नहीं बना था तब भारत और अफ़ग़ानिस्तान की सीमाएँ मिलती थीं। अंग्रेज़ों ने अफ़ग़ानिस्तान पर तीन बार आक्रमण करके उसे अंग्रेज़ी साम्राज्य में मिलाने की कोशिश की, लेकिन वे कामयाब नहीं रहे। भारत और मध्य एशिया के बीच व्यापार का रास्ता अफ़ग़ानिस्तान से ही होकर गुज़रता है। अफ़ग़ानिस्तान में अगर भारत के प्रति दोस्ताना व्यवहार वाली सरकार रहती है तो वहाँ के पुनर्निर्माण का काम भारतीय कम्पनियों को मिल सकता है। अगर वहाँ पाकिस्तान समर्थक और भारत विरोधी सरकार रहती है तो वह पाकिस्तान और चीन की मदद से भारत को घेर सकती है कश्मीर में उग्रवाद को मदद कर सकती है। अल–कायदा जैसे जिहादी गुट अगर वहाँ वापस आ गये तो कश्मीर से लेकर भारत के अन्य हिस्सों में मुसीबत खड़ी कर सकते हैं। यह सुरक्षा सम्बन्धी चिन्ता भारत को परेशान किये हुए है। विशेषकर वहाँ के गृहमन्त्री सिराजुद्दीन हक्कानी का नेटवर्क भारत के लिए परेशानी का सबब हो सकता है। तालिबान का बयान इस सन्दर्भ में देखा जा सकता है, 'मुसलमान होने के नाते हमें हक है कि हम कश्मीर के मुसलमानों की आवाज़ उठायें।'

सन् 2001 से 2020 तक वहाँ स्थितियाँ अनुकूल रहने के चलते भारत ने अफ़ग़ानिस्तान के पुनर्निर्माण के लिए 3.1 अरब डॉलर निवेश किये। भारत की मदद से वहाँ बनने वाली ढाँचागत परियोजनाएँ इस प्रकार है–

- दक्षिण पश्चिम अफ़ग़ानिस्तान में जरांगी से देलाराम तक 218 किलोमीटर की सड़क।
- पुल–ए–खुमरी से काबुल तक 220 किलोवाट की डीसी ट्रांसमिशन लाइन।
- हैरात प्रान्त में सलमा बाँध परियोजना
- काबुल में अफ़ग़ानी जिरगा (संसद) और इन्दिरा गाँधी बाल स्वास्थ्य संस्थान व हवीबा स्कूल।
- चिमटाला में एक 220/110 केवी का सब स्टेशन।

आज भारत का यह सारा निवेश खतरे में है। हालाँकि भारत के विदेश मन्त्री एस. जयशंकर का बयान आश्वस्त करने की कोशिश करता है जब वे कहते हैं, 'भारत ने वहाँ अफ़ग़ानिस्तान की जनता की दोस्ती

के नाते निवेश किया था। उन्हें यक़ीन है कि उसे अपने निवेश का पूरा मूल्य मिलेगा।'

## विमान अपहरण

लेकिन तालिबान के साथ भारत के अनुभव अच्छे नहीं रहे हैं। न ही भारत ने कभी तालिबान का समर्थन किया। इसलिए दोनों के बीच एक प्रकार का सन्देह बना रहना स्वाभाविक है। भारत और अफ़ग़ानिस्तान के बीच एक कड़वी स्मृति इंडियन एयरलाइंस के विमान IC814 के अपहरण की है। हालाँकि तालिबान ने उस विमान का अपहरण नहीं किया था और तालिबान सरकार ने अपहर्ताओं से वार्ता कराने और उनकी माँग को कम करवाने में योगदान दिया था, लेकिन उसमें एक प्रकार का डबल गेम भी दिखायी देता है। एक ओर भारतीय विमान और यात्रियों को रिहा कराकर तालिबान सरकार दुनिया में अपनी छवि भी सुधारना चाहती थी तो दूसरी ओर पाकिस्तान और वहाँ के आतंकी संगठनों को ख़ुश भी करना चाहती थी। विमान 24 दिसम्बर को 176 यात्रियों (जिनमें छह अपहर्ता थे) और चालक दल के 15 सदस्यों को लेकर काठमाण्डो के त्रिभुवन एयरपोर्ट से शाम के चार बजे नयी दिल्ली के इन्दिरा गाँधी अन्तर्राष्ट्रीय हवाई अड्डे के लिए उड़ा था। थोड़ी देर बाद उसका अपहरण कर लिया गया। वह विमान कई देशों में चक्कर काटने के बाद अन्त में 25 दिसम्बर की सुबह कन्धार, जोकि तालिबान की सत्ता का वास्तविक केन्द्र था, के हवाई अड्डे पर सात दिन खड़े रहने के बाद साल के आख़िरी दिन मुक्त कराया जा सका। उस समय तालिबानी सैनिक विमान के चारों ओर बन्दूकें और मिसाइलें लिए तैनात थे। वे खुली जीप में धूम रहे थे। उनका दावा था कि वे विमान की सुरक्षा कर रहे हैं, लेकिन उनका लक्ष्य यह भी था कि अमेरिका और भारतीय कमांडो किसी क़िस्म के बचाव की कार्रवाई न कर सकें।

भारतीय विमान के पायलट कैप्टन देवी शरण जब आज काबुल और कन्धार की सड़कों पर तालिबानी सैनिकों को टहलते हुए देखते हैं तो उन्हें 22 साल पुराना वह दृश्य याद आ जाता है। हाल में एयर इंडिया से रिटायर हुए कैप्टन देवी शरण बताते हैं, "बीस साल पहले जब छह दिन भारतीय विमान कन्धार एयरपोर्ट पर खड़ा था और बाहर का जो नज़ारा दिखायी पड़ रहा था और आज जो विजुअल दिखायी दे रहे हैं वे एक जैसे हैं।

वे खुली जीप में घूम रहे हैं काबुल की सड़कों पर रॉकेट लांचर लेकर जैसे वे तब घूम रहे थे जब उन्होंने हमारा विमान घेरा था। हमारे विमान में दूसरे या तीसरे दिन एक डायबटिक व्यक्ति बहुत बीमार हो गया। तालिबान के लोग हमारे अनुरोध पर उसे हस्पताल ले गये, लेकिन यात्री उसी दिन हस्पताल से वापस आ गया। क्योंकि हस्पताल की स्थिति बहुत ख़राब थी। वह अस्पताल से ज़्यादा उस अपहृत विमान में सुरक्षित महसूस कर रहा था।''[6]

हाल में रिटायर हुए कैप्टन एसपीएस सूरी जो बाद में अपहृत विमान को लाने कन्धार गये थे तालिबान के बारे में अपने विचित्र अनुभव को याद करके सिहर जाते हैं। ''तालिबान सिपाहियों ने कहा कि हमारा कमांडर बोलता है कि विमान को तब तक जाने नहीं देंगे जब तक इसमें से हमारा तोहफा नहीं उतारोगे। कारगो होल्ड खोलो। वहाँ केबिन में एक बैग था जिसमें यात्रियों के बहुमूल्य सामान थे। सूरी ने सोचा कि वे यह बैग माँग रहे हैं। वे विमान के कारगो में ज़बरदस्ती घुसे और उन्होंने वहाँ से एक चेक इन बैग निकाला। वह वो बैग नहीं था जिसे हम समझ रहे थे। शायद वे विस्फोटक थे जो अगली शताब्दी के आगमन पर फोड़े जाने थे। हमने थोड़ी देर बाद कन्धार हवाई अड्डे के बाहर बड़ा धमाका सुना।''[7]

''एक जनवरी को तालिबान ने अपहृत विमान को लेकर उड़ने की इजाज़त दी, लेकिन हमें उसके पहले वाली रात काटनी थी। विमान इतना बदबू कर रहा था कि उसमें सोना मुश्किल था। कन्धार एयरपोर्ट के कमरों में आईएसआई के लोग और विमान अपहर्ता सो रहे थे। उन्होंने हम चार लोगों को एयरपोर्ट के एक बरामदे में रात बिताने की इजाज़त दी। वहाँ पर आग जला दी गयी थी। (कन्धार में रात बहुत ठण्डी हो जाती है। उस पर वह दिसम्बर की रात थी।) हम वहाँ काँप रहे थे। तालिबान के नेता ने हमसे कहा सरदार बादाम खा ले रात कट जायेगी।''[8]

पाकिस्तान, दुबई, यूएई होता हुआ जब वह विमान कन्धार हवाई अड्डे पर उतरा तो तालिबान के हथियार बन्द सैनिकों ने उसे घेर लिया। तालिबान का कहना था कि वे यात्रियों की हत्या रोकना चाहते थे, लेकिन वे भारतीय सेना की किसी भी कार्रवाई को रोकना चाहते थे। एक दो दिन की खामोशी के बाद तालिबान इस मामले में मध्यस्थ बना। अपहर्ताओं ने भारत की विभिन्न जेलों में बन्द मौलाना मसूद अजहर और 35 अन्य आतंकवादियों को छोड़ने की माँग की और 20 करोड़ डॉलर माँगे थे,

लेकिन तालिबान के दबाव और सौदेबाजी के कारण उन्होंने धन लेने की माँग छोड़ दी और 36 आतंकवादियों की बजाय तीन पर आ गये। इन आतंकियों में मौलाना मसूद अजहर, मुश्ताक जरगर और अहमद उमर सईद शेख शामिल थे। इन तीनों को विशेष विमान से लेकर भारत के विदेश मन्त्री जसवन्त सिंह कन्धार पहुँचे और उनकी रिहाई के बाद ही विमान के यात्रियों को मुक्त कराया जा सका। तालिबान ने छह अपहर्ताओं और इन तीन आतंकियों को सुरक्षित चले जाने दिया। जबकि जसवन्त सिंह अपहर्ताओं को भारत को सौंपे जाने की माँग कर रहे थे, लेकिन तालिबान ने दावा किया कि उन्होंने किसी को अफ़ग़ानिस्तान की धरती पर टिकने नहीं दिया।

तालिबान ने भारत से 25,000 डॉलर प्रतिदिन के लिहाज से वहाँ विमान खड़ा करने का किराया भी वसूला।

हालाँकि तालिबान सरकार को मान्यता नहीं थी, लेकिन न्यूयॉर्क में संयुक्त राष्ट्र के स्थायी प्रतिनिधि अब्दुल हक़ीम मुजाहिद ने सबसे बड़े तालिबान नेता मुल्ला उमर से सम्पर्क साधने में प्रमुख भूमिका निभायी। अमेरिकी विदेश उप–मन्त्री स्ट्रोब टॉलबाट ने उन्हें समझाया कि यह तालिबान सरकार के सामने अच्छा मौक़ा है कि वह दुनिया की नज़र में अपनी छवि सुधार ले। संयुक्त राष्ट्र में भारत के स्थायी प्रतिनिधि कमलेश शर्मा ने सम्पर्क साधा और उससे सम्पर्क सूत्र जुड़े। 26 दिसम्बर को भारत सरकार को अपहर्ताओं की माँग का जो फैक्स आया उसमें लिखा गया था, ''तालिबान इस बात पर ज़ोर देकर कहना चाहता है कि हम अपने को इस अपहरण से अलग करना चाहते हैं और चाहते हैं कि इसका जल्दी अन्त हो।'' उसी फैक्स के साथ अपहर्ताओं की माँग भी आयी थी कि मसूद अजहर को छोड़ दिया जाये। तालिबान के नागरिक उड्डयन मन्त्री मुल्ला अख़्तर मन्सूर ने अपहर्ताओं से बात शुरू की। वे संयुक्त राष्ट्र के सम्पर्क में भी थे, लेकिन उन्होंने भारत को चेतावनी भी दी कि अगर भारत ने वार्ताकार नहीं भेजे तो वे विमान को कन्धार से ले जाने देंगे। भारत को तालिबान की बातों पर भरोसा नहीं हो रहा था, लेकिन वह और कर भी क्या सकता था।

इस दौरान संयुक्त राष्ट्र के प्रतिनिधि एरिक डी मुल भी कन्धार पहुँचे। वे तालिबान से परिचित थे, उन्होंने वार्ता शुरू की। इस बीच भारत ने भी अपने वार्ताकार भेजने शुरू किये। सबसे पहले इस्लामाबाद

में भारतीय उच्चायोग के साथ जुड़े कामर्शियल कौंसलर ए.आर घनश्याम भेजे गये। तालिबानियों ने उनकी बात सुनी, लेकिन उन्होंने कहा कि उनका अपहर्ताओं से कोई वास्ता नहीं है। यह भारत का काम है कि वह उनके वार्ता करें। घनश्याम ने भारत को सूचना दी कि वार्ता करने का असली समय आ गया है।[9]

भारत की ओर से विदेश मन्त्रालय में संयुक्त सचिव विवेक काटजू, आईबी के प्रमुख अजित डोभाल और रॉ व आईबी के पाँच अन्य लोग भेजे गये। विवेक काटजू जब कन्धार पहुँचे तो उन्हें घनश्याम ने बताया कि अपहर्ता बहुत तेवर और जल्दी में हैं और उनके पास काफ़ी ख़तरनाक हथियार और गोला–बारूद हैं। यह सुनकर डोभाल और काटजू हैरान रह गये क्योंकि उनके पास जो खुफिया जानकारी थी वो यह थी कि उनके पास एक पिस्तौल, एक हथगोला और एक पेननाइफ है। यह सुनकर तो उनके कान खड़े हो गये कि अपहर्ताओं के पास ऑटोमैटिक हथियार, हैंडग्रेनेड और आरडीएक्स है। इसी के साथ उनकी यह धारणा भी उड़नछू हो गयी कि तालिबान दुनिया की निगाहों में तटस्थ रहना चाहता है। भारत के वार्ताकार चाहते थे कि पहले अपहर्ताओं से बात शुरू करें और उन्हें उम्मीद दिलायें कि बाद में एनएसजी कमांडो कार्रवाई कर दें। काटजू और डोभाल तालिबान के विदेश मन्त्री मुत्तावकील से मिले और उनसे औपचारिक बातचीत के बाद अपनी दूसरे नम्बर की रणनीति बतायी, लेकिन मुत्तावकील ने सैनिक कार्रवाई की इजाज़त देने से इनकार कर दिया। 'हमें अपने सर्वोच्च नेता अमीर अल मोमिनीन मुल्ला उमर से साफ़ सन्देश है कि कन्धार में किसी भी तरह का ख़ून–ख़राबा नहीं होना चाहिए।'

"विमान में गलियारे की ओर बैठे कुछ यात्रियों ने बताया कि उन्होंने अपनी आँखों की कनखियों से देखा था एकदम तालिबानी नेता जैसा दिखने वाला लम्बी दाढ़ी का एक आदमी (विमान में आया था)। क्या विमान में तालिबान का कोई बड़ा नेता या अधिकारी आया था? अगर ऐसा था तो वह कौन था? उसके आते ही अपहर्ताओं में अचानक तनाव पैदा हो गया। निश्चित तौर पर वह कोई ऐसा था जिससे अपहर्ता डरते थे। यात्री बाद में कयास लगाते रहे कि क्या वह ओसामा–बिन–लादेन ख़ुद था?"

"अपहर्ताओं ने न सिर्फ़ 20 करोड़ डालर, 36 आतंकियों की रिहाई की माँग की, बल्कि उन्होंने जम्मू और कश्मीर में सक्रिय एक आतंकी

सज्जाद अफ़ग़ानी के ताबूत की माँग की थी। इस मामले पर अफ़ग़ानिस्तान (तालिबान सरकार) की शूरा यानी सुप्रीम परिषद की बैठक हुई। उसमें कहा गया कि धन और किसी के ताबूत की माँग करना ग़ैर–इस्लामी है। इसलिए अगर अपहर्ता इन माँगों को नहीं छोड़ेंगे तो उन्हें कन्धार छोड़ने पर मजबूर कर दिया जायेगा। इस मौक़े पर मुल्ला उमर ने स्वयं हस्तक्षेप किया। उसने अपने विदेश मन्त्री मुत्तावकील को आदेश दिया कि वह वार्ता में शामिल हो। मुल्ला उमर ने अलग कमरे से मुख्य अपहर्ता से 30 मिनट तक फ़ोन पर बात की। उन्होंने उन्हें भरोसा दिया कि वे भारत सरकार से उनकी माँगें मनवायेंगे। अपहर्ताओं ने कहा कि भारत सरकार अमेरिका की मदद से सैनिक कार्रवाई की तैयारी कर रही है। मुत्तावकील ने उन्हें भरोसा दिया कि वे ऐसी कोई कार्रवाई नहीं होने देंगे। इस तरह के किसी हमले को रोकने के लिए एंटी–एयरक्रॉफ्ट तोपें पहले से तैनात हैं। इधर भारत में जब इस तरह की सूचना मिली तो विदेश मन्त्री जसवन्त सिंह ने ऐलान किया कि तालिबान सहयोग कर रहा है।'

बातचीत काफ़ी तनावपूर्ण और अनिश्चितता भरी रही और एक बार तो अपहर्ताओं ने एक–एक कर यात्रियों को मारने का ऐलान भी कर दिया था। आखिर में 30 दिसम्बर, 1999 की शाम 3.00 बजे भारत सरकार ने तीन आतंकियों को छोड़ने की बात मान ली तो उम्मीद का माहौल बनने लगा। अपहर्ताओं ने अफ़ग़ानिस्तान सरकार को तोहफा देने के लिए यात्रियों से पैसे इकट्ठे किये। कुल 70,000 रुपये और 500 डॉलर जमा हुए। उसके बाद उन्होंने ओसामा–बिन–लादेन की तारीफ के पुल बाँधे और कहा कि अमेरिका, रूस और भारत ने इस्लाम के ख़िलाफ़ एक गठजोड़ बना लिया है। उन्होंने कहा कि भारत इन दोनों महाशक्तियों के हाथ का एक मोहरा है।

भारत के विदेश मन्त्री जसवन्त सिंह सोच रहे थे कि तालिबान को समझने और उनसे राजनयिक सम्पर्क बनाने का यह अच्छा मौक़ा है, 'लेकिन कन्धार हवाई अड्डे पर तालिबान ने अपने प्रचार का इन्तज़ाम कर रखा था। जब जसवन्त सिंह का विमान हवाई पट्टी पर उतरा तो तालिबान के किसी अधिकारी ने उनका स्वागत नहीं किया। विमान से उतारे गये तीनों आतंकी एक कार में बिठा दिये गये। मुँह ढके हुए पाँच अपहर्ता तीन बन्धकों को साथ लेकर तालिबान के पजेरियो से आगे निकल गये। शायद जसवंत सिंह के जीवन का यह सबसे ख़राब अनुभव रहा होगा

विदेश मन्त्री के नाते किसी अन्य देश की धरती पर। जसवन्त सिंह तालिबान के विदेश मन्त्री मुत्तावकील और सूचना मन्त्री अब्दुल हिया से आधे घण्टे तक तर्क करते रहे कि अपहर्ताओं को जाने न दिया जाये। उन्होंने एक यात्री को मारा है और अन्तर्राष्ट्रीय क़ानून के तहत अपराध किया है। आप उन्हें पकड़िये और अफ़ग़ानिस्तान में उन पर मुकदमा चलाइये, लेकिन उन्हें मुक्त मत जाने दीजिए। लेकिन तालिबान उन्हें मुक्त करने पर अड़ा था। उन्होंने कहा कि हमने आपके प्रतिनिधिमण्डल से कहा था कि हम अपहर्ताओं से जो भी समझौता करेंगे उसे भारत सरकार को मानना होगा। अब हम उससे पीछे नहीं हट सकते। हम यहाँ किसी भी तरह का ख़ून–ख़राबा नहीं चाहते और हम उन्हें पकड़ नहीं सकते।' (जग्गिया और शुक्ला, आईसी 814 हाइजैक्ड, 177)।

तालिबान ने जसवन्त सिंह से कहा कि भारत को कन्धार हवाई अड्डे पर विमान खड़ा करने का 25,000 डॉलर प्रतिदिन का भुगतान करना पड़ेगा और लोगों को ख़ाना खिलाने और दूसरे कामों का बिल अलग से होगा। जसवन्त सिंह ने कहा कि इस मामले पर इस्लामाबाद या न्यूयॉर्क में हिसाब कर लिया जायेगा और वे उसके लिए तैयार हो गये।

बाद में भारत को जो भी खुफिया जानकारियाँ मिलीं उसके अनुसार पाँच अपहर्ता (कुल छह में से) पाकिस्तान के बहावलपपुर, कराची और सुक्कूर शहर के रहने वाले थे। इस काण्ड की योजना जून 1999 में रावलपिण्डी में बनायी गयी थी। इसे आईएसआई और हरकत–उल–मुज़ाहिदीन ने मिलकर तैयार किया था।

इस पूरे काण्ड में अफ़ग़ानिस्तान की तालिबान की संदिग्ध भूमिका की व्यापक आलोचना हुई। अमेरिका से भारत को सीमित मदद मिल पायी क्योंकि वहाँ के लोग क्रिसमस की छुट्टियाँ मनाने में मशगूल थे। सीआईए की मदद से सैनिक कार्रवाई हो सकती थी, लेकिन वह हो नहीं पायी। संयुक्त अरब अमीरात, दुबई और पाकिस्तान ने किसी भी तरह की मदद से इनकार कर दिया। आखिर में भारत को तालिबान पर ही भरोसा करना पड़ा। तालिबान ने पूरी कीमत वसूल ली।

भारत ने आरम्भ से ही तालिबान के प्रति एक आलोचनात्मक रुख बना रखा था। वजह थी उसकी पाकिस्तान के साथ साँठ–गाँठ और आतंकी संगठनों को प्रश्रय। भारत के प्रधानमन्त्री अटल बिहारी वाजपेयी ने 25 अगस्त 1999 को अफ़ग़ानिस्तान के राष्ट्रपति बुरहानुद्दीन रब्बानी

को पत्र लिखकर तालिबान की करतूतों की कड़ी आलोचना की थी। 'मुझे बहुत दुख है कि पाकिस्तान के समर्थन से तालिबान शोमाली मैदान में लोगों पर ज़ुल्म कर रहा है। बेगुनाहों के क़त्लेआम हो रहे हैं, लोगों के घर जलाये जा रहे हैं, आग लगाने वाले बमों का प्रयोग हो रहा है। फसलों को जलाया जा रहा है, औरतों बच्चों पर ज़ुल्म किया जा रहा है। यह काम तालिबान कर रहा है और पाकिस्तानी फौजें उसमें मदद कर रही हैं। यह काम मानवता के विरुद्ध अपराध है। इसकी निन्दा करते हुए मैं इस तथ्य से अवगत हूँ कि यह अफ़ग़ानी परम्परा के विरुद्ध है और तालिबान के विदेशी आकाओं के काम को परिलक्षित करता है। हम इन अभागों के साथ-साथ सभी अफ़ग़ानियों की इन्सानी मदद करते रहेंगे। भारत और अफ़ग़ानिस्तान में ऐतिहासिक सम्बन्ध रहे हैं। उनमें सभ्यतामूलक और सांस्कृतिक निकटता रही है। भारत अफ़ग़ानिस्तान की एकता, सम्प्रभुता, स्वतन्त्रता और भौगोलिक अखण्डता का समर्थन करता है कि आशा करता है कि वहाँ जल्दी शान्ति क़ायम होगी। यह तभी होगा जब वहाँ पाकिस्तान का हस्तक्षेप बन्द हो जाये। मैं आपकी सरकार का समर्थन करता रहूँगा।'[10]

भारत कभी नहीं चाहता था कि अफ़ग़ानिस्तान में पाकिस्तान से दोस्ती रखने वाली सरकार बने। विशेषकर तालिबान को लेकर उसे सदैव आपत्ति रही है। इसे भारत के प्रधानमन्त्री जाहिर भी करते रहे हैं। जब सितम्बर 2001 में अमेरिकी हमले के बाद तालिबान सरकार गिर गयी तो प्रधानमन्त्री वाजपेयी ने 22 अक्टूबर को एक सवाल के जवाब में कहा, "अब अफ़ग़ानिस्तान में बनने वाली किसी भी सरकार में तालिबान की भूमिका नहीं होगी। भारत चाहता है कि अफ़ग़ानिस्तान में व्यापक आधार वाली सरकार बने पर वहाँ तालिबान की कोई भूमिका न हो। भारत अमेरिका को एंटी-एंथ्रेक्स ड्रग और अफ़ग़ानिस्तान के शरणार्थियों को गेहूँ की मदद इन्सानी आधार पर देना चाहता है।" वाजपेयी से जब पत्रकारों ने पूछा कि क्या वे चीन और रूस की इस माँग से सहमत हैं कि अफ़ग़ानिस्तान पर अमेरिका की बमबारी बन्द होनी चाहिए, तो उन्होंने कहा कि इस पर चर्चा होनी चाहिए।

अगले साल 3 से पाँच दिसम्बर के बीच रूस के राष्ट्रपति व्लादीमीर पुतिन ने भारत का दौरा किया। उसके बाद वाजपेयी ने कहा, 'भारत करज़ई सरकार का समर्थन करता रहेगा। अल-कायदा और तालिबान

फिर जिस तरह से एकजुट हो रहे हैं वह स्थिति चिन्ताजनक है।' उन्होंने यह भी कहा कि आतंकवाद के विरुद्ध संयुक्त राष्ट्र के प्रस्ताव संख्या 1373 को कड़ाई से लागू किया जाना चाहिए।

तालिबान के प्रति इसी सन्देह के चलते भारत ने वहाँ तालिबानी सत्ता के आते ही उसका मुक़ाबला करने के लिए एक ध्रुवीकरण भी शुरू कर दिया है। भारत अमेरिका, ग्रेट ब्रिटेन और रूस के साथ मिलकर एक केन्द्र का निर्माण कर सकता है। इसके संकेत उस समय मिले जब भारत में दुनिया के कई प्रमुख देशों के ख़ुफिया विभागों के प्रमुख आये और कई गम्भीर मन्त्रणाएँ कीं। जिस समय तालिबान सरकार बना रहा था उसी समय भारत के राष्ट्रीय सुरक्षा सलाहकार अजित डोभाल अमेरिका की खुफिया एजेंसी के प्रमुख विलियम बर्नस से बात कर रहे थे। हालाँकि इस वार्ता के बारे में कोई सरकारी घोषणा नहीं हुई, लेकिन इंडियन एक्सप्रेस जैसे प्रमुख अख़बार ने सूत्रों के हवाले से यह ख़बर दी। सम्भवतः बर्नस अफ़ग़ानिस्तान से आ रहे थे और उसके बाद उन्हें पाकिस्तान भी जाना था। चूँकि तालिबान सरकार में दो प्रमुख आतंकी हैं जिन्हें अमेरिकी संस्था एफबीआई ने वांटेड घोषित कर रखा है। इसलिए उस पर चिन्ता होना स्वाभाविक है। वे हैं मुल्ला हसन अखुन्द और सिराजुद्दीन हक्कानी। अखुन्द प्रधानमन्त्री हैं और सिराजुद्दीन गृहमन्त्री।

जब विलियम बर्नस का दौरा समाप्त हुआ तो भारत ने सुरक्षा परिषद के सचिव और रूसी जनरल निकोलाई पत्रुशेव को रिसीव किया। पत्रुशेव पुतिन के दायें हाथ माने जाते हैं। इस तरह भारत ने रूस के राष्ट्रपति व्लादीमीर पुतिन से अफ़ग़ानिस्तान पर चर्चा के लिए एक स्थायी चैनल बनाने का प्रयास किया। अफ़ग़ानिस्तान की सीमा रूस से लगती है और वह अपने यहाँ चेचेन्या और दूसरे इलाक़ों में आतंकी गतिविधियों से चिन्तित है। भारत की सीमा भले ही अफ़ग़ानिस्तान से न लगती हो, लेकिन अफ़ग़ानिस्तान पाकिस्तान के मार्फत कश्मीर के आतंकियों को मदद करता रहा है और आगे भी कर सकता है। अमेरिका और रूस के उच्चाधिकारियों के साथ हुई इन बैठकों से पहले ग्रेट ब्रिटेन की खुफिया एजेंसी एमआई 6 के प्रमुख रिचर्ड मूर ने भी भारत का दौरा किया था। मूर का दौरा एकदम गोपनीय था। दोनों ओर से किसी भी तरह की जानकारी बाहर नहीं आने दी गयी।

लैंकेस्टर यूनिवर्सिटी में इंटरनेशनल पॉलिटिक्स के प्रोफ़ेसर और 'द अफ़ग़ानिस्तान : लेबिरिंथ ऑफ वायलेंस' के लेखक अमलेन्दु मिश्र कहते हैं, 'तालिबान के अन्तर्राष्ट्रीय विरोध के केन्द्र के निर्माण के लिए भारत, रूस, यूके और अमेरिका सक्रिय हैं। पूरी दुनिया में घण्टियाँ बज रही है। पश्चिमी ताक़तें खामोश रह कर देख रही हैं तो भारत तालिबान–विरोधी आख्यान रच रहा है। इससे कुछ असहज स्थितियाँ भी पैदा हो सकती हैं। पिछले 20 सालों में भारत ने पाकिस्तान को दरकिनार करने के लिए अफ़ग़ानिस्तान के मंच का इस्तेमाल किया। अब बाजी पलट गयी है। तालिबान भारत को शक की निगाह से देखता है। यही कारण है कि भारत के तमाम फूँ फाँ के बावजूद उसने दोहा वार्ता (फ़रवरी 2020) में भारत को इजाज़त नहीं दी। अब उत्तर में भारत के प्रति शत्रुता या प्रतिस्पर्धा रखने वाली सरकारें बैठ गयीं हैं। पश्चिम में पाकिस्तान, पूर्व में चीन और बीच में नेपाल यह सब भारत के प्रति सहज व्यवहार नहीं रखते। इन सबसे सीमा विवाद चलता रहता है। इसलिए अफ़ग़ानिस्तान में तालिबान की सरकार के आने के बाद भारत की चिन्ता जायज़ है। भारत के साथ गठजोड़ बनाने को आतुर देश यह मानते हैं कि तालिबान क्षेत्रीय और अन्तर्राष्ट्रीय सुरक्षा के लिए ख़तरा है, लेकिन वे यह भी मानते हैं कि तालिबान में भीतरी झगड़े बहुत हैं इसलिए वह टूट जायेगा। तालिबान अफ़ग़ानिस्तान की सम्प्रभुता को क़ायम नहीं रख सकता क्योंकि वहाँ इस्लामिक स्टेट ऑफ खोरासन् का ख़तरा है। इसलिए वहाँ नान स्टेट आतंकियों का दबदबा बढ़ेगा।'[11]

कुछ विश्लेषक भारत की विदेश–नीति में खोट देख रहे हैं। पहले वह सोवियत संघ के साथ था और बाद में अमेरिका के साथ हो लिया। ऐसे में उसे झटका लगना ही था। संजय भट्टाचार्य लिखते हैं, 'पिछले 40 सालों में अफ़ग़ानिस्तान में भारत की विदेश–नीति दो बार घाटे की साबित हुई है। दोनों बार उसने दो महाशक्तियों के साथ अपने को जोड़ा, लेकिन वह घाटे में रहा।

पहला अनुभव सोवियत संघ को समर्थन देने का था। जब सोवियत संघ अफ़ग़ानिस्तान में सेना भेजने का दुस्साहस कर रहा था तो भारत उसके साथ खड़ा था। हालाँकि उस समय निर्गुट सम्मेलन ताक़तवर था और भारत उसका नेता था, लेकिन भारत ने सोवियत संघ का पक्ष बनना स्वीकार किया। सोवियत संघ के हस्तक्षेप के विरोध में संयुक्त

राष्ट्र सुरक्षा परिषद की बैठक हुई। उस समय ब्रजेश मिश्र संयुक्त राष्ट्र में भारत के स्थायी प्रतिनिधि थे। उन्होंने कहा–सोवियत संघ का हस्तक्षेप सही है। क्योंकि बाहरी शक्ति अफ़ग़ानिस्तान में गड़बड़ी फैलाने के लिए विध्वंसकारी शक्तियों को प्रशिक्षित कर रही है। वे पाकिस्तान और अमेरिका की ओर संकेत कर रहे थे। इन्दिरा गाँधी की सत्ता में हाल फिलहाल वापसी हुई थी और उनका मानना था कि भारत को साफ़ तौर पर सोवियत संघ के साथ खड़ा होना चाहिए। (शायद उनकी घरेलू राजनीति भी उन्हें वामपन्थी होने को कह रही थी।)'

ब्रजेश मिश्र ने कहा, 'हमें यह आश्वासन भी मिला है कि जब अफ़ग़ान सरकार कहेगी तो सोवियत सेनाएँ वापस चली जायेंगी। भारत सोवियत संघ जैसे मित्र देश के इस आश्वासन पर भरोसा कर सकता है। इस तरह खेमे साफ़तौर पर बन गये। एक ओर अमेरिका और पाकिस्तान थे तो दूसरी ओर भारत और सोवियत संघ। अमेरिका मुज़ाहिदीन (जो जिहाद करें) प्रशिक्षण में लाखों डॉलर ख़र्च कर रहा था। वह काबुल की कठपुतली कम्युनिस्ट सरकार के विरुद्ध अफ़ग़ानी प्रतिरोध को प्रोत्साहित कर रहा था, लेकिन अस्सी के दशक के अन्त तक सोवियत संघ ख़ुद ही संकट में फँस गया। वह अब बाहर के किसी भी युद्ध का सामना नहीं कर सकता था।'

सोवियत सेनाओं के कमांडर जनरल बोरिस वी ग्रोमोव 15 फ़रवरी 1989 को दिन के 11.55 मिनट पर तरमेज पहुँचे। वहाँ अफ़ग़ानिस्तान, सोवियत उज़्बेकिस्तान का बॉर्डर है और वहाँ फ्रैंडशिप ब्रिज भी है। ग्रोमोव ने उस पुल पर खड़े होकर ऐलान किया कि अब अफ़ग़ानिस्तान में एक भी सोवियत सैनिक नहीं है। उसके बाद आमू दरिया (अफ़ग़ानिस्तान की उत्तरी सीमा को बनाने वाली नदी) के दक्षिण में रूस ने कोई भी दखल नहीं दी।

भारत यहाँ भी भौचक रह गया। भारत सोच रहा था कि वह सोवियत संघ की वापसी और शान्ति प्रक्रिया में किसी प्रकार की भूमिका निभाएगा। पर उसे कोई भूमिका नहीं मिली। नज़ीबुल्लाह जो कि अफ़ग़ानिस्तान की खुफिया पुलिस के प्रमुख थे उन्हें सोवियत संघ राष्ट्रपति बना कर गया था। मुज़ाहिदीन संगठनों ने उनका तख़्तापलट कर दिया। फिर भी वे काबुल में संयुक्त राष्ट्र के दूतावास में रह रहे थे। 1996 में जब तालिबान सत्ता में आया तो उसने उन्हें दूतावास से खींचकर निकाला, पीटा, बधिया किया

और उन्हें जीप से खींच कर पूरे महल में घुमाया। बाद में ट्रैफ़िक के खम्भे से लटका कर फाँसी दे दी। भारत नज़ीबुल्लाह के परिवार को तो बचा कर ले आया था, लेकिन वह उन्हें नहीं बचा पाया। करीब 80,000 शरणार्थी भाग कर भारत आये और अफ़ग़ानिस्तान में अराजकता फैल गयी।

इस बीच दिल्ली में भी राजनीतिक अस्थिरता थी, लेकिन भारत अफ़ग़ानिस्तान और सोवियत संघ जैसे देशों के मुकाबले कई गुना ज़्यादा स्थिर था। भारत ने पाकिस्तान का मुक़ाबला करने के लिए वहाँ अपनी स्थिति ठीक करने की कोशिश की। प्रधानमन्त्री पी.वी. नरसिम्हा राव के जमाने में भारत ने कुछ मुज़ाहिदीन समूहों से सम्पर्क साधा। भारत सरकार वहाँ उन्हें मेडिकल मदद भेजने लगी, लेकिन वह पाकिस्तान के भीतर से चल रहे उस खेल को समझ नहीं पायी या उसकी काट नहीं ढूँढ़ पायी जो वह तालिबान की मदद के लिए चल रहा था। एक बार फिर भारत ने ग़लत घोड़े पर दाँव लगा दिया। 1996 में अफ़ग़ानिस्तान में तालिबान का नियन्त्रण आया और उसके बहाने फिर पाकिस्तान उस देश पर हावी हो गया। बल्कि कहा तो यह जाता है कि तालिबान के भेष में सारी लड़ाई तो पाकिस्तानी सेना ने लड़ी थी। तालिबान के आने के बाद वहाँ भारत का हस्तक्षेप फिर जीरो हो गया। भारत को कोई अफ़ग़ानी समूह चाहिए था जो वहाँ उभर रहा हो और भारत के हितों की रक्षा कर सके।

भारत ने अहमद शाह मसूद पर दाँव लगाया। वह पंजशीर का नेता था। उसे पंजशीर का शेर भी कहा जाता था। क्योंकि वह पंजशीर घाटी पर क़ब्ज़ा करने के नौ प्रयासों को विफल कर चुका था। सोवियत सेनाओं की वापसी और तालिबान के सत्ता में आने से पहले वह नज़ीबुल्लाह सरकार में रक्षामन्त्री था। वह काबुल की हिफ़ाज़त के लिए कई अफ़ग़ानी गुटों से लड़ा लेकिन 1996 में तालिबान से परास्त होने के बाद पंजशीर भाग गया। उसने तालिबान से लड़ने के लिए नॉर्दर्न अलायंस या यूनाइटेड फ्रंट फॉर सैलवेशन ऑफ अफ़ग़ानिस्तान बनाया। भारत सरकार चुपके–चुपके उसकी मदद करती रहती थी। इस तरह भारत सरकार ने नॉर्दर्न अलायंस से मैत्री कायम कर रखी थी।[12]

भारत ने ताज़िकिस्तान के फरखोर में एअरबेस बनाया था और वहाँ से वह नॉर्दर्न अलायंस की मदद करता था। भारत मदद के तौर पर फौजी यूनीफॉर्म, छोटे हथियार, मोर्टार शेल, गोला–बारूद, कश्मीर में पकड़ी गयी एके–47 राइफलें देता था। इनके अलावा जाड़ों के कपड़े और ख़ाने के

साथ दवाइयाँ भी भेजी जाती थीं। दुसाम्बे के रास्ते फरखोर को फंड भी जाता था। नॉर्दर्न अलायंस के पास छोटी सी वायु सेना भी थी। उसमें वही विमान थे जिन्हें सोवियत संघ वाले छोड़ गये थे वापसी के समय। भारत उनके हेलीकॉप्टरों और मिग विमानों का रखरखाव करता था। चूँकि भारत के पास सोवियत हथियारों का भण्डार पहले से है इसलिए उसके इंजीनियर इनके रखरखाव में निपुण हैं। फरखोर में नॉर्दर्न अलायंस के सैनिको की मदद के लिए भारत एक हस्पताल भी चलाता था। उसमें पाँच डॉक्टर थे और कई पैरामेडिकल स्टाफ। वहाँ स्थानीय लोगों के लिए ओपीडी भी चलता था।

इस बीच न्यूयॉर्क के वर्ल्ड ट्रेड टावर व पेंटागन पर 11 सितम्बर, 2001 को आतंकी हमला हो गया और पूरा माहौल ही बदल गया। अमेरिका ने अफ़ग़ानिस्तान पर हमला बोल दिया। अफ़ग़ानिस्तान में अमेरिका के आने के साथ भारत को फिर वहाँ हस्तक्षेप करने का मौक़ा मिल गया। 20 सालों तक अमेरिका और भारत वहाँ एक साझा लक्ष्य लेकर चले। हामिद करज़ई के नेतृत्व में वहाँ भारत का सिक्का जम गया। 2011 में अफ़ग़ानिस्तान ने भारत के साथ एक रणनीतिक साझेदारी समझौता किया जिसे उसने पाकिस्तान से करने से मना कर दिया था। भारत ने अफ़ग़ानी सेना के अफसरों को प्रशिक्षित किया। अफ़ग़ान नेशनल सिक्योरिटी फोर्स को मिग–25 और मिग 35 हेलीकॉप्टर और कई मिलिट्री गाड़ियां दीं। अमेरिका और नाटो ने जो सैन्य सुरक्षा का माहौल बनाया था उसमें भारत ने विकास का काम किया।

निश्चित तौर पर इस सवाल पर बहस चलेगी कि भारत ने अफ़ग़ानिस्तान के मामले में कभी सोवियत संघ तो कभी अमेरिका के साथ खड़े होकर सही किया या ग़लत। यह भी कहा जायेगा भारत ने अवसरवादी रवैया अपनाया और कभी रूस जैसी महाशक्ति के कन्धे पर सवार होकर वहाँ अपना हित साधा तो कभी अमेरिका के कन्धे पर बैठकर। जैसे ही वे हटे भारत वहाँ धड़ाम से गिर गया, लेकिन भारत की इस तरह की आलोचना में इस बात की उपेक्षा की जाती है कि अफ़ग़ानिस्तान एक अस्थिर क़िस्म का देश रहा है पिछले चालीस सालों से। वहाँ किसके साथ खड़े हों यह तय कर पाना हमेशा कठिन रहा है। अल्पकालिक हितों को देखा जाये या दीर्घकालिक? फिर कौन सा हित अल्पकालिक है और कौन–सा दीर्घकालिक यह तय कर पाना बहुत कठिन है।

भारत की अफ़ग़ान नीति में पाकिस्तान एक महत्त्वपूर्ण कारक रहा है। भारत ने हमेशा यह ध्यान रखकर अपनी विदेश–नीति तय की है कि वह पाकिस्तान से अलग हटकर दूसरे पाले में खड़ा हो। क्योंकि पाकिस्तान न सिर्फ़ अफ़ग़ानिस्तान में अपनी दोस्ताना सरकार देखना चाहता रहा है, बल्कि वह सऊदी अरब और अमेरिका के सहयोग से वहाँ इस्लामवादी विचार को भी फैलाता रहा है। इस दौरान तालिबान योद्धा ही नहीं अल–कायदा, आईएस और लश्करे–तैयबा, हरकत–उल–मुज़ाहिदीन जैसे आतंकी संगठनों का भी प्रशिक्षण केन्द्र पाकिस्तान रहा है। इसलिए पाकिस्तान की नीति सीधे भारत के हितों को चोट पहुँचाने वाली रही है और ऐसे में भारत कैसे उन समूहों का समर्थन करने को तैयार करने वाला हो सकता है जो सीधे भारत के विचार को नष्ट करते हैं। इस दौरान भारत ने कभी सोवियत संघ के साथ खड़े होकर तो कभी अमेरिका के साथ खड़े होकर अपने हित साधे और पाकिस्तान के प्रभाव को कम किया।

लेकिन इसी के साथ भारत को यह भी ध्यान रखना चाहिए कि 2021 का भारत 1980 का भारत नहीं है। अब उसे किसी महाशक्ति का पिछलग्गू बनकर अपनी विदेश–नीति और अफ़ग़ानिस्तान नीति नहीं चलानी चाहिए। वह स्वयं एक आर्थिक और सामरिक शक्ति है और उसे दुनिया की विभिन्न शक्तियों से विचारधारा से ज़्यादा व्यावहारिक हितों को ध्यान में रखकर संवाद करना चाहिए। तालिबान के मामले में भारत चूक सा गया लगता है। आखिर जब तालिबान से अमेरिका समझौता कर सकता है और यह कहते हुए कि वह अफ़ग़ानिस्तान इस्लामी अमीरात को मान्यता नहीं देता। ईरान, रूस और चीन तमाम आपत्तियों के बावजूद वार्ता का सिलसिला जारी रख सकते हैं तो भारत क्यों तालिबान के लिए अपने दरवाज़े बन्द रखकर इस इलाक़े में अपने हितों की रक्षा करना चाहता है। यह सही है कि तमाम अन्तर्राष्ट्रीय प्रलोभनों और उकसावे के बावजूद भारत फूँक–फूँककर कदम रखता है। उदाहरण के लिए अमेरिका में रहने वाले भारतीय लॉबी के तमाम लोग अक्सर यह शिगूफा छोड़ते रहे कि भारत को अफ़ग़ानिस्तान में सेना भेजनी चाहिए, लेकिन भारत ने हमेशा ऐसे किसी कदम से मना किया। एक तरफ बड़ी मुस्लिम आबादी वाला देश होने के नाते वह नहीं चाहता कि देश में किसी प्रकार का ध्रुवीकरण हो। दूसरे इतिहास के पाठ यही कहते हैं कि अफ़ग़ानिस्तान में

घुसपैठ करने वाले देश को देर सबेर वापस लौटना पड़ा है और कई को तो मुँह की ख़ानी पड़ी है। ब्रिटिश साम्राज्य ने तीन बार अफ़ग़ानिस्तान को विजय करने की सोची, लेकिन सफल नहीं हुआ। सोवियत संघ और अमेरिका की विफलता भी सामने है।

अमेरिकी रक्षा मन्त्री जेम्स मैटिस और भारत की रक्षामन्त्री निर्मला सीतारमन ने जब 26 सितम्बर, 2017 को साझा प्रेस कांफ्रेंस की तो सीतारमन ने साफ़ कहा कि भारत की सेना अफ़ग़ानिस्तान की धरती पर नहीं जायेगी। हम किसी जंग में घायल देश को आर्थिक और मानवीय तरीके से मदद देना चाहते हैं न कि सेना भेज कर। हालाँकि इसी के साथ वे यह भी कहना नहीं भूलीं कि आतंकवाद से भारत की लड़ाई चलती रहेगी। उन्होंने जेम्स मैटिस को याद दिलाया कि जिन ताक़तों ने न्यूयॉर्क और मुम्बई मे हमला किया उन्हें पाकिस्तान में पनाह मिलती है। हालाँकि अमेरिकी रक्षामन्त्री भारत के बाद सीधे काबुल गये और वहाँ नाटो सेनाओं के चीफ और अफ़ग़ानिस्तान के राष्ट्रपति अशरफ गनी से भेंट की।

अफ़ग़ानिस्तान में सेना न भेजने के भारत के फैसले को कई रक्षा और विदेश–नीति के विशेषज्ञ सही बताते हैं। जेएनयू में निरस्त्रीकरण अध्ययन के प्रोफ़ेसर हैपीमान जैकब ने कहा, ''अफ़ग़ानिस्तान में विदेशी फौजें तैनात करने के भयानक परिणाम रहे हैं। यह ऐतिहासिक तथ्य है और भारत इसे अच्छी तरह से समझता है। अगर चीज़ें बिगड़ती हैं तो भारत की वह साख भी ख़त्म हो जायेगी जो अफ़ग़ानी जनता के बीच बनी हुई है। दुनिया की नज़र में भारत सरकार की छवि अच्छी है।''

अन्तर्राष्ट्रीय राजनीति के विशेषज्ञ राजेश राजगोपालन कहते है, ''भारतीय फौज अफ़ग़ानिस्तान की किसी तरह की मदद नहीं कर पायेगी। इससे देश ऐसे हस्तक्षेप में फँस जायेगा जिसमें विजय तो होगी नहीं और जो महंगा भी होगा। इससे भारत की छवि भी ख़राब होगी। अफ़ग़ानिस्तान में फौजें न भेजने का फ़ैसला इस बात से ज़्यादा नहीं जुड़ा है कि इस पर पाकिस्तान क्या प्रतिक्रिया करेगा, बल्कि वह इस बात से ज़्यादा जुड़ा है कि जब भारत की फौज जायेगी तो पाकिस्तान समर्थित हक्कानी समूह भारतीय सैनिकों को ज़्यादा प्रतिशोध में निशाना बनायेगा।'[13]

लेकिन भारत ने तालिबान से वार्ता न करके या सम्पर्क न साध कर ठीक किया है ग़लत? देखा जाये तो तालिबान सरकार की संरचना पाकिस्तान के अनुकूल ज़्यादा है। उसमें आतंकवादियों का प्रतिनिधित्व है।

वहाँ आतंकी संगठनों की पनाहगाह बनने की गुंजाइश है। वे कश्मीर में आतंकियों और अलगाववादियों के पक्ष में बोल रहे हैं। इंडियन एयरलाइंस के विमान आईसी 814 का अपहरण कर उसे कन्धार ले जाना और वहाँ छुड़ाने पहुँचे भारतीय अधिकारियों के अपमान का काँटा दिल में आज भी टीस पैदा करता है। ऐसे में भारत कैसे तालिबान से वार्ता करे? क्या उसका कोई औचित्य बनता है?

अफ़ग़ानिस्तान में भारत के पूर्व राजदूत, विदेश मन्त्रालय में सचिव और 1999 में विमान अपहर्ताओं से वार्ता करने वालों में प्रमुख भूमिका निभाने वाले राजनयिक विवेक काटजू का पक्ष एकदम अलग है। उन्होंने वरिष्ठ पत्रकार करण थापर से 'द वायर' के लिए 11 अगस्त 2021 को यानी काबुल पर तालिबान के क़ब्ज़ा करने से चार दिन पहले जो बात की वह व्यावहारिक आकलन पर आधारित लगती है। काटजू कहते हैं, ''भारत ने अपनी स्थिति ख़ुद ही ख़राब कर ली। हमारे बुद्धिमान लोग जो नीतियाँ बना रहे हैं वह हमारी समझ से परे हैं। हमारी अफ़ग़ान विदेश–नीति में फुर्तीलापन और निपुणता होनी चाहिए। हमें तालिबान समेत सभी पक्षों से बात करनी चाहिए। हमारी रणनीति को लकवा मार गया है। भारत अफ़ग़ानिस्तान के मामले में तमाशबीन हो गया है। तालिबान से बात न करना नुक़सानदेह हो सकता है। अफ़ग़ानिस्तान के मामले में जो रुख अपनाया गया वह हमें ठीक नहीं लगा।''

काटजू का कहना है कि ''भारत को तालिबान से औपचारिक रूप से खुलकर वार्ता करनी चाहिए। मेरी यह सोच 2018 से ही है। तभी जब से अमेरिका ने दोहा में वार्ता शुरू की, लेकिन तब चुस्ती नहीं दिखायी गयी। फ़रवरी 2020 में जब दोहा समझौते पर हस्ताक्षर हुए तो तब तो बात करना अनिवार्य हो गया था। मैं पहल न किये जाने और सक्रियता न दिखने के कारण परेशान रहा। भारत के इनकार के कारण उसे दोहा बैठक में नहीं बुलाया गया। अफ़ग़ानिस्तान में रूस के विशेष दूत जमीर काबुलोव ने कहा कि भारत को इसलिए नहीं बुलाया गया क्योंकि यह बैठक उन देशों तक सीमित है जो दोनों देशों पर प्रभाव रखते हैं। यानी तालिबान से हमारी बात न करने के उल्टे परिणाम हो रहे हैं।''[14]

''भारत ही वह देश है जिसने तालिबान से बात करने से खुलकर मना कर दिया है। रूस और ईरान जिनके साथ भारत अपनी अफ़ग़ानिस्तान नीति पर तालमेल चाहता है उन्होंने तो तालिबान से

पहले ही रिश्ता जोड़ लिया है। एक साल पहले दोहा वार्ता के मुख्य सूत्रधार अमेरिका के विशेष दूत जाल्मय खलीलजाद ने भारत से कहा था कि वह वार्ता में शामिल हो, लेकिन उस पर गौर नहीं किया गया। (जहाँ तक कन्धार अपहरण काण्ड के अपमान की टीस का सवाल है तो) बड़ी ताक़तें ऐसे अनुभवों को भूल जाती हैं। भावनाओं को बाधक नहीं बनने देना चाहिए क्योंकि हमारे हित तालिबान से बात करने में हैं।''

''सन् 1988 में जब सोवियत सेनाएँ वापस हो रही थीं तो तत्कालीन प्रधानमन्त्री राजीव गाँधी को मुज़ाहिदीन समूह से बात करने में झिझक नहीं लगी थी। राजीव गाँधी ने राजनीति की व्यावहारिक ज़रूरत को समझा था।'' काटजू का मानना है कि भारत ने या तो करज़ई पर आँख मूँद कर यक़ीन किया या फिर अशरफ गनी पर। यह ग़लत था। गनी के चुनाव की घोषणा चुनाव आयोग ने नहीं की थी, लेकिन भारत ने उन्हें बधाई दे डाली, लेकिन उनका मानना है कि अफ़ग़ानिस्तान में कोई भी सरकार हो वह भारत से सम्बन्ध रखना चाहेगी।

काटजू के सुझाव का समर्थन एक अन्य राजनयिक एम.के. भद्रकुमार भी करते हैं। वे कहते हैं, ''भारतीय नीतियाँ भ्रम की शिकार हैं। हमेशा अमेरिका के पाले में ही खड़े होने का कोई मतलब नहीं है। भारतीय राजनयिक को पड़ोसी देशों से तालमेल बिठाना चाहिए यहाँ तक कि चीन से भी क्योंकि आतंकवाद के मुद्दे पर चीन स्वाभाविक मित्र हो सकता है। रिक (RIC) के मंच को जीवन्त बनाना एक व्यावहारिक कदम हो सकता है। विडम्बना यह है कि अफ़ग़ानिस्तान के मामले पर भारत एकदम बैठ गया है। इससे पाकिस्तान की सुविधा बढ़ेगी। कहने का तात्पर्य यह है कि भारत के असली हितों की रक्षा की जानी चाहिए। इसलिए तालिबान से बातचीत की आरम्भिक स्थिति को आगे बढ़ाना चाहिए। वाणी और कर्म में अफ़ग़ानी संवेदनाओं का ध्यान रखना चाहिए। तालिबान का भूत खड़ा करने के नुक़सान हो सकते हैं। भारत को जातीय राष्ट्रवाद की शक्ति को पहचानना चाहिए।''[15]

## राजा महेन्द्र प्रताप सिंह, महात्मा गाँधी और ख़ान अब्दुल गफ़्फ़ार ख़ान

भारत और अफ़ग़ानिस्तान का रिश्ता बहुत पुराना है। एक रिश्ता तो आक्रमणकारियों और सम्राटों से शुरू होता है और वह हार जीत, हिंसा और लूटपाट के माध्यम से चलता है। वह रिश्ता मध्य एशिया से आने

वाले तमाम आक्रमणकारियों के माध्यम से बनता है। उसमें बौद्ध होने से पहले अशोक की विस्तारवादी युद्ध नीति को भी शामिल किया जा सकता है। उसके बाद शक और हूण भी आये जिन्होंने उस इलाक़े को छूते हुए भारत में अपना राज कायम किया। अफ़ग़ानिस्तान को मिलाकर एक विशाल साम्राज्य कायम करने वालों में भारत में मुगल साम्राज्य के संस्थापक जहीरुद्दीन मुहम्मद उर्फ़ बाबर का नाम भी उल्लेखनीय है, जिसने 1504 में काबुल को जीतकर उसे भारतीय साम्राज्य का हिस्सा बना लिया था। वह उसे भारत का बाज़ार कहता था, लेकिन उसके वंशज लम्बे समय तक अफ़ग़ानिस्तान को काबू में रख नहीं पाये। वे रिश्वत देकर अफ़ग़ानिस्तान को कभी कभी अपने वश में कर लेते थे। इस बीच महाराजा रणजीत सिंह का शासन भी आया और लाहौर को राजधानी बनाकर शासन करने वाले इस सिक्ख राजा ने अंग्रेज़ और अफ़ग़ानियों को काबू में रखा। उनके पंजाब राज्य के चार सूबे थे–पेशावर, कश्मीर, लाहौर और मुल्तान। अंग्रेज़ों ने ईस्ट इंडिया कम्पनी के माध्यम से भारत पर अपना शासन कायम करने के बाद तीन अफ़ग़ान युद्ध लड़े और तीनों में तात्कालिक जीत के बावजूद उन्हें छोड़कर भागना पड़ा। पहला युद्ध 1838–1842, दूसरा युद्ध 1878–80 और तीसरा युद्ध 1919 में लड़ा गया, लेकिन इन युद्धों में अंग्रेज़ों को काफ़ी जनधन की हानि हुई।

लेकिन युद्ध से कायम होने वाले इन रिश्तों के अलावा एक रिश्ता सत्य, अहिंसा और प्रेम का भी था। वह रिश्ता सबसे पहले तब कायम हुआ जब वहाँ बौद्ध धर्म पहुँचा। अफ़ग़ानिस्तान के बामियान प्रान्त में खड़ी बुद्ध की विशाल मूर्तियाँ उसका प्रमाण प्रस्तुत करती थीं। तालिबान ने उन्हीं मूर्तियों को तोड़कर अपनी हिंसक उपस्थिति दर्ज कराई जिससे दुनिया दहल गयी, लेकिन बुद्ध के समय में कायम हुए उस रिश्ते को एक बार महात्मा गाँधी ने ऊँचाई पर पहुँचाया जब उन्होंने अफ़ग़ानिस्तान से सटे नार्थ वेस्ट फ्रंटियर प्रान्त के पश्तून (फखतून) कबीले के एक परिवार को अहिंसा का पाठ पढ़ाया। महात्मा गाँधी और ख़ान अब्दुल गफ्फार ख़ान ने मिल कर जिस प्रकार से अंग्रेज़ों के विरुद्ध अहिंसक तरीके से आज़ादी की लड़ाई लड़ी वह आज के तालिबान और मुज़ाहिदीन सिपहसालारों के लिए एक सीख हो सकती थी, लेकिन उससे पहले अंग्रेज़ों ने मुस्लिम लीग को एक हिंसक संगठन के रूप में विकसित करके उस सम्भावना को ख़त्म कर दिया था।

गाँधी जी के नार्थ वेस्ट फ्रंटियर प्रान्त पर प्रभाव कायम होने से पहले अफ़ग़ानिस्तान से एक और रिश्ता कायम किया था राजा महेन्द्र प्रताप सिंह ने जिन्होंने वहाँ 1 दिसम्बर, 1915 आज़ाद हिन्द (महाराष्ट्र) सरकार की स्थापना की। राजा महेन्द्र प्रताप सिंह जिन्हें आज़ादी के अमृत महोत्सव में झाड़–पोंछकर निकाला गया है और चुनावी राजनीति के लिए जातिवादी तरीके से इस्तेमाल किया जा रहा है वे अपने आप में संकीर्णता के सारे दायरे को तोड़ने वाले स्वतन्त्रता स्वाभिमान और इन्सानी भाईचारे की मिसाल थे। राजाजी का जन्म मुरसान रियासत में 1 दिसम्बर, 1886 को हुआ था, लेकिन उनको हाथरस रियासत के राजा हरिनारायण सिंह ने गोद ले लिया। उनका बचपन का नाम खड़क सिंह था, लेकिन आगे चल कर वे राजा महेंद्र प्रताप सिंह उर्फ राजाजी के नाम से विख्यात हुए।

राजाजी आज़ादी के दीवाने थे और पूरी दुनिया में घूम–घूम कर भारत की आज़ादी के लिए समर्थन जुटा रहे थे। प्रथम विश्वयुद्ध के दौरान राजाजी उन राष्ट्रों और समूहों और व्यक्तियों को ढूँढ़ रहे थे जो अंग्रेज़ों के शत्रु थे और उनसे लड़ रहे थे। वे उनसे सहायता पाना चाहते थे ताकि भारत की आज़ादी की लड़ाई जीत सकें। इसी फिराक में वे जर्मनी गये और वहाँ के सम्राट कैसर से सैनिक सहायता का भरोसा पाकर अफ़ग़ानिस्तान की ओर चल दिये। यह यात्रा काफ़ी जोखिम भरी थी। यात्रा को सुरक्षित बनाने के लिए तीन दल बनाये गये। एक दल ईरान की एक सराय में रुका जहाँ रूसी सैनिकों ने हमला कर दिया जिसमें उनका एक साथी हैदर ख़ान मारा गया। राजा जी बचते बचाते अफ़ग़ानिस्तान की सीमा में घुस ही गये। विभिन्न संकटों को पार करके राजाजी का दल अफ़ग़ानिस्तान के हेरात प्रान्त में पहुँचा तो वहाँ उनका शाही स्वागत हुआ। उनके स्वागत में एक सुन्दर बगीचे में शाही दावत का आयोजन किया गया। हेरात प्रान्त के बूढ़े गवर्नर ने उस दल के लिए तेल साबुन ही नहीं इत्र और सुन्दर कपड़ों का भी बन्दोबस्त किया। यात्रा में उनके कपड़े फट गये थे तो नाप लेकर सिलवाए गये। उनके लिए विशेष स्वादिष्ट भोजन का भी बन्दोबस्त किया गया। इस स्वागत से गदगद होकर राजाजी ने जो लिखा उसे आज के सन्दर्भ में हूबहू उद्धृत किया जा सकता है। "अफ़ग़ानों, पाकिस्तानियों और हिन्दुस्तानियों के लिए वर्तमान में इससे बढ़िया क्या कोई और उदाहरण हो सकता है?

क्या इन राष्ट्रों की सरकारें इन प्रमाणों को प्रसारित कर कौमी एकता का मार्ग सृजित करेंगी? एक बार साहस करके तो देखें।"[16]

आज़ादी की राह में ठहरने और विश्राम करने का समय नहीं होता। इसलिए हेरात से चलकर यह दल 2 अक्टूबर, 1915 को काबुल पहुँच गया। अफ़ग़ान के अमीर ने इस दल का राजसी स्वागत किया। काबुल के राजमार्ग पर उनके स्वागत में शाही बैण्ड बजाया गया। उन्हें उसी ऐतिहासिक विश्राम गृह में ठहराया गया जहाँ हिन्दुस्तान के पहले मुगल बादशाह को दफनाया गया था। यानी वे बागे बाबर में ठहरे। अमीर हबीबुल्लाह ने उन्हें फागमन महल में वार्ता के लिए आमन्त्रित किया और दुभाषिये के तौर पर उनके साथ मौलाना बरकतुल्लाह थे। वहाँ हिन्दुस्तान की आज़ादी के विभिन्न पहलुओं पर तीन घण्टे तक चर्चा हुई। राजा जी ने काबुल की जेल में बन्द उन हिन्दुस्तानी क़ैदियों को रिहा करने का अनुरोध किया जो क्रान्ति करने निकल पड़े थे।[17]

अफ़ग़ानिस्तान के अमीर का यक़ीन हासिल करके राजा जी ने 1 दिसम्बर, 1915 को आज़ाद हिन्द (महाराष्ट्र), सरकार की स्थापना की। उसी दिन राजा जी का जन्मदिन भी था। कुछ ख़ास लोगों को जन्मदिन के बहाने बुलाया गया और वहाँ इस सरकार की स्थापना की गयी। उसमें जर्मन, तुर्क और हिन्दुस्तानी लोग मिलाकर कुल नौ से दस लोग थे। राजा जी ने वहाँ इस गुप्त रहस्य को प्रकट करते हुए कहा "कोई व्यक्ति या उसका जन्मदिन मेरे विचार से महत्त्वपूर्ण नहीं होता है। जीवन किसी नदी की धारा प्रवाह के समान है। पता नहीं आगे क्या हो? मैं आज आपके समक्ष हिन्दुस्तान की कार्यवाहक प्रथम आज़ाद हिंद सरकार स्थापित करने जा रहा हूँ। वैसे यह कार्य राष्ट्रीय कांग्रेस द्वारा होना चाहिए था। आज की स्थिति में यह सम्भव नहीं है। जब तक ऐसा नहीं हो जाता तब तक यह सरकार अस्थायी रूप से देश की आज़ादी का काम करेगी।"[18]

इस सरकार के काम के लिए अफ़ग़ानिस्तान सरकार से उन्हें बहुत सहयोग मिला। राजा जी की शहजादा इनायतुल्ला और शहजादा अमानुल्ला ख़ान से दोस्ती हो गयी और वे भी हिन्दुस्तान की आज़ादी के काम में मदद करने लगे। उस सरकार के राष्ट्रपति थे राजा महेन्द्र प्रताप सिंह। प्रधानमन्त्री थे–मौलाना बरकतुल्लाह ख़ान, गृहमन्त्री मौ. ओबैदुल्लाह सिंधी, विदेश मन्त्री चम्पक रमन पिल्लै, युद्ध मन्त्री मौ. बशीर अहमद, संचार मन्त्री मिस्टर अली जकारिया थे।

अफ़ग़ानिस्तान सरकार ने महाराष्ट्र सरकार यानी आज़ाद हिन्द सरकार को खुलकर काम करने का मौक़ा दिया। वे अन्तर्राष्ट्रीय स्तर पर सक्रिय हो गये। सन् 1917 में रूस की बोल्शेविक क्रान्ति हुई और उससे भी इस तरह के कामों को बल मिला। मार्च 1919 में अमीर अमानुल्लाह अफ़ग़ानिस्तान के बादशाह बने और उन्होंने अंग्रेज़ों को ख़िलाफ़ मोर्चा खोल दिया। इसी साल अंग्रेज़ों ने अफ़ग़ानिस्तान पर हमला बोल दिया। इसे तीसरे अफ़ग़ान युद्ध के नाम से जाना जाता है। इस बीच देश में जलियाँवाला बाग नरसंहार की घटना हो गयी थी जिस पर महात्मा गाँधी ने कड़ा रुख अपनाया था। इन स्थितियों से उत्साहित होकर आज़ाद हिन्द सरकार के अधिकारियों को लगा कि भारत में क्रान्ति की स्थितियाँ बन गयी हैं। महाराष्ट्र सरकार ने ऐलान किया कि 9 मई 1919 को भारत में अंग्रेज़ों के विरुद्ध सशस्त्र क्रान्ति की जाये, लेकिन इस बीच अमानुल्लाह ने अंग्रेज़ों से युद्ध की घोषणा कर दी। इस अफ़ग़ान युद्ध में आज़ाद हिन्द सरकार के सिपाही लड़े और मारे गये। नौ मई की क्रान्ति तो विफल हो गयी लेकिन अमानुल्लाह जीत गये। उधर क्रान्ति की तैयारी में लगे आज़ाद हिन्द सरकार के कई क्रान्तिकारी पकड़ लिए गये। वे पेशावर रावलपिण्डी, कोहार और खैबर दर्रे से क्रान्ति शुरू करना चाहते थे, लेकिन सूचना लीक हो जाने से सब गिरफ्तार कर लिए गये।

इधर अमीर अमानुल्लाह ने जीत कर भी अंग्रेज़ों से सन्धि कर ली। इसे रावलपिण्डी सन्धि के नाम से जाना जाता है। इस संधि के बाद अफ़ग़ानिस्तान में आज़ाद हिन्द सरकार चला पाना सम्भव नहीं था। राजाजी और प्रधानमन्त्री बरकतुल्लाह ख़ान विदेश में थे। ऐसे में सन् 1920 में अमानुल्लाह के अनुरोध पर गृहमन्त्री मौ. ओबैदुल्लाह ने आज़ाद हिन्द सरकार भंग कर दी।

इन विफलताओं के बावजूद भारत की आज़ादी की लड़ाई में अफ़ग़ानिस्तान का यह योगदान कैसे भुलाया जा सकता है। न ही वह मेहमानवाजी भुलाई जा सकती है जो आज़ाद हिंद सरकार के पहले राष्ट्रपति राजा महेन्द्र प्रताप सिंह के लिए वहाँ के शासकों ने मुहैया करायी थी। अफ़ग़ानिस्तान और भारत की यह साझा विरासत है जिसे आज अजूबा भले कहा जा सकता है, लेकिन उसके एक तथ्य होने से इनकार नही किया जा सकता। उपनिवेशवाद और साम्राज्यवाद के विरुद्ध दोनों देशों के बीच बहुत कुछ साझा है जिसे समझने और नये सिरे से

परिभाषित करने की ज़रूरत है। वह साझी विरासत आगे की वार्ताओं और सम्बन्धों के निर्माण में काम आयेगी।

इसी साझी विरासत और जिहाद के हिंसक रूप के विरुद्ध खड़े होने वाले एक पश्तून नेता ख़ान अब्दुल गफ़्फ़ार ख़ान हुए हैं। उन्होंने 1929 में खुदाई खिदमगार यानी अल्लाह के सेवक नामक संगठन बनाया और उसे पूरी तरह अहिंसा की घुट्टी पिला दी। सन् 1939 में जब महात्मा गाँधी सीमान्त प्रान्त के दौरे पर गये तो बादशाह ख़ान यानी ख़ान अब्दुल गफ़्फ़ार ख़ान ने गाँधी जी से कहा, "महात्मा जी हमारे सूबे में पठानों में हिंसा की जेहनियत किसी भी चीज़ से ज़्यादा ख़राब है। हिंसा ने हमारी मज़बूत एकता को तहस नहस कर डाला है। दूसरे सूबों में चाहे जो हो, लेकिन हमारे सीमान्त प्रान्त के बारे में मेरा पक्का यक़ीन हो गया है कि अहिंसक आन्दोलन खुदा द्वारा हमें दिया गया सबसे बड़ा तोहफा है। हमारी कौम को आगे बढ़ने के लिए अहिंसा के अलावा कोई और रास्ता नहीं है। हमने अब तक जो बहुत मामूली तौर पर अहिंसा के उसूल पर चलने की कोशिश की है उसके कारण जो करिश्माई बदलाव आया है उसके तजुर्बे की बिना पर मैं यह कह रहा हूँ।"

लेकिन गाँधी जी ने अहिंसा का श्रेय खुद लेने की बजाय उसे बादशाह ख़ान को देना उचित समझा। गाँधी जी ने कहा, "मुझे अहिंसा का पैरोकार कहा जाता है। परन्तु बादशाह ख़ान ने जो कर दिखाया है वह अजूबा है। मेरा अहिंसक होना बड़ी बात नहीं। मेरे पास तो लाठी डंडा भी नहीं, परन्तु बादशाह ख़ान के पठानों के हाथ में हमेशा बन्दूक का ट्रिगर रहता है। इसके बावजूद वे अहिंसक बने हुए हैं। बादशाह मुझसे बड़ा अहिंसक है।" बादशाह ख़ान ने न सिर्फ़ अहिंसा को अपनाया, बल्कि समाज सुधार भी किये। उन्होंने न पढ़ने लिखने वाले पठानों के लिए स्कूल खोले। विरोध हुआ तो गाँव–गाँव घूमे और लोगों को समझाया कि तालीम कितनी ज़रूरी है।

बादशाह ख़ान और उनके खुदाई खिदमतगारों ने नमक सत्याग्रह के दौरान अद्भुत अहिंसक शक्ति का प्रदर्शन किया। उसके आगे अंग्रेज़ सरकार की क्रूर और हिंसक शक्ति नग्न होकर खड़ी हो गयी, लेकिन वे झुके नहीं। गाँधी जी ने 1930 में शराब की दुकानों के बाहर धरना देने का कार्यक्रम किया। 23 अप्रैल को पेशावर में जब कार्यक्रम शुरू हुआ तो बहुत लोगों को गिरफ्तार कर लिया गया, लेकिन खुदाई खिदमतगारों के

जत्थे चले ही आ रहे थे। डिप्टी कमिश्नर ने दमन के लिए फौज बुला ली। गोली चलाने का हुक्म हुआ, लेकिन हवलदार मेजर चन्द्र सिंह गढ़वाली ने गोली चलाने से इनकार कर दिया। उनका कहना था कि वे लोग अहिंसक हैं, निहत्थे हैं। फिर अंग्रेज़ फौज आयी और उसने गोलियों से सैकड़ों लोगों को भून दिया। पेशावर शहर में कर्फ्यू लगा दिया।

वही बादशाह ख़ान जब 1969 में गाँधी की जन्म शताब्दी पर भारत आये तो संसद के दोनों सदनों के संयुक्त अधिवेशन को सम्बोधित किया। उन्होंने बड़ी वेदना के साथ कहा कि आप लोग गाँधी को भूल गये हैं जिस तरह बुद्ध को भूल गये थे।

20 जनवरी 1988 को बादशाह ख़ान का इंतकाल हुआ। पाकिस्तान सरकार की ओर से उनके निधन पर कोई शोक प्रकट नहीं किया गया, लेकिन अफ़ग़ानिस्तान सरकार ने चार दिन के शोक की घोषणा की। भारत ने पाँच दिन का शोक घोषित किया। तत्कालीन प्रधानमन्त्री राजीव गाँधी ने पेशावर जाकर उन्हें श्रद्धाँजलि दी। बादशाह ख़ान की अन्तिम इच्छा थी कि उनके शव को पेशावर से जलालाबाद ले जाकर दफनाया जाये। उस वक़्त तक सोवियत अफ़ग़ान युद्ध समाप्त नहीं हुआ था, लेकिन बादशाह ख़ान के सम्मान में सोवियत और अफ़ग़ान मुज़ाहिदीन ने भी एक दिन का युद्ध विराम रखा। उनका जनाज़ा दो सौ किलोमीटर की यात्रा तय करके पेशावर से जलालाबाद पहुँचा। सारे रास्ते उन्हें श्रद्धाँजलि यानी ख़िराजे अक़ीदत पेश की गयी।

बादशाह ख़ान पठान यानी पश्तून थे। वही पश्तून आज तालिबान हो गये हैं। वे अहिंसा का सन्देश भूल कर हिंसा पर उतारू हो गये हैं। वे बच्चों की शिक्षा को भुलाकर उन्हें हथियार थमा चुके हैं और लड़कियों को घरों में कैद कर रहे हैं। बादशाह ख़ान ने कभी पाकिस्तान और अफ़ग़ानिस्तान के पश्तून इलाक़े को मिलाकर पश्तूनिस्तान बनाने की माँग की थी। उनकी माँग से भड़क कर पाकिस्तान सरकार ने उन्हें जेल में डाल दिया था। वे नज़रबन्द थे घर में और उनकी मौत वहीं हुई। जिस पेशावर शहर में उन्होंने अहिंसा की मिसाल कायम की और जहाँ उनके तमाम आन्दोलन खड़े हुए उसी पेशावर शहर में अल–कायदा का गठन हुआ। वहाँ तमाम आतंकियों और जेहादियों को प्रशिक्षित किया जाता है। बादशाह ख़ान पाँचों वक़्त के नमाज़ी थे, लेकिन वे जिहाद का सही और अहिंसक अर्थ समझते थे। वे एक आध्यात्मिक व्यक्ति थे और वे जिहादे

अकबर करते थे। यानी अपने भीतर के शत्रु से लड़ते थे। दिल्ली, पेशावर, भारत अफ़ग़ानिस्तान, भारत पाकिस्तान का और गाँधी और ख़ान अब्दुल गफ्फार ख़ान का यह रिश्ता आज के दौर में गढ़ी हुई कहानी जैसा लगता है, लेकिन यह हमारे उपमहाद्वीप का इतिहास है। यह हमारे समाज का इतिहास है। यह इन्सान के भीतर मौजूद अहिंसा की ताक़त है जो हिंसा को हरा सकती है। क्या यह उपमहाद्वीप (निम्न स्तरीय) जिहाद से अहिंसा और सत्याग्रह की ओर लौटेगा?

# तालिबान और ऐतिहासिक घटनाक्रम

- अप्रैल 1992 में मुज़ाहिदीनों ने अफ़ग़ानिस्तान जीत लिया। जब उन्होंने काबुल पर क़ब्ज़ा किया तो सोवियत संघ के समर्थन से राष्ट्रपति बने नज़ीबुल्लाह ने संयुक्त राष्ट्र के दफ़्तर में पनाह ली। बाद में जब 1996 में तालिबानी आये तो उन्होंने उन्हें वहाँ से निकाल कर मारा।
- 1993 में राष्ट्रपति रब्बानी और गुलबुद्दीन हिक्मतयार की फ़ौजों के बीच घनघोर लड़ाई हुई। हिक्मतयार काबुल पर क़ब्ज़ा करना चाहता था। उसे पाकिस्तान का समर्थन था। इस लड़ाई में 10,000 नागरिक मारे गये।
- जनवरी 1994 में मुज़ाहिदीन गुटों की लड़ाई में काबुल तबाह हो गया। रब्बानी को हराने के लिए जनरल रशीद दोस्तम और हिक्मतयार ने काबुल पर हमला किया। फ़रवरी में घनघोर लड़ाई के चलते पाकिस्तानी दूतावास तोड़ दिया गया। संयुक्त राष्ट्र ने महमूद मिस्त्री को विशेष मिशन पर अफ़ग़ानिस्तान भेजा।
- इसी दौरान कन्धार की एक मस्जिद में तक़रीबन 40 लोग जुटे और तालिबान का गठन हुआ।
- अक्टूबर में पाकिस्तान में तैनात छह पश्चिमी देशों के राजदूत पाकिस्तान के गृह मन्त्री नसीरुल्लाह बाबर के साथ ताज़िक नेता इस्माइल ख़ान से मिलने अफ़ग़ानिस्तान के पश्चिमी प्रान्त हेरात गये।
- पाकिस्तान की प्रधानमन्त्री बेनज़ीर भुट्टो ने 28 अक्टूबर को तुर्कमेनिस्तान की राजधानी अश्खाबाद में इस्माइल ख़ान और जनरल रशीद दोस्तम से भेंट की।
- नवम्बर के महीने में मध्य एशिया जा रहे पाकिस्तान के 30 ट्रकों को कन्धार के पास मुज़ाहिदीन सरदारों ने रोक लिया। वहाँ ज़बरदस्त लड़ाई हुई और 20 लोग मारे गये ट्रक छुड़ा लिए गये।

इसी के साथ तालिबान की विजय यात्रा शुरू हो गयी। क्योंकि यह काम तालिबान के लड़ाकों ने किया था।

- यह लड़ाई चार दिन तक चली और इसमें 50 लोग मारे गये और इसी के साथ कन्धार पर तालिबान का क़ब्ज़ा हो गया।
- नवम्बर के आख़िर में तालिबान ने लश्करगढ़ और हेलमंड नामक दो दक्षिणी प्रान्तों पर क़ब्ज़ा कर लिया।
- इसके बाद तालिबान ने संगठन निर्माण और युद्ध का अभियान तेज़ कर दिया। जनवरी 1995 में पाकिस्तान के पेशावर से तालिबान के 3000 योद्धा अफ़ग़ानिस्तान के लिए रवाना हुए।
- फ़रवरी 1995 में तालिबान ने अफ़ग़ानिस्तान के 30 में से 9 प्रान्तों पर क़ब्ज़ा कर लिया। राष्ट्रपति रब्बानी ने तालिबान से बात करने के लिए प्रतिनिधि भेजे, लेकिन तालिबान की शर्तें कठिन थीं। उसका कहना था कि सिर्फ़ अच्छे मुसलमान ही 30 प्रान्तों की सरकारों का हिस्सा बनेंगे।
- मार्च में जब तालिबान निमरोज, फरह को क़ब्ज़ा करने के बाद हेरात की ओर बढ़ रहा था तो उसने काबुल पर भी मोर्चा खोल दिया। इसी दौरान मसूद ने काबुल के पास तालिबान पर हमला किया और नतीजतन तालिबान को पीछे हटना पड़ा।
- 11 मार्च को तालिबान के लड़ाकू हाजरा (शिया) समुदाय के नेता अब्दुल अली मज़ारी को पकड़कर कन्धार ले जा रहे थे कि हेलिकॉप्टर हादसे में उसकी मौत हो गयी। हालाँकि इस बारे में तालिबान पर मज़ारी की हत्या का भी आरोप है।
- मार्च से अगस्त तक फरह और हेरात प्रान्तों को क़ब्ज़ा करने के लिए तालिबान ने कठिन लड़ाई लड़ी। कभी वह फरह पर क़ब्ज़ा करता था तो कभी पीछे धकेल दिया जाता था। कभी वह हेरात के शहर शिन्दंद पर क़ब्ज़ा करता था तो कभी छोड़ना पड़ता था।
- इस बीच सऊदी अरब के खुफ़िया विभाग के प्रतिनिधि और तुर्की के शहज़ादा काबुल और कन्धार का दौरा करते रहे।
- तालिबान ने हेरात और फरह की लड़ाई के साथ काबुल पर क़ब्ज़ा करने की लड़ाई भी जारी रखी। सितम्बर के पहले हफ़्ते में तालिबान ने हेरात पर क़ब्ज़ा कर लिया और इस्माइल ख़ान ईरान भाग गया। ईरानियों ने तालिबान को बॉर्डर न पार करने की चेतावनी दी।

- सितम्बर में हेरात क़ब्ज़ा करने के बाद तालिबान ने काबुल पर अपनी ताक़त झोंकी। इस बीच उसने चरसयाब पर भी अधिकार कर लिया।
- तालिबान ने 1995 में काबुल जीतने की बहुत कोशिशें कीं, लेकिन वह कामयाब नहीं हो सका। हालाँकि तमाम तोपों और मिसाइलों के लगातार हमले किये गये और उसमें कई नागरिक हताहत हुए। तालिबान काबुल पर नवम्बर के महीने तक हमला करता रहा लेकिन वह कामयाब नहीं हो सका। उसके बाद दिसम्बर, जनवरी और फ़रवरी के महीने में कड़ाके की ठण्ड और बर्फ़ पड़ने के कारण लड़ाई लगभग ठप रही।
- मार्च 1996 में तालिबान शूरा की कन्धार में बैठक हुई जिसमें 1000 उलेमाओं ने हिस्सा लिया। 20 मार्च से शुरू हुई यह बैठक 4 अप्रैल तक चली जिसमें मुल्ला उमर को अमीर–उल–मोमिनीन घोषित किया गया और यह भी निर्णय लिया गया कि रब्बानी सरकार के ख़िलाफ़ जिहाद होगा।
- उधर रब्बानी ईरान तुर्कमेनिस्तान, ईरान और उज़बेकिस्तान के दौरे पर थे। पहले उनसे लड़ रहे गुलबुद्दीन हिक़मतयार ने भी उनसे हाथ मिला लिया ताकि काबुल की हिफ़ाज़त की जा सके। उन्हें प्रधानमन्त्री बना दिया गया। वे काबुल विश्वविद्यालय में रब्बानी के शिष्य रह चुके थे।
- अप्रैल और मई के महीने में अमेरिका और संयुक्त राष्ट्र के राजनयिकों ने काबुल और कन्धार का दौरा करके वहाँ सुलह कराने की बड़ी कोशिशें कीं, लेकिन उसमें कामयाबी नहीं मिली।
- उधर रब्बानी को अपनी शक्ति संगठित करते देखकर तालिबान ने काबुल पर रॉकेटों से ज़बरदस्त हमला बोला और इस हमले में 52 लोग मारे गये।
- सितम्बर के महीने में तालिबान ने काबुल को जीतने के लिए पूरी ताक़त लगा दी और 26 सितम्बर को काबुल पर तालिबान का क़ब्ज़ा हो गया।
- 27 नवम्बर को तालिबान ने नज़ीबुल्लाह को फाँसी पर लटका दिया। मसूद पंजशीर भाग गया। मुल्ला उमर ने युद्ध विराम की घोषणा की और काबुल को चलाने के लिए छह सदस्यीय शूरा नियुक्त किया गया। इसके प्रमुख मुल्ला मुहम्मद रब्बानी थे। ईरान, रूस, भारत

और केन्द्रीय एशिया के कई देशों ने तालिबान के इस तरह क़ब्ज़ा किये जाने की निन्दा की। जबकि पाकिस्तान ने काबुल में अपना प्रतिनिधिमण्डल भेजा।

- काबुल पर तालिबान की जीत के बाद यही धारणा बनी कि उसका अफ़ग़ानिस्तान पर क़ब्ज़ा हो गया, लेकिन ऐसा था नहीं। तालिबान ने पंजशीर में बैठे मसूद को चेतावनी दी कि या तो समर्पण कर दो या मरने को तैयार रहो।
- पंजशीर को जीतने में तालिबान को नाकों चने चबाने पड़े। मसूद ने पंजशीर को जाने वाली सड़कें उड़ा दीं। उत्तर की ओर बढ़ रहे तालिबान को सलांग दर्रे के पास दोस्तम की सेनाओं से जूझना पड़ा। तालिबान का मुक़ाबला करने के लिए मसूद, दोस्तम और खलीली ने हाथ मिला लिया। मसूद ने उत्तर में रणनीतिक रूप से अहम बगराम हवाई अड्डे पर हमला किया और 18 अक्टूबर को उसे जीत लिया।
- मसूद ने चारिकार और जाबुल सेराज इलाक़े को भी जीत लिया। मसूद की मदद के लिए दोस्तम भी पहुँच गये। उधर स्वतन्त्र राष्ट्रों के महासंघ (सीआईएस) ने ऐलान किया कि वह तालिबान मध्य एशिया से दूर ही रहे।
- मुल्ला उमर ने 24 अक्टूबर को ऐलान किया, 'हम काबुल के लिए आख़िरी साँस तक लड़ेंगे और अपने ख़ून का आख़िरी कतरा भी दे देंगे। मसूद ने कहा कि काबुल को सेना से मुक्त किया जाये। उधर बगदीस में दोस्तम की सेनाओं से ज़बरदस्त लड़ाई के बाद तालिबान ने उसे जीत लिया। अक्टूबर के अन्त में पश्चिम में तालिबान के विस्तार को रोकने के लिए ईरान से इस्माइल ख़ान की फ़ौजें विमान से लायी गयीं।
- 1997 में साल के पहले दिन तालिबान ने बगराम, चारिकार को जीत लिया। जनवरी महीने के आख़िरी हफ़्ते में तालिबान ने सलांग दर्रे के मुहाने पर स्थित गुलबहार को जीत लिया।
- हाजरा यानी शिया समुदाय ने तालिबान को आगे बढ़ते देख बामियान प्रान्त की चौकसी बढ़ा दी। मार्च के महीने में हेरात प्रान्त के गवर्नर मुल्ला अब्दुल रज्जाक पर जानलेवा हमला हुआ, लेकिन वे बच गये।
- मई महीने के मध्य में जनरल मलिक पहलवान ने जरनल दोस्तम का साथ छोड़ दिया और तालिबान के साथ आने का ऐलान किया।

उसने बगदिस, फरियाब और सर–ए–पुल प्रान्तों को जीत लिया। ज़बरदस्त लड़ाई में उसने इस्माइल ख़ान और 700 बन्दियों को तालिबान को सौंप दिया।

- तालिबान ने 24 मई को मज़ार प्रान्त को जीत लिया। वहाँ शरीयत के क़ानून को लागू कर लड़कियों के स्कूल बन्द कर दिये।
- पाकिस्तान ने तालिबान सरकार को मान्यता दे दी। तालिबान और मलिक के बीच मज़ार प्रान्त में बातचीत टूट गयी और उनके बीच लड़ाई शुरू हो गयी। मज़ार में 18 घण्टे की लड़ाई में 300 तालिबानी मारे गये। हज़ारों पकड़े गये और तालिबान को वहाँ से खदेड़ दिया गया।
- तालिबान ने काबुल में ईरानी दूतावास बन्द कर दिया। हज़ारों पाकिस्तानी छात्रों ने तालिबान में भर्ती ली। मज़ार में विपक्ष ने एक गठजोड़ बनाया। इसका नाम रखा यूनाइटेड इस्लामिक एंड नेशनल फ्रंट फॉर सैलवेशन ऑफ़ अफ़ग़ानिस्तान।
- 12 जून को बगलान में 3000 तालिबानी लड़ाकों से हथियार डलवा लिए गये। मसूद ने जबेल सिराज पर क़ब्ज़ा कर लिया। बगराम और चारिकार में तालिबानी बहुत सारा हथियार छोड़ कर भाग निकले।
- जुलाई के महीने में तमाम राजनयिक गतिविधियाँ होती रहीं। मलिक बातचीत के लिए ईरान गया। तो संयुक्त राष्ट्र ने काबुल पर रिपोर्ट तैयार करने के लिए एक प्रतिनिधि नियुक्त किया। इस दौरान विगत तीन महीनों में 6800 लोगों के हताहत होने की ख़बर थी।
- तालिबान के विरोधियों ने 12 अगस्त को मज़ार में बैठक की और रब्बानी को फिर से राष्ट्रपति नियुक्त किया।
- तालिबान के राष्ट्रपति मुल्ला रब्बानी ने 4 सितम्बर को सऊदी अरब के जिद्दाह में शाह फहद से भेंट की और कहा कि सऊदी अरब तालिबान को स्वास्थ्य और शिक्षा के क्षेत्र में मदद करेगा। उन्होंने आरोप लगाया कि ईरान, रूस और फ्राँस मसूद को मदद कर रहे हैं। पाकिस्तान के अलावा सऊदी अरब और संयुक्त अरब अमीरात ने भी तालिबान सरकार को मान्यता दी थी।
- 8 सितम्बर को तालिबान ने मज़ार हवाई अड्डे पर फिर से हमला करके उसे जीत लिया। उज़्बेक समुदाय मलिक और दोस्तम के बीच विभाजित हो गया। मलिक का घर जला दिया गया और वह मज़ार

छोड़ कर भाग गया। तालिबान को हवाई अड्डे से पीछे ठेल दिया गया। इस बीच शहर में भयंकर लूटपाट हुई।

- दोस्तम तुर्की से 12 सितम्बर को मज़ार वापस आया। इस बीच तालिबान ने काजिल अबाद में 70 गाँव वालों को मार डाला। मज़ार में तीन दिनों की भयंकर लूटपाट के बाद अमन कायम हुआ और तालिबान को पीछे ठेल दिया गया और दोस्तम ने अपनी सेनाओं को संगठित किया।
- 23 सितम्बर को तालिबान ने बामियान पर भारी बमबारी की। मज़ार से दस मील दूर भारी लड़ाई हुई।
- अक्टूबर महीने में फिर दोस्तम ने तालिबान को पछाड़ा। उसने शेबारगन पर क़ब्ज़ा कर लिया और मलिक ईरान भाग गया।
- 16 नवम्बर को दोस्तम ने शेबारगन के पास 30 सामूहिक क़ब्रिस्तान में दफ़न 2000 तालिबानियों की लाशें खोद निकालीं। उनके बदले में क़ैदियों की अदला–बदली हुई।
- अमेरिकी विदेश मन्त्री मैडलीन अलब्राइट ने 18 नवम्बर को पाकिस्तान में कहा कि मानवाधिकार के मामले में तालिबान शासन घिनौना है।
- संयुक्त राष्ट्र के महासचिव कोफी अत्ता अन्नान ने 26 नवम्बर को एक कड़ी रिपोर्ट जारी कर कहा कि अफ़ग़ानिस्तान में बाहरी हस्तक्षेप बहुत ज़्यादा है।
- संयुक्त राष्ट्र सुरक्षा परिषद ने 17 दिसम्बर को एक रपट जारी करके अफ़ग़ानी समूहों को हथियारों की सप्लाई की निन्दा की और युद्ध विराम की माँग की।
- तालिबानी शासन के दूसरे साल यानी 1998 में एक ओर राष्ट्रपति रब्बानी संयुक्त राष्ट्र के तत्वावधान में अफ़ग़ानिस्तान पर क्षेत्रीय सम्मेलन के लिए ईरान, पाकिस्तान और उज़बेकिस्तान का दौरा कर रहे थे तो दूसरी ओर तालिबान ने बामियान प्रान्त को बुरी तरह घेर रखा था। वहाँ के लोगों को भोजन की सप्लाई नहीं मिल पा रही थी।
- जनवरी के महीने में संयुक्त राष्ट्र के महासचिव कोफी अन्नान ने तालिबान से अपील की कि वह बामियान को खाद्य सप्लाई की इजाज़त दें।
- 13 जनवरी को तालिबान का विमान क्वेटा के पास गिरा 80 सैनिक मारे गये।

- फ़रवरी के महीने में उत्तर पूर्वी अफ़ग़ानिस्तान में भूकम्प ने भारी तबाही मचाई। चार हज़ार लोग मारे गये। बर्फबारी के कारण राहत काम में बाधा।
- मार्च के महीने में मज़ार में हाज़रा और उज़्बेक के बीच भारी लड़ाई।
- 8 मार्च को पूरी दुनिया में अफ़ग़ानी महिलाओं के समर्थन में अन्तरारष्ट्रीय महिला दिवस मनाया गया।
- 9 जुलाई को संयुक्त राष्ट्र के विमान को रॉकेट से निशाना बनाया गया। मुल्ला उमर ने आदेश जारी किया कि टेलीविज़न सेटों को फेंक दिया जाये। सारे ईसाइयों को देश के बाहर निकाल दिया जाये और पूर्व कम्युनिस्टों को दण्डित किया जाये। कम्युनिस्ट और अफ़ग़ानिस्तान के पूर्व रक्षा मन्त्री की क्वेटा में हत्या कर दी गयी।
- 18 जुलाई को यूरोपीय संघ ने काबुल की पाबन्दियों के चलते वहाँ दी जाने वाली हर प्रकार की मानवीय सहायता बन्द कर दी। एनजीओ काबुल से निकल गये और ईयू ने अपने दफ़्तर बन्द कर दिये।
- 7 अगस्त को केन्या और तंजानिया में अमेरिकी दूतावास में बम विस्फोट हुआ। इसके लिए ओसामा–बिन–लादेन ज़िम्मेदार ठहराया गया।
- 8 अगस्त को तालिबान ने मज़ार पर फिर क़ब्ज़ा कर लिया और उसने एक पत्रकार समेत 11 ईरानी राजनयिकों की हत्या कर दी। इतना ही नहीं तालिबान ने हज़ारा समुदाय के हज़ारों लोगों का नरसंहार किया।
- रूस ने 11 अगस्त को पाकिस्तान को चेतावनी दी कि वह तालिबान की मदद न करे। मध्य एशिया की सरकारों ने हाई अलर्ट जारी किया।
- ईरान के सर्वोच्च नेता अयातुल्ला अल खोमिनी ने 18 अगस्त को अमेरिका और पाकिस्तान पर आरोप लगाया कि वे तालिबान का इस्तेमाल ईरान के विरुद्ध कर रहे हैं। ईरान और तालिबान के बीच तनाव बढ़ा। मुल्ला उमर ने कहा कि तालिबान ओसामा–बिन–लादेन की हिफ़ाज़त करेगा।
- अमेरिका ने 20 अगस्त को जलालाबाद और खोस्त में चल रहे ओसामा–बिन–लादेन के शिविरों पर क्रूज मिसाइलें दागीं। उसमें 21 लोग मारे गये और 30 घायल हुए।

- अगले दिन तालिबान ने इस हमले की निन्दा की और फिर कसम खायी कि वह लादेन की हिफ़ाज़त करेगा। काबुल में संयुक्त राष्ट्र का एक सैनिक अधिकारी मारा गया। सारे विदेशियों ने अफ़ग़ानिस्तान, पेशावर और क्वेटा ख़ाली कर दिया।
- 26 अगस्त को न्यूयॉर्क की ग्रैंड जूरी ने ओसामा–बिन–लादेन पर आतंकवाद का आरोप साबित करते हुए एक सील बन्द फ़ैसला जारी किया।
- एक सितम्बर को ईरान ने अफ़ग़ानिस्तान की सीमा पर 70,000 सैनिक तैनात कर दिये। ईरान ने कहा कि अन्तरराष्ट्रीय क़ानून के तहत उसे अपने नागरिकों की हिफ़ाज़त का हक़ है। अमेरिका ने कहा संयम बरतें। तालिबान ने फिर संयुक्त राष्ट्र से मान्यता की अपील की।
- 13 सितम्बर को तालिबान ने बामियान जीत लिया। उमर ने अपने सैनिकों से संयम बरतने की अपील की।
- मसूद ने 20 सितम्बर को काबुल पर रॉकेटों से भारी हमला किया। इस हमले में 66 लोग मारे गये और 215 घायल हुए।
- 22 सितम्बर 1998 को सऊदी अरब ने तालिबान के दूत को निष्कासित कर दिया और इस बात का गुस्सा जताया कि वह शहज़ादा तुर्की के कन्धार दौरे के बावजूद ओसामा–बिन–लादेन को सौंपने को तैयार नहीं है।
- तालिबान ने ईरानी हमले का मुक़ाबला करने के लिए सीमा पर 30,000 सैनिक तैनात किये। ईरानी विमान ने हेरात के आकाश का अतिक्रमण किया और ईरान की 2,00,000 सेना ने युद्धाभ्यास शुरू किया।
- पूर्वोत्तर इलाक़े में मसूद ने हमला किया और कुन्दुज प्रान्त में घुस गया।
- संयुक्त राष्ट्र ने 7 नवम्बर को आरोप लगाया कि तालिबान ने मज़ार में 4000 लोगों की हत्या की है। उमर ने संयुक्त राष्ट्र पर पूर्वाग्रह का आरोप लगाया और कहा कि दरअसल 3500 तालिबानी मारे गये हैं। उमर ने व्यापक प्रतिनिधित्व वाली सरकार बनाने से इनकार कर दिया।
- तालिबान ने जलालाबाद विश्वविद्यालय के बाहर छात्रों को गोली मार दी। चार मरे छह घायल।

- 9 दिसम्बर को संयुक्त राष्ट्र की महासभा ने अफ़ग़ानिस्तान पर कड़ा प्रस्ताव पास किया।
- 29 दिसम्बर को यूनिसेफ ने कहा कि अफ़ग़ानिस्तान में शिक्षा ध्वस्त हो गयी है।
- 10 जनवरी 1999 को तालिबान ने पेशावर में बनी पीस एंड नेशनल यूनिटी पार्टी को ख़ारिज कर दिया और कहा कि सिर्फ़ सैनिक समाधान ही स्वीकार्य है।
- 19 जनवरी को तालिबान ने काबुल में छह हाईवे डकैतों के हाथ पैर काट कर शहर के पेड़ों पर लटका दिये।
- 21 जनवरी को सुरक्षा परिषद ने एक बार फिर युद्धविराम की अपील की।
- तालिबान से मिलने चीन का पहला प्रतिनिधिमण्डल आया।
- 2 फ़रवरी को ईरानी अधिकारी दुबई में तालिबान से मिले। अमेरिका के उप विदेश मन्त्री स्ट्रोब टालबाट ने इस्लामाबाद में तालिबान से मुलाक़ात की। उन्होंने तालिबान को पत्र दिया कि ओसामा–बिन–लादेन को प्रत्यर्पित कर दिया जाये। तालिबान ने उस पत्र को ख़ारिज कर दिया और कहा कि लादेन को ज़बरदस्ती बाहर नहीं निकाला जायेगा पर उस पर पाबन्दियाँ लगायी जा सकती हैं।
- 13 जनवरी को बिन लादेन भूमिगत हो गया और तालिबान ने घोषणा की कि उन्हें उसका ठिकाना नहीं मालूम। मसूद बातचीत के लिए तेहरान में।
- हिलेरी क्लिंटन ने तालिबान की महिला नीति की आलोचना की।
- तुर्कमेनिस्तान के विदेश मन्त्री पहली बार कन्धार गये और मुल्ला उमर से मिले।
- अश्खाबाद में तालिबान और विपक्षी नेताओं के बीच वार्ता शुरू। बातचीत का पहला दौर ठीक रहा, लेकिन अगले दौर में रुकावट आ गयी। मुल्ला उमर ने कहा अब वार्ता नहीं होगी। बामियान के आसपास ज़बरदस्त लड़ाई।
- बामियान पर हिज्ब–ए–वहादात ने क़ब्ज़ा किया। तालिबान पीछे हटा। तालिबान ने तेज़ बमबारी की। 30 नागरिक मारे गये।
- तालिबान, पाकिस्तान और तुर्कमेनिस्तान ने अफ़ग़ानिस्तान से गुज़रने वाली गैस पाइप लाइन को चालू करने के लिए एक समझौते पर दस्तख़त किये।

- तालिबान ने बामियान पर फिर क़ब्ज़ा किया।
- अमेरिका ने 14 मई को पाकिस्तान को चेतावनी दी कि वह तालिबान को समर्थन न दे। बल्कि उसने पूर्व बादशाह ज़हीर ख़ान की वापसी का समर्थन किया।
- 22 मई को तालिबान ने हेरात की बग़ावत कुचल दी । आठ लोगों को सार्वजनिक रूप से फाँसी दी और 100 लोगों को मार दिया। ईरान पर आरोप लगाया कि वह हथियार बाँट रहा है।
- एमनेस्टी इंटरनेशनल ने तालिबान पर आरोप लगाया कि वह बामियान पर क़ब्ज़े के दौरान नागरिकों को मार रहा है। उधर मुल्ला उमर ने 28 मई को हज़ारों तालिबान कमांडरों और मुल्लाओं की तीन दिनों तक मीटिंग की ताकि आगे की रणनीति तय की जा सके।
- अमेरिकी सुरक्षा एजेंसी एफबीआई ने 8 जून 1999 को ओसामा–बिन–लादेन को दुनिया के दस प्रमुख भगोड़े लोगों की सूची में डाला। बिन लादेन पर अमेरिकी हमले का ख़तरा बढ़ा।
- 26 जून को अफ़ग़ानिस्तान के पूर्व बादशाह ज़हीर शाह ने रोम में बैठक की, लेकिन तालिबान ने कहा कि शान्ति कायम करने में उनकी कोई भूमिका नहीं। अमेरिका ने लादेन के डर से अफ्रीका के सात दूतावासों में तीन दिन की छुट्टी कर दी।
- 6 जुलाई को अमेरिका ने तालिबान पर व्यापारिक और आर्थिक प्रतिबन्ध लगा दिये और अमेरिका में उसकी परिसम्पत्तियों को ज़ब्त कर लिया। तालिबान ने गर्मियों में मसूद के ख़िलाफ़ ज़बरदस्त अभियान की तैयारी की। पाकिस्तान से हज़ारों लड़ने वाले युवाओं ने तालिबान में भर्ती ली।
- 16 जुलाई को रूस, ताज़िकिस्तान और उज़बेकिस्तान के विदेश मन्त्रियों की एक बैठक ताशकंद में हुई और उसमें केन्द्रीय एशिया में इस्लामी उग्रवाद से लड़ने का संकल्प लिया गया।
- 19 जुलाई को ताशकन्द में छह + दो की वार्ता शुरू हुई। उज़बेकिस्तान के राष्ट्रपति इस्लाम करीमोव ने युद्ध विराम की अपील की और अफ़ग़ानिस्तान पर संयुक्त राष्ट्र की बैठक की माँग की।
- वार्ता का कोई नतीजा नहीं निकला मसूद और तालिबान में लड़ाई जारी। मसूद का रॉकेट यूएन के विमान में लगा।
- तालिबान ने जुलाई के आख़िर में तितरफ़ा अभियान शुरू किया।

उसने बगराम की ओर मार्च शुरू किया। इसमें दोनों ओर के 130 लोग मारे गये। तालिबान ने चारिकार पर क़ब्ज़ा कर लिया। मसूद तो पीछे हटकर पंजशीर चले गये। दो लाख लोग शोमाली घाटी छोड़कर भागे। नयी शरणार्थी समस्या खड़ी हुई।

- मसूद ने जवाबी हमला किया। चारिकार को फिर से जीत लिया और तालिबान को पीछे ठेल दिया। इस लड़ाई में 400 तालिबानी मारे गये और 500 पकड़ लिए गये।
- अमेरिका ने ओसामा–बिन–लादेन से सम्बन्ध के कारण तालिबान की एयरलाइन एरियाना की परिसम्पत्तियाँ ज़ब्त कर लीं। इस बीच तालिबान ने बगराम पर क़ब्ज़ा कर लिया।
- कन्धार में मुल्ला उमर के घर के बाहर ज़बरदस्त बम विस्फोट। 40 लोग मारे गये। इनमें उमर के दो सौतेले भाई और छह अरब शामिल थे।
- रूस ने कहा कि दागिस्तान और चेचेन्या में अफ़ग़ानिस्तान के अफ़ग़ानी, पाकिस्तान और अरब के लड़ाकू लोग लड़ रहे हैं।
- तालिबान नॉर्दर्न अलायंस की राजधानी तलोकन की ओर बढ़ा। उधर नॉर्दर्न अलायंस ने तालिबान के लड़ाकू विमान एसयू–22 को मार गिराया।
- पाकिस्तान आईएसआई के प्रमुख ने 4 अक्टूबर को कन्धार का दौरा किया और अफ़ग़ानिस्तान से पाकिस्तानी आतंकवादी के प्रत्यर्पण की माँग की। मुल्ला उमर ने सहयोग का आश्वासन दिया।
- इस बीच 12 अक्टूबर को पाकिस्तान में तख्तापलट हो गया और नवाज शरीफ़ की सरकार गिरा दी गयी।
- 15 अक्टूबर को सुरक्षा परिषद ने तालिबान पर सीमित पाबन्दी लगायी।
- 6 फ़रवरी 2000 को अफ़ग़ानी नागरिक काबुल से उड़ रही घरेलू उड़ान का अपहरण करके उसे लन्दन ले गये। चार दिन के बाद अपहरण का अन्त हुआ।
- मार्च के महीने में आर्गनाइजेशन ऑफ़ इस्लामिक कॉन्फ्रेंस ने तालिबान और नॉर्दर्न अलायंस के बीच वार्ता करायी, लेकिन वह असफल रही।
- इस्माइल ख़ान 27 मार्च को तालिबान के कन्धार जेल से भाग निकला और ईरान पहुँच गया। तालिबान ने मसूद के विरुद्ध अभियान शुरू किया।

- अफ़ग़ानिस्तान में ज़बरदस्त सूखा पड़ा और तालिबान ने अन्तरराष्ट्रीय मदद माँगी।
- तालिबान ने जुलाई में काबुल के उत्तर में हमले शुरू किये, लेकिन भारी प्रतिरोध के बीच तमाम लोग हताहत हुए। काबुल में पाकिस्तानी दूतावास में विस्फोट हुए।
- 28 जुलाई को तालिबान ने मसूद की सेनाओं पर हमला किया। उत्तरी अफ़ग़ानिस्तान में चल रहे इस्लामिक मूवमेंट ऑफ़ उज़्बेकिस्तान ने उज़्बेकिस्तान पर हमले शुरू कर दिये।
- चार हफ़्ते तक घेराबन्दी और भारी लड़ाई के बाद तालिबान ने तक्खर प्रान्त की राजधानी तलोकन को जीत लिया और मसूद को बड़ख्शान प्रान्त में हटने को मजबूर कर दिया। इसके बाद 1,50,000 शरणार्थी भागे और उन्होंने ताज़िकिस्तान पर दबाव बनाया। मध्य एशिया के देशों और रूस के नेताओं ने तालिबान की आलोचना की।
- जैसे–जैसे तालिबान की विजय यात्रा आगे बढ़ रही थी वैसे–वैसे वह अन्तर्राष्ट्रीय जनमत की परवाह कम करता जा रहा था। तालिबान ने मार्च 2001 में बामियान में बनी बुद्ध की मूर्ति को डायनामाइट लगा कर उड़ाया। इसकी पूरी दुनिया में आलोचना हुई।
- एक बुद्ध की ऊँचाई 170 फ़ीट थी तो दूसरे की 115 फ़ीट। यह दुनिया में बुद्ध की सबसे ऊँची और पुरानी मूर्तियाँ थीं। जिन्हें अफ़ग़ानिस्तान से आने वाले क्रूर आक्रान्ताओं ने भी नहीं छुआ था। इन मूर्तियों को गिराने का पाकिस्तान ने भी विरोध किया। ईरान ने विरोध किया। सऊदी अरब भी इसके पक्ष में नहीं था। यूरोप और भारत तो विरोध में थे ही, लेकिन मुल्ला उमर ने इस्लाम का हवाला देकर इसे गिरवाया।
- पहले उन्होंने कहा कि हमने ऐसा आदेश नहीं दिया, लेकिन जब उन्होंने देखा कि इससे इस्लामी कट्टरता को बल मिल रहा है तो उन्होंने उसे इस्लाम के सिद्धान्तों के मुताबिक सही बताया।
- सितम्बर के महीने में तालिबान के संरक्षण में अल–क़ायदा ने दो बड़े कारनामे किये। एक तो 9 सितम्बर को अल–कायदा वालों ने अहमद शाह मसूद की हत्या कर दी। यह तालिबान के बड़े शत्रु का सफाया था।
- दूसरा बड़ा काण्ड 11 सितम्बर को न्यूयॉर्क के वर्ल्ड ट्रेड टावर पर किया गया हमला था। उस हमले के बाद दुनिया का आख्यान ही बदल गया।

- 7 अक्टूबर, 2001 से अमेरिका और नाटो के विमानों ने अफ़ग़ानिस्तान पर बमबारी शुरू कर दी।
- नवम्बर में तालिबान हारने लगा। हालाँकि अमेरिका ने ज़मीन पर बहुत कम सेना उतारी थी।
- दिसम्बर के महीने में ओसामा–बिन–लादेन बच निकला। उसके क़ाफ़िले पर अमेरिकी मिसाइलों से हमला किया गया था।
- 5 दिसम्बर को बान में एक समझौता हुआ जिसमें एक अन्तरिम सरकार का गठन किया गया।
- 9 दिसम्बर, 2001 को तालिबान सरकार का पतन हो गया।
- सन् 2003 में अमेरिका ने कहा कि लड़ाई काफ़ी कुछ जीती जा चुकी है। अल–क़ायदा का नेटवर्क टूट चुका है।
- सन् 2004 में अफ़ग़ान प्रतिनिधियों की एक सभा ने नया संविधान स्वीकार किया। अक्टूबर के महीने में चुनाव हुए। हामिद करज़ई अफ़ग़ानिस्तान के पहले चुने हुए राष्ट्रपति बने।
- इस बीच तालिबानी गुट एक होने लगे और उन्होंने अमेरिकी सेना और नयी अफ़ग़ान सरकार पर हमले शुरू किये।
- सन् 2006 में अफ़ग़ानिस्तान के राष्ट्रपति हामिद करज़ई ने पाकिस्तानी राष्ट्रपति परवेज़ मुशर्रफ़ से कहा कि पाकिस्तान अफ़ग़ानिस्तान के भीतरी मामलों में दखल दे रहा है। वह तालिबान को प्रशिक्षण और मदद कर रहा है और तालिबान अफ़ग़ानिस्तान में हिंसा कर रहा है।
- करज़ई ने अमेरिकी राष्ट्रपति बुश से भी शिकायत की कि पाकिस्तान तालिबान को मदद कर रहा है और अफ़ग़ानिस्तान में हिंसा करवा रहा है।
- दो मई 2011 को अमेरिकी सेनाओं ने ओसामा–बिन–लादेन को मार गिराया। वह पाकिस्तान के ऐबटाबाद में छुपा हुआ था। ओबामा ने कहा कि अब अमेरिकी सेनाओं को वापस बुलाने का समय आ रहा है। इस बीच बान में हुए अन्तर्राष्ट्रीय सम्मेलन में वह ख़ाका तैयार करने की बात हुई जिसके माध्यम से नाटो सेनाओं की जगह अफ़ग़ानी सेनाएँ लेंगी।
- सन् 2014 से 2016 के बीच अशरफ़ गनी अफ़ग़ानिस्तान के राष्ट्रपति चुने गये। उनका चुनाव परिणाम विवादास्पद था। उन्होंने अपने प्रमुख प्रतिद्वन्द्वी अब्दुल्ला अब्दुल्ला के साथ सत्ता की साझेदारी का समझौता किया।

- तालिबान ने सन् 2015 में घोषित किया कि मुल्ला उमर मर चुका है। उसी साल तालिबान ने उसका मोनोग्राफ जारी किया था। बताया जाता है कि उसकी मौत कैंसर से हुई।
- अगले साल एक ड्रोन हमले में उमर का उत्तराधिकारी मुल्ला अख़्तर मंसूर एक ड्रोन हमले में मारा गया।
- 2019 में राष्ट्रपति डोनाल्ड ट्रंप ने सेना की वापसी के लिए तालिबान से वार्ता शुरू की।
- फ़रवरी 2020 में दोहा में अमेरिका और तालिबान के बीच सेना वापसी का समझौता हुआ। इस समझौते की शर्त यह थी कि तालिबान विभिन्न अफ़ग़ानी गुटों से संवाद करेगा और आतंकी गतिविधियां बन्द हो जायेंगी।
- सन् 2021 में अमेरिकी राष्ट्रपति जो बाइडेन ने ऐलान किया कि अगस्त के अन्त तक अफ़ग़ानिस्तान से सारी अमेरिकी सेना वापस लौट आयेगी।
- तालिबान ने किसी भी अफ़ग़ानी गुट से कोई वार्ता किये बिना 15 अगस्त को काबुल पर क़ब्ज़ा कर लिया।
- तालिबान के काबुल पर क़ब्ज़े के साथ ही अफ़ग़ानिस्तान के राष्ट्रपति अशरफ़ गनी भाग निकले।
- 16 अगस्त 2021 को हज़ारों अफ़ग़ानी देश छोड़ने के लिए काबुल हवाई अड्डे पर इकट्ठा हो गये।
- अमेरिका के विदेश मन्त्री एंटनी ब्लिंकेन ने चीन, रूस और पाकिस्तान के विदेश मन्त्री से बात की।
- 17 अगस्त को अफ़ग़ानिस्तान के उपराष्ट्रपति अमरुल्लाह सालेह पंजशीर घाटी की ओर भाग गये। उन्होंने अपने को राष्ट्रपति घोषित कर दिया और शाह मसूद के बेटे अहमद मसूद से हाथ मिला लिया।
- 17 अगस्त को ही भारत ने अपना दूतावास ख़ाली कर दिया।
- 18 अगस्त को संयुक्त अरब अमीरात ने अशरफ गनी को मानवीय आधार पर शरण दी।
- अमेरिकी राष्ट्रपति जो बाइडेन ने कहा कि अमेरिका का लक्ष्य अफ़ग़ानिस्तान में राष्ट्रनिर्माण करने का कभी नहीं था। उन्होंने अपनी खुफ़िया एजेंसियों की इस बात की आलोचना की कि उन्होंने इतनी जल्दी अफ़ग़ान सरकार के पतन की सूचना नहीं दी थी।

- तालिबान ने 19 अगस्त को अफ़ग़ानिस्तान के इस्लामी अमीरात की घोषणा की। ईरान ने अफ़ग़ानिस्तान की स्थिति पर चीन और रूस से चर्चा की। तुर्की ने कहा कि वह अब और शरणार्थी नहीं स्वीकार कर पायेगा।
- 20 अगस्त को पेंटागन ने बाइडेन की बात का खण्डन करते हुए कहा कि अफ़ग़ानिस्तान में सदैव मौजूद रहा है।
- तालिबान ने कहा कि अफ़ग़ानिस्तान के भविष्य में तालिबान की बड़ी भूमिका है।
- 21 अगस्त को तालिबान का सह–संस्थापक मुल्ला अब्दुल गनी बरादर नयी सरकार पर बातचीत के लिए काबुल पहुँचा। ग्रेट ब्रिटेन ने तालिबान के साथ काम करने की सम्भावना को ख़ारिज किया।
- 22 अगस्त को अमेरिका के पूर्व राष्ट्रपति डोनाल्ड ट्रंप ने कहा कि अमेरिकी सेनाओं की वापसी अमेरिकी इतिहास में विदेश–नीति की अवमानना की सबसे बड़ी घटना है।
- 23 अगस्त को सीआईए के निदेशक विलियम बर्न्स काबुल में बरादर से मुलाक़ात की। उधर रूस के राष्ट्रपति पुतिन ने चेताया कि अफ़ग़ानिस्तान से रेडिकल इस्लाम दूसरे देशों में फैल सकता है।
- 24 अगस्त को जो बाइडेन ने कहा कि 31 अगस्त तक सेना को वापस होना है। सेना का पहला जत्था वापस होने लगा। जी–7 के नेताओं ने कहा कि तालिबान को स्थिरता कायम करनी चाहिए। चीन के राजदूत ने तालिबान के वरिष्ठ अधिकारी अब्दुल सलाम हनफी से भेंट की। मोदी और पुतिन इस बात पर सहमत हुए कि अफ़ग़ानिस्तान पर वार्ता के लिए एक स्थायी प्रक्रिया बनायी जानी चाहिए।
- 25 अगस्त को तालिबान ने पंजशीर की सेनाओं से वार्ता की। पुतिन ने चीन के राष्ट्रपति शी जिनपिंग और इमरान ख़ान से अलग–अलग चर्चाएँ कीं।
- 26 अगस्त को इस्लामी स्टेट ऑफ़ खोरासन ने काबुल हवाई अड्डे पर हमला किया जिसमें 90 अफ़ग़ानी और अमेरिकी सेना के 13 लोग मारे गये।
- 27 अगस्त को अमेरिका ने इस्लामिक स्टेट पर ड्रोन हमला किया और दो ख़ास निशाने साधे। तालिबान ने भारत से कहा कि उसे कश्मीर के मामले में सकारात्मक तरीक़े से सोचना चाहिए और पाकिस्तान के साथ मिलकर इस मामले का हल निकालना चाहिए।

- 28 अगस्त को अमेरिकी सेना काबुल हवाई अड्डे को ख़ाली करने लगी।
- 29 अगस्त को बाइडेन के राष्ट्रीय सुरक्षा सलाहकार जेक सुलीवियन ने कहा कि तालिबान ने आश्वासन दिया है कि वह अमेरिकी सेना की वापसी के बाद सभी को सुरक्षित निकलने देगा। फ्रांस, जर्मनी और ग्रेट ब्रिटेन ऐसे लोगों के लिए काबुल में सुरक्षित क्षेत्र तैयार करने में लग गये।
- 30 अगस्त को अमेरिकी सेना के आख़िरी सैनिक ने काबुल छोड़ा और इस तरह अफ़ग़ानिस्तान में अमेरिकी सेना की 20 साल की मौजूदगी समाप्त हुई।
- 31 अगस्त को कतर में भारत के राजदूत ने दोहा में तैनात तालिबान के राजनीतिक ऑफिस के प्रमुख से मुलाक़ात की। भारत की सदारत में संयुक्त राष्ट्र सुरक्षा परिषद ने एक प्रस्ताव पास कर तालिबान से कहा कि वह आतंकवाद रोकने का अपना वचन निभाये।

# सन्दर्भ सूची

## भूमिका

1. द *इंडियन एक्सप्रेस* (12 दिसम्बर, 2021) नयी दिल्ली : पृ. 1।
2. द *ट्रिब्यून* (12 नवम्बर, 2021), चण्डीगढ़।
3. *आनन्दो भक्तो* (8 अक्तूबर, 2021); द तालिबान अफेक्ट; *फ्रंटलाइन,* पृ. 40–42
4. वही।
5. *रिवाज वानी* (15 सितम्बर, 2021); विल कश्मीर बी नेक्स्ट स्टेप फ़ार तालिबान; *तहलका डॉट काम;* *tehelkaletters@gmail.com*, पृ. 20–21
6. *आनन्दो भक्तो* (22 अक्तूबर, 2021); एलीनेशन ऑफ़ पीपुल एट ऑल टाइम हार्ड; यशवन्त सिन्हा से बातचीत; *फ्रंटलाइन* : पृ. 34–36।
7. *आनन्दो भक्तो* (8 अक्तूबर, 2021); द तालिबान अफेक्ट।
8. वही।
9. अहमद राशिद (2001); तालिबान : *पैन बुक्स,* पृ. 207–210
10. द *टेलीग्राफ़* (4 दिसम्बर, 2021); तालिबान बैन फोर्स्ड मैरिजेज : *एपी/पीटीआई* : कलकत्ता, पृ. 2

## सत्ताईस साल पहले

1. क्लेयर प्रेस (28 सितम्बर, 2021), *बीबीसी वर्ल्ड सर्विस*।
2. अहमद राशिद (2001), तालिबान : द स्टोरी ऑफ़ अफ़ग़ान वारलार्ड्स, *पैन बुक्स,* लन्दन।
3. वही।
4. वही।
5. अहमद राशिद (2001), कन्धार 1994, तालिबान : द स्टोरी ऑफ़ अफ़ग़ान वारलार्ड्स, *पैन बुक्स,* लन्दन, पृ. 17

6. वही।
7. वही, पृ. 18
8. वही, पृ. 18–19
9. वही, पृ. 19
10. वही, पृ. 19
11. *इंडिया टुडे* (6 सितम्बर, 2021), स्रोत : कोनार्ड शेटर, सेंटर फ़ार डेवलपमेंट रिसर्च, *यूनिवर्सिटी आफ़ बान*, पृ. 27
12. अहमद राशिद।
13. वही।
14. वही, पृ. 27
15. वही, पृ. 28
16. *बीबीसी न्यूज़* (5 अप्रैल, 2015), *www.bbc.com*
17. अहमद राशिद।
18. वही, पृ. 41–66

## सरकार और नीतियाँ : तब और अब

1. शुभाजित राय (9 सितम्बर, 2021, द गवर्नमेंट ऑफ़ तालिबान, द *इंडियन एक्सप्रेस* : पृ. 13।
2. शुभाजित राय।
3. निरुपमा सुब्रमण्यम (9 सितम्बर, 2021), द हक्कानीज, द *इंडियन एक्सप्रेस*, नयी दिल्ली, पृ. 13
4. वही।
5. वही।
6. शुभाजित राय।
7. अहमद राशिद (2001), तालिबान : द स्टोरी ऑफ़ अफ़ग़ान वारलार्ड्स, *पैन बुक्स*, लन्दन, पृ. 85
8. वही।
9. वही।
10. वही।
11. वही।
12. वही, पृ. 104
13. वही, पृ. 100
14. *बीबीसी डॉट काम*, 13 मार्च, 2015
15. वही।

16. वही।
17. क्रासेट बारबरा (19 मार्च, 2001), तालिबान एक्सप्लेन्स बुद्धा डिमोलिशन, *न्यूयॉर्क टाइम्स*।
18. क्रासेट बारबरा।
19. वहीं।
20. *सीएनएन डॉट काम* वर्ल्ड (9 मार्च, 2001)
21. टीवी राजेश्वर (18 मार्च, 2001), *द संडे ट्रिब्यून,* चण्डीगढ़।
22. वही।
23. ए. बालू (18 मार्च, 2001), तालिबान फ्लाउट्स इट्स ओन कमिटमेंट, *द संडे ट्रिब्यून,* चण्डीगढ़।
24. चार्ली फौलंकर (15 अक्तूबर, 2021), द *टेलीग्राफ़,* कोलकाता।
25. वही।
26. पुष्प रंजन (4 सितम्बर, 2021), इन्हें गीत संगीत रास नहीं आता, *देशबन्धु,* रायपुर।
27. वही।
28. वही।
29. पुष्प रंजन (7 सितम्बर, 2021), *फेसबुक वाल* से।
30. पुष्प रंजन (15 सितम्बर, 2021), तालिबानी दमन से त्रस्त अफ़ग़ानी मीडिया, *दैनिक ट्रिब्यून,* चण्डीगढ़।
31. पुप्प रंजन (5 सितम्बर, 2021), अफ़ग़ान मीडिया के अच्छे दिन आयेंगे, *दैनिक पूर्वोदय,* गुवाहाटी।
32. प्रताप भानु मेहता (11 सितम्बर, 2021), टू अदर टावर्स दैट फ्यूल, द *इंडियन एक्सप्रेस,* नयी दिल्ली।

## कारोबार : तब और अब

1. *atlantic council.org/blogs*
2. खान वजाहत (20 अक्तूबर, 2021), *निक्की एशिया,* जापान।
3. वही।
4. सौमय कुलाब (18 अक्तूबर, 2021), इकॉनमी आन द ब्रिंक : तालिबान रिलाई आन फारमर टेक्नोक्रेट, *एपी न्यूज़*।
5. वही।
6. वही।
7. मिशेल सफ़ी और अख़्तर महमूद (2 सितम्बर, 2021), कैन तालिबान रिवाइव अफ़ग़ानिस्तान शैटर्ड इकॉनमी, द *गार्जियन,* लन्दन।

8. जान रुचिन (29 सितम्बर, 2021), *एनपीआर न्यूज़,* इस्लामाबाद।
9. वही।
10. नचिकेत केलकर (12 सितम्बर, 2021), *द वीक,* कोट्टायम।
11. चाउ बो (सितम्बर 2021), *द न्यूयॉर्क टाइम्स,* न्यूयॉर्क।
12. *ग्लोबल टाइम्स* (17 अगस्त, 2021), बीजिंग।
13. वही।
14. *मिंट* (26 अगस्त, 2021), नयी दिल्ली।
15. *अल जज़ीरा* (24 अगस्त, 2021), *www.aljazeera.com*
16. *अल जज़ीरा : www.aljazeera.com*
17. स्कार एल. मांटगुमरी (1 सितम्बर, 2021), *डाउन टू अर्थ,* नयी दिल्ली।
18. वही।
19. *इंडिया टुडे* (6 सितम्बर, 2021), रेडियो लायब्रेरी, रेडियो फ्री यूरोप।
20. राजचेंगप्पा (6 सितम्बर, 2021), ब्रूकिंग्स इंस्टीट्यूशन, *इंडिया टुडे,* नयी दिल्ली।
21. वही; यूएस गवर्नमेंट SIGAR रिपोर्ट।
22. विलियम डालरिम्पल (10 सितम्बर, 2021), प्रेस्टिज ऑफ़ अमेरिका इज़ हैविली डेंटेड; जिया उस्सलाम से इंटरव्यू; *फ्रंटलाइन,* पृ. 10–13
23. विलियम डालरिम्पल।
24. अहमद राशिद (2001), तालिबान, *पैन बुक्स।*
25. अहमद राशिद (2001), रोमैंसिंग द तालिबान, तालिबान; *पैन बुक्स,* पृ. 157–182
26. वही।
27. अहमद राशिद।
28. अहमद राशिद, तालिबान, पृ. 182
29. वही।
30. *atlanticcouncil.org/blogs,* 20 Sept., 2021
31. वही।
32. वही।

## तालिबान, ओसामा–बिन–लादेन और अमेरिका

1. *obamawhitehouse.archives.gov*
2. राबर्ट फिस्क (2016), राबर्ट फिस्क आन अफ़गानिस्तान : ओसामा–बिन–लादेन : 9/11 टू डेथ इन पाकिस्तान, *मैंगो मीडिया।*
3. राबर्ट फिस्क।

4. वही।
5. वही।
6. अहमद राशिद (2001), ग्लोबल जिहाद : द अरब–अफ़ग़ान एंड ओसामा–बिन–लादेन; तालिबान; *पैन बुक्स*, लन्दन : पृ. 131–132
7. वही।
8. वही, पृ. 134
9. *www.theguardian.com* जान ब्रून (2 मई, 2011) : लादेन डेड, यूएस स्ट्रेटजी मिसकनसीव्ड, सेज करजई।
10. *en.m.wikipedia.org*
11. पीटर एल. बर्गन (3 अगस्त, 2021), द राइज एंड फाल ऑफ़ ओसामा–बिन–लादेन; *साइमन एंड शूस्टर*, न्यूयॉक।
12. वही।
13. वही।
14. जोश स्काट (17 नवम्बर, 2012), द डिफरेंस बिटवीन द तालिबान एंड अल–कायदा : www.e-ir.info.

## तालिबान का इस्लाम

1. युवाल नोआह हरारी (2018), 21 लेशन्स फार द 21स्ट सेंचुरी; *जोनाथन केप*, लन्दन, पृ. 168
2. हरारी, 21 लेशन्स, पृ. 170
3. अहमद राशिद (2001), तालिबान, पृ. 82–94
4. वहीं।
5. विलियम डालरिम्पल (2006), द लास्ट मुगल; द फाल ऑफ़ पेंगुइन वाइकिंग, पृ. 485
6. वही।
7. आचार्य कृष्णतीर्थ (2013), राजर्षि महेन्द्र प्रताप 'राजाजी' स्मृति ग्रन्थ, अक्षय वट; *गीता निधि प्रेस, आगरा, पृ. 53–54*
8. *वही।*
9. सोनिया अग्रवाल (22 अगस्त, 2021), वीआर इंडियन्स फर्स्ट : द *प्रिंट* : *theprint.in*
10. बप्पा मजुमदार (1 जून, 2008), देवबन्द इश्यूज़ फतवा अगेंस्ट टेरर : *रायटर / www.reuters.com*
11. तारिक फतेह (2018), द ट्रैजिक इल्यूजन ऑफ़ इस्लामिक स्टेट; *कौटिल्य बुक्स;* नयी दिल्ली : पृ. 273।

12. असगर अली इंजीनियर (2013), जिहाद एंड अदर एसेज : द बुक पीपुल, *ऐन इम्प्रिंट ऑफ़ ओलिव;* कोझीकोड।
13. हसन सुरूर (2019), हू किल्ड लिबरल इस्लाम; *रूपा* : नयी दिल्ली।
14. तारिक फतेह, पृ. 270
15. तारिक फतेह, पृ. 273
16. वही।
17. एडवर्ड डब्ल्यू. सईद (2001), कवरिंग इस्लाम, न्यूयॉर्क।
18. मौलाना सैयद अबुल आला मौदूदी (1931) हिन्दी अनुवाद : कुरआन मजीद; अल कुरान इंस्टीट्यूट, लखनऊ।
19. वही।
20. वही।
21. मौलाना वहीदुद्दीन ख़ाँ (2014), हिन्दी अनुवाद, पवित्र कुरआन गुडवर्ड बुक्स, नोएडा।
22. वही।
23. वही।
24. एडवर्ड डब्ल्यू, सईद।
25. ऐजाज़ अहमद (2009), इस्लाम, इस्लामिज़्म एंड द वेस्ट; सोशलिस्ट रजिस्टर, 2008।
26. वही।
27. वही।

## फिर औरतें ग़ायब

1. राहुल देवुलापल्ली (12 सितम्बर, 2021), द प्रेसीडेंट फ्लीइंग डेस्ट्रायड अस; द *वीक*; कोट्टायम, पृ. 47
2. वही।
3. स्नेही भूरा (12 सितम्बर, 2021), गोइंग थ्रू तालिबान चेक प्वाइंट्स वाज नर्व रैकिंग; द *वीक*; कोट्टायम, पृ. 56
4. वही।
5. द *टेलीग्राफ़* (12 सितम्बर, 2021), सिस्टर रेप्ड बैक होम; कलकत्ता।
6. वही।
7. फरिश्ता अब्बासी (3 सितम्बर, 2021), *ह्यूमन राइट्स वाच*।
8. *bbc.com* (8 सितम्बर, 2021)।
9. द *गार्जियन* (16 अगस्त, 2021), *guardian.com*

10. विजय प्रसाद (10 सितम्बर, 2021), ट्रिम्फ ऑफ़ अनरीजन; *फ्रंटलाइन*, पृ. 22–24
11. वही।
12. अहमद राशिद (2001); वैनिशिंग जेंडर; तालिबान; *पैन बुक्स*, पृ. 105–116
13. वही।
14. वही।

## अमेरिका : वापसी के मायने

1. स्वप्न दासगुप्ता (16 सितम्बर, 2021), एबजक्ट फेल्योर (भारी नाकामी), द *टेलीग्राफ़*, कलकत्ता, पृ. 10
2. वही।
3. अहमद राशिद (2008); डिसेंट इन्टू क्यास; *एलेन लेन*, लन्दन।
4. जिया उस्सलाम (10 सितम्बर, 2021); प्रेस्टिज ऑफ़ अमेरिका हैविली डेंटेड; विलियम डालरिम्पल से इंटरव्यू, *फ्रंटलाइन*, पृ. 10–12
5. पीटर मार्ट्ज़ (26 अगस्त, 2021); *शिन्हुआनेट (Xinhuanet)*
6. वही।
7. मैथ्यू ली और इरिक टर्नर (10 अगस्त, 2021), *एपी न्यूज़; AP News*
8. *www.whitehouse.gov*
9. वही।
10. वही।
11. टेड वान ग्रीन (31 अगस्त, 2021); *प्यू रिसर्च*।
12. नोम चोमस्की (8 सितम्बर, 2021); *यू–ट्यूब*।
13. वही।
14. फ़रीद ज़करिया (7 सितम्बर, 2021), राहुल कंवल से बातचीत : *टीवी टुडे*।
15. वही।
16. वही।
17. *www.washingtonpost.com*
18. *www.nytimes.com*
19. *obamawhitehouse.archives.gov*
20. वही।
21. *www.washingtonpost.com*
22. नोम चोमस्की (अगस्त, 2002); 9–11; 9–11 वाज देयर एन आल्टरनेटिव; *सेवेन स्टोरीज़ प्रेस*।
23. राबर्ट फिस्क (2016); राबर्ट फिस्क ऑन अफ़गानिसेन; इंडिपेंडेंट *प्रिंट लिमिटेड*।

## पाकिस्तान : तालिबानी ख़ुशी कब तक


1. *news.un.org*
2. *द टाइम्स ऑफ़ इंडिया* (29 सितम्बर, 2021), *timesofindia.indiatimes.com*
3. *timesofindia.indiatimes.com* (2 Oct., 2021)
4. मिशेल कुगेलमैन (13 सितम्बर, 2021); फॉरेन पॉलिसी : वाशिंगटन डीसी : *foreignpolicy.com*
5. वही।
6. खुर्शीद महमूद कसूरी (2015); नाइदर ए हॉक नार ए डोव : एन इनसाइडर अकाउंट ऑफ़ पाकिस्तान'स फॉरेन पॉलिसी : *पेंगुइन वाइकिंग,* पृ. 495–552
7. अहमद राशिद (2001); मास्टर ऑफ़ विक्टिम; तालिबान : *पैन बुक्स,* पृ. 183
8. वही।
9. वही, पृ. 189
10. वही, पृ. 192
11. वही, पृ. 118
12. जाहिद हुसैन (2007), *फ्रंटलाइन,* पाकिस्तान : द स्ट्रगल विथ द मिलिटेंट इस्लाम : *पेंगुइन वाइकिंग,* पृ. 35–35
13. वही।
14. वही।
15. खुर्शीद महमूद कसूरी।
16. खुर्शीद महमूद कसूरी, पृ. 524–525


## भूमिका तलाशता भौचक भारत


1. *न्यूज़ 18* (22 सितम्बर, 2021); *www.news18.com*
2. *द डॉन* (26 दिसम्बर, 2021); इस्लामाबाद। *www.dawn.com*
3. *बीबीसी* (29 अगस्त, 2021); *www.bbc.com*
4. वही।
5. *बीबीसी* (18 अगस्त, 2021); *www.bbc.com*
6. सौरभ सिन्हा (21 अगस्त, 2021); *द टाइम्स ऑफ़ इंडिया* : *timesofindia.indiatimes.com*
7. वही।

8. वही।
9. फ्लाइट इंजीनियर अनिल के. जग्गिया और सौरभ शुक्ला (2000) आई.सी. 814 हाइजैक्ड : द इनसाइड स्टोरी : *रोली बुक्स* : नयी दिल्ली।
10. वही।
11. अमलेन्दु मिश्र (9 सितम्बर, 2021); ए शैडो वार आन द तालिबान : द डिप्लोमैट : वाशिंगटन डी.सी. : *thediplomat.com*
12. संजय भट्टाचार्य (26 अगस्त, 2021); *इंडिया टुडे;* नयी दिल्ली।
13. *dw.com; Sept.* 2017
14. करण थापर (11 अगस्त, 2021); विवेक काटजू से बातचीत : द *वायर, m.thewire.in*
15. एम.के. भद्रकुमार (10 सितम्बर, 2021); डील विथ द न्यू काबुल : द *इंडियन एक्सप्रेस* : नयी दिल्ली।
16. आचार्य कृष्णतीर्थ (2013); राजर्षि महेन्द्र प्रताप 'राजाजी' स्मृति ग्रन्थ, अक्षय वट : *गीता निधि प्रेस* : आगरा, पृ. 48
17. वही।
18. वही।

❐❐